U0660742

张晓眉 编著

第一辑

中外沈从文研究学者访谈录

懂得和理解过去，才能更好地开创未来！

为此，我们不应该忘记那些曾经为沈从文研究做出过贡献的人们！

让我们向那些曾经为沈从文研究做出过贡献的人们致敬！

谨以此书为证，感谢和记住那些为沈从文研究做出过贡献的人们！

山西出版传媒集团

北岳文艺出版社

图书在版编目 （CIP） 数据

中外沈从文研究学者访谈录. 第一辑 / 张晓眉编著.
-- 太原 ： 北岳文艺出版社，2015.5
ISBN 978-7-5378-4399-7

Ⅰ. ①中… Ⅱ. ①张… Ⅲ. ①沈从文（1902～1988）
－文学研究②沈从文（1902～1988）－人物研究③人物－
访问记－世界－现代 Ⅳ. ①I206.7②K825.6③K812.6

中国版本图书馆CIP数据核字(2015)第102094号

书　　　名	中外沈从文研究学者访谈录　第一辑	
编　　著	张晓眉	
责任编辑	谢　放	
装帧设计	张永文	
出版发行	山西出版传媒集团·北岳文艺出版社	
地　　址	山西省太原市并州南路57号	
邮　　编	030012	
电　　话	0351-5628696（太原发行部）	
	010-57571328（北京发行中心）	
	0351-5628688（总编室）	
传　　真	0351-5628680　010-57571328	
网　　址	http://www.bywy.com	
邮　　箱	bywycbs@163.com	
经 销 商	新华书店	
承 印 者	山西人民印刷有限责任公司	
开　　本	710×1010　1/16	
字　　数	446千字	
印　　张	26.625	
版　　次	2015年5月第1版	
印　　次	2015年6月山西第1次印刷	
书　　号	ISBN 978-7-5378-4399-7	
定　　价	78.00元	

目　录

不忘初心　方得始终

——沈从文研究路上那些不该被忘记的人们

张晓眉

沈从文是中国乃至世界级文学家，也是中国物质文化史研究专家。在三十二卷《沈从文全集》（以下简称《全集》）中，从类别来看，十七卷为文学创作成就，五卷为物质文化史研究成果，十卷为书信；从字数来算，共计一千一百多万字。

从2002年《全集》出版至今，十三年间，沈从文先生的亲属和学界人士一起，先后发现了两百余篇沈从文先生的佚文。随着岁月的流逝，被遗落在世界各地的沈从文作品还可能被重新发现并显现它们应有的影响和价值！

沈从文自20世纪20年代开始文学创作，独特的艺术感受力使得他的文学艺术魅力在他起步阶段就开始焕发光彩。有据可查的如林宰平在《大学与学生》一文中评价沈从文是天才青年，认为其散文《遥夜》："全文俱佳——实在能够感动人。"徐志摩在读《市集》时，评价该文："这般作品不是写成的，是'想成'的。给这类的作者，批评是多余，因为他自己的想象就是最不放松的不出声的批评者。奖励也是多余的，因为春草的发青，云雀的放歌，都是用不着人们的奖励的……"

张晓眉，女，1979年出生于湖南湘西古丈县，现居北京。吉首大学沈从文研究所研究员、对外联络员。2015年毕业于吉首大学文学与新闻传播学院，硕士，主要从事沈从文文学域外传播研究。独立整理《沈从文研讨会纪实》一书，著有《学苑留痕——张晓眉作品集》等著作。

沈从文对湘西的深情描写吸引了世界人们的目光，一批批学者、文学爱好者不远千里万里，漂洋过海来湘西探寻沈从文用文字所建构起来的"人性的希腊小庙"……他的《边城》《萧萧》《柏子》《丈夫》《长河》《湘西》《湘行散记》等著作被翻译成多国文字，有的还被改编成影视作品……

沈从文的前半生以文学蜚声中外文坛，被视为"自新文学以来""所出现的最好的作家"之一，是"年轻一代'京派'的代表"，"北平文坛的重镇"；后半生以物质文化史研究之造诣而饮誉世界，他撰写的《中国古代服饰研究》对起自殷商、迄于清朝三千余年的历朝服饰进行了较为系统的研究和探索，掀开了中国古代服饰研究的新帷幕。该著作还曾被作为国礼赠送给日本天皇、英国女皇、美国前总统尼克松等国外元首。

沈从文以他的文学和物质文化史研究成就向世人书写着传奇！

从20世纪20年代开始至今，研究沈从文的学位论文近两千篇，学术论文近两万篇，学术专著百余种。特别是2002年《全集》出版后，沈从文研究学术专著的出版、论文的发表呈现出井喷状态，沈从文研究领域甚至涉及了各类学科……

亲友、读者、学者是这样理解和评价沈从文先生的：

巴金：病中惊悉从文逝世，十分悲痛。文艺界失去一位杰出的作家，我失去一位正直善良的朋友，他留下的精神财富不会消失……这位热爱人民的善良作家最后牵动着全世界多少读者的心？！……我真想谢谢他，可是我知道他从来就是这样工作，他为多少年轻人看稿、改稿，并设法介绍出去。他还花钱刊印一个青年诗人的第一本诗集并为它作序。不是听说，我亲眼见到那本诗集。从文就是这样一个人。他不喜欢表现自己。可是我和他接触较多，就看出他身上有不少发光的东西。不仅有很高的才华，他还有一颗金子般的心……

张兆和：他（沈从文）不是完人，却是个稀有的善良的人。对人无机心，爱祖国，爱人民，助人为乐，为而不有，质实素朴，对万汇百物充满感情。照我想，作为作家，只要有一本传世之作，就不枉此生了。他的佳作不止一本。越是从烂纸堆里翻到他越多的遗作，哪怕是零散的，有头无尾的，就越觉得斯人可贵。

张充和：不折不从，亦慈亦让；星斗其文，赤子其人。

朱光潜：他是一位好社交的热情人，可是在深心里却是一个孤独者。他不仅唱出了少数民族的心声，也唱出了旧一代知识分子的心声，这就是他的深刻处……我和沈从文相知已逾半个世纪，解放前我们长期在一起生活和工作，我一直是他的学生和知心朋友……我感觉到这些相反的帽子安在从文头上都很合适，这种辩证的统一正足以证明从文不是一个平凡的作家，在世界文学史中终会有他一席地。据我所接触的世界文学情报，目前在全世界得到公认的中国新文学家也只有从文和老舍，我相信公是公非，因此有把握地预言从文的文学成就，历史将会重新评价，而他在历史文物考古方面的卓越成就，也只会提高而不会淹没或降低他的文学成就。

司马长风：沈从文是中国的短篇小说之王……

萧离：沈先生是用不声不响的蚕的态度在工作的：是李义山的"春蚕到死丝方尽"；是郁达夫的"犹吐青丝学晚蚕"；是沈先生自己《喜新晴》诗中句"独轮车虽小，不倒永向前"。

施蛰存：沈从文的作品是现代的楚风、楚辞，不过不表现为辞赋，而表现为小说……沈从文一生写了大量的小说和散文，作为一位文学作家，在中国新文学运动的第二个十年间，他和巴金、茅盾、老舍、张天翼同样重要……

姚雪垠：在北京的年轻一代的"京派"代表是沈从文同志，他在当时地位之高，今日的读者知道的人很少。他为人诚恳、朴实，创作上有特色，作品多产，主编刊物，奖掖后进，后来又是《大公报》文艺奖金评选的主持人，所以他能够成为当时北平的文坛的重镇……

凌宇：沈从文以其创作的独特品格，当之无愧地属于中国现代文学史上为数不多的出色作家之列；中国有两位文学巨匠，一个是鲁迅，另一个是沈从文；马尔克斯只是百年孤独，沈从文是千年孤独……

李同愈：沈从文的短篇小说到底引诱了许许多多年轻的读者，照亮了通到文学之园的途径……

康长福：沈从文是中国现代文学史上一个以自我为支点、以文学为杠杆来推动世界的求索者和实践者。他的求索和实践，书写了中国现代文学中的独特篇章，铸就了别样的辉煌……

马悦然（瑞典文学院院士、诺贝尔文学奖评委）：沈从文是五四以来中国作家中第一个可以获得诺贝尔文学奖的。他的价值是，包括鲁迅在内，没有一个中国作家比得上他。沈从文是20世纪中国最伟大的作家。越是知道他的伟大，我越为他一生的寂寞伤心……

斯诺（美国记者）：沈从文是中国的大仲马……

W·J·F·詹姆尔（英国学者）：一种能够产生鲁迅、闻一多、沈从文的文化，不需要谁来为它辩护……

金介甫（Jeffrey Kinkley，美国学者）：希望他（沈从文）被公认是一个"国宝"——是一个工艺美术鉴赏家，而且是作为给予年轻的艺术家以滋养的人；是对于中国人民的那个无法挽回的，却又是难忘的伟大的过去的一个记录者；是一个鼓舞着，并解放了国内外无数读者的想象力的人；而且还是一个保持他的尊严，安静地进行他的工作的有完整品德的榜样……先生的代表作品是世界上好多文学者永远要看，而且要给自己的子女看的……

王德威（美国华裔学者）：在中国的所有作家里面，如果真的谈到我是谁的粉丝，或谁是我的偶像的话，那么沈从文我觉得是最伟大的作家了……

依拉特奥菲奥雷（意大利学者）：意大利深深喜爱您（沈从文）的作品。您对于人类文明，做出了非常丰富的贡献。我们正计划根据您老的作品，改编一部大型电视系列片……

1980年10月，哥伦比亚大学在欢迎沈从文讲学的海报上如此评价：沈从文是中国当代最伟大的在世作家。

……

中外学者不断认识和挖掘沈从文的价值，昭示着沈从文的文学和物质文化史研究不断走向世界！

沈从文的成就和价值不断被人重新认识，除了沈从文文学和物质文化史研究本身所具备的价值，和早期知名人士如徐志摩、林宰平、胡适、杨振声、梁启超、熊希龄、陈渠珍、陈源、叶圣陶、巴金、朱光潜等对他的认识和欣赏外；更为重要的是，当我们读到《全集》、《沈从文别集》（以下简称《别集》）、《沈从文家书》以及成千上万篇学术论文、百余部学术著作时，我们可以感受到沈从文先生的家人、亲友和国内外沈从文研究学者、文学爱好者对他的作品的收集整理、挖掘并不断做出新的诠释所付出的努力。从某种意义上讲，沈从文先生创造的价值与后人对他的诠释共同成就了沈从文研究事业的蓬勃发展……

这个蓬勃发展的起始：凌宇撰写的《中国现代抒情小说的发展轨迹及其人生内容的审美选择》《沈从文传》《从边城走向世界》等昭示着沈从文系统研究在中国开启了大门；以刘一友、向成国、叶德政、孙韬龙、张永中等吉首大学的老前辈们组建起来的沈从文研究所（室）昭示着沈从文研究作为一门学科在中国大地上生根发芽、开花结果……

如今，沈从文研究已经呈现出了百花齐放局面，有学者甚至提出了"沈学"这一学术概念，这是顺应了事物发展的必然结果。于是，梳理从20世纪20年代以来沈从文研究历程，厘清沈从文研究发展脉络，保持沈从文研究承上启下，对今后沈从文研究发展具有积极意义。

本书基于这一目的，尝试请从事沈从文研究并且取得杰出成就的专家、学者，口述各自的研究历程、研究成果、研究心得、研究观点和展望等。从本书目前所呈现的内容来看，基本达到了最初的预期。

因各种因素，还有大批取得杰出成就的沈从文研究学者未及采访，从这个意义上讲，对厘清沈从文研究脉络仅仅才是一个开始。沈从文研究学者访谈这种形式，将随着沈从文研究成果的取得和不断创新而传承下去、深入下去。

沈从文研究未来能否发展成为一门学科，这有待后来学者的积极参与和共同努力。

沈从文文学和物质文化史研究的影响和价值，随着越来越多的学者和爱好者参与发掘，不断作出新的诠释，这必将推动沈从文研究，甚至是中国文学和物质文化史研究事业不断前进的步伐！

非洲有句谚语："如果你想走得快，一个人走；如果你想走得远，一群人走。"这句话道出了一个真理，那就是无论身处哪个领域，大到国家，小到家庭，只有精诚合作，团结一心，路才能越走越宽阔。我们的沈从文研究也是如此。

沈从文研究呈现今日繁荣局面，是大家共同努力的结果。

懂得和理解过去，才能更好地开创未来！

为此，我们不应该忘记那些曾经为沈从文研究做出过贡献的人们！

让我们向那些曾经为沈从文研究做出过贡献的人们致敬！

谨以此书为证，感谢和记住那些为沈从文研究做出过贡献的人们！

序

读张晓眉《中外沈从文研究学者访谈录》书稿有感

刘一友

一

这是一本有用的书。

它面向的是喜爱沈从文的读者，特别是相关的研究者。

其一，本书收入了多篇国内外当今沈从文研究学者的访谈录，借助这些访谈录，读者可以见及自20世纪70年代末期以来，人们重新发现了作为杰出文学家的沈从文之后的诸般空前热闹：涉及沈从文文学作品的收集、整理和大量出版；涉及在此基础上有如井喷的研究势头；涉及由此而引发的相关研究组织的应运而生和相关大型学术研讨会在沈从文家乡湘西多次召开；另还涉及国内多所高校招收和培养了沈研硕士生、博士生等等。

特别值得注意的是，此期间众多沈从文文学研究者们大都视野开阔，因之其研究成果也随之呈现了一种更多面、更系统的特征。其中一些人的研究，同时还对20世纪20年代至40年代末一些文化名流对沈从文文学作品深刻但却零星的评说作了回溯和梳理，又对此期间和这之后一些"左派"文痞强加于沈

刘一友，吉首大学沈从文研究所（室）主要创始人，《全集》编委、特约编辑，主编、参编过《别集》《长河不尽流》《星斗其文　赤子其人》《永远的从文》《从文学刊》等，撰写出版《沈从文与湘西》《文星街大哥》等著作。曾任吉首大学第一任沈从文研究所（室）所长（主任），吉首大学中文系主任，《吉首大学学报》（社科版）主编等职务，参与筹备、主持了多次沈从文研究学术会议，如1987年第一次全国沈从文研究学术研讨会、1998年沈从文国际学术研讨会、2002年沈从文诞辰100周年国际学术论坛等大型会议，其中小型会议不计其数。在沈从文先生晚年，刘一友教授与他交往频繁，且记录下了沈从文先生大量有关湘西人文历史的珍贵回忆。

从文头上的诸种不实之词，也作了颇见分寸的清算，这种历史性的眼光，为此类研究成果赋予了一份"承先启后"的价值。

其二，本书中还收入了对沈从文家人、亲友及沈从文当年在历史博物馆、社科院历史所时几位同事的访谈实录。这些受访者或兼及，或专门地谈到了沈从文在中国物质文化史研究领域所做的开拓性贡献。这很重要，因为沈从文一生的成就，前三十来年主要在文学创作方面，后三十来年主要在物质文化史研究方面。从表层看，专业大变，但从深层看，变中有不变处，这便是他对"人"之"神性"的关注，对"真、善、美"的关注。忽略了沈在物质文化史研究领域的探索和成就，所见沈从文的贡献是片面的，认识其人，也就不全面了。

其三，通过对国外几位沈研专家和中国现代文学史专家的访谈，让大家粗略得知国外的相关研究在思想自由度和视角选择等方面与我们的异同。另，访谈中，还兼及沈从文作品在他们那里的影响状况。这类访谈，可给人一个明确印象：沈从文的文学创作不仅属于中国，也属于世界。

总之，我认为由张晓眉采访整理而成的这本《中外沈从文研究学者访谈录》（以下简称《访谈录》）所提供的丰富信息，对一般喜爱沈从文的读者或可起一分导读作用，对于起步从事沈从文研究的人而言，则大大有助于开阔视野、窥测自己研究方向，或在此前研究者们已开拓的基础上向前推进，取得更深更广更为多样的成果。再，或在明白沈研大格局前提下，干脆另辟蹊径，成一家之言。我甚至还想到，今后如有谁想写一本《沈研史》的话，这本《访谈录》必将是绕不过的珍贵史料。

二

这是一本有趣的书。

由于受访者有沈从文的亲人、朋友和同事，他们在谈及沈从文的文学创作和文物研究时，必然要涉及沈从文的人品，一涉及人品，受访者为情感所牵动，必然要忆及沈从文在日常工作和生活中待人接物时充满其个性的独特细节，有趣。这类受访者有的还谈及了自己婚姻、家庭、工作如何受惠于沈从文这一长者的故事，充满温馨，近乎传奇。

受访的沈研学者中有几位是登门拜访过沈从文的，忆及初见沈从文时的情景，或恭敬有加，或不知深浅，诸种表现，备见个人学养和性情，有趣。

细读这一则则的访谈录，可发现国内每位受访者由于面对的是一位态度诚挚的年轻学生，不是大都习钻的媒体记者，心理上不用有所设防，因而率性而谈，支蔓一些也无所谓。这一来，个人性情在不经意间充分外露，或格外细心严谨，文质彬彬；或格外倔强不驯，机智聪明。有趣。

还有三四位年长的国内沈研学者谈及自己20世纪70年代末和80年代期间作沈研时的一些经历。其中一位刚刚起步，便招来了老权威的质疑。再，他们几乎无一例外地都遇上了20世纪80年代"清理精神污染"和"反自由化"的惊吓，这情形，颇似民谚所言，理发学徒刚待试手，"开张遇着连鬓胡"。面对这类荒唐，各有各的应对态度，各有各的一份底气。有趣。

说到这儿，似还不应忘了也来说说对以上诸人进行采访的张晓眉。张本人系一尚未毕业的硕士生，年轻，自然属于"小人物"了，其采访对象则多为七八十岁，甚至九十岁的学者，面对这类"大人物"，她那份紧张、急切、随时担心自己举止失礼的心态，常在不知不觉间夹带进了一份份"访谈录"的记叙中，也有趣。

显然，以上提及的受访者，包括采访者，人人心性各异，但也看得出，他们有一点是共同的，这便是真诚和质朴，正基于此，大家才一道"走进"了格外真诚和质朴的沈从文。

三

这是一本做起来困难颇多的书。

首先是采访前的准备工作不易。

去采访一个人之前，得大致了解该人生平简况、专业背景及相关成就。如系登门去到对方私宅采访，似还应多少知道一点别人家庭成员的情况。当然，对张晓眉而言，重要的是弄清受采访者与沈从文的关系，或有交往，或只属仰慕者、研究者。采访者只有对上述种种有了不同程度的概略了解之后，才能确定自己采访要点何在，着手拟定采访提纲。

张晓眉是学文学的，其采访对象中有从事雕塑的，从事文物研究的，甚至是从事机械制造的，你去访谈，虽会聚焦于谈论沈从文，但别人三句话不离本行，甚或别人这一本行的选定和精进还与沈从文有着这样或那样的因果关系，你能在别人谈及这些事时呆若木鸡吗？因此，事前对别人那份与自己隔行的东西多少知道一点似有必要，但隔行如隔山，哪怕只求懂一点点，何其难也！

再说，如去采访的是沈从文研究专家，不隔行了，但自己对沈从文的理解哪能和专家比，要访谈，你先得多少了解一下对方在沈研方面的成就，这一来就得去读该专家特别有分量的一两部专著或一两篇专论，为求更深入，有时甚至还得与另一二研究者近似的著作比照着读，做出自己的思考，这工作量该有多大！

真令人惊讶，从眼前这本书稿中，我们见及张晓眉对每位受访者拟定的提问少则二三十个，多的竟达八十来个。这么多的问题，采访者总得精心做出排列组合，对如何突出重点，如何步步导入有所构思，否则，如系二人面谈，你一大堆乱糟糟的问题摊在别人面前，会让别人思维在无序的问题间跳来跳去，还可望深入吗？这情况一旦引发，采访者自己常会乱了阵脚，即使受访者谈吐间出现新的闪光点，采访者也难于敏锐跟进，取得意外收获。

以上所谈，属张晓眉在采访前要做好的准备工作，难！

准备工作就绪，可去采访了，只是新的困难往往随之横亘面前。

须知，张晓眉所要采访的人散居南北，有的还在国外，联系不易，且受访者大都上了年纪，怕人打扰，略为年轻些的无不属超级忙人，面对这情况，只能见缝插针，一旦联系上，得立即抓紧前往，揪住不放。正因此，才让我们得以见及她年关前夕，在北京街头冒着风雪走路前往历史博物馆采访的轻快之旅。近似情况还有，不说了。好在张晓眉一份湘西人特有的执着和真诚足以打动受访者，不然，谈上个把钟头，别人可能就会随便找个借口，客气地将她打发出门了。

难矣哉！

正因为难处多多，目前对欧洲相关学者的采访暂缺待补。即便如此，面对眼前这本厚厚的《访谈录》书稿，还是让我想向完成这一工作的采访和整理者张晓眉说上一声：——

"辛苦了！"

四

最后，且让我在这里借机说些与书稿无涉，却与书稿作者相关的闲话。

2014年6月14日，我从深圳回到吉首，6月20日即受邀参加吉首大学文学院主持召开的"沈从文文学创作90周年暨《边城》发表80周年学术研讨会"。20日下午，与文学院人一道乘大客车前往会议地点茶峒，上车时，才第一次见到刚由北京匆匆赶来参会的张晓眉，她系吉首大学文学院的在读硕士生，研究沈从文的。车达茶峒，晚餐后在宾馆住房里，我便受到了张就我与沈从文研究相关问题的采访。平日我总怯于别人采访，何况属突然袭击，此时特邀上一位朋友在旁帮忙对付。张近乎连珠炮般的有序提问，让我有几分惊奇，经了解，原来她早就拟有一份对我采访的提纲了，只是一直找不上我。

会议实际只开了半天，21日下午此会即散。会后不久，张晓眉重返北京办事。11月底，我收到她从北京寄来厚厚的这本《访谈录》书稿，此系由她一人采访和整理的，请我帮忙看看。

近些年，我忙于其他，对沈研早已疏离，几次相关学术大会均没参加，想到看这书稿也是一次熟悉动态和向别人学习的机会，于是认真地读起来，边读边做些笔记，写点心得，花了十天左右，终于读完。

在通读张晓眉这本四十多万字书稿的过程中，从张所写相关记事和与多人对谈的实录间，我顺带发现了她本人诸多十分惹眼的优长。

张晓眉心地明洁，情感真挚，备见人文精神，对所触富于个性化的细节格外敏感，对境象推移造成的氛围转换也有着不一般的捕捉能力，文笔亦可。且看得出，她做起事来，十分专注，超常耐烦。

张的上述优长，在我眼里，它属当个作家必备而又难得的一些重要素质，由此，一个明晰的念头在我心里生成，想建议张晓眉今后干脆努力去争取当个作家好了！我认定这将更有利于充分发挥她业已显露的优长，比起未来去当个学者，也许那作家生活会为她带来更多的色彩和快乐！

只是，每想到这，相关的另一问题就冒了出来。一个好作家的成长，主观因素固然重要，但客观土壤和气候似乎常常更具有决定性作用，倘若环境不尽如人意，个人素质再好，再勤奋，大约也只能混成个无"独立之精神，自

由之思想"的不三不四的角色，这就大可不必了。看来我之建议是否可行，
还得走着瞧，张晓眉是研究沈从文的，相信她自能做出权衡。

2014年12月11日于吉首大学

序

访谈实录，开创新局面

向成国

　　这本《访谈录》是张晓眉同学读研期间对中外部分沈从文研究学者的访问记录，它在一定的范围内，从一定程度上反映了自20世纪70年代末至今的沈从文研究的历史进程，以及各研究者的研究视角、方法和取得的成果。由此我们可以看到三十多年来沈从文研究的大致面貌，它为未来的沈从文研究提供了不可或缺的基本材料。

　　文献资料是科学研究的基础条件之一。任何科学研究都必须对与本课题研究相关材料进行全面的综合分析，在此基础上确定课题研究的方向和基本方法。马克思说："研究工作应该是详细地掌握材料，分析这材料的各种发展形态，并探寻出各种发展形态的内部联系。只有把这种工作完成后，才可能适当地把现实的运动描述出来。当这层已经做到，而材料的生命已经获得观念的反映时，那么呈现在我们面前的就好像是一个先验式造成的结构了。"那种不重视文献资料，只凭自己的想当然，或对文献资料任意肢解，断章取义，各取所需的做法，都远离科学研究的实际，不可能得出任何科学的结论。

向成国，吉首大学沈从文研究所（室）主要创始人之一，《全集》编委、特约编辑，主编、参编过《别集》《长河不尽流》《沈从文研究》《永远的从文》《星斗其文 赤子其人》《从文学刊》等，著有《回归自然与追寻历史——沈从文与湘西》等相关学术著作。曾任吉首大学第二任沈从文研究所所长，《吉首大学学报》（社科版）副主编等职务，参与筹备、主持了多次沈从文研究学术会议，如1987年第一次全国沈从文研究学术研讨会、1998年沈从文国际学术研讨会、2002年沈从文诞辰100周年国际学术论坛、2012年沈从文诞辰110周年全国学术研讨会等大型会议，其中小型会议不计其数，与国内外沈从文研究学者有广泛学术交往。

沈从文研究从沈从文登上文坛后的20世纪20年代中后期就开始了，有九十年的发展，已经形成了一部沈从文研究史，积累了相当丰富的研究文献资料。这本访谈录的问世，是对沈从文研究资料的补充。

沈从文是中国20世纪的伟大的文学家、杰出的物质文化史研究专家、思想深刻的哲人。他从小就在现代人文主义极为浓厚的凤凰接受现代人文主义的熏陶，在以后几十年的社会实践中，逐渐地形成他博大的人文主义情怀，从而树立起了现代人生理想，培养起了中国20世纪知识分子的民主进步的价值观念。他非凡的人生传奇，他"为而不有"的人格风范，他在文学创作和物质文化史研究方面的伟大贡献，他深刻的思想和人文精神，都是他追求人文主义理想的实践记录。回顾这九十年沈从文研究的历史，对沈从文这种总体研究是欠深入的。

与这种研究欠深入相关联的是，对沈从文物质文化史研究取得的巨大成就也涉足甚浅。

因此，未来的沈从文研究还面临着艰巨的任务。在新的研究形势面前，更要高度重视沈从文研究资料的搜集、整理和分析。从这一角度说，《访谈录》对未来沈从文研究开创新局面是有价值的。

2015年3月5日于吉首大学

序

访谈实录，永载史册

杨瑞仁

　　张晓眉的这本《访谈录》现今得以正式出版，因其过程较为曲折，我先后为该书写了两篇序言（详情请见本文其一和其二），因为两篇序言对目前这本《访谈录》得以诞生背景都有一些介绍，所以我决定将前后写的两篇序言都交给晓眉随书一起出版，以便读者了解。

其一：《访谈录》序

　　2012年至2013年，晓眉采访整理了一本《沈从文诞辰110周年全国学术研讨会访谈录》，准备出书，我遵嘱写了以《访谈实录，永载史册》为题的序。后来，晓眉出书计划推迟，准备扩大为"中外沈从文研究学者访谈录"。又经过一年多的努力，才有现在这本书，增加了外国学者的访谈，也增加了一些国内学者和相关人士的访谈，容量和分量都扩大增强不少。每一份采访文字的前面，晓眉都有"写在前面的话"，记录采访经过，有些记录看似琐碎，如采访黄能馥时已近年关，满街找打印店，两小时无结果，偶然中解决了问题，就冒出了"沈从文先生在天之灵的保佑"念头，其情其景，可信可爱，艰辛可见，殊为不易。"保佑"一说，当然子虚乌有，倒是沈从

　　杨瑞仁，曾任吉首大学沈从文研究所第三任所长、《沈从文大辞典》执行主编等，参与沈从文诞辰100周年国际学术论坛、沈从文诞辰110周年全国学术研讨会的筹备工作及吉首大学沈从文纪念馆的筹建工作，撰写《沈从文·福克纳·哈代比较论》《沈从文研究专题目录集》《沈从文研究资料》等沈从文研究著作。现任湖南比较文学与世界文学学会副会长、湘西文化研究会副会长兼秘书长、吉首大学张家界学院非物质文化遗产中心主任、张家界市文艺收藏家协会副主席、吉首大学张家界学院特聘教授等职。

文的"耐烦"精神，晓眉学到一些，才能做出了今天这样的成绩。

这是一份不简单的成绩。这些访谈，有一种磁力，吸引我一看再看。在我看来，从某种角度和程度来说，《访谈录》就像沈从文研究的形象学术史，它由诸多学者、研究者和沈从文的亲朋好友的生活经历、工作经历、学术经历以及思索和体会、回顾和前瞻、争论和探讨等方面生动的叙述而串联在一起，其中有不少人物的踪迹、交往、学术的探讨交流、学术成果的成因，关联度很高，而将其串联起来的关键人是采访人晓眉。采访人要研究每一个采访对象，他们的经历、文章、著作、观点、理论等，提出有价值的问题。这个过程是学习过程、研究过程和成为专家的过程。这种专家就是学术史专家，沈从文研究需要这种专家，晓眉工作的独特价值和意义也在这里。我也曾当面和晓眉讲过这种看法，我希望她重视这种独特的价值和意义，进一步推进这项工作和研究。采访对象还可扩大，包括那些有成就的中青年学者。材料还应进一步整理、分析、挖掘，从而写出一部真正的沈从文研究学术史。

2015年2月中旬，晓眉将扩容的书稿发给我，希望将原序调整修改一下。我想，时过境迁，原序还是保留为好，这样更符合学术史精神。另外又有点新想法，写出来，作为原序的补充。

2015年3月写于一砚斋

其二：原序（《〈访谈实录，永载史册——沈从文诞辰110周年全国学术研讨会访谈录〉序》）

每年的12月25日是西方人的圣诞节。在湘西，也有人把12月28日沈从文的诞辰戏称为"湘西人的圣诞节""凤凰人的圣诞节"。这现象既偶然，也必然。偶然——这两个诞辰恰好挨得近，挨得巧；必然——湘西旅游的发展、凤凰旅游的发展与沈从文确实有极大关系，另外也说明文学有超乎寻常的影响力。

在沈从文诞辰110周年全国学术研讨会会之前，吉首大学还召开过两次会，一次是沈从文诞辰109周年纪念会，一次是2011年5月10日沈从文逝世23周年纪念会，这两个会可以看成是2012年12月沈从文全国研讨会的吹风会和预备会。我在会上致辞："如果我们错过了明年，我们就错过了整整十年。"2011年5月10日，我在《吉首大学沈从文逝世23周年纪念会致辞》中也说："肩负沈从文研究的神圣使命，已经成为吉大人的集体无意识。"在沈从文诞辰110周年全国学术研讨会上，我在发言时，再次谈到了我的体会，晓眉被我的这些话触动，因此有了110周年纪念会的采访行动，她不失时机，不辞辛劳，踏踏实实大面积采访和记录到会学者的谈话和发言，做了一件功德无量，永载史册的好事。

2012年沈从文诞辰110周年全国学术研讨会的准备应该追溯到2010年初。历史的使命感和紧迫感促使吉首大学文学院领导提出纪念沈从文诞辰110周年"五个一工程"：一、建设沈从文纪念馆；二、编辑《沈从文大辞典》；三、编辑《从文学刊》第六期纪念专辑；四、召开沈从文110周年诞辰纪念会；五、编辑沈从文诞辰110周年学术研讨会论文集。现在回顾起来，"五个一工程"基本实现和完成。关于《沈从文大辞典》和纪念馆的工程，我想作点说明。

先说编辑《沈从文大辞典》。项目由文学院领导提出，从我个人来说，这是超大胆、超乎想象的计划。文学院聘我为《沈从文大辞典》第一执行主编，也是出于一种责任感和使命感，我硬着头皮承当下来。文学院动员了三十位老师，六十位学生集体编写，经过两年努力，基本编成，现在进入后期校稿和词条索引编辑阶段，实为不易。这个项目工程浩大，稍有延宕，未能在沈从文诞辰110周年时出版，有些遗憾，但情有可原，希望上下一起努力推进这个项目完成。

再说沈从文纪念馆。沈从文纪念馆建设的设想由来已久。沈从文先生去世后，沈家陆续有一些珍贵的书稿和衣物捐赠，社会文物也有些捐赠和线索，建设纪念馆时常被提起。作为项目正式提出是2010年年初，文学院和沈从文研究所草拟了《关于建设沈从文纪念馆的报告》，在2010年1月22日举行的校长办公会议上正式提出和报告了基本设想，提案获得肯定和通过，学校下发了《吉首大学校长办公会议纪要2010年1号》，沈从文纪念馆正式上马。纪念馆分为"走进从文"（序厅）、"从文之谜"（沈从文生平事迹厅）、"从文习作"（沈从文著作和文学形象厅）、"抽象抒情"（沈从文物质文化史研究厅）、"永远从文"（沈从文研究和纪念厅）五个厅，结合专业人士意见，决定借鉴北京鲁迅纪念馆的基本色调和格局，加上湘西的元素，大气而不铺张，精致却不猥琐。现在看来，这些设想都得以实现，只是实物有待进一步征集和充实，提高的空间很大。

晓眉的这本《沈从文诞辰110周年全国学术研讨会访谈录》（以下简称《学术研讨会访谈录》）的采编和结集，可算是沈从文诞辰110周年系列活动和成果的意外收获。虽然有一本会议论文集，但《学术研讨会访谈录》却并不重复。多数学者的发言并不照本宣科，而是谈自己的主要观点和体会。在点评回应和讨论环节更碰撞出火花，也有不少真知灼见。特别是专访和随机访谈，范围更宽更广。譬如，凌宇谈沈从文、王瑶，王继志谈博士研究生的论文，吴世勇谈《沈从文年谱》编写，安琪谈沈从文故乡，等等。可以说，《学术研讨会访谈录》是会议论文的有益补充。

会议期间虽然会见了一些老朋友，认识了一些新朋友，交流还是短促匆忙的。面对《学术研讨会访谈录》，仿佛又在和这几十位学者对话，又实实在在接受了一次观点和理论的洗礼。现就感受深的谈两点。

第一点，是关于沈从文文学地位的评价。

在大会发言中，凌宇推出现代文学"两巨匠论"。他谈了巨匠所依据的才华、知识和智慧、胸襟等三个标准，谈了《野草》和《烛虚》两部作品的思想和艺术成就，谈了沈从文关于生活和生命理论与马斯洛生存和发展理论的惊人相似，又用排除法谈了周作人、茅盾、胡风、赵树理的创作。凌宇观点虽然"霸蛮一个"，但从多方面多角度谈两大巨匠的主要成就和特征，可以支撑其"两巨匠论"。

周仁政在发言中推出"三分天下论"，即现代文学史是一部由左派、京派、海派支撑的文学史，沈从文作为京派的第一代表，自然是三巨匠之一。周仁政的观点可谓"三巨匠论"。另外，周仁政从现代文学三大母题——民族母题、政治母题、人性母题——来评价人物的地位。显见，鲁迅是民族母题的代表，沈从文是人性母题的代表（张爱玲也应该是人性母题的代表。沈从文代表京派——审美，张爱玲代表海派——审丑）。文学最高母题是人性，民族母题次之。无论如何，这一理论也基本可得出"鲁沈张"三巨匠的结论。周仁政有系统理论支撑，有一定的说服力。

我在会上的发言也是关于沈从文的文学地位。我是从世界乡土文学和中国乡土文学的角度来谈沈从文的文学地位。我认为从中国乡土文学史来看，沈从文虽然不是中国乡土文学的绝对的首创人，却是中国乡土文学的集大成者。相对来说，从不同类型来说，沈从文是中国乡土文学新类型的创始人。另外，我曾对现代文学作家进行过几种关键数据的统计，从社会和学术界的关注度（作家名和代表性著作出现在报刊次数等）来看，处在前三位的依次是鲁迅、沈从文和张爱玲。统计结果暗合周仁政"鲁沈张"的定位。

第二点，是关于沈从文的比较研究。

凌宇在开幕式上谈到沈从文的比较研究，他认为比较文学的角度很值得研究，譬如，沈从文与福克纳的比较研究，沈从文与川端康成的研究，沈从文作品与马尔克斯的《百年孤独》比较等，凌宇说他不懂外文而不敢做。这次参会有三位学者是作比较文学研究的，他们是王颖、刘伟、白玉兰。王颖、刘伟合作写了《现代视野下的华兹华斯和沈从文》。他们先学英语专业转而攻比较文学，既有外语又有比较文学专业知识，所以文章写得比较到位。论文在现代性的视野中对华兹华斯和沈从文作平行比较，可比性很强，很说明问题，对双方的文学性质意义特征揭示得比较到位，起到互相照亮的作用。白玉兰学的是日语专业，来自外国语学院，她研究沈从文与川端康成，谈得很从容，有底气。这就是懂外语的优势，展示了新一代沈从文比较研究学者的风貌。总之，从他们身上我们看到了沈从文比较研究的广阔前景。

2012年12月28日，是沈从文诞辰110周年，吉首大学和凤凰、花垣两县联合举办"吉首大学沈从文纪念馆开馆暨全国学术研讨会"。这是继2002年沈从文100年诞辰国际学术论坛之后又一次盛会。2002年的盛会，我作为沈从文研究所的秘书长，是主要的组织者之一。2012年的会议，经过多方努力，会议得以如期召开，深感欣慰。

晓眉将《学术研讨会访谈录》送给我看，我答应写几句话，由于目下手头工作十分繁杂，拖了很久，终于抽出时间细读《学术研讨会访谈录》，写了如上的话，充作序。

2013年12月写于一砚斋

中外沈从文研究学者访谈录

Zhongwai Shencongwen
Yanjiu Xuezhe Fangtan Lu

国内学者

凌宇教授专访

采访者张晓眉（右）与凌宇教授（右）在吉首大学
沈从文纪念馆合影

写在前面的话： 决定去采访沈从
文研究著名专家凌宇老师，源于以下
三个意图：一是我写了《中西合璧：
金介甫〈沈从文传〉和凌宇〈沈从文
传〉的殊途同归》论文，引用了一些
与凌宇老师相关的资料，其真实情况
我不能确定，想从他那里得到核实；
二是我在论文里引用了一些学者对他
的《沈从文传》的评价，最主要是我
自己对这部著作也有一些评价。对我来说，我只是一个刚刚入门沈
从文研究的初学者而已，一来就评价一位从事沈从文研究几十年的
权威专家，刚开始写的时候好像很有初生牛犊不怕虎的勇气，事后
想想还是觉得有些不大妥当，值纪念沈从文诞辰110周年全国学术
研讨会在吉首、凤凰、花垣三地举办，得天时地利人和之便，正好
趁此机会当面向凌宇老师请教；三是我想拜见这位在"文革"后北
京大学恢复首批研究生招生，从八百多名考生中脱颖而出的六名幸
运儿之一、大名鼎鼎的沈从文研究专家，这也是此次采访凌宇老师
的主要意图。

现将采访内容整理如下，以期给今后的沈从文研究提供一点
参考资料，澄清一些因以讹传讹而产生的误解。更为重要的是，
从事沈从文研究三十余年的凌宇老师对沈从文研究的宝贵经验、
独到见解也很值得同行学者们的重视和借鉴。

张晓眉：您是王瑶先生"文革"后招收的首批研究生之一，也是国内第一个因研究沈从文而获得硕士学位的学者。有一个很冒昧的问题想请教您，据说您与王瑶先生因为研究鲁迅还是沈从文起过争执，您坚持要研究沈从文，王瑶先生坚持要您研究鲁迅，最后是以您放弃了继续攻读博士而告终。真有这样的事吗？如果是真的，可否请您谈谈当时的想法。

凌　宇：王瑶先生和我引起的这个争论，和你讲的这个不是一回事。关于这个问题没有任何作为证据性的东西，你这是道听途说的。在我来看，我觉得很好玩，与事实出入很大。像这些东西，你不写则已，要写就得核实确有此事，要有事实依据。如果没有事实依据就这样写出来，那就是以误传误。

这件事情的始末，是关于我硕士研究生毕业进行论文答辩，当时我写的硕士论文也不是专门研究鲁迅，或者研究沈从文，论述的对象不止沈从文一个，其中包括郁达夫、废名、孙犁以及左翼作家和京派作家等，是对中国现代抒情史的一个整体论述。我的硕士论文题目是《中国现代抒情小说的演变轨迹及其人生内容的审美选择》，后来发表在《中国现代文学》上。

我虽然是王瑶先生的研究生，但当时我、钱理群、吴福辉、赵园、温儒敏等几位同学是由两个导师一起带的，就是王瑶先生和严家炎先生。我和吴福辉的论文是由严家炎先生指导的。钱理群写的是关于鲁迅的，由王瑶先生指导。

论文写好提交后，就是毕业论文答辩。我的答辩是从早上九点钟开始一直持续到下午一点钟，答辩了十次，用时四个小时。一篇硕士论文答辩了四个小时。我现在常和别人开玩笑说，在中国学位教育制度上，自有硕士答辩以来，我的答辩是前无古人后无来者。

因为王瑶先生当时是中国现代抒情小说研究权威学者，在答辩时，王瑶先生就开始提问，因为他不同意我的论文的基本理论，当时他提出的两个最基本最尖锐的问题：一是我在文章里面用到了"人性异化"这个观点。王瑶先生当时就说，按照你的这个观点，我们这些人都异化了？这是一个很尖锐的问题。这也难怪他会有这种思想观念，因为他年轻时代就是倾向于"左倾"的一个左翼作家和学者。王瑶先生提出的第二个问题是，你这篇论文写抒情小说，把沈从文和左翼作家放在一起进行论述，你把沈从文放在高于左翼作家这么一种地位，这个观点我们是不能接受的。然后他就谈他的观点和看法。我就针对王瑶先生的观点和看法进行反驳，因为我感到如果再不进行辩护，就会影响到我的论文能不能通过的问题，当时就觉得不能再讲客气了，只好义无反顾了，带着豁出去了那么一种意思，针对他提出的问题做出了相应的回答。我陈述完毕后，王瑶先生说，你现在可以离开了，我们最后再讨论一下结果，最后以答辩委员会投票决定最后的结果。我就出去了。过了一会儿，他们叫我进去，然后宣读：你的论文全票通过。当时东北大学有两个老师到北京出差，得知北京大学"文革"后第一届硕士论文答辩，就来旁听。我答辩完出去后，他们也跟着我到外面，两个人都握着我的手说，我们真佩服你的学术勇气！然后他们就走了。

因为我在答辩时反驳了王瑶先生，钱理群等人认为这是一种北大精神，后来钱理群多次在公开场合把它作为北大精神来进行宣讲，认为这是北大精神的一个象征性和标志性的事件，一个典型标准和实例。为什么这样说呢？一是因为一个学生敢于坚持自己的学术见解，不管是不是老师，不管是不是权威，敢于坚持"吾爱吾师，吾更爱真理"这种精神和学术勇气很可贵；二是因为王瑶先生宽容的学术精神。作为一个大师级的学者，他虽然不同意你的观点，但最后他觉得你言之成理，他又能够包容你。这就是钱理群等人到处宣传的基本意思。

这些都是有据可查的。说到这里，就涉及你们做学问资料搜集工作的问题，像这样的材料，如果工夫做得扎实，你就应该找到钱理群他们发表的那些文章，其中有个刊物还把钱理群的那个讲话文摘了的，是小一点的那种专门刊登学术简讯等重要文章刊物，是不是《文萃》我记不清楚了，好像《文摘》一类的刊物。要是工作做得细致一点，就不用采信道听途说的材料了，这个就是今后做研究做学问要注意的。

毕业后，我回到长沙工作，就给王瑶先生写了一封信，说我这一生投身您的门下，感到非常幸运，从您的为人为学，学到了很多的东西。然后我就提到了答辩的事，我说，至今想来，我有悖于作为一个学生的传统之道，我不该和先生在当时那种情况下表现得那样慷慨激昂。大概就是这么一个意思。王瑶先生回信说，在学术上有不同的见解，此乃常事，不必挂怀，以你的才华，如果坚持下去，一定会有所成就，只是不可自视甚高。这个也有文字材料。王瑶先生去世以后有一个《纪念文集》，你可以找得到的，只要在北大一问就晓得。《纪念文集》里面有我的一篇悼念王先生的文章，这个《纪念文集》就把那封信的原文刊载在上面了。这个也是一个有据可查的资料，那些话是他的书信的原话，所以说你的资料准备不足就在这里。

关于北京大学的博士学位，那是我们毕业以后才开始恢复招生的，不可能我当时就可以继续在北大读博，我和王瑶先生因为研究鲁迅和研究沈从文起争议，最后选择不读博而告终是不存在的。也没有说要留我在北大，因此也就否决了我因为研究沈从文而留不了北大，这事都是没有的，都是不真实的。整个事情的始末就是这个始末，就是这么一个过程。

张晓眉：沈从文在给一位青年的书信中提到过，说如果您不是研究沈从文，留校是不难的。难道沈从文说的也是不真实的？

凌　宇：那是他自己的一些推断，没有这回事。

张晓眉：作为湘西人，您在从事沈从文研究过程中，是否常感到一种来自家乡人的那种情感，这种情感有时会干扰到您对沈从文的研究和评价吗？是否曾经也造成过一些主观倾向和有失偏颇？比如说有的学者在评论您的《沈从文传》时，认为您是持"仰视"态度，您认可这种评价吗？您觉得您现在已经跳出了作为家乡人去研究家乡人的那种情感了吗？

凌　宇：关于情感问题，对于沈从文的研究而言，甚至对所有的研究而言，不可能没有研究者的情在里面，如果没有研究者的人文情怀本身在里面，至少在我看来，这种论文是没有价值的。至于这种情，有时分不出是以一种概括或者是主观倾向，我说出来以后，至于你看的人，那是仁者见仁，智者言智，任凭人说去。就我来说，带着自身的情感介入研究对象，有这种可能，也有可能造成主观上的偏颇或者主观倾向。有些，我觉得也不一定就是主观或偏颇。由此来讲，《沈从文传》是不是持"仰视"角度，这个别人怎么看那是他的一种角度。就我而言，不可能！我觉得不是一种仰视的角度。我的一个基本态度就是《沈从文传》的开头写的，我是站在一个文学史和文学史家的立场来看20世纪的整个中国文学的架构。比如关于沈从文的政治地位，我就将沈从文定列在郭沫若、鲁迅他们的那个政治立场。包括周作人，这些都是从一个史料的角度来关注他们的。

我的沈从文研究到底是不是"仰视"？这是因为看我的《沈从文传》的人受自己主观情绪影响的结果。如果你觉得《沈从文传》的相关评价，包括我的评价，认为评价过高了，那你肯定认为我是仰视。但如果你觉得还不足，那你绝对不会觉得我是仰视，或者你觉得我对他的评价写得恰如其分，那你就会觉得是实事求是。事实上无所谓平视、仰视和俯视的问题，因为客观事实是这样的。

你是从哪个角度、哪一点上认为我是主观偏颇？哪里存在着什么平视、仰视和俯视的问题呢？不管是《沈从文传》也好，《从边城走向世界》也好，我从来没有说沈从文在中国文学史上坐第几把交椅，我也从来没有说过鲁迅水平比他低，我也没说除了鲁迅以外，沈从文超过其他所有的作家。就我的观点看，给作家排座次，你不是讲了嘛，文无第一，武无第二吗？因为我觉得这个是极其世俗的、非学术态度的一种观点。给作家排座次，这是一种极其无聊的做法。当然我也不是说作家中间没有高低、上下之分。那有什么呢？只有层次不同之分。比如说，这个作家还处于一种比较低的层次，或者属于一种中间的层次，有的作家则属于高一点的层次。

我又要问，鲁迅和沈从文属于中国现代最高层面上的作家，至于哪个第一，哪个第二，你凭什么评判人家第一或者第二呢？各有所长，也就各有所短，他们只要在整个评价中处于大师级的地位，同是大师和大家，你又有什么必要把这个放在前面那个放在后面呢？按照社会公投，有一个20世纪中国作家排行榜，沈从文排在第三。一个是专家给的投票，一个是一般读者投票，专家的投票鲁迅、沈从文、张爱玲都是一百分，读者投票鲁迅、张爱玲是一百分，沈从文大概是九十五或九十八分，我记不清了。这样沈从文排到第三名。这个排第一是什么意思呢？张爱玲超过沈从文了吗？就小说创作而言，鲁迅和沈从文两个人比较，从作品本身的艺术表现力来说，你能说鲁迅一定就比沈从文强吗？就我个人来看，就从乡土的表现力这一块而言，鲁迅就不及沈从文。但从知识分子这种创作角度而言，沈从文不及鲁迅。所以说学术研究本身就是是处论是、非处论非。你如果说他属于哪个层次的作家，那是从他的整个创作综合考虑的。

作家在他的创作路上有三个层次，第一个层次就是比才华。你写的文章，脑袋来得活，词汇很漂亮很华丽，这些才华拿来比了，那你可能就是才华不行，而我就是才华横溢，这是第一个阶段。第二就是比拼学识、人生积累等等，综合式的。即知识面广不广？古人讲的琴棋书画、诗词歌赋都要来得。除了视野以外，艺术表现力要深刻，那就技高一筹了。除了人生积累外，还有就是人生阅历丰不丰富了。至于学识，就是古今中外的一些相关理论知识你把握了多少？以钱锺书为例，他学贯中西，在写这种类型小说的时候，你没有这么高的修为就写不到他那个份上。第三个阶段比拼胸襟、人格。现代中国作家的人格能超过沈从文和鲁迅的，我觉得没有第三个人。不管谁来点我这个，我都认可。当然你也可以说我胡说八道，你说我胡说八道就胡说八道吧，但我就认这个观点。

鲁迅和沈从文的作品内涵所包含的那种大悲悯，上升到人的现实和终极存在这一终极观和现实关怀到终极观的哲学自由思想，而且是以独特的方式达到的，不是鹦鹉学舌，以他们自己对人生的独到穿透力来形成对中华民族的现实存在和终极存在的一种根本关怀，是其他作家都没有的。我就是这样讲的，你觉得我武断，你讲出第三个人来。或者你觉得我讲沈从文未达之处，你讲出个道理来。我讲这个不是没有道理的，鲁迅凭一本《野草》，在这个领域可以说是无人可及。沈从文同样以一本《烛虚》，他在哲学思辨领域也是无人可及的。所以我称他们是中国现代散文史上的双璧。

张晓眉：随着沈从文研究的不断深入，沈从文研究已经涉及了几乎每一个领域，比如生态、精神病理等。您作为已有三十多年研究经历的沈从文研究专家，您对当前沈从文研究肯定有很深刻的见解，您觉得当前沈从文研究的这种多元化是否是一种学术疲劳现象？

凌　宇：这个东西是这样的，沈从文研究从20世纪70年代末至今，已经有三十多年了。最初，沈从文从没有人关注，甚至他的专门研究还没有起步，国外也是很晚，也不是很早。在这个研究的过程中，经过了这么多年，那也不是沈从文一个，几乎所有对现代文学作家进行研究的，都经历了一个从无到有，再到现在的专业分工过程。每个高校现在都有现代文学史和史库，这么多学生包括学者都在从事研究，因此没有被开辟的领域是很少的。

到目前为止，就沈从文研究而言，在整体上，包括研究生，还没有出现大格局的突破。那么在这种前提下，这些研究者只能够涉足譬如你讲的生态、精神病理这些角度。这些看起来好像新鲜一些。这个值不值得研究？我认为值得研究，所以从这个角度来讲，也不能完全否认它。

也像你讲的，正是因为沈从文研究已经不再是一块未开垦的土地，所以我曾经跟很多人讲，我这一辈子做沈从文研究，开始大家都很不屑，后来取得了大家的认可。实际上我还是得益于两点：一个是大的时代变动，带来的是对意识现象的重新审视，我恰恰是处在这个历史转折时期，处在时代的潮头、前沿，得风气之先，肯定占便宜呐！就像胡适写新诗，谁都没写他开始写，从现在看来，这种水平的诗我一天可以写五十首。但你不能从这个角度来评价胡适的新诗，对不对？胡适那个算什么诗？在现代文学史上胡适算什么？这就不对了，你要从历史的角度看。因此，我的沈从文研究得到认可，和这个是有关系的。我做了很多事，那是大家都没有注意到，沈从文的所有领域都是一片荒原。也可能不是大家没有注意到这一点，可能是大家在刚刚经历了那种特殊的时代，没有勇气来从事沈从文研究。在"文革"结束前，研究沈从文是不可能的，"文革"结束前他是反动作家，你不敢，也不能研究，连说他的名字都得自我提高警惕，告诉自己少想一点。当时就是那么一种情况。

因此，就目前这种现状，不要从学术疲劳这些角度来思考，沈从文研究现在更需要的是一个新的突破，更深入的就是对沈从文本身的创作艺术的构成诸如此类进行探索。我给你讲个简单的例子，沈从文在他的书信集里就讲，今天我读赵树理的《三里湾》，我这才感到《湘行散记》和《湘西》的作者真是一把写乡村的"圣手"，但是现在这支笔已经不能再写了，真是可惜。这个很显然，他从第三者立场的叙事角度审视自己和赵树理的写作水平，《湘行散记》和《湘西》的作者，那不就是沈从文自己嘛！采取这种方式对作者进行审视，认为自己是一只写乡土文学的"圣手"，认为赵树理的《三里湾》水平是不能和自己同日而语的，这是沈从文自己讲的，你认不认可那是另外一回事。但是现在就没有人从如何写乡土这个角度去深入研究沈从文。他为什么是"圣手"呢？他自己觉得是，那到底是不是？都说他是乡土作家，乡土作家对乡土的关照那是不一样的！

所以，我们现在的沈从文研究不是说没有研究空间了，或者只是大家都已经谈到了，而你要真正地深入到里面去，要构成和沈从文灵魂的对话，就要通过一种沈从文曾经多次讲的，就是要碰到问题。在《沈从文谈自己的创作》中，他在回答我的问题时就讲，你看我的作品，首先要从欣赏出发，不要带着自己先入之见，想要从中寻找什么思想，如果那样就碰不到问题。你碰不到他的问题你怎么和他对话呢？只有碰到他提出来的一些问题，然后你再从这些问题研究沈从文是怎么回答的，我是怎么看待这个问题的，我对这个问题会作何评价，这不就构成了两个灵魂的对话了吗？我可以赞同沈从文，也可以不赞同他，但是必须是建立在你深入理解以后，你进去了，真正识得他是什么，然后才能构成对话。如果沈从文写的是一只螃蟹，你读了半天，看到的却是一个鸡蛋。这样你怎么和他构成对话呢？你必须首先确定他写的意象是一只螃蟹，然后再看他描写的这只螃蟹是一个什么样子，和自己对螃蟹的理解有多少出入，这样不就构成对话了吗？沈从文写的这只螃蟹好不好、美不美、丑不丑、对不对，说的真不真、假不假，这也就构成对话了嘛！在灵魂之间的对话过程中，你觉得沈从文的这只螃蟹还是有些美中不足，这也就构成和大师的对话了嘛！

张晓眉：在您看来，我们今后沈从文的研究范围、研究视野、研究深度和广度还有哪些新的开掘？

凌　宇：关于这个问题，也就是上面讲的，就不再讲了。

张晓眉：您怎样看待我国当前的沈从文研究队伍，是继续勃发，还是出现了后继乏人、学术研究断层这么一种现状？

凌　宇：关于后继乏人这个问题，我觉得不能断言过早，人才还是有的。因为现在的年轻人要出来，比较我们而言，是更艰难一些，这与我刚才讲的是一样的，他们没有时代的变化带来的一种新视角这个优势，但涉及的稍微表层一点的问题，都属于别人探讨过的，所以在这个领域好像要一下子就能一鸣惊人，也不容易。

正因为这样，就让人觉得好像后继乏人了，实际情况并不是这样的。譬如我指导的几个研究生，有几个写的我就觉得非常好，一个是从沈从文的整个思想和创作两个主要的精神来源或者文化来源切入沈从文研究。另一个是从文化来源即五四精神对沈从文的影响，生命结构和他整个对人事的关照，新文化源流对沈从文的塑造所起到的作用进行研究。第三个是从湘西的乡土、传统等源于古老的一种文化对沈从文的生命关照来进行研究。但是，这两个文化的来源之间，他内在的东西也构成一种悖论，也就是说你要按照新文化运动来立人，用鲁迅讲的"立人"，沈从文也是"立人"思想。要立人，那你就必然要和传统文化来个告别，至少要有一个新的理性的精神。但是这样一个新的理性精神导致的必然不是沈从文想象的那个人与自然契合的人生状态了，而沈从文心神迷醉的就是那样一种人与自然契合的人生状态，这样一种人生状态它又恰恰必须与五四新文化融合，与传统绝缘，否则你就不能够保持那样一种本真的生命与自然契合的生命形式。譬如讲乡村老百姓很纯朴、很老实，哪值得担心人不会和自然契合呢？但把乡村老百姓放在现在的市场经济观念中，想要让他摆脱落后，要到人事上和人去竞争，那么竞争以后，他还能保持那种状态吗？卖个鸡蛋就可以讨价还价，漫天要价，那么在这两个之间构成了内在的矛盾和冲突。

张晓眉： 可否请您谈谈沈从文研究今后的发展和走向？特别是对像我们这些致力于沈从文研究的后来者，我们应该怎样才能把沈从文研究更好地继续下去？

凌　宇： 这个问题我现在很难预言。我在十多年前写过《沈从文研究的回顾和前瞻》，就连那些好像现在都还没完成嘛！你看沈从文的比较研究，虽然这样的文章和论文都有过，但我就没看到过一篇和外国作家比较研究真正到位的论文。比如沈从文和福克纳的比较研究，和川端康成的比较研究，和马尔克斯的比较研究等。

我经常讲，马尔克斯不过是个"百年孤独"，而沈从文现在是"千年孤独"了。马尔克斯描写土著民族如何面对新的文化和新的外来民族，在所发生文化冲突、心路历程和生存状态上，沈从文和马尔克斯都是这样一个路子。一个是描述拉丁原始土著和西方殖民者的矛盾冲突导致了人性的变异，甚至包括起义者也变异，就是异化了。沈从文也探讨过心灵异化这个问题，在两种不同的文化发生冲突时，从人的存在方式、心路历程等角度，具有极大的可比性。

这些题目多次我自己都想做。

为什么没做？不能做，因为我读不懂英文原文。不能读人家的原著，我能看到点子上？一个错误的翻译就能把你的研究全部毁掉。那就必须要自己接触英文，精通马尔克斯《百年孤独》的原文。研究福克纳就必须对美国文学了如指掌，才能研究嘛。这个需要的是研究者本身的本事有多大，不是说沈从文研究没有路走了，没有东西可搞了。可搞的东西多，但越是深入下去，对你的主体素养、学识积累要求就越高。路还远远没走完，不是说我们现在穷途末路了，沈从文研究在很多地方就可以叫停了，不是的。

近年来，研究生论文选题很多都是重复的，没有深入的东西，都是炒我们的现饭，最多是在个别的细节上有一点点自己的感受和发现，从大的思路把握来说，还没有琢磨出来。

张晓眉：继您之后，国内还有一些学者也出版了类似《沈从文传》这样的著作，您怎么看待这些研究成果？

凌 宇：好像我还没看到哪个写过《沈从文传》，你说的哪些《沈从文评传》和《沈从文传》不是一个类型，是两回事。《沈从文评传》是以评为主，传只是把他的一些经历作为一个线索和一个引子，对他的生平事迹进行描述，以叙述为主，包括中间你讲我的研究中有些写得像小说一样的，那些是一些描述性的，它比其他的事件起始是怎么样，结果是怎么样，它的确实是这样的，它是传，传是叙事性的，可以说传是属于文学的范畴。但是我们研究现代作家的学者写了传，也可以归为学术成果。评传就是介于传记和学术研究专著之间的那么一个状态的东西。

张晓眉：您的几个版本《沈从文传》，是否每次重新出版都有比较大的内容调整（我因为是刚入门沈从文研究，所以还没来得及对照着看）？我是否可以理解为：每次重新出版是否就是您在沈从文研究过程中有了一些新的发现或者是取得了新的研究成果，是对之前研究的一个完善和补充？

凌 宇：《沈从文传》从来没有改过，原版本是什么样，就是什么样。现在看起来，《沈从文传》是大有可以重新斟酌的余地，但我现在也不想再做这个事了。这个是有些问题的，到现在都还不是你能说的时候。说实在话，也要花很大的精力。打个比方，就包括张兆和先生，她就认为沈从文解放以后的这一部分，写的不如1949年以前的，而且从比重来说，1949年以前的内容占了整本书的三分之二，后面只占三分之一。从时间跨度上来讲，后面的还长一些，比例不匀称。但是为什么会出现这种情况呢？因为1949年以后，有很多事情很难写，这里头它有个政治上的东西，即便是我们这代研究者，在20世纪80年代中期，沈从文研究还是中宣部重点盯防对象。

到了1988年沈从文去世以后，中宣部还认为中国现代文学研究领域的几个重大现象就是资产阶级自由化倾向等。具体是哪几大呢？就是他们密切关注的几个人，一个是钱理群和王富仁的鲁迅研究；一个就是我的沈从文研究，还有一个是茅盾研究，好像是蓝棣之做的吧？反正就是这几个，都是作为当时很成问题的几个人。

比如解放以后，沈从文就碰到了很多问题，这里面就有个共产党对待他对不对的问题，你不能仅仅只是一个描述的问题了，就是你现在写还是有问题的。所以我只能以那种比较粗一点的线条来写他，实际上沈从文那个内心世界的复杂和斗争，加上当时的《全集》没有出版，他的大量书信我不可能看到，因此不可能挖掘到他的内心世界，比如说沈从文关于他重新创作时的内心矛盾和焦急，在当时我就没有这些材料，而且材料也不如现在这么丰富，比如书信，沈从文先生和他的家属是不可能拿给我看的。

当时沈从文的矛盾就是：一方面他想重新创作，一方面又要按照共产党的要求写。他既想写出一种史诗性的东西，但是他又不想写像《红旗谱》那样的作品，他觉得写不下去，最后没办法解决这个矛盾，所以他的创作也就难以为继。

这种斗争类型等于是两条文艺路线的斗争，一个是延续他20世纪30年代那种对人生的理解；另一个就是按照共产党要求的对阶级斗争这种思路来理解，他是很想把这两种糅合在一起，既能够满足共产党对文学艺术的政治要求，同时又要表达出他自己独有的那种对人生的穿透和理解，他肯定在内心里大声激烈地交互斗争过，可最后谁也不可能妥协谁，走不到一条中间道路。这是我读沈从文的文本理解，如果现在补充这一段的传记叙述，再加上我对他的这一种理解，包括我刚才讲的读《三里湾》的那个很有趣的话，那会更生动。

张晓眉：那凌老师应该帮我们把这些给补充进来，因为目前还没有人能站到您那么高的视角来审视和研究沈从文。

凌　宇：我现在不写东西了，也不打算对《沈从文传》进行修改了。

张晓眉：有人把您的《沈从文传》与金介甫的《沈从文传》作比较，认为金介甫采取的是"平视"的视角，而您则是"仰视"，并以沈从文评价您"还不能从深处抓住他的弱点"作为佐证，您怎么看待这类评价？这类评价符合您在创作《沈从文传》时的创作心理状态吗？

凌　宇：在你的论文《中西合璧：金介甫〈沈从文传〉和凌宇〈沈从文传〉的殊途同归》中也提到过"平视"和"仰视"的角度问题，我刚才已经讲了。关于不能从深处抓住他的弱点，这个你们只是抓住了这一点，并把这一点作为我对沈从文论证的所谓"仰视"论据，逻辑根本不成立，因为你们都不懂为什么沈从文会说这句话，你们对历史背景根本就不知道。

这个历史背景是这样的，在20世纪80年代初，当时虽然"文革"结束了，但"左"的思想，包括整个意识形态领域都还没有完全解放，甚至在1988年，摆脱了"四人帮"极"左"路线十多年后，从传统的和左翼的角度来看待中国现代文学观点，这个力量还是非常大的，"左"的倾向还是很严重，随时可能发生一种新变化。就是在20世纪90年代初，我和钱理群等几个还是被中宣部列为重点盯防对象。

20世纪80年代末，吉首大学有几个老师，还有一个湘西州副州长，他是一个文化人，对这个比较理解，邀我搞一个沈从文国际学术研讨会。后来这个消息传到北京沈先生那里，有人加油添醋地给他说我的《沈从文传》快要出版了，我要利用这次会议标榜个人。那么沈先生听了之后就有点生气。另外一个在那种政治背景下，他是一朝被蛇咬，十年怕井绳，沈先生是一直到死都还是这么一种精神状况，他一直觉得一种新的对作家的压力还会形成，加上他讲自己是"气色即衰，戒之在得"，他这个话的意思就是他已经到了这个年龄了，不要把得失看得太重，要警惕自己。另一个意思就是要我不要再宣传和向世界推介他，他不需要这些，也不要因此给我带来不必要的麻烦。沈先生经常讲自己写几本书没有什么了不起，他告诉我说你好好做你的学问……

在这样一个背景下，你去体会他说的我没有从深处抓住他的弱点。其实反过来说，是我没有从深处抓住他的优点，就是对几十年的政治保持高度的警觉性，他实际上讲的是这个问题。你们就理解成为我只讲沈从文的好处，不讲沈从文的坏处，对不对？这是相差了十万八千里了。你的这个论据怎么能和你的论点构成证明呢？不可能构成证明嘛！

20世纪80年代初，朱光潜写的那篇《关于沈从文同志的文学成就历史将会重新评价》一文惹起了政治风波，在《长河不尽流》那本书里有我的一篇文章《风雨十载忘年游》，就详细地记述了这个事情的过程，当时沈先生的心里肯定是有想法的。从1949年到"文革"结束，沈先生一直是被作为反动作家来对待的，所受的那种精神压抑和痛苦，没有经历过的人，是无法真正理解的！沈先生从内心里面保持的这种警觉，就是不要因为这些事到处宣传他，他的意思就是我不需要你们的宣传，不要因此而带来一些政治风波，不仅对我不利，对你们也不利。这就是沈先生讲的我不能抓住他的弱点。

你看我的《沈从文传》和《从边城走向世界》都没有触及沈先生一直心存疑

虑的这个问题，后来我才从沈虎雏的一篇文章里看到了，理解了他的这种东西，就是"迫害感将伴随我终身"，你要从这个角度去理解，那就是他讲的我不能从深处抓住他的弱点。他认为是弱点，实际上就是他保持着的一种在目前的这种体制下，随时都有可能发生变化的一种内心警觉和恐惧。

张晓眉：我现在在做沈从文文学域外传播研究，可否请您谈谈沈从文在国外的影响？

凌　宇：沈从文在国外的影响，我了解得不多，这个没办法谈。为什么呢？因为你们接触得到的那些资料，我也就接触到那些资料，不可能有其他的什么东西。我本身不在国外，具体也不知道，现在知道的就是像金介甫这些我接触过的研究者。这些你们都找得到，所以这个问题需要你自己再广泛地收集这方面的资料。

张晓眉：金介甫的沈从文研究对您有影响吗？如果有，可否请您谈谈具体表现在哪些方面？

凌　宇：金介甫的沈从文研究不可能对我有影响。20世纪80年代初，金介甫到北京来收集沈从文的研究资料，现在的沈从文创作目录，实际上就是当时我们三个人、三份目录共同综合的结果，一个就是金介甫，他收集沈先生作品的一份目录；一个就是当时在上海师范大学的邵华强，他也在收集沈先生的著作，编了一个目录；还有就是我当时在北大翻阅旧报纸杂志，也形成了我自己的一个目录，我们三个人都有交往，三个人、三份目录，相互交换，形成了沈从文创作的基本目录。当然后面还有一些新发现和补充，主体还是我们三个人共同做成的。这是从资料来源而言。第二个就是金介甫的《沈从文传》虽然比我的早，但那是他的一篇英文论文，他的英语论文翻译到中国的时候，我的《沈从文传》已经出版了，我怎么会受他的影响呢？我根本就不懂英文，一字不懂，我只认得ABCD，其他的根本不行，如果我懂英文可能会有嫌疑，是我不承认受到影响。我在研究生阶段学的是日语，所以不可能受金介甫的影响。

张晓眉：在金介甫《沈从文传·序》中，他说他收集了六千多张卡片，然后都给您和邵华强老师了。

凌　宇：他说的就是我们三个一起做的那个目录嘛。

张晓眉：我最近在看《沈从文家书》，发现张兆和先生是一位非常了不起的女性，我是从她写给沈从文的信的字里行间里感受到这一点的，您与两位先生生前有过很多次的接触，能不能请您谈谈张兆和先生？比如她对沈从文的影响，主要是生活和事业这两个方面。

凌　宇：这就很难说了，对沈先生的创作，她不可能有什么影响，而且更重要的是，张兆和生前对沈先生的创作、人生追求、人生思考都不理解，你到沈从文墓地去，看黄永玉摘录的《沈从文家书·后记》里的一段文字，那是张兆和在沈先生去世以后写的。她里面讲的大概就是在沈先生去世以后，她重新读了沈先生留下来的文章，读完了这些东西，才真正读懂了沈先生，但是可惜已经是天人永隔，和沈先生这一生，究竟是喜还是悲，她自己也说不清楚。大概就是这个意思，你去看吧。

20世纪40年代末沈先生自杀，张兆和当时就极其不理解他，她就认为，沈从文你这个人是怎么搞的？解放了大家兴高采烈，你对国民党那时的统治也是极其不满的，很有看法很有意见的，那么现在到了新社会，你怎么会变成这个样子？从很多对张兆和回忆的文章可看出，有人劝她和沈先生离婚，而沈先生最担心的就是张兆和离开他。你看他给丁玲的那封信中，一条就是希望能够不要把张兆和接走。他就担心有人煽动和挑拨张兆和，把他们两个拆离了。（沈从文到云南的时候也有过类似的担心。[①]）是的，沈先生的意思是要张兆和去云南，她不愿意走，因为孩子太小，沈先生就有点疑心，他的意思就是说我们两个不行了，你公开说出来，现在天各一方，成怎么一回事，这里面有过这么一个东西。

张晓眉：有一种观点说，沈从文和鲁迅分别是从爱和恨两种截然不同的方式来表现中国，您怎么看这种观点？

凌　宇：这个没问题嘛！这是一个很显然的事。沈先生主要是从大爱这个角度来关照人生，外在表现形式主要是一种温爱和悲悯。鲁迅在表示的时候就是我绝不宽恕，以一种战斗的精神，表面上是一种恨，但是两个归根到底都是一种大

[①]　括号内仿宋体文字为采访者张晓眉的插入语或动作，下同。

爱。分别从爱和恨两种角度来切入他们对人生的一种认识和看法，这个观点和说法是正确的，最后两个又是殊途同归；但要把这个"殊途同归"讲清楚。现在我叫我的一个博士做，他的博士论文题目就是《〈野草〉和〈烛虚〉的比较》，就涉及"殊途同归"这个问题，从沈从文和鲁迅的终极哲学思考中间归为大爱，从这个角度来谈这个问题。

张晓眉：我从相关资料了解到，当时，也就是您刚开始研究沈从文的时候，他的作品很多都被销毁了，不像现在有这么丰富的资料，当时您都读过他的哪些作品？您是怎么开展您的沈从文研究的？

凌　宇：当时我只是读了一本《沈从文小说选集》，就是1957年人民文学出版社出版的，当时能读到的也就是这一本书，其他再没有了。

我怎么开展研究的？因为读现代文学研究生嘛，导师是王瑶先生，王先生对我们的要求就是从五四开始，一个作家一个作家地读，反正所有的作家尽可能读完，那么沈从文也得读。我把沈从文那本集子一读，一个最强烈的感觉就是，原来不是说沈从文是个反动作家吗？把他贬得一钱不值。我认真读了以后，就觉得沈从文怎么看也是现代文学史上为数不多的作家，这种感觉极其强烈，那我就再去找找看，看他还有哪些作品。就是这么开始的。

然后我就去图书馆翻阅旧报纸杂志，找沈从文的其他作品，找到了一本《长河》，当时就只有北京师范大学有，北京其他的图书馆都没有，我一篇篇地专门去找，费了很多心思，分析他可能会在哪些报刊上发表，比如说他有些文章我是知道的，譬如在《文学月刊》上发表的，凡是见到有沈从文的，就给他记录下来。他有几十个笔名，原来不知道，读的时候，觉得这篇文章好像是沈先生的，然后就简单地记录下来，后来有机会见到沈先生，我就问他，沈先生有篇文章是不是你的？他说记不得了，我就给他讲故事情节，听完故事情节，他就讲了，喔！是我的是我的。他那么多文章，肯定不记得了。故事一讲他就晓得是他的了，有好多篇都是这么定下来的。然后我就晓得他用过这个笔名，整个过程就是这么一个过程。

张晓眉：那这个过程好艰难啊！

凌　宇：那当然啦！怎么不艰难呢！跑了多少图书馆！什么处境，该研究什么，刚开始对他了解不多，只有尽可能多地找可能发表他小说的期刊，集中在那一段年代，20世纪20年代他在北京，最早是《晨报副刊》发表他的文章，那《晨报副刊》就一期期看，一期期查。20年代后半期他在北京，1928年左右他又到上海，那就查上海的杂志，他办过《红黑》，那就每期都找来看，到北京以后，他编《大公报·文艺副刊》，那就《大公报·文艺副刊》每期都要翻，就是整个《大公报·文艺副刊》，包括萧乾编的全部看过，全部翻完，全部翻过来看他有哪些作品发表，旧报纸在当时只有北图有。现在哪儿都有了，《大公报》都是一本一本的，稍微有点规模的图书馆都有了，跟我们那时候的条件是不可同日而语的。

由于当时正好处于对历史的反思时期，经过"文革"那种极"左"的做法以后，开始思想解放，有两个根本性转变：一个是沈从文的文学作品从我自己阅读以后的第一感觉出发，觉得他是为数不多的中国现代作家；第二个就是当时的思想解放，讲很多人是反动作家，何谓反动作家？为什么反动？于是我就开始重新定位沈从文，你看我的《从边城走向世界》第一章，就谈他是不是反动的这种认识，金介甫不了解我们中国的政治背景，他看了我的《从边城走向世界》之后，他也没问我，他跟邵华强讲，作家研究怎么谈政治问题？他有点不屑一顾，他就不了解中国国情，你不讲开点，你不把这个问题讲清楚，你就没有研究沈从文的资格了，你凭什么研究沈从文？他不是反动作家吗？他反动你也反动？那么只有他不反动，才能搞啥！他不懂这个。（笑！）他不懂中国的政治背景、政治处境，不懂我们学术研究处境。

张晓眉：我看过您的《沈从文谈自己的创作》，从您提出的二十多个问题看，沈从文有的写了答案，有的并未作答，当时他还一再强调说不要研究他，您当时是怎么看待他这样说的？我们知道您是坚持下来了，当时真的一点顾虑都没有吗？

凌　宇：我给沈先生提的问题好像每个都回答了，自己去看作品也是一种回答嘛，意思就是说你这些问题不必问，讲穿了就是这样。有些问题不必问，你自己读作品。就像我刚才讲的，我研究沈从文究竟是"平视"还是"仰视"，你自己先去读，不必问。如果采取沈先生的观点，我究竟是"平视"还是"仰视"，你自己去读沈先生的作品，再看我是"平视"还是"仰视"。就是这个意思。

张晓眉：究竟是什么促使您义无反顾、毅然决然地选择研究沈从文？是他的作品，是他的人格魅力，还是其他？特别是在沈从文自己一再地说不想被研究，我想他主要是考虑到会累及他人。从他的书信以及后来一些报刊上发表的"社论""评论员文章"，社会名流谈话和工作组进驻北京大学以及朱光潜先生写的《关于沈从文同志的文学成就历史将会重新评价》一文等风波来看，您对他的研究确实曾经给您造成过一定的影响，您曾为此后悔过吗？

凌　宇：这个不存在后悔的问题，有什么后悔的呢？我觉得很光彩嘛，这一辈子就是做了沈从文研究这一件事嘛。（我是说最开始的那段时间。）那有什么后悔的，义无反顾了，因为搞历史嘛！中国古代的史学家传统，刀子架在脖子上，老子被杀，儿子写，儿子被杀，孙子写，一代一代写。自己认定了的路，那有什么反复的？有什么后悔的？后悔的那就是叛徒角色了，那就是刀架在脖子上马上就软骨头了，像我们是不可能是这样一种人的。就像刚才我讲的给王瑶先生写信那件事情，我论文答辩时的慷慨激昂有悖于作为学生之道，不该那样唐突，但是王先生也不会希望自己的学生在没有充分证据意识到自己的观点错误的时候，就立马改变自己的认识和立场，如果我以后认识到那些立论是错误的，我自当纠正。我很明确地讲了这个话，你去查那个《纪念文集》，一查就晓得我后不后悔了。

张晓眉：进行了这么多年的沈从文研究，您怎么看待您的沈从文研究？李斌在《凌宇与他的沈从文研究》一文中，说您为沈从文的文集出版付出了很多的心血。事实确实如此。现在我们想看沈从文的作品，找他的三十二卷《全集》就可以了。另外您还不断地给沈从文正名，如"在三十年代，他曾为营救胡也频四处奔走。全国解放前夕，蒋介石诱骗作家逃往台湾，他终于听从党的劝告留了下来。解放以后，从事文史研究，感念周总理的关切，遵嘱撰写中国服装史。在资料缺乏的情况下，锲而不舍，对人民是有贡献的"。在写这些文字的时候，您是出于一种什么样的心态？您也说在当时的历史语境下，没有这种辩难，就没有了对沈从文的研究权。您是出于同情？抑或是要给一个受到不公正待遇的人一个合理的交代？

凌　宇：这个我在《从边城走向世界》那个序言里都讲清楚了，就是要说出我知道的真实，那一段后来还被《文摘》专门摘了一段作为题记。

怎样看待我的沈从文研究？那就是说出我知道的真实，也许我说出的真实并不完全，或者不完整，但是我知道自己仅仅只是一个开端而已，远未终结。我只是开了一个头，我就是说出了我所知道的关于沈从文的真实，我知道的我都说了，但是我也知道，还没有说完，也许我还没有意识到。反正我仅仅只是一个开端，给你们开个路子，对于你们后来者，由你们自己来写，远非终结！

王继志教授专访

王继志老师（左）在沈从文故居接受采访后与张晓眉（右）合影留念

写在前面的话：王继志老师是南京大学博士生导师，从事沈从文研究三十余年，发表沈从文研究论文几十篇，出版学术专著《沈从文论》《沈从文的文学世界》等，作为《全集》的编委之一，参与了《全集》传记部分的编辑工作，为沈从文研究做出了很大贡献。

在纪念沈从文诞辰110周年全国学术研讨会上，我有幸结识了这位年逾七旬的沈研老专家，于是拟了几个问题，求教于他。王继志老师当时说："今天上午本来是叫我作开幕式发言的，凌宇先生在研讨会结束时作学术总结。后来因为凌宇先生要提前走，他明天还有个重要的会议，要回去做准备，所以就请他作了开幕式发言。花垣、边城考察完了之后，在闭幕式上要我作一个总结，所以有些话在闭幕式上会说到。既然你先问了，我就先给你说说。"王继志老师的欣然应允加之上述原因，这次专访得以实现，因而也就显得更为特别和宝贵。

按照约定的时间来到王继志老师下榻的凤凰大酒店907房间，他的女儿王小文女士也在。互致问候后，又讨论了一下在学术会议期间出现的一些热点问题，然后就谈到了凌宇老师在开幕式上说到有个学生拿了二十个问题去问他，其中有关于他对沈从文研究是采取"仰视"角度这个话题。在得知这个学生就是我时，王继志老师就问我："那么凌宇在开幕式上的讲话，对你引用的观点'平视''仰视'的解释，你能接受吗？你对他的那个回答满意不满意？"我想了一下对他说："我因为刚涉入沈从文研究这个领域，对于凌宇老师的解释，我想我回去之后还要好好研究一下，才能做出判断。"专访就是在这样一种非常融洽的气氛中持续了两个多小时。王继志老师不仅平易近人，且博学机敏，见解独特，旁征博引，侃侃而谈。就我个人而言，感觉收获很大。现将这次专访录音整理出来，与大家分享，也给今后的沈从文研究留下一点参考。

张晓眉：王老师，您怎么看凌宇的沈从文研究？

王继志：对于凌宇的沈从文研究成果，应该说他的贡献是很大的。对于国外而言，金介甫的沈从文研究又有不同。用"平视"和"仰视"来评价金介甫和凌宇的沈从文研究，这个也不完全准确。为什么呢？夏志清就对金介甫的研究提出过他的看法，认为金介甫的沈从文研究不够深。因为外国受哲学上的实证主义影响，金介甫的资料准备得非常丰富，但是他的贡献主要还是在对资料的累积上，这个资料背后所隐藏的作者内心的东西，他就解释得不够充分，或者在解释的过程当中不够到位，甚至有中西文化的差别，因此他可能也不是完全准确的。

但是，应该看到国外的金介甫和国内的凌宇，这两个人都对确立沈从文在中国现代文学史乃至世界文学史上的地位，做出了不可磨灭的贡献。凌宇从他最早的作品《从边城走向世界》到后来的《沈从文传》，对国内的学者来说，都是首创的。我们的研究有很多是受到他的启发，或者在他的基础上再加以升华，可是这个开创之功，是凌宇的。

凌宇读研究生时，他的导师是王瑶先生，王瑶先生并不希望他去研究沈从文，为什么？这里边有老一辈的学者他们自己的看法。比如王瑶先生在他的文学史著作中对沈从文仍有误解，尽管他与后来其他人编的中国现代文学史相比，还算是比较客观的一个。

　　记得1958年"大跃进"的时候，那个时候有点像"文化大革命"，什么都"大跃进"，认为老一辈的学者都是资产阶级，思想不解放、保守等，所以号召学生来编写文学史，那个文学史就是把张资平的小说、徐志摩的诗歌、沈从文的散文作为反面教材进行批判的。在这种情况下，王瑶对沈从文在文学史上的地位虽然说得不充分，他稍微地提到了，还是照顾到历史的真实，但是他也受着整个解放之后"左"的思潮影响。

　　沈从文曾经在与别人的通信中说过，说学者如果要评劳动模范的话，王瑶先生也应该当模范，沈从文说的这个实际上是个反话，就是要紧跟当时的批评主流。所以就有一些非左翼作家和中间作家在当时被认为太重视艺术，而忽视了思想的主流，被贬斥得很厉害。在这种情况下，凌宇的论文写了沈从文，他为什么会被推迟答辩？就是王瑶不主张他写。但凌宇坚持自己的立场，他和沈从文是同乡，有故乡人的情感在里面。凌宇当时还是一个年轻的学者，本着给沈从文正名这么一个立场，对沈从文的作品做出了比较高的评价，是可以理解的。我的《沈从文论·后记》里面第一句话就是："说来惭愧，在大学五年读书期间，居然没看到过一篇沈从文的作品，甚至连沈从文是何方人氏都不知道。"沈从文的作品质量那么高，在文学史上却不著一文，不提它，就是提了也是作为反面教材，这是很不公平的。

　　我们早期的沈从文研究，在某种程度上说都还停留在一种"辩诬"的阶段，就是沈从文到底是不是反动作家？我们论证沈从文是同情劳动人民的，属于下层劳动人民，他不反动。沈从文到底是不是不进步、不讲阶级的？我们就论证沈从文作品里面还是有阶级、有进步的因素。比方说《边城》，尽管是写人性，写人与人之间总是那么和善，但是对待大佬、二佬的婚事，他们的父亲顺顺对二佬的婚姻事实上也是干涉的，他希望儿子要磨坊不要渡船。所以说沈从文的作品是有阶级性的，至少在这个里面是有的。我曾经写过一篇作品《对不合理的人生制度的深沉控诉》，论述的就是沈从文的控诉是深沉的，他不像巴金等那样的作家，大喊大叫写阶级反抗、斗争。比如《萧萧》里面，他写了童养媳，同样是对社会的一种控诉，不过是比别人深沉而已。所以说我们当时做的很多工作是在为沈从文"辩诬"，把泼在他身上的污水给清除掉，逐渐地还原沈从文在文学史上的地位。

　　最初我们研究的思维定位还不是从文学这个角度，仍是从政治这个角度给他一个在文学史上的地位。现在我们完全可以说沈从文是不问政治的，作家要问什么政治？凡是问政治的作家反而都不是真正的艺术家。现在可以这样说，但是当时是不可以这样说的，所以要放在这个历史背景之下来看凌宇的最初研究成果。

张晓眉：您认为沈从文在中国文学史上的最大贡献是什么？

王继志：沈从文在中国文学史上的最大贡献，应该说还是他的乡土抒情散文与小说，抒情是他的最大贡献。凤凰县为了宣传沈从文，现在老是说沈从文是"乡土文学之父"，我觉得这个提法不太客观。"乡土文学之父"这个头衔，即便是沈从文自己可能也不会这样说。沈从文曾经说过，在20世纪20年代中期，鲁迅先生以乡村回忆的形式所写的作品受到了广大读者的欢迎，我的用笔因之受到很大启发。这是沈从文说的大概意思，就是说，鲁迅的文章影响到了他。那么也就不难得出，中国乡土文学的开创者应该是鲁迅，他的《故乡》《祝福》《阿Q正传》都是乡土文学。但在中国乡土文学史上，沈从文的的确确是大家，但是要提他是"乡土文学之父"，还是不妥当的，他不是开创者。

张晓眉：沈从文说"迫害感"将伴随他终身，您怎么看这个事情？

王继志：是的，沈从文经常表达这样的意思，他总是说你们不要研究我，研究我你们要倒霉，把我推得那么高之后，别人就不满意，就要来攻击了，何必要引火烧身？还说枪打出头鸟，他不愿意出头，我想这就是他的"迫害感"造成的。沈虎雏曾经讲，沈从文的病一直没好，他压抑住自己，实在无事可做的时候，就把已经发表的不知道印了多少版的作品用毛笔一段一段地改。他从不让自己清闲，精力集中到这里边之后，他就不再考虑别的事情，暂时可减少这种痛苦，这就是沈从文。

张晓眉：20世纪80年代初您就开始从事沈从文研究，我们知道当时沈从文是一位很具争议的作家。虽说80年代思想已经开始解放，但大的社会思潮影响还在。您为什么选择研究沈从文而不是别的作家，比如像鲁迅这样一些已经定性了的作家？

王继志：这个既有偶然的因素，也有必然的因素。20世纪70年代末期，我教外国留学生，我讲授的课程是中国现代文学。当时中国八亿人民，只有两个作家，现代文学是鲁迅，当代文学就是写《金光大道》的浩然。粉碎"四人帮"之后，当时有很多学校还不开放，没有招留学生的资格，全国只有九所高校可以招生，我们南京大学就是其中一所。当时我就想，外国留学生漂洋过海来中国学习文学，如果只给他们讲两个作家的作品，除了讲鲁迅就是讲浩然，人家会失望的，对我们国家的影响也不好。所以我就发起编一个适合于外国人阅读的文学作品选，把暨南大学、厦门大学、上海复旦大学、辽宁大学、南开大学、中山大学、北京师范大学、山东大学等九所可以招收留学生的学校的教师请到南京大学来，大家合力编一个适合来华的进修生、留学生阅读的文学教材。中国的学生那个时候还没有解禁。

当时我认为作品应该丰富多样，不能片面，这样就涉及很多作家。现在回过头来看我们当时编的《中华现代文选》，还很感慨。古代文学不怕，经过历史上的筛选和淘汰，选中的都还是有一定分量。但是现代文学就不同了，因为它非常敏感。我们把沈从文、老舍等当时被称为反动作家、中间作家和纯粹艺术作家的作品收了进来，现在想一想，当时我们的勇气还是很大的，连张爱玲的作品我们都选进来了。一方面是我们工作所需，另外就是每个人都有自己的审美接受，在《文学运动资料选》中收了几篇沈从文的作品，其中有一篇叫《沅陵的人》，写有赶尸等细节，读了以后，我就喜欢上沈从文的作品了，感觉他的作品和别人不一样，有一种特异的、非常吸引我的东西。

20世纪80年代初，有两个大型刊物，一个叫《当代》，一个叫《十月》，开设了"名作赏析"专栏。"名作赏析"请凌宇写了一篇《评沈从文的〈丈夫〉》，在这篇文章里，凌宇分析了沈从文是如何刻画那个叫老七的妓女，她内心和她丈夫在灵魂上的震颤，除了赏析以外，编辑还把沈从文的《丈夫》那篇小说也登上去了，因为当时沈从文的作品不好找，于是前面是赏析文章，后面就附了原文。

这篇文章被胡乔木同志看到了，胡乔木同志就说了一句话："怎么现在还登这种东西！我看沈从文这一辈子没写出过一篇好小说。"他认为沈从文的这篇文章是写黄色的，是反动的。当时正好提出了一个"清除精神污染"的口号，然后就寻找对象。当时我也写了一些关于评价沈从文的论文，相关部门就说，南京大学有个某某，现在也在写有关沈从文的文章，把沈从文写得如何如何突出，也是赞颂沈从文的。当时省委宣传部就责成南京大学党委宣传部把我写的有关沈从文的文章都弄去复印给他们看，还没来得及对我做出处理决定，"清除精神污染运动"就刹车了。幸亏那个"清除精神污染运动"很快就结束了，不然又成了第二个"文化大革命"。我知道这个消息之后，本想去找他们问，为什么要整我的黑材料，后来在省作协、宣传部的学生告诉我说："王老师，你不要再追查了，没有给你定性，又没把你打成'反革命'，打成'右派'，找他们也没用，现在不是过去了吗？算了。"假如这个运动要延续下去，那我肯定就要受到牵连的。

张晓眉：这件事有没有给您再研究沈从文造成心理负担？

王继志：当时我也无所谓，像我们这些经历过"文化大革命"的人，见的事太多了，很多东西都已经看得很淡了，已经学会处惊不乱了。当时我就抱着这么一个态度，如果不叫我研究，最多也就是把我下放到农村，我是农民的儿子，回农村去种田嘛，那么多的农民都是种田为生，我也完全可以生活。

张晓眉：您当时没想过值不值得这个问题吗？您完全可以研究另外一位不使您受到影响的作家，比如说鲁迅就应该是很安全的，为什么就选择了沈从文？

王继志：这个倒是没有多想。1987年，也就是二十八年前，在吉首大学召开首次沈从文研究座谈会的时候，我就曾经说过，无论是谁，研究一个作家，一定要拥抱这个作家，拥抱你研究的对象，如果说对这个作家的艺术风格、创作成果根本就是厌恶的，引不起共鸣的，你就不要去研究这个作家，你就研究你喜欢的作家就行了。

张晓眉：您觉得沈从文最打动您、最值得研究的是什么？

王继志：最打动我的说到底还是他的乡土抒情小说和散文，比如他的《边城》《长河》《湘行散记》《湘西》《从文自传》等乡土作品。

中国现代乡土文学过了发轫期以后，很快就走向分化。其中一派是以茅盾为代表，在乡土文学观的规范之下对社会进行解剖，从经济、政治的视角来观察社会，写人压迫人、人剥削人、人如何地被压迫和反抗、斗争，很多的乡土文学就走上了这样一种道路。但是，这样的写作我认为它不够文学，这是受苏联拉普文学的影响，把文学变成了政治和阶级斗争的工具。文学变成了政治的傀儡，政治取代了文学的地位，如果真要这样写，你就写社会学、政治学的讲义就是了，何必写文学呢？

文学最主要的功能是审美，如果不审美尽讲政治，那是什么文学？我觉得沈从文就是在那个最关键的时候，在对中外文学进行比较之后，最后确定了他的创作思路和定位。他的作品不讲政治，很多是回忆他曾经生活过的湘西风土人情、生命形态，我将其称之为生命的视角。文学的最高境界从某种程度上说，也就是一个生命的视角展示，生命的最高原则是人的生命，它不等于也不同于动物的生命，它的精神不同于一般动物就在这里。动物只满足于能够生存就可以了，而人有精神的追求。人性的本质就是爱与美，沈从文就把这种爱和美写进他的作品中了。

当然沈从文也有他自己的选择，他曾经说过，湘西从改土归流之后，一批又一批的汉族或满族官员来到湘西，他们到任后，一面搜刮这地方的山民，剥削这地方的老百姓，等任职期满回去后，又把湘西说成是荒蛮之地，男人如何野蛮，女人如何凶横。而沈从文恰恰在这个他生活过的故乡湘西发现了最美好的东西，就是湘西人的那种健康、正直、善良又不悖乎人性和人情美的人生形式。

抗战的时候，由于湘西很可能成为大后方，很多外地人要撤到湘西来。但是，由于外界长期以来对湘西的了解都只是一些诸如放蛊、赶尸等被妖魔化了的认识，为配合抗战大局，清除外界对湘西的种种误读和偏见，沈从文开始为安定人心创作了《湘西》，在作品中描写了湘西淳朴的民风民情，湘西人的真诚和善良，因此解除了大批学生和部队到湘西来前的心里恐慌。从沈从文的这种创作倾向来看，尽管《湘西》是为了宣传而创作的，事实上《湘西》中描写湘西人的善良很多都是真实的，文学不能变成宣传品，但它能对人们进行潜移默化的、真善美的熏陶，从这个意义上讲，它的性质即便是宣传的，那也是为了民族生存而尽的一个公民职责。这些都是值得我们去弘扬、去研究的。

张晓眉：在有的湘西人的眼里，他们说沈从文所描绘的湘西的美，在湘西生活了这么多年，身居此地却看不到也感受不到它的美。您觉得是什么因素使得生活在同一个地域的人们会产生这种认识分歧？

王继志：这是沈从文的选择。我们过去老是说文学要真实，但在沈从文看来，他对文学的评价不是真实不真实，而是能让人感受到一种向善的力量，只要反映出这个人生是合理的，是合乎理想的，现实不现实他不理会，即使现实生活中没有，这种向善的力量在他的作品里面有就行了。世界本身就已经很丑陋了，何必再写那些丑陋的东西增加人们的生存负担呢？沈从文不是按照写报告文学的样式进行创作的，他把湘西落后、负面的东西有意作了某些冲淡与规避了。所以我认为不是湘西塑造了沈从文，而是沈从文重新塑造了湘西。

张晓眉：王老师对沈从文的文学研究有很深的造诣，对于沈从文的只书写一些美的，而这种美不管它是否存在于现实生活当中，您认同他的这种观点吗？

王继志：我很欣赏这种观点。因为文学不等于新闻报道，文学本身是一种精神的审美享受。丑是一种社会现象，美也是一种社会现象，丑虽然不是也不等于罪恶，但它不能引导人们向善，沈从文创作文学的宗旨就是要引导人们向善，发扬民族的优根。在西方有种说法，人的一半是神，一半是兽。兽的一面就是尔虞我诈、自私、小气、麻木、唯利是图、八面玲珑、投机取巧等，这也是一种人生形态，毫无疑问这种人生形态没法引领人们向善；而沈从文的文学观就是要塑造出一种理想的、引人向善的思想空间，给人一种真、善、美的陶冶和引领。爱与美是沈从文的文学最有成就的方面，他认为美首先存在于自然，只有自然生命才是美的；其次，对美的认识来源于对自然的宗教般的信仰与皈依；第三，美的创造本身就是一种生命性，美源于爱，爱是美的主体变奏，沈从文是用全部的生命去拥抱爱和美的。

张晓眉：鉴于目前论文选题大量重复等现象，特别是研究生的论文选题重复，您怎么看待这一现象？

王继志：这个问题一方面从个人来讲，现在学术界存在有论文互相抄袭、代写论文等现象，论文变成了商品，因此也就造成这样一种怪现象：有的人不愿意下苦工夫，又想获得学位或提升职称，而且工资待遇又跟职称捆绑在一起，所以花点钱，不费精力，也占到了便宜，学风不正就在这个地方。另一方面就是现代社会普遍浮躁，很少有人愿意沉下心去像沈从文那样采取十年磨一剑的办法，那个太慢了。打个比方说，一年一部专著，很快就能把职称提上去，而那些花了苦工夫的两三年才写了两篇文章，职称肯定就评不上去，这样就造成了一种浮躁情绪，就是粗制滥造。我曾经在报上看到有很多人要发表文章，凑篇数，一般规定都是要有几篇发表在核心刊物上的论文，还有几篇一般论文，那几篇一般论文就是抄别人的，然后拿来充数，加上还有代写论文的，这样一来就把整个真正做学问的人打压了，积极性没有了。我记得我们读书的时候，我们的导师就曾经说过，四十岁以前你不要写东西，因为这个时候你还只是吸取营养的时候，就像是牛犊一样，不到产奶的时候，要厚积薄发。按照这种说法，四十岁以前不发表文章，只是积累你的学术功底和资料，如果说我们二十二岁就毕业，到四十岁就是十多年过去了，不写一篇论文如何发展？这是一个很现实的问题。

张晓眉：王老师带了这么多年的研究生，在您的学生当中是否也出现过刚才您讲的那种情况？如果有，您是怎么处理的？

王继志：我带的那几位学生都是非常老实的，没有这种情况出现。这次出席大会的就有我的两个博士，在我带的七个博士当中就有三个是研究沈从文的。

张晓眉：在您看来，我们今后沈从文的研究范围、研究视野、研究深度和广度还有哪些新的开掘？

王继志：2002年，我参加了沈从文诞辰100周年国际学术研讨会，当时《全集》也出版了，只有附卷是后来编的。我当时有一个乐观的想法，沈从文今后的研究应该会再上一个台阶。为什么呢？回想我们研究沈从文的时候，是一边收集资料，一边搞研究，而且作品收集起来也很困难，现在沈从文的诗歌、传记、散文、小说、文论和他的大量书信，都出版了，只有日记还没有出版，资料非常丰富，这些资料对研究沈从文是很有利的。因此我认为沈从文研究以后肯定会有一个大的发展和突破。

鉴于现在出现大量的选题重复，这里面有一个思维定式的问题。从难和容易相比，做一个最起码的开创者，别人没有研究过的领域，这是很费劲的。在很多人看来，重复别人研究过的，至少不用细读文本，从别人的文章里受到一点启发，然后就可以架空作业，这种研究必然就是重复，必然就要炒冷饭。所以现在对学术研究现象有这么几个说法：

第一种是老瓶装老酒，这是最低层次的，观点是老的，材料也是老的，研究的课题也是炒冷饭。这是最差的一种。

第二种是老瓶装新酒，这在看法上还不够解放，是老的，但是换了资料。打比方说，你研究《湘行散记》，我不研究它，我研究《湘西》，换一个资料，但是用的是相同的思路，指导思想也是老的。这个比老瓶装老酒要好一些。

第三种就是新瓶装旧酒，就是在表达上和别人有一些区别，你用这个词，或者你用这种形式来说，我给你弯弯绕，变一下，看起来好像很新鲜，其实内容观点还是陈旧的，这个和旧瓶装新酒是一样的。

第四种就是形式是新的，内容也是新的，既是新品，又抓的是一个新品的知识，对文本进行细读，也不把西方的理论硬搬过来，总是求新，研究的内容就拓宽了。但是现在很多研究者就满足于新瓶装旧酒，这个很省劲，不需要自己去酿造，大概就是这么一种现象，这个又跟现在社会上的浮躁情绪有很大关系。

张晓眉：鉴于您说的这种学术研究现象，您怎么看待当前的沈从文研究队伍，是继续勃发，还是已经出现了后继乏人这种现象？

王继志：这个不能这样说。1987年首届沈从文研究学术研讨会在吉首大学召开的时候，连我带的两个研究生加在一起，总共才十几个人，到2002年沈从文诞辰100周年召开的国际学术讨论会上，国内外来了那么多的专家学者。这次沈从文诞辰110周年，国外的专家学者虽然没来，但我们国内的阵容也这么大，从参会学者的学历、年龄来看，应该说还是后继有人的。

客观地讲，这里面有抱着真诚态度、卖力气来研究沈从文的人，但也不排除在这里面有一种想讨巧走捷径的人，应该说好的占的还是多数，真正水平差的也不完全是抄袭，主要还是选择角度的问题。就像今天上午凌宇讲的，有研究者从沈从文有没有婚外恋，沈从文跟张兆和结婚是幸还是不幸这个角度来研究沈从文，并从张兆和是如何处理与沈从文的感情不和等角度上做文章，做索引，做考据，这就不好了，这是把精力花错了地方。

我有一年去访问张兆和先生的时候，她就跟我说现在有很多人一天到晚老是关心这个东西，老是问我对沈从文的感情问题，老是问沈从文对我忠不忠的问题，都烦死了。张兆和给我说了她为什么要编《沈从文家书》的原因，就是要用她和沈从文的书信，就像鲁迅的《两地书》一样，来回答这一切疑问，就是为了证明这些猜想都是没有根据的。

所以，我们今后的沈从文研究一定要避免这些低俗的选题，要走正路子，比如研究沈从文的文学作品的艺术价值、思想空间等等，这些还是有很大拓展空间的。

张晓眉：您怎么看张兆和对沈从文的影响？

王继志：用沈从文自己的话说，他在张兆和身上发现了一种圣母的神性。在困难的时候，他们从不低头，而是互相关怀、互相鼓励一起战胜生活的磨难。

我曾经讲，沈从文和张兆和确实是相濡以沫，从1933年到1988年沈从文去世，他们共同走过了半个多世纪的人生旅程。在他们的这个旅程中，张兆和对沈从文的影响那是很大的。现在有些人老是说沈从文在解放后自杀是因为张兆和要和他离婚。当时确实有人劝过张兆和离开沈从文，就说沈从文那么倒霉，而且已经受批判了，被定位为反动文人了，要张兆和考虑自己的前途。但是张兆和没有这样做，你去看解放后他们那段时间的书信，是非常感人的。事实上在沈从文精神崩溃的时候，张兆和是一心要把他治好的，《沈从文家书》你好好读一读，张兆和在《后记》中就写了关于她和沈从文相守一生的文字，我每读一次就感动得掉眼泪一次。我记得她写的《后记》大意是这样的：从文和我这一生，到底是幸福还是不幸福，得不到回答，我不理解，不完全理解他，但是他走了之后，现在整理他的遗稿，发现了哪怕是有头无尾，有尾无头的，我就愈发感到斯人之可贵，为什么在他活着的时候没有给他更多的理解，现在悔之晚矣！这些话是非常深刻、非常感人的。

不同成长背景的两个人在一起生活，怎么会没有误会呢？尤其是在战火硝烟时期，两地分居加上通讯不畅，沈从文在西南联大一年多的时间，张兆和留在北京，就有好事者说张兆和另外有人了，不愿再跟沈从文了。沈从文就在一封信里说要给张兆和自由，张兆和在回信时说什么自由不自由的，我不爱听。后来张兆和去了云南，两个人马上就冰释了。在张兆和先生去世之后，我写过一篇《怀念张兆和先生》的文章，发表在江苏一个叫《雨花》的文学刊物上，编辑把题目改成了《圣母的神性——怀念张兆和先生》。

沈从文曾经说过，在困难的时候要用欢笑来克服眼前的艰难，在张兆和的身上他看到了一种圣母的神性，他和张兆和相濡以沫、互相搀扶着走完人生，这种精神是很值得我们去学习的。任何美满的婚姻家庭，都是由性格不同、家庭出身不同、生活习惯不同的两个独立个体构成，在一起生活的时候肯定有摩擦，那么就想如何去抹掉和克服它。这一点，我觉得张兆和对沈从文的一生，她不可能没有性格上的冲突，冲突消解了之后，两个人的感情不仅没有破裂，反而更加升华了。

在沈从文的创作上，张兆和也有过对沈从文创作的见解，沈从文在写《看虹录》《摘星录》以及一些评论文章的时候，张兆和就说沈从文你本来是写乡土小说的，好好的思想你把它撕得一缕一缕的，一天到晚写评论、杂感这些东西，这个不适合你，耽误时间不说了，还惹恼人家，得不偿失，不应该陷入这种政治争论里面的。建国后，张兆和对沈从文的创作也提了很多宝贵的意见，比如文章不要急于发表等。

应该说，无论从生活还是事业方面，张兆和对沈从文的帮助都是很大的。

张晓眉：沈从文研究已经走过了三十多个年头，可否请您谈谈沈从文研究今后的发展和走向？特别是对像我们这些致力于沈从文研究的后来者，我们应该怎样才能把沈从文研究更好地继续下去？

王继志：我觉得沈从文研究第一个就是要避免刚才我讲的那种邪路子，那种研究就像有人把鲁迅和周作人的夫人作为研究对象一样，一旦到了这个地步就毫无意义了，还是要坚持一个道德底线和标准，不要陷入这个泥潭里面。第二个就是以后要在沈从文的独特性上多下工夫。

我曾经说过，沈从文在中国现代文学史上是一个不可重复的个体，也是一个不可重复的文学现象。只有找到了他的独特性，才能够看出来沈从文跟其他作家的区别。比如这么多的乡土作家，他的乡土作品究竟独特在什么地方。就像我刚才说的，人家走社会解剖这条路，沈从文恰恰不走这条路，而是走人性和生命神性这条路径；人家写压迫，沈从文就写如何爱和美，所以一定要找到他的独特，从共性中找到他的个性。

另外就是在选题时要避免大而空，开口要小，挖掘要深。就像今天凌宇讲的，他叫他的一个博士生研究《野草》和《烛虚》，其实《烛虚》里面第一篇就是讲生命，找准他的思想性，开掘这个短小文本里面的寓意，那就深了。不要浮泛，要小题目做大文章，要细。

为什么现在研究《边城》有那么多人，为什么没有多少人去研究《看虹录》《摘星录》？这类文本在构思、体裁、风格上都与沈从文之前的作品发生了巨大变化。根据我这么多年的研究经验，即使有很大的变化，我从《看虹录》《摘星录》里面也看到了《边城》的影子，就是用写翠翠一样的形式来解剖女性的心理。

从表面上看起来《看虹录》是女性话题，今天有一个老师在讨论发言的时候讲到了《看虹录》，她是用作家笔下的身体写作来评价和解读这个作品，她讲完后我就问她，我说你看的是哪个版本的《看虹录》，她说是《全集》里面的，我就告诉她《全集》里的那篇是《新摘星录》，当时被误认为是《摘星录》，沈从文另外还有一篇《摘星录》是刚发现不久的，它跟《看虹录》的格调一样都是写爱与美，主题是一致的，研究的时候，两个版本都要看，像这种研究现在就很少。

研究沈从文要出新意，避免炒现饭，就要找到沈从文作品的独特性，克服避难趋易、避重就轻这些问题。现在有一种现象，就是喜欢走捷径，别人做过的东西评论起来容易一些，而细读文本后再去做解读，比较起来就相对困难一些，因此就很少有人愿意去开垦，所以就变成了生地永远没有人开垦，熟地是一遍一遍地重复，这个今后都要注意。

从研究材料看，尽可能找新资料，找到沈从文的独特性，比如他的思想、艺术、作品、文体、题材等。沈从文思想研究现在就有了，我的一个博士叫罗宗宇，他就是做沈从文思想研究的，把沈从文上升到思想家的高度，迄今为止，就我了解在沈从文的思想研究上还没有人能超过罗宗宇的这个研究。我不是说罗宗宇的这个研究已经到顶了，他里面也有缺点，现在我们也可以在他的研究基础上进一步挖掘沈从文的思想。

另外就是沈从文的文学理想。沈从文在20世纪30年代写《边城》之前，他就曾经有过这样的表示，从一种世俗的角度来看，他认为他所要的一切都来到了他的身边：名誉和认可、友谊和爱情，该满足了。但他还要用抒情的笔调写那些与他当前生活完全相反，与过去的情感十分接近，与现实生活不相黏附的纯粹的诗。到了20世纪40年代，沈从文又说过一段话，就是写在了《看虹录》《摘星录》《水云》等作品里面的，特别是《水云》，可以看作是他文学创作历程的一个总结，他说自己要在神之解体的时代，重新给神作一个光明的礼赞。沈从文明确表示赞美的是人的神性，因为人性是分为神性和兽性两种的。

在充满着古典庄严的诗歌失去了价值和意义的"左联时期"，大家都讲阶级、政治斗争，沈从文却说要为神性写最后一首抒情诗。因此他说自己是中国现代文学20世纪最后一个浪漫主义抒情诗人。沈从文曾经说过他的这种妄想在现实生活中与社会倾向有隔阂，在写作上自然更容易与社会脱节，即便是与社会脱节，也要写，这也是他的文学理想。

沈从文在《水云》中写下了自己与"偶然"的对话，那个偶然说你这个对政治无信仰、对生命极关心的乡下人，来到都市中，做人的经验已经经历得差不多了，正好用一支笔来好好地保留20世纪最后一个浪漫派在生命取予中的形式，也结束这个时代的情感发炎的记录。"情感发炎"是在这个地方出现的，这里面表现的是沈从文的理性。为什么现在总是讨论沈从文的诗化小说、乡土抒情性？其实这就是他自己坚决要走的一条路。他不顾社会的误解，不怕和社会脱节。

到了20世纪80年代，有一个叫戴乃迭的翻译家，她是我国翻译家杨宪益的夫人，她是地道的英国人，杨宪益留学英国时两人认识然后结婚。戴乃迭原来是不懂中文的，因为和杨宪益结婚后就开始学了中文，后来她专门把中国好的文学作品翻译成英文，向外国做介绍。当时她收集了沈从文的一些作品，比如《从文自传》、《湘行散记》、《湘西》、《劫余残稿》（就是巴金保存的沈从文没有出版的文稿，沈从文把这些稿件题为《劫余残稿》）。这些作品被翻译到国外后，产生了非常大的影响。后来沈从文被诺贝尔文学奖提名时，这些作品都是起到了非常大的作用。这些作品被戴乃迭翻译后，沈从文还给她翻译成英文的这本总题为《湘西散记》的书写了一个序，在这个序里面，沈从文说了这样的话："所有作品始终和并世同行成就少共同处。"即跟别的作家作品完全不一样。那么究竟是哪些不一样呢？为什么会不同呢？这个就值得我们搞研究的好好挖掘，这也是他的独特性。

沈从文还曾经表达过类似的观点：他认为自己总是被人误读，就是有些人喜爱他的作品，所喜爱的部分并不是他所爱的。而有些人憎恨他的作品，所憎恨的部分也不是他所憎恨的。他说有的时候我的优点为人们所憎恨，我的缺点反而被人们赞扬，我恨我自己，比任何人都恨得多，我爱我自己，又比任何人爱我的都多。这个社会对我极其不理解，就连那个极细心的刘西渭先生对我的评价都没有抓到我的要害。

为什么会有这些误读？一直到现在为止，我们对沈从文的研究，仍然没有达到沈从文所期望被理解的那样一个深度。我曾经在《上海文学报》上发表了《凤凰·水·沈从文》这篇短文，就特别提到了他的"照我思索，可理解'我'；照我思索，可认识'人'"。其实沈从文表达的是现在很多人并没有照着他的思索去研究他，对沈从文的评论有很多都没有抓住他的核心所在，或者说是有些隔靴搔痒。

张晓眉：可否请您谈谈关于今后在做沈从文研究时，我们应该怎样才能更好地走进、贴近沈从文，以便更符合沈从文内心真实思想的表达。

王继志：我们的研究要走近沈从文、贴近沈从文，就是千万不要把你自己认为的那样一个沈从文作为真正的沈从文来进行研究分析，只有达到了真正的理解，不要因为浮光掠影地读了几本沈从文的书，就自以为理解了沈从文，贸然给他做定性评价。你看连20世纪30年代就和沈从文结婚，相濡以沫走过了半个多世纪的张兆和先生都说不完全理解他，夫妻之间共同生活那么些年，加上张兆和对沈从文作品的理解，都不能理解沈从文内心世界最深刻的一面，何况我们仅仅只是读了几部他的作品，这种理解毫无疑问就更难了。

张晓眉：在沈从文研究上，您取得了很多的成果，为沈从文研究做出了很大贡献，比如您的学术专著《沈从文论》《沈从文的文学世界》和近百篇学术论文，还参与了《全集》的部分编辑工作。在您看来，您觉得自己走近了沈从文多少？您觉得您和理解沈从文还有多长的距离？

王继志：我觉得我还没有完全贴近沈从文，我力图贴近沈从文，但是我还没有完全真正地贴近他，我现在已经年迈到了没有力气，也贴不动了。所以我今后要么不写，要写的话我一定要尽力地去体会沈从文。

对于沈从文研究者而言，千万不要在没有细读他的文本之前，先看别人的评论，把别人的评论看过了之后，你就先入为主了，没有了自己的观点。只有文本细读，才能真正建立自己的评价观点，然后再去看别人对沈从文作品的评价。

要真正理解、走近沈从文，那么就要看他的生平、传记等。对沈从文的人格、理想、内心世界有了比较透彻的了解之后，再读他的作品，分析他的内心世界。比如作品是表达苦闷的，就分析他为什么会苦闷，至于说看到别人的评论跟自己偶合了，就可以说某某人曾经有过类似的观点。如果看到别人的评价和自己不一样，那就要坚持自己的观点。

说到这里，我就想起了我带的博士罗宗宇，当时他在定选题的时候就跟我讲，想把沈从文作为一个思想家来给他定位，因为现在最多也就是给沈从文定位为文学大师，还没有离开他的文学范畴。我就问罗宗宇，首先你认为怎么样，能不能自圆其说，能不能通过论证，摆出他确实是思想家的事实来。如果你能做到上述几个问题，认为沈从文就是一个思想家，那么你就坚持自己的观点，任何真理的发现总有第一个，我支持你这个选择。为什么我要支持罗宗宇呢？就是因为在我的头脑里面，我也已经把沈从文定位为一个思想家了，他的乡下人思想、知识分子思想、重造民族品德思想等，这几大块都有沈从文的独特见解，是不同于同时代人而且比那些人要深刻得多。

为什么我说要读一读他的传记，因为从中你能了解他的生平，知道他受过哪些苦，受过哪些打击，受过什么样的波折，他内心的痛苦是什么。对这些问题的回答，一般在评传里面都有；但不要局限于只看那些薄薄的学术传记，要看他的文本，甚至于我觉得要先看传记，再看评传和文本，最后再看流行市面上的学术论文。千万不要先看别人的论文，这样永远都达不到一定的高度，从学风上也要考虑这个。说自己的话，走自己的路，定下了一个东西就要坚持，就像沈从文一样。

沈从文与钱锺书交往不多，在与其他的名人相比较后，钱锺书曾经说过这样的话："你们不要看沈从文一天到晚笑嘻嘻的，好像一个和事佬，不信你试试看，他要是不愿意做的，你看谁能强行让他去做？他是很倔强的。"我曾经在《水·凤凰·沈从文》这篇文章中说，沈从文具有水的性格，水是最柔弱的，但又是最刚强的；水可以随方就圆，但是水又能决堤溃防；水能够包容一切，但水又泾渭分明；水能黏合最卑微的人生，又能云蒸霞蔚，焕发出不同的色彩。我说沈从文就是水，水就是沈从文。

我记得有一年，我为江苏高考作文出了一道题目：《山的沉稳和水的灵动》，我在前面写了几句话，大意是水有水的性格，流动；山有山的性情，沉稳。山的沉稳给人以敦厚，水的灵动给人以聪慧。然而沉稳的大山，一年四季却幻化出不同的色彩；而灵动的海水，一年四季又保持着一色的蔚蓝。就是灵动里有恒定的一面，而沉稳里又有它灵动的一面。这是一个辩证的问题，题目的要求就是：请以山与水为话题写一篇作文。结果有一个考生居然在短短的时间内写了一篇《从山水中走出的沈从文》，一个高三的学生，评论沈从文的文风是流动的，而他的性格却是如大山一般的。我看到这篇文章后，当时就情不自禁地在评语里写了一行字：我真想结识一下这位小作者。

张晓眉：凌宇老师说沈从文是千年孤独，您认同这种观点吗？如是，请您谈谈沈从文作品中的孤独意识。

王继志：在沈从文很多的作品中都有一种孤独感呈现，比如湘西体裁的《从文自传》《湘行散记》《湘西》《劫余残稿》等作品，这些作品不仅风格多样，而且都谈到了孤独这个概念。由于沈从文的这份孤独突现在作品中，就使得他的许多乡村故事和他笔下的人物常常附带着表层和深层的双重意义。

从表面看来，无论是故事还是人物形象，都是那样的平和宁静、清闲安详、美丽。实际上，他的深层隐伏着一种挥之不去的孤独感。比如《边城》里讲的那个故事处处充满着不凑巧，而读过之后，总有一种山雨欲来的沉闷和压抑。

沈从文在为戴乃迭翻译的《湘行散记》写的序中就对《湘行散记》有过这样的描述，大意是这个小册子表面上虽然是反映当时的社会状况，看起来就像游记，其实每一个故事，每一个章节都有深层的感慨和寓意，细心的读者很容易体会到那种写在景观里的认识：沅水流域的近水码头，一只小船上的水手说笑等等，都彰显着平凡人世的得失哀乐，对于他们的过去和当前，沈从文是怀着一种不易形诸笔墨的沉痛与隐忧，浸透了一种乡土抒情诗的意蕴。再加上一份淡淡的孤独与悲哀，仿佛所接触到的种种常具有一种悲悯感，这或许是源于古老民族气质上的固有弱点，这种弱点或许是来自外部生命，受尽了挫伤之后的一种反映现象。

这里的所谓外部生命，也就是沈从文的人生经历，他认为他写和不写，都反映这种身心受过严重挫伤的痕迹，是无从用任何的努力加以补救的。沈从文说自己在北京城里生活了将近六十年，生命濒临衰老迟暮，而情绪却始终停顿在一个婴孩的状态，虽十分认真地写了许多作品，但都还缺少应有的理解。朱光潜就曾经这样评价，在沈从文的内心深处，他是一个孤独者。他的许多作品与并世同行不同，或许也正因为此。现在学术界对沈从文的孤独研究得还不够，是有待开掘的。

向成国教授专访

在沈从文先生诞辰110周年全国学术研讨会上，向成国老师（左）与采访者张晓眉（右）合影

写在前面的话： 采访向成国老师是在吉首大学沈从文纪念馆进行的，时间定在下午三点。两点半我赶到沈从文纪念馆门口的时候，向成国老师已经先到了。我提早来到沈从文纪念馆，原本是计划利用半小时做好相关准备工作，恭候向老师的到来，没想到向老师来得比我还早。看似一件小事，不知为什么，却让我感动。

向成国老师从20世纪80年代初开始从事沈从文研究，著有《回归自然与追寻历史——沈从文与湘西》等学术著作，撰写沈从文研究学术论文四十余篇。1986年元月，向成国老师和吉首大学文学院（原中文系）刘一友、叶德政、孙韬龙等老师自发组织成立了沈从文研究室，1998年沈从文研究室扩为沈从文研究所，2000年第一任沈从文研究所所长刘一友老师退休后，向成国老师接任沈从文研究所第二任所长。

向成国老师对沈从文研究的突出贡献还表现在他对沈从文作品等文献资料的收集和编辑出版，他全程参与了《全集》《别集》《长河不尽流》《沈从文研究》《永远的从文》等书的编撰出版。2004年，向成国老师还参与创办了《从文学刊》，该刊截至2012年已经出版六辑。

从1987年开始参与筹备第一届全国沈从文研究学术研讨会至

今，三十多年来，他参与筹备、主持了多次沈从文研究学术研讨会议，如1998年沈从文国际学术研讨会、2002年沈从文诞辰100周年国际学术论坛、2012年沈从文诞辰110周年全国学术研讨会等，他把自己很大一部分精力贡献给了沈从文研究事业。

三十多年来，向成国老师还数十次接待过国外十多个国家的沈从文研究专家、学者来湘西进行学术考察，并长期与国外著名沈从文研究者，如日本的小岛久代、城谷武男、福家道信，美国的夏志清、金介甫、马逢华，法国的拉比，德国的屈汉斯，瑞典的马悦然等保持书信往来。

2009年退休后，向成国老师退而不休，依然为沈从文研究奔走出力。吉首大学的沈从文研究从无到有，从有到发展成为今天的规模，向成国老师为此做出了杰出贡献。

值沈从文诞辰110周年之际，我专访了这位为沈从文研究默默做出了贡献的学者和师长。由于学识有限，本次专访所涉及的只是向成国老师取得的沈从文研究成果的泰山一隅，他为沈从文研究做出的贡献还有待于今后的同行们共同关注和跟踪开掘。

张晓眉：您最初是怎么发现沈从文的？为什么会选择研究沈从文？

向成国：我最初也不了解沈从文，就知道有这么一个作家，是湖南湘西凤凰人。在我读书的时候，就记得老师在课堂上提过一句关于沈从文的话："沈从文是个反动作家。"老师当时这样评价，我也没往深处想。

我是在1979年无意中看了《从文自传》后，觉得写得太好了，自己读了这些年的书，也教了这些年的书，当时我已经工作了十多年，还从没看到过写得这么好的自传作品。后来我就开始到处找沈从文的书读。因为到了20世纪80年代初以后，沈从文的作品已经开始陆续出版。在这之前，鲁迅的作品我基本上都读过，后来我看了《边城》，就有一种强烈的感觉，沈从文的文学作品和鲁迅的文学作品是两种不同的创作风格，对沈从文的作品价值应该给予充分肯定。按照现在的说法就是，鲁迅主要是揭示国民的劣根性；而沈从文则把一切东西写得很美，把人写得很善，他主要是善于发现真、善、美，看了他的作品以后，就感觉到这是诗画一般的作品，其艺术魅力无穷尽。所以，我对沈从文的作品有了一种无限的向往，就决定要研究沈从文。

1978年恢复高考以后，很多高校都恢复招生，教师缺口很大。当时我在广西桂林临桂师范教书，广西有的高校有意调我去工作，桂林师专甚至把我的课都排好了，要我上文学理论，但是我一直没有去，因为我是中南民院毕业的，当时中南民院也有意要我去，但被广西卡住了，不让我走。一直到1982年才同意我调走，档案被转到武汉。当时吉首大学也要人，时任吉首大学教务处主任的向熙勤给我写信说："你去武汉做什么？"我说去武汉研究沈从文呐。他说："去武汉研究什么沈从文咯？沈从文在湘西。到吉大来吧。"1983年3月，我调到了吉大。一开始大家都是你做你的，我做我的，没有什么交流，后来和刘一友、孙韬龙、叶德政等几个老师商量说，还是搞一个小集体，大家经常交流，一起研究沈从文，这样效果好一些。经过一年多的酝酿，1986年1月9日成立了沈从文研究室。

沈从文研究室成立以后，我们就给沈从文写了一封信去，但是沈从文一直没有回信，也没有表态。后来听说有人要成立沈从文研究会，沈从文就来火了，说：已经有了一个研究室，还成立什么会？大概意思是这样的。沈从文讲这个话，实际上也就承认了我们的沈从文研究室。沈从文为什么不同意成立研究会？主要是他对名和利都看得很淡，他在写给我的一封信中说得很清楚：人到了我（沈从文）这个年纪，要戒之在得，什么欲望、名利都不应该看得太重。这是他的一种至高通达的思想境界。

沈从文一开始没有对我们的沈从文研究室表态，后来也就默认了。因为他后来也明白我们是在踏踏实实做事情，不是吹毛求疵，也不是拿他的名字拉大旗做虎皮，为自己出名，图利益。他看清楚了这一点，所以就默许了。后来我们编《别集》的时候，张兆和写了《前言》，那篇《前言》是写得很实在的，对吉大沈从文研究室是信任的。

有一年我和刘一友老师去拜访沈从文，当时他正在病中，门上写着"从文有病，敬谢来访"。当时我们俩轻轻地敲了一下门，张兆和先生开门看到是我们，很热情地说："哎呀，你们从湘西来的，快进来！"

进了屋，沈从文正在卧室休息，我们在客厅里很轻声地说话，沈从文还是听见了。因为刘一友老师一口凤凰腔，可能是沈从文对凤凰话特别敏感，就把张兆和先生喊过去，张先生出来后说，从文想见你们。

我们进去后，看到沈从文躺在床上，戴着深度近视眼镜，从眼镜镜片中透射出来的那种眼神，特别有神。现在我想起他的那种眼神来，还很感动，因为他的眼神透露出来的那种对家乡人的情感，能紧紧地抓住你的心。

因为沈从文正在病中，我们不好打扰太久，说了一阵话后就起身告辞，说以后再来。但沈从文却说："明天来！"我们与张兆和先生约定第二天上午九点到十点再拜访沈先生。

第二天九点钟我们准时到沈家。进屋后，我们看见沈从文端正地坐在椅子上。张兆和先生告诉我们说，沈从文早上高兴得很，六点钟就起床了，精神也好，想和他说什么就说什么，多久都可以。

我们原本只计划谈一个小时的，后来因为沈从文特别兴奋，聊了很多，结果我们谈了三个多小时。当时我们还带了照相机和录像机。在这之前，有记者去采访沈从文，他不给照相，如果硬要照，他就把头低下来，更不给录像。据说在这之前，只有黄永玉给沈从文录过像。我们给他讲了以后，照相录像都可以，很配合我们。

因为沈从文还在病中，怕影响他的身体，我们依依不舍地起身告辞了。当时是8月份，天气很热，张兆和先生扶他回房休息的时候，我看到他的衣服都湿透了。出门后，我和刘一友老师都感到很后悔，不应该打扰他那么久。后来刘一友老师还写了一篇《沈从文现象》，提到了我们那次访问沈从文的过程。

张晓眉：您是沈从文研究专家，同时又是一名高校教育工作者。现在虽然退休了，却是退而不休，依然还在教育事业上贡献自己的力量。您作为沈从文的家乡人，在沈老生前，您和他就有过接触，根据您这么多年的沈从文研究经验和取得的学术成果，您认为沈从文在中国文学史上的最大贡献是什么？

向成国：我觉得沈从文对中国文学的最大贡献不是他的文学创作，也不是他的物质文化史研究，而是他的思想、精神和人格。而他的文学创作和物质文化史研究成果体现了他的精神，反映了他思想，也彰显了他的人格。

我觉得目前我们对沈从文的思想、精神和人格的研究和挖掘还不够。就沈从文的文学作品和物质文化史研究而言，那都是一篇篇的作品和一个个的具体物件。在我们研究的过程中，不仅应该把具体作品中所蕴藏的思想、精神和人格表现出来，而且还要有意识地凸显它们的价值，因为这些都是沈从文对中国文化发展的重大贡献。

目前，据我了解，湖南师范大学的罗宗宇老师在进行沈从文思想研究，他写了一本《沈从文思想史研究》，不过这仅仅只是一个开始，还有待于后来的学者进一步深入挖掘，拓展沈从文思想研究、精神研究和人格研究的空间。

我经常讲，做沈从文研究，要扎扎实实、认认真真。刚才我讲了，沈从文的杰出成就在于他的精神、思想、人格等，所以要认识他的价值，就必须认识他所描写的具体文学作品，认识他研究的具体文物。沈从文在这些领域所取得的成就，就是放在中国文学史上，甚至放在世界文学史上都有他独特的价值和地位，把这些弄清楚了，才能对他的思想、精神、人格有更深的把握。

张晓眉：沈从文研究在吉首大学从无到有，从有到今天的繁荣局面，可以说主要是由于您和吉首大学的一批老师坚持不懈的结果。您见证、参与了沈从文研究的开创与发展，可否请您谈谈这些年来，遇到的一些最难忘的事情。

向成国：这要讲起来，具体的事情就太多了，不是一时半会儿就能讲清楚的。我们在研究沈从文的过程中，从20世纪80年代初至今，已经三十多年了。在三十多年里，我们主要做了一些基础性的工作。所谓基础性的工作，一个就是我们进行了资料的收集、归类、整理和出版。这些资料包括沈从文的作品集，现在已经出版了《全集》三十二卷，到目前为止，这是沈从文作品最权威、最全的版本。《全集》出版至今已经十一年了，这十一年中又发现了大量的沈从文佚文，沈虎雏先生正在考虑对《全集》进行修订，工作量相当大。

我们在资料的收集、归类、整理和出版方面，这些工作做得比较艰难。

一是受经费的限制，我们收集的资料比如复印、照相等都没有收全，刚开始那几年主要是靠手抄，工作相当艰苦，而且很费时。学校经费困难，差旅费也多是由出版社出的，但都很低。比如我们去北京收集资料，从来没坐过火车卧铺，到了北京不是去湘西州办事处住，就是住在地下室，哪里便宜就住哪里。

记得有一年腊月二十六，我和张永中（现任湘西州委秘书长）一起到北京收集沈从文资料，当时我们住的是湘西州办事处，早上出去时还有人，等我们收集资料下午回来，办事处只剩一个留守的工作人员了，他看到我们还在北京感到很惊讶："向老师，你们还没有走？"我就问他："今天几号？"他告诉我腊月二十六，并解释说他们已经不管吃饭了，因为工作人员都回家了。他以为我们已经回家，所以也没给我们做饭。我俩只好到街上到处找晚饭吃，后来在中央民委后北太平桥街，看到有一个馆子正在煮牛肉，是用于春节供应市场的，我们给那位老板讲了半天好话，他才给我们称了一块熟牛肉。除了牛肉什么都没有，看到馆子对面有一家烟酒店还开着门，我俩买了两瓶啤酒，就着酱油把肉吃了。

腊月二十七坐上火车，二十八到家，都快过年了。过完年初三，我们又出门收集资料。因为时间太紧，平时都要工作，只有利用寒暑假这点有限的时间进行资料收集。收集资料时碰到类似的这种情况还有很多，所以说资料收集得很艰苦。现在回过头来看我们做的这些工作，虽然艰苦点，但还是很有价值的。

二是刚开始研究沈从文的时候，学校的老师也不像现在这么多，当时文学院（原中文系）只有四十多位老师，最初做沈从文研究的就只有我和刘一友、孙韬龙、叶德政、蒙慕秋等几位老师和一些学生。做研究没有资料，就只有靠自己收集。没有钱，自己想办法。比如我们在编辑《长河不尽流》的时候，从资料收集到出版，都是我们自己想办法。当时出版社需要这样的书稿，他们愿意出版，那我们就编。当时我们开玩笑说是"借鸡下蛋"，出版社只给很少的编撰费用，我们也不在乎，能出版就行。

在编辑《全集》之前，我和刘一友、沈虎雏三人编辑了《别集》（共二十卷，二百六十万字）。1992年书出版后不久，就获得了国家图书奖。《别集》编完后，1993年，我们又开始接着编《全集》，到2002年12月正式出版，历时近九年。我们编辑出版的沈从文研究资料还有《沈从文研究》、《沈从文研究专号》（共四期）、《长河不尽流——怀念沈从文先生》、《永远的从文》（一百五十多万字）等，编辑整理的沈从文文献资料有十几种，还有《从文学刊》，现在已经出到第六辑了。

我们做的这些基础性工作，为未来的沈从文研究做了准备。所以我觉得这个工作吉首大学做得还是比较好的。从一开始做沈从文研究，我们就意识到资料是最重要的，所以在资料收集方面做了大量的工作。无论任何人研究沈从文，都离不开资料，研究者的观点、看法、研究方法都可以不同，但是资料必须是相同的，也是第一重要的，而且这些资料可以留给后代，无论那代人研究沈从文，都是有用的。

张晓眉：我在采访凌宇老师的时候，他说1987年准备召开一个沈从文国际学术研讨会，沈从文知道了以后很生气。您知道这件事情吗？可否谈谈？

向成国：1987年11月上旬，我们召开了首届全国沈从文研究学术座谈会，这次座谈会上请的人不多，兰州大学的赵学勇，南京大学的王继志和他的研究生，武汉大学的唐荣昆，复旦大学的吴立昌，湖南师大的凌宇，广东韶关师专的詹鹏万等，加上我们吉首大学的几个人，总共就是十多个人。会开了两天，还用两天时间考察了凤凰、茶峒等地。十几个人开了两天会，没有人拿演讲稿，就漫谈似的，但都讲的是很典型的问题，也是很尖锐的问题，讨论了沈从文文学创作与政治、文学作品的精髓、沈从文研究的成果和展望、从文化史这个层面来研究沈从文、沈从文与鲁迅等问题，大家谈得非常深入和诚恳。会开得很成功，有一种意犹未尽的感觉。当时我们就有个想法，想开个规模大一点的沈从文研究学术研讨会，让更多的专家学者来交流研究心得体会。

会议结束后，我们就把想法写信告诉给沈从文，这是由我们这个渠道反映的。另外湘西州有人想以民间文学研究会的名义搞一个国际性的沈从文研究学术研讨会，并准备成立一个沈从文研究会。

这个事情因为多渠道、多途径地反映到了沈从文那里。沈从文对国际性学术研讨会很不感兴趣，对成立沈从文研究会也不感兴趣。1988年3月到4月期间，他连续给凌宇写了两封信，给我也写了一封信。给我写的那封信语气比较平和。当时给我写信时，沈从文原本是要张兆和先生代写，但是张兆和先生不肯写，她的意思是随他们去，他们想怎么搞就怎么搞。最后沈从文只有自己写，因为当时他病得很厉害，手都是发抖的，所以字写得很潦草，但意思都已经清晰地表达出来了。5月10日，沈从文不幸去世。他的最后一封信是写给我的。

沈从文不同意召开这样的会，不久他又去世了。沈家和我们都处在悲痛之中，所以大家都没再提这个事情。随着大家的悲伤情绪慢慢减轻以后，我们再提这个事情的时候，沈家说他们要尊重沈从文的遗愿，也不主张开这种会。所以一直到了1998年，我们才发起召开了沈从文研究国际学术研讨会。当时张兆和先生还健在，沈从文的二公子沈虎雏先生也参加了会议，会后张兆和先生评价说很好。2002年我们又主持召开了沈从文诞辰100周年国际学术研讨会，规模就更大了。国内外来了一百多位专家学者，沈龙朱先生、沈虎雏先生的夫人张之佩女士也参加了会议。会议开得很成功，因为我们都是抱着实事求是的态度来评价沈从文的文学成就的，没有故意拔高或贬低，所以这次会议沈家都是支持和认可的。

因为沈从文研究室的成员不断增加，学校计划把沈从文研究室扩大为沈从文研究所，1998年，沈从文研究所成立了。2000年，刘一友老师退休后，我接任沈从文研究所所长，2009年我退休交班，在交班的时候开了一个讨论会，我提出要在沈从文诞辰110周年时开个会。前任文学院院长简德彬气魄很大，当时他说不仅要筹备会议，还要建立一个沈从文纪念馆，编辑出版《沈从文大辞典》。这个讨论后来形成报告呈给校办，经校长办公会讨论后决定建立沈从文纪念馆，经过几年的努力筹备，沈从文纪念馆终于建成了。

张晓眉：我想请教一个问题，就是您与沈从文的通信中，沈从文均以"弟"自称，这在我们中国的礼仪中是有讲究的吗？

向成国：这是沈从文的自谦。这也是中国人写信时，为了表示对他人尊敬的一种谦虚手法。在我写信时，一个比我小很多年纪的人，我可能也会称他为兄，过去书信习惯就是这样。

张晓眉：我在采访王继志老师时，他跟我说在20世纪80年代，我们国家有一个"清除精神污染运动"，当时因为他在研究沈从文，所以也受到了牵连。您也是在20世纪80年代开始从事沈从文研究的，您是否有过类似的遭遇？

向成国：当然有过！1986年"清除精神污染运动"也在吉首大学蔓延开来，我因为研究沈从文，也被列到被清之列，当时有一名副校长问了我们的情况，把我们的研究与政治挂钩，他也感到很气愤，所以他就把这个事情顶回去了。后来这个事大家都没有被追究，一是因为这个运动很快就过去了，另外就是他们也抓不到我们任何搞污染的材料，就算了。

张晓眉：我们知道沈从文在历史上一直存在争议，您是怎么看待这些争议的？

向成国：沈从文文学成就存在争议这个事实是一直存在的，现在也还有，我觉得这是正常的。

20世纪80年代，湖南有个《洞庭湖》杂志，从1984年开始就开辟专栏评价沈从文的作品。在"清除精神污染运动"时，对沈从文的生命意识、性爱作品展开过讨论，《光明日报》也曾经发表过类似的文章，但不是专门发表文章批评沈从文，而是对类似于沈从文书写的生命意识的文学思想和倾向性作品进行清理和批评，标题我记不清楚了。

在我看来，由于在那个特殊时代，人们对很多问题都还没有搞清楚，一些对文学的根本看法还没有形成主流意识之前，很多观点和思想都是允许存在的。对沈从文的文学评价，真正开始持客观态度还是在20世纪80年代以后，在这之前持否定态度的多一些。很多人都是潮流派，没有自己的思想和观点，那个时代的人都是刚刚从阶级斗争领域里走出来，而且很多的价值观和思想观念也是根深蒂固的，一下子要把它排除清洗掉，再把沈从文的文学成就彰显出来是不可能的，这是时代的产物。所以在我看来，如果没有那些看法和观点倒是很奇怪的，有，才是正常的。

张晓眉：您的著作《回归自然与追寻历史——沈从文与湘西》全书分为两章，第一章内容翔实，论证充分，特别是您对沈老作品做出的充分考据，对研究沈从文有很多参考价值。但是第二章只占全书篇幅的百分之二十，给人感觉有点全书结构布局失衡，虽然其中真知灼见随处可见，但感觉到很多都没有充分展开论述，您现在有没有打算把后面这一章再作些补充？因为现在这本书很难买到了，如果您再将后面这一部分充实再版，对今后的沈从文研究应该是有意义的。

向成国：全书布局失衡是因为当时结题时间紧。这本书是我的一个国家课题结题论文。当时因为事情太多，一是要编《全集》，加上当时我在《吉首大学学报》工作，工作忙，杂事多。家里有九十四岁的老母亲需要照顾，还有两个儿子。老二考上了中国科学院计算技术所的研究生，老大还没有毕业，因为他在复旦参加了一年军训，要学五年，正做赴美留学的准备。单位、家里的事情集中在一起，太忙了！只能晚上挤出时间来，每晚平均写三千到四千字，写了一百天，总共写了近四十万字，这本书是在这样一种情况下结题的，所以还存在很多不足。

如果现在要把第二章补充完整，只能站在今天的视角来进行论述，那么就会与我当时的定位存在一定差距。十几年过去了，我不能站在今天写1996年的东西，当时需要解答的很多问题现在已经基本清楚了。关于沈从文研究文化层面上的东西现在很多专家学者都在研究，这些年来也出了不少成果。

因为学术著作反映的是一个阶段的学术观点和思想，当时是怎么看就是怎么看，没有太大的改动空间；如果要改，还不如另起炉灶，重新写。再说现在我年纪大了，精力不济，重新写的任务就留给你们这些后来的学者吧！

张晓眉：请您谈谈为什么要用"回归自然与追寻历史"这个命题来研究沈从文。

向成国：回归自然和追寻历史是我从事沈从文研究长久以来形成的思想观念。回归自然，就是沈从文通过他的作品表现人与自然的关系，追寻历史，就是揭示人与社会的关系。实际上沈从文就是要解释人与自然、人与社会的关系，这个关系清楚了，那么人如何与自然相处、如何融入社会的问题也就解决了。这是我的一个基本看法，所以我选择从这个方面入手。

在写作过程中，遇到过很多矛盾思想和自然观问题。矛盾思想和自然观问题是比较好梳理的，人和社会、人和历史的关系比较难梳理。当时的政治观念、思想观念不像现在这样自由，很多问题只能按政治原则来进行梳理，不可能完全按照自己的想法写。现在看来，还是要突破政治的局限，符合文学发展的基本要求，但这个在当时是比较难的。当时从文化的角度研究沈从文才刚刚开始，我虽然意识到了，但不一定能够讲得清楚。

沈从文的很多作品，譬如《湘西》《长河》等都是讲的人类生存文化史，台湾有一个叫侯坤宏的研究员，是研究民国史的，他对沈从文的《湘西》中涉及的民国史非常感兴趣。因为在民国时期，湘西处于南北战争的中心位置，但是湘西这一块缺乏文献资料，后来他读了沈从文写的《湘西》，对《湘西》评价很高，因为《湘西》提出了很多研究民国历史的问题和线索，虽然沈从文没有完全写历史，写的是文学作品，但作品内容有很多涉及了湘西的历史，粗线条地提到了一些问题。

从文化史层面进行沈从文研究，在当时还没有进入到一个较高的层次，当时我意识到了这个问题，所以我在书的第二章提到了这个问题，但是因为整个研究水平没有跟上和自己当时的研究水平还没有达到那么高的层次，加上史料也没有现在这么丰富，这是当时没有很好诠释这个问题的原因之一。

张晓眉：您参与了《全集》《别集》等书籍的编辑，这些工作是您主动请缨做的，还是相关人员邀请您做的？

向成国：有的是出版社请我们做的，有的是自己自发做的。自从沈从文去世以后，有很多出版社都找沈家出版沈从文的书，沈家担心太多的出版社涉及进来，标准不一，会给沈从文的作品出版造成混乱。就想按照沈从文生前的遗愿，出版一套规范的书籍，精选内容，尺寸小一点，方便携带和便于阅读。因我对岳麓书社比较了解，时任岳麓书社社长潘运告对沈从文作品也很感兴趣，所以我们建议《别集》在这里出版，最后决定由岳麓书社出版。

出版社定下来了后，我和刘一友、沈虎雏一起讨论，精选沈从文的文学作品，开始决定出十本，按照沈从文生前遗愿，一本不要超过十万字，十本才一百万字，按照这个规格，很多作品就得舍弃，很可惜。又追加了五本，十五本还是不够，后定十八本，很多精品基本列出来了。后来在编的过程中又增加了两本，最后定为二十本，共二百六十万字，平均每本十二到十三万字，大体接近沈从文的愿望。

刚开始取名为《沈从文作品精选》，汪曾祺看了后，认为精选太俗了，将书名改为《别集》。《别集》这个书名我们没有从学术史上考证过它的含义到底是什么，但是觉得"别集"这个叫法很特别，挺好的。张兆和先生同意了，这样就有了我们今天看到的《别集》。

据说《别集》还没有出厂，就已经被预订了很多，这套书非常受欢迎，销量很大，岳麓书社连续印了十年。

张晓眉：您怎么评价沈从文的文学创作？

向成国：沈从文的文学创作是一种诗性创作，在中国是独树一帜的，为中国的文学发展开辟了一条道路。他的文学作品是诗性的现实主义，无论是从量还是从质来讲，沈从文都是这一领域的集大成者。

人类要解决的一个最基本的问题其实就是生存。沈从文提出了人类生存最基本的问题，即生命哲学。生命哲学是人类的一个永恒命题，他的生命哲学是自成系统的，归根到底就是美，美在生命、生命即神性，生命即神性的结果就是生命永生，把这一系列连起来，就是一个生命哲学体系。

把沈从文生命哲学用在人的生存发展上，也是一个永恒的发展主题。这个生命永恒主题我曾经讲过，过去我们研究它，现在认识它，将来还将探讨它。

　　沈从文还提出过一些意义深长、深远的命题，比如国家重造、生命重造，这是从国家和民族的生存高度来进行思考的，这个命题可能有时代的局限性，也就是说，当国家和民族还存在的时候，这个主题是会继续存在下去的。

　　此外，沈从文还提出过关注人与自然、人与社会关系的问题。人总是要回归自然的，这个回归自然不是简单地把人送回自然，也不是把自然变成人的意志产物。什么叫回归自然，这需要很好地去研究。沈从文的意思是，人回归自然，就是与自然保持高度一致，人是自然的一部分，人与自然融为一体，和谐统一。

　　张晓眉：请您从沈从文研究专家和高校教师的视角，来谈谈我们今后沈从文的研究范围、研究视野、研究深度和广度还有哪些新的开掘？

　　向成国：首先我声明一下，我不是沈从文研究专家，但是我很喜欢阅读沈从文的作品，在沈从文研究方面做了一些工作。对沈从文研究今后的发展和前景，我曾经也讲过，过去的这些年里，沈从文研究取得了很大的成就。但是，目前对沈从文研究存在的不足，我认为有以下三个方面。

　　一是沈从文与湘西文化的关系没有得到很好地研究。沈从文为什么走出湘西之后又反过来以文学的方式来表现、张扬湘西世界？现在很多学者还没有完全弄清楚这个问题。这里面实际上是有关系的，是一种文化关系。

　　沈从文继承了湘西的文化传统，湘西文化是属于巫楚文化，巫楚文化是属于前宗教文化，这种文化的特点是从人的本质出发，崇尚超人力量，人们把它看得很神圣。在这种文化观念中，神和人是结合在一块的，所以前宗教文化的最大特点就是天人合一，人神合一。自从世界宗教产生以后，其核心价值观就从神出发肯定人，人只是神的奴隶，所以人永远处于被神控制的位置。

　　而我们现在是生活在后宗教文化时代，后宗教文化时代也就是科学文化时代，对宗教文化彻底解构的时代，但我们现在还没有彻底走出宗教文化，还生活在一个怪圈之中。物质生产靠高度发达的科学技术，但是我们精神上又受到神的统治，并没有走出宗教世界。所以要谈人的真正解放，那就要人必须走出宗教和神的统治，然后对原始的宗教文化进行超越，人才能够得到真正解放。

　　沈从文是从湘西这个传统文化世界走出去的，必然就会受到这里的文化影响。这是一方面。另一方面，走出湘西后，沈从文置身于现代人文主义和精神教化的特殊环境中。因此，他把传统的巫楚文化、现代文化和精神结合在一起，形成了沈从文自己的文化观。

沈从文的这种文化背景，有的学者认为他是苗文化，有的认为是土家文化，或者认为他是苗文化和土家文化的结合。我认为这些观点是有待商榷的。这些观点与当年湘西的时代和文化背景不符。沈从文生活的凤凰县不是苗文化，而是典型的汉文化地方，苗文化在它的周围。为什么沈从文对苗族人民很同情？那是因为他看到了苗族人民受到的统治和虐待，但他的骨子里并不是受了苗文化的影响，而是受了湘西巫楚文化的影响，这一点，很多学者还没有真正地意识到。

沈从文受到现代文化的影响。现在很多学者也没有意识到这一点，没有认识到他是在现代人文主义影响下成长起来的。鲁迅存在一个由传统向现代思想和文学的转变；沈从文不存在转变，从一睁开眼就在近现代人文主义思想理念中成长。所以有学者说的沈从文文化的转变、人生观的转变，我认为都是不存在的。他本来就是在资产阶级人文主义思想的教育和熏陶下成长起来的，根本就不需要转变。

对沈从文与湘西文化的关系，很多学者在认识上是模糊的，有偏差的。要搞清楚这个问题，必须搞清楚湘西文化究竟是什么，究竟是苗文化、土家文化或者其他文化。只有搞清楚这个问题才能对湘西传统文化做出一个准确的定位，才能更好地把握、研究沈从文。

另外，沈从文接受现代人文主义影响这一点，很多学者没有搞清楚。刚才你问我沈从文最大的贡献是什么，他在文学和物质文化史研究两方面的贡献都是很了不起的，但更重要的是，他在思想和精神方面的追求，为人类提供和开辟了认识世界的广阔窗口和科学依据，而且这个贡献将是无限延续的，它的价值也是无限深远的。在那样一种环境下，沈从文坚持自己的独立思想、独立精神、独立人格，是非常了不起的。这是讲的沈从文与湘西的文化关系。

二是把沈从文作为立体研究对象做得还不够。沈从文是一个文学家、物质文化研究专家、思想深刻的哲学家，要把这三位一体结合起来研究。目前从事这方面研究的学者很少。从沈从文研究成果来看，文学研究取得的成果比较多，特别是对他的代表作的研究做得比较充分。但物质文化史方面的研究做得很不够，沈从文思想的研究目前虽然已经有学者在进行了，但还只是一个开端，需要更深入地挖掘。

三是用沈从文的方法来研究沈从文还很不够。其实研究沈从文最科学的方法就是按照沈从文自己创造的方法，即"抽象抒情"进行研究。

沈从文曾经说过，抽象抒情首先是抒情，就是咬紧一定的具体物象，把人的感情与具体物象结合起来，这是抒情。抽象就是把具体的物象意象化，把具象变成意象后，从意象中发现它深刻的内在哲理和价值。

前不久参加中越文化研讨会，我提交了《人类起源卵生说》一文，在会上发言时，我就讲了类似抽象抒情的观点，收到了很好的反响。把卵生上升为一种意象，即人也是卵生的，这种意象形成以后，就会把原物质变成非物质，人类意识从物质到非物质是一个巨大的跨越，这样就不会局限到某一个事物上。这和沈从文说的抽象抒情是一个道理，而且是非常科学的。抒情有具体的东西，抽象有意象的东西，把物质与非物质结合在一起，这样就能激发人无限的想象力和创作力。我认为抽象抒情是超越时空和现实的。

到目前为止，我认为沈从文研究存在的不足主要表现在上面谈的三个方面。今后的沈从文研究应该从哪些方面深入？一个就是要用沈从文的研究方法和多维视野来研究沈从文；再要从沈从文与湘西的文化关系入手，并把沈从文作为立体研究对象，从沈从文认识世界、接受世界、表现世界的方法等方面入手；此外，还要研究沈从文的思想、人文精神等，因为这是沈从文留给后人的巨大财富。要做好上述研究，工作量相当大，但发展前景是非常广阔的。

张晓眉：您怎样看待我国当前的沈从文研究队伍：是继续勃发，还是出现了后继乏人、学术研究断层这么一种现状？

向成国：既不后继乏人，也不断层。但是现在存在的一些现象必须引起重视。比如现在有些研究者比较功利，一部分学者做沈从文研究多是为了完成每年的科研任务、提高职称、获取学位等，科研任务完成了，职称提高了，学位获得了，就大功告成了，沈从文研究也就束之高阁，或者对待沈从文研究变得很随意，想做就做，不想做就不做。抱着这种功利性目的从事沈从文研究，与沈从文的精神、风格是背道而驰的。

要想在沈从文研究领域有所突破、有所作为，必须要把沈从文研究作为一项事业来做，就像沈从文自己对文学创作和物质文化研究的态度一样，把它作为一项事业。

事业和职业是有区别的。职业是为了讨饭吃、求生存；事业是把它作为人类发展的一个部分进行思考的，讲究奉献。用沈从文自己的话说，他把文学作为一种事业，是拿生命做投资。那么我们把沈从文研究作为一项事业，也是要拿生命做投资的，把自己全部的精力、智慧都要拿出来，贡献给沈从文研究，这样才可能有所作为。

沈从文研究要得到继续发展，就必须要有高素质研究队伍，且这支队伍要可持续发展，而不是一代两代人就行的，沈从文研究也不是三年五年十年二十年的事情，我可以肯定地说，沈从文研究起码是一个世纪的工程。在对待沈从文研究的态度上，研究者应该是把沈从文研究作为一项事业，扎扎实实、认认真真从事研究。那么有了这样一支研究队伍，对沈从文研究的发展，对中国文化的发展都会是有益的。

张晓眉：可否请您谈谈沈从文研究今后的发展和走向？特别是对像我们这些致力于沈从文研究的后来者，我们应该怎样才能把沈从文研究更好地继续下去？

向成国：沈从文研究关于文学研究的成果比较丰富，今后可能会向物质文化史研究、思想、哲学研究等方面倾斜，对我们研究队伍的学识素养要求就更高。

要做好沈从文研究，刚才我也讲了，就是要用沈从文的方法去研究它，要静下心来，耐得住烦和寂寞。沈从文的物质文化史研究为什么做得那么有影响，就是因为他沉得下来，耐得烦，还有一个就是认真的态度。

发现沈从文作品的价值所在，这是今后沈从文研究继续要做的课题。比如沈从文写的《边城》，他的本意并不是要写一个爱情故事，而是要通过二佬和翠翠的爱情故事，来描写人性善良。如果研究者沿着人性善良这个思索去研究他的《边城》，就能探索出更深层次的含义。比如《边城》中的民俗划龙舟、元宵火烧龙，这些民俗的描写是为了什么？比如渡船不收钱，而有的乘客硬要给钱，老船夫就用这些钱买来茶叶和烟草供给路人；比如老船夫上街买肉，卖肉的不肯收他的钱，老船夫乘其不备，把钱放进钱罐里转身就走……其实大量的民俗描写都是为了凸显人性的善良，因为人们生活在这样一个乡风淳朴的环境中间，人性肯定是善良的，社会也是和谐的。把二佬和翠翠的爱情故事放在这样一个背景中去写，就使得他们的爱情显得更美了。所以我说研究沈从文就一定要用沈从文的方法去研究沈从文。很多学者说看不懂沈从文的作品，你用他思索的方法去研究，看两次肯定就能明白了，这也是缩短与沈从文距离的最佳、最重要、最基本的方法。沈从文关于思索的文章相当多，可以好好研究，甚至可以写成系列论文。

张晓眉：您既在学术研究领域有很深造诣，且又一直从事高校教育工作，可否请您谈谈吉首大学十多年来在硕士培养方面的宝贵经验，特别是在指导我们硕士研究生研究沈从文这方面取得的成果。

向成国：培养研究生从事沈从文研究的成果不太理想。截至2009年我退休，我接触到的沈从文研究做得比较突出的硕士研究生、现在还在从事这方面研究的有林铁等同学。林铁现在也是吉首大学文学院的教师。对于我带的研究生，他们要从事沈从文研究，我的要求是通读《全集》，对研究沈从文的相关资料也要反复研读，开的必读书目也很多，可能是条件比较苛刻，让很多同学望而生畏，所以从事这方面研究的比较少。造成这种状况的原因是多方面的。今后我们在培养研究生从事沈从文研究这一块还要加强，不断总结经验，壮大沈从文研究队伍。

张晓眉：您认为今后吉首大学沈从文研究的重点应该在哪些方面？前景如何？当前吉首大学对推动沈从文研究有哪些具体举措？

向成国：今后的沈从文研究应该双管齐下。一是加强人才培养。招收一批扎扎实实读书、认认真真学习的学生，引导和培养他们加入到沈从文研究队伍中来，把沈从文研究作为一项事业来进行。二是培养一批中、青年教师队伍从事沈从文研究。三是研究沈从文不要站在现实的立场用现代的一些观点看沈从文，而是应该站在未来五十年甚至一百年的高度来考虑沈从文。比如20世纪40年代沈从文讲的话，用现在的价值观来评价还是正确的，而当时是把他作为反动派来批判的。

沈从文资料现在已经很丰富了，三十三卷的《全集》以及不断涌现的学术专著，对深入沈从文研究提供了充分的条件，而待开掘领域又很多，因此沈从文研究的前景应该是广阔的。

吉首大学现在对沈从文研究很重视，2012年吉首大学建成了沈从文纪念馆，现在已经正式对外开放，这对今后沈从文研究具有重大意义。沈从文纪念馆的陈设主要是为展示沈从文生平及其成就，今后还要陆续开设沈从文研究资料中心、沈从文研究者（家）的资料中心、沈从文研究国内外交流中心、沈从文教育中心等。

沈从文研究资料中心展品主要是包括沈从文文学作品的手稿、图书版本以及收集的文物和一些照片等。沈从文研究者资料中心主要是收藏国内外学者的研究成果，集中起来展示，给后来的研究者提供资料参考以便交流、利用。随着今后在资料收集、保管、使用等方面更加规范化，学者们的资料收集时间将会大大缩短，也节省了财力和精力。这样有利于今后的沈从文研究持续发展。

张晓眉：从相关资料了解到，这些年您与国外的沈从文研究专家有过多次交流和沟通，可否请您评价一下，这些年，国外在研究沈从文方面成果和贡献最大、最有特色的国家和个人。

向成国：从整体来看，日本的沈从文研究成果最多，也最活跃。从20世纪30年代开始，一直到现在，从未间断过。这可能是因为日本文化与中国文化相近的缘故。日本的沈从文研究与国内的沈从文研究距离相差不大，从小岛久代、城谷武男、福家道信、中野彻、齐藤大纪等学者的文章都可以看出。日本学者主要是侧重实地考据，把作家描写的事物与现实结合对应起来进行研究、深入探讨。

美国的沈从文研究成果也很多，而且影响很大。比如美国学者金介甫写了大量的沈从文研究学术论文，还撰写了《沈从文传》等学术著作，他的《沈从文笔下的社会与文化》很有特色。金介甫是哈佛大学毕业的，他的博士论文就是写的沈从文。金介甫的沈从文研究影响大，很有特色，贡献很大。

夏志清在20世纪60年代写的《中国现代小说史》就给沈从文设立专章，对沈从文的艺术评价很高。我觉得夏志清的评价是很中肯的，他下的功夫也是最扎实的。

20世纪70年代聂华苓撰写了《沈从文评传》，产生了一定影响。另外还有李欧梵、王德威等学者，他们主要是用西方的学术观点，从现代性的视角来关注沈从文。新加坡的学者王润华对沈从文的研究也是很深入的。我国香港的司马长风写的《中国新文学史》对沈从文评价很高。

从20世纪90年代开始，韩国的沈从文研究学者经常来湘西实地考察；法国、德国、瑞典、以色列等国家的沈从文研究主要是以翻译为主。

张晓眉：我现在在做沈从文文学域外传播研究，可否请您从沈从文研究专家这个视角，评价一下这个选题的价值和意义。

向成国：你的这个选题是很有意义的，值得去做，而且要长期去研究。因为目前还没看到有学者在这个领域进行研究，如果你把沈从文在国外的传播弄清楚，把这方面的工作做好做深入的话，其价值和意义是不言而喻的。

但是就目前的状况来看，你的选题"沈从文文学域外传播研究"，做硕士论文来定位，题目有点大，如果你要把所有国家都涉及，面撒得太宽，收集资料可能会存在一定的问题。因为资料收集是一个很费时费力的艰苦工作，有时候还讲究一点机缘。另外还有一个语言障碍的问题，有些信息你可能也接触不到，因为沈从文在国外的传播至少涉及二三十个国家，写几本书都有可能。而你的学位论文不是情况介绍，也不是一般情况分析，而是要有理论依据，然后用理论来解决实际问题。把理论确定下来以后，还要把传播方法、途径等等都要弄清楚，所以从现实的角度看，建议只写一两个国家比较容易操控。

张晓眉：您对当下沈从文研究有哪些见解和思考？比如有的学者研究沈从文的婚外情等私事，请您就这一现象谈谈自己的看法。

向成国：研究无禁区，在沈从文的一生中，肯定会发生很多关于文学和物质文化研究以外的事情，有学者对那些事情进行探讨和研究，我觉得也是无可厚非的。但是从研究本身来讲，应该把握住方向，一是要符合被研究者的实际情况；二是要看研究的选题是否有意义和价值。比如有学者研究沈从文的婚外恋，历史上确实存在这么一个问题，但是有一点要清楚，沈从文对张兆和的爱那是刻骨铭心的。我们从1949年沈从文自杀就能看出这一点，当时他为什么要这么做，一个很重要的原因就是害怕失去张兆和。在《沈从文家书》中，他写给张兆和的很多书信都是依据。

现在盛传沈从文和高青子的暧昧关系，严格意义上来说，他们只是师生、朋友之间的关系；还有谣传沈从文和丁玲的关系，两个人走得近一点，也不能就此推测他们是恋爱关系，对不对？

另外就是沈从文和张充和的关系。沈从文作为一位文学家，那么他在创作的时候总是会有女性形象出现，他对女性又有一种特别细腻的观察能力。客观讲，沈从文只是把女孩子看作是一种美，那么要写她们的美，就必须深入进去，不仅是表面上观察她们是怎么样的，还要揣测在什么情况下她们会做什么。沈从文爱美，表现美，女人作为他的描写对象，这是作家探讨美的必由之路，沈从文为此写了《看虹录》《摘星录》《水云》等自我表白的文章。如果根据这些作品来断定就是沈从文的婚外恋，就缺乏事实，会出偏差，就会对沈从文对美的追求产生误解。

作家、编辑李辉专访

李辉（右）与张晓眉在"黄永玉长篇小说《无愁河的浪荡汉子》暨九十岁黄永玉的文学行当"论坛会上合影

写在前面的话： 正式去采访李辉先生前，经历了一段小插曲。因为我刚进入沈从文研究领域不久，对专家学者不熟悉，承蒙糜华菱先生热心推荐，让我得识很多有影响的学者风采。糜先生在给我的书信中说，李辉先生为沈从文研究做了很多贡献，值得去采访。

于是我将李辉先生撰写的《沈从文与丁玲——恩怨沧桑》《沈从文图传》和相关论文找来细读，才发现李辉先生不仅研究沈从文，而且还撰写了与沈从文关系密切的巴金、黄永玉、汪曾祺、萧乾等文化名人的相关书籍，出版的书籍名字黑压压的一大片。

我从《沈从文与丁玲》、《萧乾传》、《巴金传》、《秋白茫茫》（获1997年首届鲁迅文学奖）、《黄永玉传奇》（2010年被《人民日报》、人民网评选为"年度最有影响力10本书"）、《胡风集团冤案始末》、《黄苗子与郁风》、《沧桑看云》、《在历史现场》、《和老人聊天》、《巴金研究论稿》、《一纸苍凉》……一直读到《封面中国——美国〈时代〉周刊讲述的故事》（获华语文学传媒2006年年度散文家大奖）和《绝响——八十年代亲历记》（获华语文学传媒2014年度散文家大奖），读得我心惊肉跳、荡气回肠，李辉先生的形象也随着拜读书籍的增多，日渐高大起来！与此同时，我对自己写的《作家、编辑李辉采访提纲》无端产生了几多质疑来——因为李辉先生除了写了多部有影响的著作外，从1982年至今，一直在媒体工作，是资深编辑、记者，仅他采访过的现代文化老人就有一百多位，而且都是当今很有影响力的作家、学者，都多次获得过大奖……

由于糜华菱先生没有告诉我李辉先生的联系方式，我只知道李辉先生在人民日报文艺部工作。于是我就写了一封很谦卑的信去碰运气。在信中，我如实写下了拜读李辉先生著作之后的真实感受，并将我提的八十三个问题一并寄给他，再谦卑地、不抱任何希望地等待李辉先生的回信……

大约是在信寄出去一周后，我的手机响了起来，来电显示是糜华菱先生提供给我的另外一名学者的电话和姓名。当时我曾按照这个电话发了一条短信，因久未见回信，我又拨通电话，可对方说我打错了，我也没细问，就挂了电话，也没将电话号码删除。当看到来电显示，我一阵惊喜，以为是那位学者被我的短信所感动，所以给我打电话过来。

接通电话，竟然是李辉先生！原来糜华菱先生把李辉先生的电话号码和另一位学者的姓名弄错了……绕了一个大圈，李辉先生的电话联系方式就在手机里！

李辉先生在电话里告诉我，他刚刚陪同年近九十岁的黄永玉先生从湘西凤凰回到北京，有些工作需要处理，等忙完了找空给我谈谈我所提到的问题。我激动得说了一连串的："好的！好的！"

2014年5月5日，李辉先生给我电话，问我是否有空，当时我正在国家图书馆查资料，李辉先生就让我第二天去人民日报社。

5月6日上午，我兴冲冲地来到李辉先生的工作单位人民日报社编辑大楼一楼，李辉先生耐心地给我讲了一个多小时，随后又请我到人民日报社食堂吃午饭。

　　吃饭的时候，因为知道李辉先生写过关于黄永玉先生的书，知道他与黄永玉先生关系非同一般。黄永玉先生是沈从文先生的表侄，了解很多关于沈从文先生的事情，还是我们湘西很有影响力的人，在我就读的吉首大学建有黄永玉艺术博物馆。他为湘西地区捐建桥梁，地处深山鲜有人知的吉首酒厂因为他的鼎力相助，成了世界知名品牌……在湘西，沈从文、黄永玉等几乎妇孺皆知……2014年是黄永玉先生九十华诞，作为家乡人，我虽然也在北京生活，而且就在离他的万荷堂不远的地方居住，但他给我的感觉是那么高、那么远……于是我借此机会请李辉先生给我谈谈黄永玉先生。

　　李辉先生很爽快地答应了，他告诉我他和黄永玉先生从1984年认识，到今年已经是第三十个年头了。从认识黄永玉先生到现在，黄永玉先生回湘西经常会邀上李辉先生，因而他几乎每年都要去几次，所以对湘西很熟悉。

　　李辉先生是个有心人，他收集了大量黄永玉先生的资料。1989年第一次同黄永玉先生到凤凰，当时沈从文先生的弟媳罗兰（沈荃的夫人）还健在，他就采访了罗兰女士，把当年沈荃平反档案等史料抄了厚厚的几大本，回北京后写下了《破碎的将军梦》。

　　因对黄永玉先生的了解增多，李辉先生又动了心思，计划给黄永玉先生写传。他请黄永玉先生把他的小学同学列个名单，20世纪80年代末还有十几个同学健在，李辉先生拿着这个名单找到他们，和他们一个一个地谈……讲到这里时，李辉先生很伤感，因为当年的十几位老人，今年去的时候，就只剩一个了……李辉先生还收集了黄永玉先生从20世纪40年代以来出版的书籍和发表的作品，包括与黄永玉先生相关的人士如沈从文先生、钱锺书先生等人的资料……李辉先生甚至知道很多连黄永玉先生本人都不记得的往事……近三十年的辛勤工作，他写的《黄永玉传奇》能被评选为"2010年年度最有影响力10本书"，在我看来，完全是情理之中的事情。

因曾听人评价黄永玉先生是一个挑剔、锋芒毕露、很难对付的人,李辉先生如何能与黄永玉先生成为忘年交?我有些好奇。李辉先生却一语道破天机:"真诚待人!别无他求!"

李辉先生喜爱旅游,加上他是一个有心人,所以他每到一个地方,总喜欢把自己的经历与大家分享,他给上海文协开设专栏"李辉走读",其中有三篇与黄永玉有关,一篇是写黄永玉在赣南时与蒋经国的故事。这个栏目曾获得过"最佳栏目奖",由此让我想起"赠人玫瑰,手有余香"这句话来。

李辉先生还去过沈从文和张兆和当年躲避地震在苏州老家居住的房子。问他为什么会对这些地方感兴趣,李辉先生满怀感情地说:"有些老人居住的地方,再不去就没有了。我去的时候总是拍一些照片,留作纪念。所以现在手上有很多珍贵的照片。"

在谈到李辉先生主编策划的"火凤凰"系列丛书时,李辉先生提到他编撰"大象日记丛书"之一《郑振铎日记》,我因为写学位论文正好前一天在国家图书馆读到这本书,印象很深。但我没有细看序言和后记,所以不知道是李辉先生主编的。我很惭愧,我把感想说给李辉先生听,李辉先生态度真诚地指导我:"作为一个研究者,尤其像你现在,还是很专业的研究者,要知道怎么深进去,再怎样跳出来。在深和跳之间,你会有新的发现,一定是这样的。你如果太深入进去,眼睛不看周边的事物,就很难有突破……千万不能固执己见,或者陷入一种看法,要不断调整自己……要大量占有资料,还要掌握资料的准确性……任何资料都是有用的,关键看你想不想得到用在什么点子上,会不会用……大量占有资料,也是为以后的研究做积累,打基础。虽然枯燥,但用处很大。用一年的时间训练自己搜集资料的能力,比花两年的时间去写论文,其意义要大得多,这个工作做好了,一辈子用之不竭。你回去试试……"此外,李辉先生还给我传授了很多他多年来搜集资料的心得体会……因为我的导师也姓李,听了李辉先生的教导,亦如导师李端生老师经常给我指导一样,感到格外亲切。回到家里,仔细琢磨李辉先生给我讲的那些话,越想越觉得句句在理，字字如金！真有"与君一席话，胜读十年书"之感，受益匪浅……

采访结束前，李辉先生送给我一张请柬，上面写着："——长篇小说《无愁河的浪荡汉子·朱雀城》暨'九十岁黄永玉的文学行当'专家论坛"。李辉先生告诉我，在北京798圣之艺术空间有黄永玉先生的画展，很值得一看。

5月10日，我带着家人去参观了黄永玉先生的画展。我们都是俗人，对黄永玉先生的画没有太多鉴赏能力，除了五岁的儿子批评了《张老闷儿》那张画，说是"太胖了！"外，我们共同的感受就是：真好！真了不起！

张晓眉：您是在1983年春全国文联委员全会上第一次与沈从文先生见面的吗？但您在接受一个访谈时曾经说是1982年，哪一年准确？请您谈谈您的沈从文研究。

李　辉：我上大学时，主要是研究巴金，当年和陈思和出版的第一部著作就是《巴金论稿》。大学毕业后，我到北京晚报工作，主要做文艺副刊方面的工作。工作之余，我还想继续做巴金研究，所以就在北京找巴金的朋友，想从他们的身上了解关于巴金的史料。当年我找沈从文、萧乾、冰心、卞之琳等主要是因为他们是巴金的朋友。

我是在1982年文联召开的扩大会议上第一次见到沈从文的，当时我负责采访报道这次会议。第一次见到沈从文，当时他正在发言，发言的内容大概意思就是"外行人领导内行人，瞎指挥"，说得比较激烈，看起来很温和的一个人，发起言来却很有一种气势，所以印象比较深。会后我主动找到他，告诉他我在研究巴金。

文联扩大会议闭幕式是在人民大会堂小礼堂举行的，我去的时候看到沈从文和朱光潜坐在一起，我就走到他们的后一排，看到沈从文先生拿出一本20世纪80年代初刚出版的《从文选集》，朱光潜先生也拿出一本刚由上海文艺出版社出版的新书《谈美书简》，两位老人在互赠新书。随后我和两位老师聊了几句。我在和沈从文谈话的时候，还专门提到了前两天他在会上发言后，我和他见面的事情。我记得当时还问他："您最近在忙什么？还写小说吗？"沈从文告诉我他不写小说了，但他给我说古华的小说写得好。和两位老人告别之前，我问沈从文："我能到您的家里去看您吗？"他说可以，就给我写了他家的地址。

会议结束后不久，沈从文和黄永玉回了一趟湘西凤凰。回来后不久，沈从文就中风了，等我再去他家见他的时候，已经是他中风之后了。

1983年到1988年，我去看沈从文的次数比较多，因为当时我住在东单，他家住在崇文门，走路五分钟就到，去他家主要是请他谈巴金。熟悉之后，我还送过音乐盘、录音带等给他听。当时《北京晚报》有一个"作家近况"专栏，我给他照相，把他中风后的生活状况写出来发表在这个专栏上。

1988年沈从文去世前两周，我去看望过他。具体过程我在《沈从文："行将超越一切"》一文中都写到过，就不再重复了。沈从文去世后，我也经常去看张兆和，当时我想做一个"与张兆和谈沈从文"和"张兆和眼中的现代文人"访谈。

张兆和给我谈了大概有十多次，后来因为张兆和的健康等原因，两个访谈都没做成，但我们一直有来往，我也一直很想做一些关于沈从文研究方面的事情。当年和张兆和的谈话笔记我初步整理了一些，但后来忙其他事情去了，没再继续。

从20世纪80年代末开始，我写了一些关于沈从文的短文章。1989年，黄永玉邀我去凤凰玩，当年沈荃的夫人罗兰还在，我采访了她。罗兰女士把沈荃的平反材料、档案等都拿给我看，我抄了很多。回来之后，我就写了一篇《破碎的将军梦》。那是我当年写的最长的一篇关于沈从文与他的家庭的文章。当时我觉得，如果我不写，可能就没有人会写沈从文的弟弟沈荃了。这么些年过去，至今我也没发现有人详细写过关于沈荃的事情，我写的《破碎的将军梦》就是在现在看来，应该也是最详细的。

我们对沈从文本人可能研究得比较多，但对他身边人还有待加深了解。当年我与罗兰女士的谈话，从侧面补充了关于沈从文的真实状况。后来我和沈荃的女儿沈朝慧女士也有来往，通过沈朝慧，我了解到了很多关于沈从文20世纪50年代以后的生活状况，比如当年沈从文真正能够交心谈心、交往最多的人是黄永玉，两人谈得很投入，特别是用湘西凤凰话交谈，感觉也不一样。

我认为要真正了解沈从文，对他身边的人比如沈荃、黄永玉、张兆和等也应该有所关注，从侧面记录关于沈从文的情况，这都有益于我们认识真实的、完整的沈从文。

张晓眉：您在1982年8月1日给陈思和先生的书信中提到，您见到了沈从文先生并问及他与巴金先生，并要了沈从文先生的地址，以便此后去看望他并详细问一些关于巴金先生的情况。能请您谈谈您第一次去沈从文先生家时所见到的情景吗？是否还记得当时的谈话内容？

李　辉：我请沈从文谈巴金，他给我讲了不少他们的往事，比如他们在20世纪30年代的情况，包括在北京沈从文的家里，一个在屋子里面写"爱情三部曲"，另一个在院子里写《边城》，两个人的观点不一样，风格也不一样，有争论，但都是好朋友，一辈子的好朋友。

张晓眉：您在《太阳下的蜡烛》中提到，您曾经为请沈从文先生家人编辑一本《从文家书》，特地去找过沈虎雏先生。沈虎雏先生在接受我的采访时也提到了《从文家书》分别在上海、江苏和我国台湾的三家出版社出版，您请沈从文家人编辑的这本《从文家书》后来是由哪一家出版社出版的？

李　辉：1994年，我与陈思和计划编一套"火凤凰"系列丛书，由他负责组织上海方面有意思的书籍，我负责北京方面的。

在编这套丛书的时候，我首先想到了沈从文的家书。沈从文家书是大家没有见过的，当时我读过《傅雷家书》，觉得很精彩，就想《沈从文家书》编出来之后，肯定也会很漂亮；因为我读过他写的一些书信，我认为沈从文的家书是我读到的家书中写得最好的，我认为沈从文20世纪50年代以后的家书，是最能够真正体现他文学价值的作品。

为此，我就去找沈虎雏，问他能不能编一部《沈从文家书》，他觉得我的建议很好，所以就选了一些书信。编完之后，张兆和写了一篇《后记》。这篇《后记》是张兆和写得最好的一篇文章，认识到位，情感很深，文字简练。后来由上海远东出版社出版。这是我促成的第一本关于沈从文的书籍。

这本书出版后效果很好，反响也很强烈，后来再版了一次。随后我国台湾的一家出版社也找到张兆和，想出版《沈从文家书》。张兆和为此还给我写过一封信，征求我的意见。

　　当年江苏文艺出版社找过我，他们计划出版《全集》，我是比较赞同的。因为当年江苏文艺出版社影响比较大，印刷质量也比较好。但《全集》最后是由山西省的北岳文艺出版社出版的，因为我不专门研究沈从文，所以后来也没有介入，具体情况不是很了解。只是给《全集》提供了我做的大概有几千字的《记丁玲》校勘。当时编《全集》要了解一些外国学者的名字，我与海外汉学家有联系之便，给《全集》编委会提供了一些这方面的资料。瑞典学者倪尔思20世纪90年代翻译出版沈从文散文集，想请张兆和题写书名，我也帮着联系。沈从文诞辰一百周年，我在现代文学馆做了一个专门谈沈从文的讲座。后来我根据这次讲座内容，补充了一些资料和图片，出版了一本《沈从文图传》。

　　另外，我收集了一些沈从文的资料，当年我在收集文学广告时，把沈从文的也收集了。前几年我在搜集黄永玉的资料时，查阅到了一篇沈从文1949年写给黄永玉的书信，这封信发表在香港《大公报》上，标题是《我们这里的人只想做事》，因为在编《全集》时，没有一封沈从文这个时期的书信，根据相关文献记载和黄永玉的回忆，沈从文当年给黄永玉写过很多书信，但都在"文革"中毁坏了。这些资料对了解沈从文都是比较有帮助的，包括张兆和曾经给我写的一些书信。

　　我为沈从文研究所做的工作，大概就是这些。对沈从文研究也只能说是了解，做了一些事情。我认为最值得一谈就是《恩怨沧桑——沈从文与丁玲》这本书。

　　《恩怨沧桑——沈从文与丁玲》从1989年下半年开始准备，首先是找出当年最早连载的《国闻周报》和良友图书公司先后出版的两册书：《记丁玲》（上）和《记丁玲》（续）。《记丁玲》（上）是从范用先生那儿借的，《记丁玲》（续）是唐弢先生那儿借的。两位老人我都熟，都很爽快地把书借给我。

　　《恩怨沧桑——沈从文与丁玲》我用了一年多的时间，这是我做得比较扎实的一本书，因为案头工作比较多，中间也穿插了一些访谈。当时我与健在的十几个知情人士，比如巴金、楼适夷、施蛰存、萧乾、丁玲的丈夫陈明、赵家璧、汪曾祺、林斤澜等通过书信（大约有几十封）、面对面交谈等形式，了解这件事情始末。我为此还整理出《与巴金谈沈从文》《与汪曾祺谈沈从文》等系列访谈，这些文章后来收入到我出版的《与老头聊天》这本书里。等将来有时间，我计划把为了解沈从文与丁玲恩怨的采访笔记和书信整理出来，也许对今后的沈从文研究会有所帮助，也是对《恩怨沧桑——沈从文与丁玲》的一个补充。

我现在感到比较遗憾的是，沈从文与丁玲、胡也频一起主办的《红黑》杂志比较难找，当年我在写《恩怨沧桑》这本书的时候，在清华大学查阅过，但不全。如果现在能够把出版过的《红黑》杂志影印或者做成电子文本，是很有价值的。

总的来讲，我不是在系统地研究沈从文，也不做文本研究，所以对他的作品认识不深，读过他的很多作品，知道这个作家在中国现代文学史上是一个很有分量的人物。

张晓眉：您在《恩怨沧桑——沈从文与丁玲》一书的后面附了很多20世纪80年代不同学者就沈从文与丁玲恩怨所写的文章，当初的用意是什么？

李　辉：当时将这些文章附上，主要是为了表明我写这本书是持客观态度，因为我写的这本书介于传记与校勘之间的这么一种类型。当时我想，附上这个附录，对我所要表达的东西显得更完整，让读者看到除了我的陈述之外，其他的学者对这件事情的各种看法。虽然我的书里面引用了一些学者的话，但不完整。

张晓眉：拜读了您的《恩怨沧桑——沈从文与丁玲》后，我一直在想：为什么丁玲在文章中痛骂沈从文先生，而在见了沈从文先生时，好像又很热情的样子？丁玲是在1982年去世的，她发表那篇作品是在1980年，当时她已经被诊断为癌症，在她去世后不久，沈从文先生就中风了。据沈从文先生在书信中谈到的，丁玲对自己的几十年不公正待遇只字不提，却写文章来攻击他。您在《恩怨沧桑——沈从文与丁玲》一书中也有评价"……从丁玲对沈从文的批评来看，沈从文的问题在于以市侩目光看待她和胡也频所热爱的左翼文艺事业。这就是说，沈从文真实描写了他们的革命工作，只是所持观点她不能赞同。除此之外，沈从文并没有写能够构成她的政治'罪名'的任何事情。相反，从丁玲所需要的角度，沈从文的不解和异议，恰恰可以增添她的光辉，成为反驳他人的重要历史资料"。当时沈从文先生，特别是他的文学成就还处在被"掩埋"期，而丁玲以这种方式来提起沈从文先生的文学，是不是还有更深层次的用意？毕竟几十年的友谊，正如中国有句话讲的："人之将死，其言也善。"已经经历过了人生的大起大落、风风雨雨，已是耄耋老人的丁玲至于去因为这点事情就攻击沈从文先生吗？

我觉得丁玲写的："贪生怕死的胆小鬼，斤斤计较个人得失的市侩，站在高岸上品评在汹涌波涛中奋战的英雄们的高贵绅士是无法理解他的。这种人的面孔，内心，我们在几十年的生活经历和数千年的文学遗产中见过不少，是不足为奇的。"这段话中的"贪生怕死的胆小鬼，斤斤计较个人得失的市侩……"不符合事实，即便是一个完全于此事无关的人看了沈从文先生写的《记丁玲》，特别是序跋，就能看出沈从文先生对他笔下这个人的维护。丁玲作为一个经历了人生风雨，特别是从1956年到1978年期间的人生历程，正如您说的，她所要申诉的对象绝对不是一个一直关心她的朋友。可她为什么要写这样一篇文章？我以为她是在用一种用意很深的方式来让人们关注沈从文先生的文学价值。我不知道这样理解对不对。也许我的想法太幼稚了。您对这件事情了解得比我透彻，您能谈谈丁玲写这篇文章的用意吗？

李　辉：我在《绝响——八十年代亲历记》中写了一些。我认为，要讲清楚这件事情，得和当年大的社会历史背景联系起来讲。我认为丁玲在《诗刊》上发表的《也频与革命》那篇文章，是多种偶然因素促成的。

一是当时周扬已经成了新的旗帜，因为周扬一直认为丁玲当年有自首行为，所以丁玲一直试图表明自己的政治立场，想要表现得和周扬不一样。就是即便是当了右派，也要表现得很革命。我觉得丁玲写那篇文章，丁玲和周扬之间很深的矛盾是原因之一。

二是当时碰巧日本有两个研究丁玲的学者拿了一本沈从文写的《记丁玲》去找丁玲。丁玲看了这本书后，很不高兴，她说是第一次看到；但我觉得这种可能性不大，她当年应该看到过，也许是看了之后又过了几十年，她忘记了，这就又给丁玲提供了一个让她写那篇文章的契机。

三是《诗刊》恰好在这个时候请丁玲写一篇纪念胡也频的文章。

丁玲写的那篇文章，表达了她在左联的时候就很革命，因为她当时需要证明自己被批判为"叛徒、自首"都是被诬陷的，虽然自己当了右派，但还是很革命。但丁玲又不好拿别人去说事，所以就拿沈从文说事。这个事情是需要结合很多的历史背景才能谈清楚的。

张晓眉：您说"沈从文和他留下的作品将永远不会老去"。请您谈谈您最欣赏沈从文先生的哪一部作品？为什么？

李　辉：沈从文的作品基本上都读过，我认为《边城》《从文自传》《湘行散记》《长河》以及沈从文的书简，特别是20世纪50年代以来写的书信，写得最好！我认为沈从文的书信是五四以来所有作家中写得最好的；《长河》虽然没有完成，但那种味道都已经出来了，我认为这是沈从文未完成的巨作；《从文自传》也很好，是一部很了不起的作品。但是沈从文写那些反映现实的、讽刺的东西，比如《八骏图》一类的东西，我认为不是太好。沈从文写的文学评论也很好，作家写的文学评论与其他人不一样，因为还有感受在里面。20世纪30年代，沈从文写过很多文学评论，都写得非常漂亮，非常值得一看，像他谈"朗诵诗"那些片段，我在写《萧乾传》的时候，起到过很大的参考作用，我当时还引用了一些。后来沈从文在读了我写的《萧乾传》后，他给我说我把当年的那种味道写出来了。

张晓眉：您认为沈从文的书信是五四以来所有作家中写得最好的，这种评价标准是根据他的文学性还是别的？

李　辉：主要是文学性。你去读沈从文的书信，我认为他写的很多书信都是当作文学作品来创作的，尤其是20世纪50年代以后，他当时已经不在报刊上发表作品了。但你看他写的那些书信，表面上看来，好像是他在和你谈事情，仔细一琢磨，你就能感觉到他实际上已经进入到了文学创作状态。沈从文的书信是值得好好研究的，甚至可以和五四以来其他作家写的书信进行比较，同样的事件，同样的运动，同样的时代背景，看看沈从文是怎么写的，别的作家又是怎么谈的。在校勘的基础上谈自己的见解，这应该会是一个很不错的选题。

张晓眉：关于沈从文先生没有获得诺贝尔文学奖，您认为不遗憾，为什么？

李　辉：这是从得奖本身这个角度来讲的。托尔斯泰也没有得过诺贝尔文学奖，遗憾不遗憾？我的意思是如果能得也好，没有得，对沈从文来说，也没有什么损失。国外很多得了诺贝尔文学奖的作家，我们都已经忘了。沈从文没有得奖，有损失吗？没有。他的文学地位照样还在那里。文学这个东西，五十年以后，或者一百年以后，还有人在读他的东西，这就够了。我是从这个角度来讲的。

关于沈从文得诺贝尔文学奖这个事情，我是比较了解的。因为我和马悦然的关系很好，1988年沈从文去世的消息，马悦然是打电话向我求证的，他接受《南方周末》采访的时候也提到过这事。

张晓眉：您在瑞典讲学的时候曾经专门讲过沈从文的文学，请您谈谈这次讲学经历。

李　辉：1992年，我认识了瑞典汉学家倪尔思，他当时是瑞典驻中国的文化参赞，他请我去瑞典讲学，主要讲"瑞典文学在中国的传播"等专题。当时沈从文文学在瑞典很火，因为马悦然和倪尔思等学者翻译的沈从文作品正在陆续出版，当地很多人都很喜欢沈从文的作品，所以我专门做了一个沈从文文学专题讲座，地点是在瑞典的东方博物馆。我记得在瑞典逛书店的时候，看到在一个很醒目的地方摆放着沈从文的书籍，很惊喜，当时还和书店工作人员聊了一阵沈从文。

张晓眉：您去瑞典讲学时，和马悦然见面了吗？有没有和他聊过沈从文？

李　辉：见了，还在他家吃了饭。沈从文肯定是必谈的话题之一，因为马悦然是这方面的专家。1992年他到中国来，我和刘心武去云南陪他。后来他到北京，我陪他去看了艾青。

张晓眉：您怎么看20世纪80年代出现的"沈从文热"？当时国外的学者对沈从文的评价都很高，比如沈从文去世后，马悦然就曾经撰文《中国人，你可认识沈从文？》给予了沈从文很高的评价。马悦然在接受中国记者采访时也对沈从文做了很高评价，当时就有人批评马悦然的评价太高了。您怎么看当年出现的这种争议？

李　辉：在20世纪80年代，沈从文还属于被贬低的对象。从1978年到1985年，沈从文研究在国内并没有多么热，外界评价比较多一点。像沈从文、张爱玲、钱锺书等都是属于重新评价的人，这种评价实际上也是对过去一些做法的纠正，沈从文的文学地位也是随着语境的变化而变化的。20世纪80年代有人斥责马悦然把沈从文拔得太高，是有这种可能的，这有一个时代背景在里面。

张晓眉：您怎么看马悦然对沈从文的评价？

李　辉：马悦然欣赏沈从文的文学，对中国现当代文学，他很熟悉，有很高的鉴赏能力。

张晓眉：您与沈从文先生是否有过书信往来？您与贾植芳先生、萧乾先生、巴金先生等其他文化名人之间的书信往来今后是否考虑公开出版？我猜想这里面肯定有很多珍贵史料。

李　辉：与沈先生没有通信。一是因为当时我们住得比较近，见面的机会比较多；二是因为沈从文中风后，很少再提笔写东西；三是当时我主要是研究巴金，去看他的时候，主要是聊巴金。所以和沈从文没有书信往来，倒是和张兆和有过一二十次的书信往来。

张晓眉：萧乾先生去看望沈从文先生时，有过被他赶出去的经历吗？

李　辉：当然没有。萧乾曾经给我说过，20世纪70年代末或者80年代初，沈从文给他写过一封很长的信，他看了之后就退回去了。后来就没有再来往。萧乾曾经打算将他和沈从文的恩怨以书信的形式给我好好讲讲，但是信刚写了一个开头，他就去世了，很遗憾。

张晓眉：请您谈谈您所了解的沈从文先生与萧乾先生之间的矛盾。

李　辉：等有时间，我可能会写一部沈从文与萧乾的交往史，因为在《萧乾传》中我已经写了一些他和沈从文的关系，包括他们的交往史。至于他们后来闹翻了，其实也没有到传说中的那种严重程度。可能是因为都年纪大了，有人在中间传话传得不对，或者是萧乾有做得不对的地方，都是有可能的。在我看来，这是文人之间的正常交往。

当两个当事人都不在场的时候，任何人都是说不清楚的，也不能纠缠细节，因为你很难判断哪些细节是真的，也不能说沈从文和萧乾他们俩谁是谁非，因为我们不了解他们到底是因为什么事情。再说了，把他们之间的矛盾弄清楚之后，有什么价值和意义？

是的，1957年沈从文确实批判过萧乾，这是报刊上都登过的。在我看来，当时沈从文也别无选择。1949年以后，沈从文追求进步，他有入党的想法，也确有其事，包括他20世纪60年代初期写的《井冈山诗草》，"文革"期间在干校写的诗，也都是很革命的。

我们不要把沈从文看作是与政权对抗的这么一个人，他不是那样的人，他就是一个踏踏实实想做事的人。周恩来赞同他做中国古代服饰研究，给编制，给经费，在那个年代，很少有文化人有这种待遇，所以他做服装史研究，是带着感激的心情去做的。

沈从文不是一个反抗者，也不是所谓的独立思想者。并不是不是独立思想者就不值得尊重。我认为恰恰是沈从文、王世襄这样的人，他们为中国的文化做出了很多别人做不到的贡献。因此，我们在评价沈从文那一代人的时候，既不要拔高，也不要贬低，应该客观。比如沈从文与萧乾、丁玲的矛盾，毋庸置疑，他们每个人都有自身的缺点，比如萧乾，我为他写过传，对这一点我了解得比较深，即便如此，都不足以让我们这些后人拿着他们的矛盾去说事。所以我在接受采访的时候，一般都不谈他们之间具体发生过哪些恩怨。

沈从文曾经写过一封长信骂萧乾，萧乾看完之后就退回去了。萧乾曾给我说他将用书信的形式，把他和沈从文的恩怨给我说明白，但是这封信刚写了个开头，他就走了。虽然有些遗憾，但我们能感受到，萧乾对沈从文是有感情的，沈从文去世的当天，他就写了一篇长文章发给我国台湾《联合报》副刊发表，他是最早写文章纪念沈从文的人。我收集了萧乾的很多书信，包括他写给张兆和的几封信，都是写得工工整整的，张兆和的回信也很客气、亲切。

我觉得，沈从文和萧乾，他们两个人各有各的作品，各有各的贡献。萧乾的贡献，比如他的翻译、报告文学、特写等等，虽然他的文学地位没有沈从文那么高，但也是沈从文替代不了的，而且萧乾在新闻界的地位也是很高的。

文人之间的纠纷，完全可以一笑了之，包括现在有人谈黄永玉和汪曾祺之间的恩怨，我认为都是没有必要的。化解、调解矛盾才是最重要的。我们在评价历史人物的时候，首先是要看他们的贡献，要看他们留下来的一些美好的东西。

张晓眉： 您在《黄永玉传奇》这本书中写到了黄永玉20世纪40年代后期被批评得很厉害，您说这有一个政治背景在里面起作用。当时沈从文也是被批评得很厉害的，黄永玉被批，是不是和沈从文有关系？

李　辉： 当时黄永玉的名气不是太大，但他的作品还是有影响的。批评黄永玉的文章是直接点名批评的，标题就是《黄永玉的木刻倾向》，在落脚的地方顺带批评了一下沈从文。当时沈从文是第三条道路的人，当时钱锺书也是。可能是因为这个关系。

张晓眉：您在《黄永玉传奇》这部书中写到了黄永玉与沈从文的学生汪曾祺、萧乾的关系都很好，特别是在黄永玉艺术产生社会影响的起步阶段，对他都有过特别的理解和关照，您认为这其中是否有沈从文先生的影响在里面？

李　辉：当然有。

你应该看看黄永玉写的《无愁河的浪荡汉子》，这里面涉及黄永玉在家乡湘西十二年的生活，你要了解沈从文的作品，就一定要看看这部著作，因为这部著作包括了当时凤凰的风俗人情、美食、店铺、街景、人物对话等等，沈从文的母亲、哥哥、弟弟、妹妹等都写到了，虽然名字变了，但是你一看就知道是写沈从文他们一家。

你要研究沈从文，就一定也要研究黄永玉，他们之间是有一种传承关系在里面的，虽然两个人的文章风格不一样，各自的性格也不一样，但是整个文学的语言和感觉是一样的。你看黄永玉的散文是看不出政治性的东西在里面，沈从文的文学和家书其实也是这样的。都是很值得研究的。

张晓眉：您给黄永玉立传，是黄永玉请您写的，还是您自己写的？为活着的文化名人立传，您是否感受到过压力？黄永玉有没有评价过您为他立的传？

李　辉：不是黄永玉让我写的，他也不会让我写。

我和黄永玉有近三十年的交往。我最早想给黄永玉写传是在1989年他邀我去湘西凤凰，当时他的小学同学很多都还在世，大概有十几个，我请黄永玉把这些人的名字写出来，然后把他们请到我住的房间，请他们回忆黄永玉小时候是什么样子。可惜当时没有录音机，我只记了笔记，现在很多老人都不在了，每年和黄永玉回去，都有走的。到今年只剩一个还活着的了。

张晓眉：您在和那些凤凰老人交谈时，能听懂他们说话吗？

李　辉：能！我是湖北人，我们那儿讲话和湘西人讲话很接近的，生活习惯也很像。所以和湖南人打交道，一点语言障碍都没有。虽然不会讲，但都能听懂。

张晓眉：黄永玉先生是不是一个很挑剔、很难打交道的这么一个人？

李　辉：不挑剔。只是每个人都有自己喜欢的类型，他是一个造诣很深的艺术家，所以他看人的时候是有自己的一套。第一次见面，一看这个人喜欢不喜欢，他是有的。

张晓眉：黄永玉先生今年九十岁了，他的身体还好吗？

李　辉：挺好的。他每天写小说。我现在的任务之一就是每天逼他写小说。他在《收获》上连载这部长篇小说。因为他都是用手写的，所以他写好后我请人帮忙录入到电脑里，然后发送给《收获》杂志，这个工作我做了快六年了。《无愁河的浪荡汉子》的第一卷现在已经结集出版。

张晓眉：您在《胡风集团冤案始末·后记》写了这样一个看似有趣，实际却是意味深长的一段话："写作过程中，我时常设想有一天，我会和一个不同的李辉对话。这个李辉自称有上帝赋予的全知全能，掌握了所有有关的历史档案，于是，他对我说：'你的这本书完全是小孩子的玩具，丝毫没有涉及历史的真相。你所掌握的材料，充其量只是只言片语和无关紧要的。真正关键性的、最能说明历史进程原因的材料，除了我，任何人也无法得到。所以，你也好，别人也好，对历史的叙述和分析，永远是不着边际的。'"在历史面前，作为个体的我们，犹如一只小蚂蚁，对很多事情实际上都是无能为力的。您在完成这部著作的时候，是因为还有很多您想表达清晰却未能表达清晰的历史事件才发出这样的感慨？

李　辉：那是1988年写的。我经常觉得，我们在研究历史，自以为自己掌握了什么东西，有可能关键的东西其实并没有掌握，但是又不能不研究不写，对于研究历史的人来说，特别是最后一个档案材料出来之后，有可能推翻你所做的所有结论，这也是研究当代历史的很多专家感到困惑、忐忑不安的事情，当内部档案一出来，很有可能他们所做的结论会被证明是完全错误的，这种情况是有可能发生的。

张晓眉：请您谈谈您写《封面中国》的过程。

李　辉：我写这本书是因为董作山先生去世之前，给我推荐*Chinahands*这本书，这本书的内容是关于1927年到1949年几代美国记者在中国的情况，也是作者父辈几代人在中国做记者的命运的记录。董作山先生认为我看了后会感兴趣，就推荐我看。

我看了之后果然很感兴趣，就通过他的哥哥董鼎山找到*Chinahands*的作者。后来我把这本书翻译出来了。在翻译过程中，我又写了一些专栏文章，这个专栏叫"历史现场"。中央电视台纪录片制片人陈晓卿看了我的文章，很感兴趣，就找我为央视做了一个纪录片《在历史现场——外国记者眼中的中国》。后来我带着这个目的去美国，一是采访*Chinahands*的作者，二是到美国国会档案馆和国会图书馆查资料，包括找录像资料。我根据这次美国之行所得收获，写了一本《在历史现场》，在写这本书的过程中发现了*TIME*（《时代》）杂志。

现在看来，能写成《封面中国》这本书，是很多因素促成的：一是对现代文学史感兴趣；二是了解美国的记者情况；三是英文要好，至少要看得懂别人写的文章；四是吃得苦，因为要做大量的案头工作，要下苦功夫，不是投机取巧能够做成的；五是要能写。

我分析了一下，以前没有人写这类题材的书，可能是因为别人没有想到，或者想到了没有时间去做，或者不愿意去做。写小说的或者写历史的人，他们可能写中国历史，但未必了解媒体，也有可能英文不好，英文不好可能就想不到要看外国的杂志来研究中国的历史。我在写《封面中国》的时候，就感觉自己前面三十年的积累都是在为写这本书做准备。

1993年，是《时代》周刊创刊七十周年，当时《时代》周刊出了一个合订本，把所有的封面都复印出来了，每年五十二期。我很想看看截至1997年，到底有多少中国人登上过这个封面。有个朋友知道我对*TIME*感兴趣，就送了我一本。我把属于中国人的都勾出来，刚开始我只想做翻译，但只做翻译，我又觉得不值得，应该做深入研究。于是我就将这些封面人物与中国当时的时代背景，以及相关人士的回忆录与同时期国外历史和相关人士的回忆录进行比较，《封面中国》在这种情况下诞生了。

《封面中国》出版后，反响很好，2006年还得了一个华语文学传媒年度散文家奖，我也很有成就感，常有一种写《封面中国》非我莫属的豪迈感。我现在写《封面中国》第三卷，内容涉及我从十岁到二十二岁上大学这十二年间，我所见证的中国历史与美国《时代》周刊所见证的中国历史，从而形成一个对照，描述外国人眼中的中国和我自己眼中的中国，宏观与微观穿插叙述，估计明年年底可以收笔。

张晓眉：您写了那么多书，每一部都有自己的风格，却不陷入模式化写作。您是如何做到这一点的？

李　辉：因为叙述不同的主题，描述不同的对象，肯定就会用不同的方法。比如写传记，写萧乾、写巴金、写沈从文与丁玲等，所用的写作手法肯定是不一样的，在写的时候，我主要是根据他们各自的特点来写。

写萧乾，主要是侧重于个人故事；写黄苗子与郁风，侧重于他们人生传奇故事和所经历的磨难；写胡风，几十位亲历者的口述是主要的，不可能有太多的抒情或者文学的东西在里面，相对于他们的悲剧来讲，任何抒情都是无力、苍白的，因此写胡风的这本书最大价值就在于它的纪实性；写沈从文与丁玲，则是带有一定学术研究性质，同时又穿插人生故事，所以在叙述方式上也有差别，不能纯粹抒情，也不可能纯客观理性。尽管我采用的是一种客观的叙述方式，但还是有我自己的情感和判断在里面。很明显，我的情感是倾向沈从文的。又因为人是复杂的，都有自己的性格和特点，所以对丁玲，我也不是完全采取贬低的态度，她的性格和特点背景是政治，对她，我可能是一种理解、悲悯的情感在里面。对我来讲，这种悲悯感随着年岁的递增，就越显强烈。因为经历的事情越多，对他们那一代人的理解也就越深，也能理会他们的不容易。今年我的《绝响——八十年代亲历记》获得2014年华语文学传媒散文家奖，在接受记者采访时，我就对记者说，再写丁玲、曹禺等历史文人时，我对他们有了更深的理解。如果是二十或者三十年前去写他们，我肯定是持一种批评的态度，或者用一种贬损的笔调去写他们，但是现在肯定不是这样的，写他们的时候，我是把他们放在历史的背景下。一个作家、一个知识分子，在一个大的社会政治动荡运动中能够活下来，本身就是一件很不容易的事情。他们在写东西的时候扭曲自己，我们应该理解他们心中的痛苦。这也是我写了这么多文人之后的一点感受。

《沧桑看云》写了几十个人，我花了三年多时间，这是一种转型的写作方式，首先在《收获》上发表，后来结集出版。

写《封面中国》，就完全不同于《沧桑看云》的风格，因为是写外国人眼中的中国，主要以翻译报道为主，穿插当事人的历史回忆和社会背景等，构成一个历史全貌，或者说是构成了一个我所感兴趣的历史板块。从2013年开始，我写《封面人物》第三卷，主要是谈"文革"十年，在谈历史的同时，又融入一些我自己的亲身经历，以绝响的方式来写。所以我的写作过程是在变化的，主要是根据书写的对象进行调整。

张晓眉：您的写作给人的感觉是视野越来越开阔。您是怎么做到这一点的？

李　辉：我一直都比较注重综合性思考，我认为整合能力、观察能力、资料收集能力等都是相辅相成的，当你拥有很多资料的时候，你就要选取一个点，那么找到这个点其实就是你发现问题的能力。对研究者来讲，其实就是一个滚雪球的过程。比如一个专题做完了，我们会去做一些新的，这些新的专题往往又是建立在旧的基础之上，而不是完全把之前做过的甩开，这里面一定是有一些交融和相通的地方。比如我写《封面中国》，就觉得自己前三十年的积累都是在为写《封面中国》做准备，特别是现在写《封面中国》第三卷，之前花了三年多时间写的《沧桑看云》，里面的很多东西都和《封面中国》第三卷融合在一起了。将来如果我写《黄永玉传奇》第二卷，可能就会将20世纪70年代中国的社会文化史融入进来，形成一个人物交往史，这和之前写过的东西也是相通融合的。现在还没有动笔写，但是肯定是继续往前走的写法。

张晓眉：截至当下，您共策划出版过多少部书籍？

李　辉：我和出版社合作了十多年，出版策划的书籍有二百多种。比如大象系列丛书，共六套，大概有二百多种；"火凤凰"系列丛书，有书信、日记等，几十种，都是我主编策划的，总序也是我写的。像黄裳等人的书信，冯亦代、吴祖光等人的日记也是我整理的。

张晓眉：您和一百多位中国现代文化老人打过交道，您的最大心得是什么？

李　辉：真诚待人，讲信誉！

糜华菱先生专访

糜华菱先生在沈从文先生诞辰100周年国际学术研讨会上发言

写在前面的话：对糜华菱先生的专访，是通过网络进行的。我很想去安庆拜访这位八十七岁高龄还在继续从事沈从文研究的老学者，也是我的家乡人糜先生。但为了不给老人增添接待麻烦，我只好放弃这一打算，改用邮件采访。对我来说，未能当面请教这位老学者，无疑是一个损失，也是一件很遗憾的事情。

在沈从文先生诞辰110周年全国学术研讨会期间，我有幸认识了从安庆来出席会议的安刚强老师，从他那里得到了糜先生的电子邮箱，随后给糜先生写了一封信，没想到他很快就给我写了回信。糜先生在给我的第一封回信中，谦虚地说自己不是科班出身，主要是因为自己也是湘西人，喜欢沈老的乡土文学，景仰他的为人，所以在退休后做了一点沈学研究，先后出版了《沈从文生平年表》《走近沈从文》《沈从文的凤凰城》等几个单行本。后来我在这些单行本中，看到了马蹄声写的《情系凤凰的"湘西·沅陵的人"》一文，得知糜先生因敬仰沈从文先生及对乡土的眷恋，曾在自己的名片上方摒弃世俗头衔，改印了一行"湘西·沅陵的人"字样。看似很小的一件事，表现的却是一位学者的虔诚。

在给我的第一封回信中，糜先生还高度评价了吉首大学的沈从文研究成果，给我推荐了沈虎雏先生、李辉先生、解志熙教授、城谷武男先生、小岛久代女士等几位学者，并介绍这些学者的研究成果，使我开阔了视野，受益良多。

在这封书信的附文中，糜先生还请我代为问候我的导师李端生老师。原来李端生老师曾经将他的《报刊情缘》一书赠送给糜先生，糜先生说这部著作对他现在的沈从文研究依然很有用，并将他最近发现可增补的一些信息一并发在我的邮箱，让我转给李端生老师。

随后，我和糜先生有过多次的书信往来，主要是他给我提供各类国内外沈从文研究学者的研究资料，比如美国学者金介甫先生的沈从文研究等。在近日的通信中，糜先生还告诉我，他目前正在撰写《签名本上的纪念》一书。

随着书信往来增多，所交流的话题也日渐开阔，有时候糜先生还给我发一些电脑使用知识提示，比如预防计算机病毒等。糜先生有次不小心删除了新撰写的论文，损失很大，心情也因此低沉。得知糜先生这一境况，我亦难过，赶紧将自己收集的关于他的研究成果全部发送给他……后来金介甫先生给他发了两篇文章，因我没有，他又转发给我保存。我因为到处买不到糜先生著的《走近沈从文》一书，糜先生得知后，就把2014年5月再版的《走近沈从文》一书签名后邮寄给我。我记得之前糜先生在给我的一封书信中无意谈到，他的行动不是很方便，具体情况我没问。但想想，八十七岁的人了，不管健康状况怎样，往返邮局的路程都颇具挑战性。

书收到后，只见书的扉页写着"赠：张晓眉同学"，下面是糜先生的签名，随后加盖的是"糜华菱印"印章，再下是糜先生签的日期。字是刚劲有力的，但仔细观察，还是能看出糜先生在写这几个字的时候，手是吃力的。

书捧在手里，满怀感激！感谢这位古道热肠、慷慨大方、奖掖后人的沈从文研究老学者！

糜先生对沈从文研究的独特理解和讲述，他在从事沈研过程中经历的种种，如与张兆和、沈虎雏、李大宾、金介甫还有日本沈研学者等的学术交往，以及他取得的沈研成果，均能给沈研同行以深刻启示。

张晓眉：您最早读到沈从文先生的作品是在哪一年？

糜华菱：20世纪40年代，我在家乡读高中时，曾经读到过沈先生的《湘行散记》。但那时我醉心于古典文学，课外读物是《古文观止》和《唐诗三百首》之类，小说也是《聊斋志异》和《红楼梦》等，对新文学没有兴趣，因此读过《湘行散记》后也没留下什么印象。以后外出升学和工作，解放后更没有接触沈从文作品的机会。直到快退休时，"疲马恋旧秣，羁禽思故栖"，开始有了乡愁，又值"沈从文热"兴起，沈从文的旧作陆续出版，我读到一本凌宇先生编的《沈从文散文选》，那里边大部分篇章都是写湘西人事的，那浓郁的乡土气息顿时感染了我，吸引了我，促使我继续寻找沈先生写湘西的其他作品来读，并进而找《沈从文文集》来读。实事求是地说，我开始读沈先生的作品应该从这本《沈从文散文选》算起。我在这本书上，曾写有如下题记："这本集子里的散文，绝大多数都是写湘西的。湘西，我的故乡，这是一个令人神往的地方，有着许多传奇性的故事。但这本书中有许多土语方言，却不是外地人所能读懂的，因此我就在书里写了一些旁注，加以解说。在解说的过程中，我又仿佛回到了五十年前的少年时代。——1983年8月志。"这1983年，就算是我开始读沈从文作品的时间吧。

张晓眉：您是从哪一年开始从事沈从文研究的？

糜华菱：我是在退休后由一名普通读者逐渐成为自发研究者的，很难画出一条从事沈研的时间界线，如果以发表文章为标志的话，那么最早的一篇《访老作家沈从文》写成于1987年，似乎可以看作我入门的起点。但这篇文章的采写，带有很大的偶然性，并非出于研究的目的。有计划的研究乃是从以后的《沈从文生平年表》和《沈从文作品中的湘西方言注释》（以下简称为《湘西方言注释》）两个选题开始的。其中《湘西方言注释》一文，最先发表在1992年9月的《吉首大学学报》上，如果这篇文章也能算是个小小研究成果的话，那么我的研究也就可说是从这时开始的了。

张晓眉：您在《走近沈从文》一书的《后记》里曾说，您"不是学文学专业的，也没有做过文学方面的工作"，那么，您为什么选择研究沈从文？又是怎么进入到这个学术领域的？

糜华菱：我对文学原本是门外汉。我是学经济的，解放后参加工作，从最初当新闻记者到最后搞教育教学，也都与文学无关。我之所以选择走进沈研领域，一来是退休后想找点事干，即所谓贡献余热；二来是恰好对沈先生的作品发生了兴趣，而且作为一个湘西人，研究沈先生及其作品似乎还有点方便，于是就冒冒失失地走上了这条路子。当然，我也有自知之明：一方面是我对文学外行，特别是缺乏文学理论的素养，这是我的弱项；但另一方面，我也有点长处，就是当过将近十年新闻记者，对搜集和挖掘材料似乎还有点经验，可以在这方面为沈研做点工作。因此根据扬长避短原则，我便把自己的研究方向选定在对沈先生的生平和作品的考证方面，而我最初的选题《沈从文生平年表》和《湘西方言注释》也就是这样确定下来的。

当然，在我走向沈研领域的过程中，主要还得力于一些专家学者和其他文友的帮助和扶持，下边我举两位最早的帮扶者作例子：

一位是沈先生的夫人张兆和女士。1988年，当我选定《沈从文生平年表》这个课题后，我最大的困难是连一部《沈从文文集》也没有。这部《沈从文文集》是当时收集沈从文著作最多的集子，是撰写《沈从文生平年表》要随时翻阅的必备书，但由于它出版于1984年之前，而且是分卷推出，很快脱销，连许多大型图书馆也没能把十二卷配齐，所以到我需要使用时，只能东拼西凑地托亲友从他们单位的图书馆（室）去借。我也曾在《博览群书》杂志上刊登广告，希望能征购到一部《沈从文文集》，但却一无所得。有一次，我去访问沈夫人，偶然谈及此事，引起她的关注，她立即从自家保存的样书中找出不成套的十卷，再配上两个选集赠送给我；后来《别集》出版，她又把《别集》赠送我一整套。这样，连同我自有的一些选集和单行本，我才得把已出版的沈老著作基本配齐，把《沈从文生平年表》的编写顺利地开展起来。在编写过程中，沈夫人作为对沈老的第一知情者，又给予了我很多的指导和帮助。她先后五次接受我的采访，八次回信答复我提出的问题，最后还为我仔细审读初稿，并在初稿上写了近四十处批注。在这些答问和批注中，她纠正了一些有关沈老传闻的讹误，如有资料说沈老早年住在西西会馆时就曾受知于胡适；支持了我的新见解，如考定沈老离开湘西时间应该是1923年；补充了一些鲜为人知的史实，如《生命的沫》这本书为什么有了《题记》却未见出版；订正了一些初稿记述的出入，如《大小阮》中人物原型张鼎和被国民党杀害的经过等等，都对《沈从文生平年表》的定稿起了重要作用。这期间，她已经是八秩高龄的老人，给我写回信时总担心"不知字迹你能否看清"，可是仍一再地叮嘱我"如尚有其他问题，请来信"，"如有遗漏，再来信"。但后来因她更要操心《全集》的编辑和出版，我便逐渐把与她的联系转向了与沈虎雏先生的联系。虎雏先生继续帮助我修订《沈从文生平年表》的书稿，有一次，他为敲定书稿中的几个细节，一口气给我写了一封十六页的长信；为帮助我考证《从文自传》中所记作者离开湘西时"从湖南到汉口，从汉口到郑州，从郑州转徐州，从徐州又转天津"然后到达北京这一路行程究竟是在哪一年，他又把自己从1923年《京报》上所查找到的当年秋天京汉铁路北段受洪水冲断的报道提供给我。除此以外，他还对《沈从文生平年表》的出版给了许多重要的帮助，如推荐给出版社和物色审读专家，请人题写书名和制作封面画等许多连我自己还没想到的事情他都替我想到了。最后，由于他的周密考虑，这本书还赶在吉首大学发起的"1998年国际沈从文研究学术讨论会"前出版，得以给与会者人手一册。他的这些尽心帮助，可以说是无人能够替代的。

还有一位是吉首大学沈从文研究所的向成国先生。1988年，当我这个草根人士第一次与他通信时，他就满腔热情地鼓励我，"沈研有许多工作要许多人做"，"希望所有热心于沈研的人都来参加这一工作"。后来我把两篇处女作《沈从文生平年表》和《湘西方言注释》书稿寄给他看，他又鼓励我说："这是对沈从文研究的新贡献。"除建议我"尽快修订《沈从文生平年表》，争取尽快出版"外，还马上将《湘西方言注释》发表在他担任编辑的《吉首大学学报》（社科版）上。之后，他受湖南省政协文史部门委托，代编一部《星斗其文 赤子其人——忆沈从文》纪念文集，又约我赶写一篇《沈从文生平简表》附于书后。另外，当我找到沈老佚文《看虹录》和《摘星录》时，他又立即要我复印给他，除将《看虹录》在《吉首大学学报》上以"沈从文旧作新发"的方式刊出外，还配发了我所撰写的《沈从文两篇佚文复出记》。在我迈入沈研领域初期，他先后在自己参编的学报、学刊和文集里接连刊发我七篇文章，无疑对我是一个极大的鼓舞！为了帮助我写好文章，他还热心给我提供资料。在我写《沈从文在湘西当兵时间新证》时，他把自己写的《沈从文离湘时间考》寄给我参考；我写《沈从文〈长河〉的多舛命运》时，需要搜集《长河》在1938年香港《星岛日报》上连载的文本，但在内地几个大图书馆都无法找到，是他利用与香港大学图书馆有资料交换的关系，托该馆从所保存的缩微胶卷中，把连载文本找到，全部复印给我；而《长河》最早的单行本——1945年昆明文聚社的印本，也是他复印给我的；我为了增补《沈从文作品中的方言民俗考释》，希望提前看到尚未出版的《全集》，在我去吉大访问时，他又热心地把小说卷的全部底稿都搬出来给我参阅。另外，他每次参与发起沈研学术讨论会，为了给我这个"个体户"提供学习的机会，总不忘邀请我去参加。1989年的讨论会，他早就通知了我，但后因故延期；1998年的讨论会，他通知了我，我虽因故请假，但会上仍将我新出版的《沈从文生平年表》作为会议材料散发；2002年的学术论坛，我如期参加，终于得到与众多中外沈从文研究专家同堂讨论的机会，并有两篇文章被编入《论坛文集》。向先生就是这样一步步地，领着我、扶着我走进了沈从文研究的领域。这常常使我不禁想起了当年林宰平、徐志摩和杨振声对沈从文的奖掖和扶持。因此我曾笑言：向先生在年龄上虽然比我年轻，可是他在学术上对我的帮扶和提携，却是我真正的老师和领路人！

张晓眉：在沈从文先生逝世后，您给自己提出了两个课题：一是编一本《沈从文作品中的湘西方言注释》，为读者扫除阅读时的语言障碍；二是编一本《沈从文生平年表》，为那些对沈从文评价感到"分寸不好掌握"的人提个醒。我拜读过您的《沈从文生平年表》和《湘西方言注释》，很佩服您严谨、认真的工作态度。您搜集了如此繁多的资料，请您谈谈您在搜集资料过程中的一些难忘故事。

糜华菱：这里我介绍一位十分难得的"义务资料员"——李大宾先生。他并非沈研圈内的朋友，但却因为崇敬沈先生的为人，爱屋及乌，喜欢与研究沈从文的人交朋友，热心为研究者搜集和提供资料。我与他原不相识，他退休在上海，我退休在安徽，只因为一次偶然机会，他到我所在的城市来访友。他的朋友与我同住一个大院里，知道我对沈研有兴趣，而他又正好是凤凰人，便介绍我与他相识。我们谈起沈从文来，十分投机，竟一见如故。当时我正准备写《湘西方言注释》，苦于对凤凰一带的方言土语不熟悉，希望得到他的帮助。他听说后，立即满口答应。后来我把这方面的词语陆续摘寄给他，他除尽自己所知的给予解答外，遇到自己也解释不清楚的，就利用他的人脉关系，多处写信去找家乡的亲友代为解答。比如《长河》里所说的"舀鹌鹑"，为什么要把捕捉说成"舀"，很费解，他连问了好几位乡亲，最后从北京找到一位出生于凤凰苗乡而且亲身参加过"舀鹌鹑"活动的朋友，得到一封连写带画的回信，才把这个"舀"字搞清楚；还有"上云南，打瓜精"一语，几位解释者说法不一，他也是最后找到一位数十年前移居云南的凤凰老乡，才得到比较可靠的解释。我的《湘西方言注释》和后来的《湘西方言民俗考释》，就是这样才得以完成的。

有了这次合作的成功，以后他对我的支持便一发而不可收，竟成了我长期而多方面的研究资料提供者。他知道我僻处内地三线城市，新版的沈研图书很难来到这里，就先是利用他住在上海的方便，经常跑书店去帮我淘书，只要见到有关沈研的图书，就立即买下邮寄给我。比如，吴立昌先生著的《人性的治疗者 沈从文传》和《沈从文——建筑人性神庙》两本书，都是在刚上市时，他就买到了寄给我的；而后来我写《沈从文生平年表》时多处引用吴先生的论述，也正是从他寄来的书中读到的。还有一本《论沈从文与传统文化》的新书，他甚至是在报上刚一见到书讯，就立即赶到出版社去给我买来的。再者，对于我需要的而书市缺售的图书，他则经常跑图书馆去帮我找。有一次，我为搞清《从文自传·辰州》里所说冯玉祥"驻兵常德身充旅长"的确切时间，需要查考我国台湾出版的《冯玉祥传》，这本书市场上无售，是他从一所高校图书馆里帮我找到，从而证实了冯玉祥在常德驻兵的时间正好与沈从文在辰州当兵的时间相一致，都是在1918年。还有一次，我为了寻找佚文《看虹录》，要参考许杰教授著的一本文学论集，也是大宾先生从一高校图书馆里找到这本书，从其中一篇评《看虹录》的文章里，发现了这篇小说的原来出处，我才得以按图索骥把这篇佚文找了出来。更令我感动的是，有一次，他在图书馆里看到一本我国台湾出版的沈从文作品集，其中附有一位作家写的《沈从文年表》，他认为这资料对我有用，竟不惜费两个半天的工夫，把这篇长达六七千字的资料全文手抄下来，邮寄给我。还有，他本人也是个沈研图书收藏的爱好者，但他却多次割爱将自己珍藏的图书转赠给我。有一次，他寄来一本开明书店1948年版的《边城》，我发现书里有他买书时的题记："1992年中秋，文庙书肆购旧，珍贵难得的版本。"当即把它退了回去。可是他又再次把书寄来，并附信解释说："这本书转赠你，会比我保存更有意义。"我琢磨，这是他期待我用这本书写点什么，不便再推辞，才收了下来。过后不久，他又寄来一本《芙蓉》丛刊，这本丛刊里也有他的题记："为《边城》，购《芙蓉》。"原来这本丛刊里有一个根据《边城》改编的电影剧本《翠翠》。我把这个剧本与《边城》原著作对照，发现两者内容出入很大，剧本里凭空加添了许多沈老曾经反对过的情节。后来我便趁去茶峒旅行的机会，以《体验〈边城〉》为题，写了一篇重申作者主旨的文章，发表在《从文学刊》的"纪念《边城》发表70周年"专号上。另外，他平时爱好旅游，在游览途中也不忘为我收集资料。有一次他去芷江，在一座古庙里发现了一块由沈从文"书丹"的墓碑，立即引起他的注意，又找到一篇《沈从文芷江书丹》的文字资料复印给我。恰好我当时正为沈从文早年在芷江当办事员的年份难以确定而发愁，得到这份资料后，看到墓碑的书丹时间是"岁次辛酉，二月谷旦"（即1921年2月），才有把握地将沈老在芷江当办事员的年份确定了下来。还有一次，他在上海参观蔡元培的故居，在展品柜里看到一张沈从文为营救胡也频而写给蔡元培的原信，立即手抄加拍照邮寄给我，问我可曾见过。经我查对，此信连《全集》也失收。正好我当时在写一篇《一生一死见交情——记沈从文营救胡也频和丁玲》的文章，便将这张照片连同文章一起寄给《文汇读书周报》发表了。他几次出国探亲，也不忘从当地华文报纸上为我收集资料，有一篇《沈从文与吴晗》的文章，就是他从澳大利亚邮寄给我的。可以说，他几乎是随时随地都在帮我搜集资料。从1989年我们相识开始，他给我写信近百封，几乎每封信都是涉及沈研资料的。直到2012年，在他进入九秩高龄之后，而且是病得与人进行语言和文字交流都有严重障碍的情况下，他还用颤抖的手写信给我，说还有什么资料要找出来给我。当然这次我阻拦了他，劝他保养好自己的身体。但不幸的是，两年后他竟去了天国。噩耗传来，我悲痛之余，重新翻出他历年写给我的信和送给我的书，久久沉浸在对他的思念之中。这位友人生前以他的独特方式，对沈从文和祖国的文学事业所倾注的热忱和关心，以及对我的研究工作所给予的支持和鼓励，我都将永远地铭记于心！

　　张晓眉：您在《一位凤凰书友的沈从文情结》一文中所说的书友是谁？能请您谈谈这位友人吗？

　　糜华菱：这篇文章中所说的书友，就是李大宾先生。他出于对沈从文人品和作品的热爱，不仅经常给我买书赠书，而且也给其他亲友买书送书。就我所知道的，他给我买《人性的治疗者 沈从文传》时，就一次买了十本，都是送给亲友的。他买其他的书，也都是根据书的内容和打算赠送的对象，或者一次买三本，或者一次买六本。所以，我曾就"读书乐"这个话题，写过一篇题为《独乐乐孰与众乐乐》的文章对他进行表扬，投送给《文汇读书周报》发表。但他很谦逊，不愿公布自己姓名，所以发表时只好将他改称为"L先生"。后来凤凰《湘西光彩》杂志转载这篇文章，将标题改为《一位凤凰书友的沈从文情结》，并恢复了他的姓名。现在，我也应该给他正名了。

张晓眉：《沈从文生平年表》起笔于1987年冬天，当时沈从文先生还未去世，您为撰写这本书做了很多准备，期间有没有得到沈先生的帮助？

廉华菱：我开始准备写《沈从文生平年表》时，沈老虽然还在世，但他已经疾病缠身，步履艰难，语言不清，那年7月间我去拜访他时，他与我仅有的几句见面话，还是靠沈夫人翻译给我的。第二年他就去世了。所以我后来编写《沈从文生平年表》，已无法向他请教，而是向他的夫人和沈虎雏先生寻求帮助。

张晓眉：细读您的著作如《沈从文生平年表》，看似客观的叙述，我还是能够感受到您夹杂了一种情感在里面，这种情感我理解为是为沈从文先生的一生遭遇所产生的不平，我的这种理解不知道是否与您在写作时的情绪相符？

廉华菱：是的，我在了解他受到的不公正对待后，是带着不平的感情来写这本书的。你看我为《沈从文生平年表》所写的《前言》，也能感受到这一点。另外，在我发表的另一篇《国人重识沈从文》的文章中，也间接地表达有这样的感情。

张晓眉：《沈从文生平年表》很多内容都写得很具体，甚至还有很多细节描写，如："6月29日，小说《福生》在《语丝》文学周刊发表，他高兴得直想抱着胡也频哭一场。"这些资料主要是参阅了之前其他学者的著作还是您从沈从文先生处直接获得的材料？

廉华菱：为了增加这本书的可读性，我适当穿插了一些细节描写，但都是有所本的。比如，在写他出钱帮助卞之琳出版诗集《三秋草》时，我加写了"他自己当时手头也很拮据”和“他抽屉里还放着几张当票”等的细节，就是在《文汇读书周报》上见到，而且是几个人的文章中都提到的。至于《福生》发表时的那个细节，则是见于沈老自己写的《记胡也频》中。

张晓眉：在您的《沈从文生平年表》中提到一件很特别的事情：沈从文先生的《边城》被译介到以色列后，有位以色列的海关小姐考问一位要离境的中国游客是否知道这部作品，而这位中国游客却因回答不出而受到盘查。能请您谈谈这件事情的具体过程吗？

糜华菱：这是我从四川人民出版社1993年9月15日出版的《龙门阵》文学杂志上摘抄下来的，文章题目是《哦，拉南教授；哦，以色列》，作者何大明。拉南教授是以色列人，何大明是他的学生。何大明写道，他在以色列时发现“中国小说译成希伯来文的很少，我仅见过两本”（指沈从文的《边城》和张贤亮的《绿化树》）。有一次他“离开以色列时，登机前在本·古里安国际机场接受安全检查”，安检小姐盘问一位中国学者，“你知道张贤亮和沈从文写过什么书吗？……这位学者……被女孩子难住了，不禁茫然结舌。盘查员一下起了疑心，说你是中国人，竟不知道沈与张？！”后来幸得同行的“同胞赶来救驾，才得以放行”。类似这样“墙里开花墙外香”的事例，马悦然等外国友人也曾经多次提到，所以我把这个例子写进了《沈从文生平年表》中。

张晓眉：我看到您2011年写成的《沈从文生平纪年》电子文本，与您1998年在北岳文艺出版社出版的《沈从文生平年表》相较内容多处有改动，有的是简约了，有的则是增加了新内容，新增加内容比较好理解，但是原来已经有的内容为什么要删除？《沈从文生平年表》准备再版吗？

糜华菱：《沈从文生平年表》成稿于1994年，我向友人征求意见时，因为当时还没有这样一个单行本，有人建议尽快出版，以便收集读者意见后再修订再版，所以我就把它交给北岳文艺出版了。以后随着《全集》的出版和许多新材料的发现，我原计划是要修订再版的，但这时吴世勇先生的《沈从文年谱》出版了，他已写得很详细，我觉得已无修订再版《沈从文生平年表》的必要，后来就改变主意，将它改写成一个便于检索的简编本性质的《沈从文生平纪年》（也可以称之为《沈从文生平事略》）。这个《沈从文生平纪年》的篇幅只有《沈从文生平年表》的一半，删去了一些不十分重要的记述，如表主幼年时曾在哪里上学、晚年时曾担任过什么挂名的"顾问"等；压缩了一些过细的叙述，如对他初期在北京"打流"情况的过细记述，以及编《大公报·文艺》时各文学流派投稿人的名单等；同时也加写了一些新发现的史实，如他曾拒绝加入民盟和主张建立"第四党"，在内地发表《摘星录》之前还曾在我国香港发表过又名《绿的梦》的《摘星录》等。这便是你发现从《沈从文生平年表》到《沈从文生平纪年》"内容有多处改动"的原因了。另外，还有《沈从文生平年表》原来所据的资料有误，到改写成《沈从文生平纪年》时根据新发现资料而加以修改的，如《沈从文生平年表》中，原说沈从文在胡适任教北大时就已常为胡家的座上客而受到胡的赏识——这是根据安徽出版的胡适乡亲石原皋所著《闲话胡适》一书中的记载；但后来经我考证，胡沈二人相识乃是从沈到上海中国公学任教时才开始的（见我所写《胡适何时识从文》一文），所以到写《沈从文生平纪年》时，就把《沈从文生平年表》中原有的说法删去了。另外，沈老自杀未遂的时间，《沈从文生平年表》中是根据《新文学史料》所载刘祖春先生《忧伤的遐思》一文的记述，后来改写《沈从文生平纪年》，则是根据沈虎雏先生的指正了。类似的修订还有不少。

这个《沈从文生平纪年》目前尚无出版打算。

张晓眉：在您发送给我的《沈从文生平纪年》中，我注意到您将沈从文先生的不同生活阶段都加有总结性的标题，如"少年求学""浪迹湘西""北漂""海上搏击""立足京华""抗战八年""内战时期""解放转业""'文革'沉浮""夕阳红"等。请您谈谈您这样划分的依据和意义好吗？

糜华菱：这些阶段的划分与标题，只是为了阅读和检索的方便，不一定准确，更不是总结，仅是个人意见而已。

张晓眉：您在《沈从文在湘西当兵时间新证》一文中认定沈从文先生是在1923年到达北京的，而有一些学者如李端生教授等曾认为应该是在1924年到的北京，您对持1924年到达北京观点学者的论证怎么看？

糜华菱：我在《沈从文百年诞辰国际学术论坛文集》里读到过李端生先生的文章，也曾与他通过一次信。我谈到，判定沈从文离开湘西的时间，除了要根据他在湘西时期的活动进行考证外，还要根据他到北京后的活动进行考证。如果他是1924年才去到北京的，那就不可能当年就有文章在北京的报纸上发表，因为他在有文章发表前还曾在北京"过了不易设想的一二年困苦生活"。另外，他在《从文自传》中写到，他从湘西动身去北京，是从湖南经汉口到郑州，再从郑州经徐州到天津，而后转到北京的。他之所以绕这么一个大弯子，是因为1923年8月黄河发大水，郑州去北京的铁路不通的缘故，这也足以证明沈从文是在1923年从湘西去到北京的。对此，我在《沈从文百年诞辰国际学术论坛文集》所载《〈从文自传〉史实考辨》一文中已言之甚详。但是，我也注意到，在一本《酉水文化与沈从文》的书中，也曾有人引用保靖县档案馆保存的几个历史文件，证明沈从文在1924年9月以前仍在保靖，其理由是这几个文件出版于1924年初和1924年8月，"均由沈从文在印刷社逐一校对过"。但我以为，诚然在《从文自传》中，作者是曾说过陈渠珍为"试行湘西乡自治"，"首先印行《乡治条例》与各种规程"，他"于是调到新报馆作了校对"；但这"《乡治条例》与各种规程"后来汇编成册出版（叫作《乡自治全案》），是否仍由沈从文参加校对，则不一定，尚需另作考证。因为从《酉水文化与沈从文》一书中所提供的几个文件影印件来看，均无校对者的署名，还不能认定就是沈从文1924年还在保靖的证据。为此，我曾专程去保靖拜访上述文章的作者，想与他讨论此事，但因他外出未遇；后来我致信给他，也一直没有得到回应。因此对于他的举证，只好姑且存疑。

张晓眉：您曾经写过《寻找记忆：巴金与沈从文相识时间考》一文，后来是否有修订？文章中列举的两个相识年份，您目前认定应该是哪一年？

糜华菱：这篇文章原来发表在《寻根》杂志上，顾名思义，这是一本着重学术考证的杂志，由于巴、沈两位当事人的记忆有参差，所以我在《寻根》杂志上的标题也是《寻找记忆：巴金与沈从文相识时间考》，表示希望有其他知情人出来提供有关的记忆。但到目前为止，这样的人我还没有等到。因此，我还只能维持那篇文章结尾的意见。

张晓眉：您撰写《湘西方言注释》花了多长时间？里面的很多方言，连现在很多的湘西人也未必能够看懂，比如"二炮""白炭""响篙""拦头工"等等。您写这篇文章时参考了哪些资料？请您介绍一下这本书的撰写、出版情况。

糜华菱：我写这个《湘西方言注释》，肇始于1983年读凌宇先生编的《沈从文散文选》时，以后随着读到的作品日益增多，积累类似的词语也日见其多。这些词语，有的是我能看懂的，如"二炮""白炭""响篙"等，我小时在家也听过、用过或见过；有些则是我看不懂的，如"协叶和苏""放水假""代帕"等只流行于凤凰一带，我在沅陵就从未听说过。无论我懂与不懂的，都没有现成资料可以参考，我只有向家乡的父老请教，而且要向年龄比我大的人请教。前面我说李大宾先生帮我找凤凰老乡解释这些词语，这些老乡不仅比我年纪大，而且多数还在县里的史志部门或者文教部门工作。如今时隔多年，这些人已经相继谢世，我完成的《湘西方言注释》和《方言民俗考释》，可以说是他们抢救下来的。《湘西方言注释》（含二百五十二个条目）发表于《吉首大学学报》，《方言民俗考释》（含八百四十多个条目）发表于日本《湘西——沈从文研究》专刊。这两份资料在为读者扫除阅读沈从文作品的障碍外，也为外国的翻译家所关注。日本小岛久代教授翻译沈从文的作品，城谷武男教授编著沈从文小说的评释，都曾参考过《方言民俗考释》；美国金介甫教授除自己翻译沈从文作品时参考《湘西方言注释》，还曾把它转介给一位准备翻译《长河》的中国学者参考。金介甫先生在《沈从文与中国现代文学的地域色彩》一文中说："他早期在方言运用上或许过分恣情，但抛弃这份遗产，等于是丢弃他家乡最可宝贵的贡献。"这或许正是这些学者重视搞懂这些方言土语的原因。

张晓眉：我在您的《沈从文生平年表》这部书中，看到您对符家钦翻译金介甫先生的《沈从文传》经过有所书写，您是否认识符家钦先生？能不能请您具体谈谈他翻译《沈从文传》过程？

糜华菱：我认识符家钦先生，是在他翻译的《沈从文传》出版之后。他利用《沈从文传》原著中的注释写了一本《沈从文故事》，我因为在书店里没有买到，便寄钱给他请为代买，但在汇款单上却把他的姓名写错了，他在没有取到汇款的情况下，竟给我寄来三本《沈从文故事》，使我既尴尬又感动，从此开始了与他的通信。以后，他又给我寄赠过一些资料，我到北京时也去看过他。关于他翻译《沈从文传》的过程，我从他给我的资料中看到一些，以后金介甫先生也给我提供过一些资料。这些资料，我已写在《萧乾与金著〈沈从文传〉》一文中，可供你参考。

张晓眉：请您谈谈您和金介甫先生的友谊。

糜华菱：我与金介甫先生的交往，开始于1992年，那是在读了他的《沈从文传》之后，我寄去一本《沈从文生平年表》书稿，有向他请教的意思。另外，还寄去一本《湘西方言注释》。他当时正在翻译一本沈从文的作品选（即后来出版的 *Imperfect Paradise*），对这本《湘西方言注释》发生了兴趣，并且还接连提出了一些其他类似的词语来向我寻求解释。他在来信中，也回答了我所提出的一些问题，包括沈从文所说的"'三七四'外国货"以及《沈从文晚年口述》中若干人物和作品的称谓等。我们的交往，就是这样开始的。二十多年来。他给我提供了许多有关沈从文作品的信息，这些信息有他过去收集的，也有他专门为我到美国其他大学图书馆去查找的；而且还把他自己所有关于沈从文的译著、文章和讲稿都寄赠给我，其中包括《沈从文传》的原著和中译本的各种版本。我的著述不多，但也都寄赠给他；发现了新的资料，也复印一份给他。尽管他后来转向研究中国的法制文学和现代历史小说，但我们的交往一直没有中断。前两年，我想了解《沈从文传》中译本的出书经过，向他征集与译书人的通信资料，他竟不惜花费很大工夫，把所有相关方面与他的通信三百多封都找了出来，自己动手复印给我。

在这二十多年交往中，有两个"插曲"我至今印象犹深：一个是，我最初给他寄《沈从文生平年表》和《湘西方言注释》书稿时，因为听说国际邮资很贵，据说相当于我当时月薪的三分之一，因而我曾经打算等有人出国时带到美国去投邮。他知道后，突然寄来了一张五十美金的支票，说："希望你付得起！"这可使我为难，因为我们刚认识，哪能让他破费？但我又不懂得怎么能把支票退回去，于是只好把这笔钱存在银行里，专门用来给他购买资料。当时正值沈从文热，国内不断有新书出版，我就用这笔存款给他买有关沈从文的图书资料寄去，直到把这笔钱用完，又一笔笔地把账目和发票寄给他。他感叹说："我给你那张支票，反而成了你的负担，真对不起！""钱是可以忘记的，你经常为我跑邮局，太辛苦了！"但这件事，见出了彼此做人的性情，反而拉近了我们的距离。还有一次，也是我们相识不久，他突然在信中说起："我1981年结婚，可惜至今还没有孩子！"两个月后，他又来信说："我夫人怀孕了，明年我会当爸爸了，我们很高兴！"到第二年，又来信报喜："我们的儿子出生了！"并且随信寄来一张写有他儿子出生日期、身高、体重的卡片。像这样通常只会在老朋友之间讲述的"私房话",使我感受到了这位"老外"性格的直率。经过这两件事情后,我们两人虽然相识不久,但这友谊却似乎很快超过了"以文会友"的等级。

张晓眉:金介甫先生为您的著作《走近沈从文》所写的序,原文就是中文,还是后来翻译的?

糜华菱:他会中文,是用中文写的。他要我修改,我只在文字上略作调整,经他过目、首肯后才放到书中去的。

张晓眉:这些年来,您与金介甫先生有过很多书信往来,您是否会考虑将这些书信往来公开出版?我想这其中定有很多宝贵的史料,对今后的沈从文研究有一定的借鉴和参考价值。

糜华菱:没考虑过这件事。我写给他的信都没有留底稿。他给我的信,以前用手写的我都保留着,有四十多封;后来改用电子邮件,有的我打印保存了,有的就没有保存。所有保存下来的,大概逾一百封,里边有些可供参考的信息,是否适合公开出版,这应由他本人考虑。至于我给他的信,因为没有值得出版的内容,我就不做这方面的考虑了。

张晓眉:在您与金介甫先生的通信中,他是否和您谈到过推荐沈从文先生为诺贝尔文学奖候选人的事情?

糜华菱:1996年,他曾对我谈起过一次推荐沈从文为诺奖候选人的事,他当时笑言"我原来不好意思,因为沈老的'股票'正'涨价'"(原文如此,估计是怕有人说自己是想借沈老出名的意思),但由于斯坦福大学钟开莱教授的推动(钟开莱是知名的华人数学家,沈老在西南联大时的同事,曾自称是"沈从文迷"),他才联络了几位欧美学者向瑞典学院推荐沈老为诺奖候选人。但他这次信中语焉不详。到2007年,我在北京《新文学史料》上看到一篇《沈从文获"诺奖"提名的一些史料》,其中对他推荐沈老的往事言之凿凿,我写信去向他求证,他才向我详细谈起连续三次推荐沈老的细节:第一次是1982年1月,他联络了夏志清、许芥煜和马悦然(马悦然当时还不是诺奖评委)等欧美学者,一同给瑞典学院写了推荐信;第二次是1983年1月,推荐材料同前;第三次是1983年12月,为下年作预先推荐。这三次提名虽都没有立即见效，但沈从文从此进入"诺奖"评委的视野，金介甫先生的推荐想必是起有一定作用的。后来盛传沈老如果不是在1988年去世，这年他很有可能是诺奖的得主。

张晓眉：我从您的《十年友谊不寻常》一文中得知，您与日本学者创办的《湘西——沈从文研究》（以下简称《湘西》）学刊，有过多年的往来。您能谈谈日本学者创办这个刊物的设想和意义吗？

糜华菱：《湘西》是几位日本学者自费出版的同人性刊物，专门刊登有关沈从文研究的文章和资料，也欢迎中国朋友投稿。它办刊十年，我是从第二年开始给它写稿的。当我寄去第一篇稿子的时候，发起人之一的城谷武男教授曾来信向我介绍他的办刊设想，他说："我认为，现在日本研究沈从文的水平还在基础阶段，我们应该重视研究方言、年谱、风土人情，另外着重注释和翻译。这是我们《湘西》编辑部的目前的方针。"他还以正在编辑中的第二期的内容为例，这期"有论文、散文、翻译、资料等等"。我后来发现，这个刊物的作者和读者中，也的确有相当大一部分是新人；而它所刊登的文章和资料，也的确大多数是打基础的东西，如有关于凤凰苗族风土人情的介绍，对沈从文早年在家乡时足迹的考查，对湘西方言民俗的解释，对筸人谣曲的译介等。当然刊物也发表有研究性的论文，但大都是就某一作品或者某个问题进行实地的讨论，不作高头讲章式的空泛议论。这样的刊物风格，符合他们所提倡的学风，很值得点赞。

张晓眉：请您谈谈您和日本学者的交往和友谊。

糜华菱：其实只是些投稿和交流资料的友谊。这友谊开始于2000年，那年秋天我和向成国先生邂逅于北京，他介绍一位在北大进修的日本友人福家道信先生与我认识，这位友人是《湘西》杂志的发起人之一，他送给我一本创刊号的样刊，约我写稿。这个刊物创办于1999年，每年出一期。从第二期起，我开始给它写稿，直到第十期终刊，先后发表有《湘西方言民俗考释》《湘行集解读》《沅水两岸地名图说》等九篇文章，平均每期一篇。另外还推荐了几位文友的稿件在该刊发表。随着投稿次数的增多，我与《湘西》的编辑部同仁也逐渐有了一些其他方面的文字交往：在我为中华书局编辑《沈从文的凤凰城》时，福家先生也给我提供了一篇他写的《凤凰县的印象和沈从文研究的几缕思绪》的文章，以及他在凤凰所拍摄的许多照片；在我苦苦寻找"久米仙人"（沈从文小说《连长》中的神话人物）的出处时，是《湘西》的执行编辑齐藤大纪先生为我从日本佛教典籍中找到了这个典故的原始出处；我曾为城谷武男先生解答过《篙人谣曲》里的几个语言问题，城谷先生也将他出版的几部沈研著作寄赠给我；还有一位《湘西》杂志的发起人小岛久代教授，因为在她出版的《沈从文其人与作品》中引用过我的资料而将这本书寄赠给我，反过来我也从她这本书中发现资料，将沈从文早期的剧作《母亲》考证为他被介绍到国外去的第一个作品（在《沈从文生平年表》中，我原以为《盲人》是他被介绍到外国去的最早作品）；以后，小岛教授每逢出版沈研著作，都会寄赠给我一本，我也在《湘西》终刊号上发表了一篇《十年友谊不寻常》的文章来纪念与他们的文字交往。

张晓眉：请您谈谈日本研究沈从文的学者及其成果。

糜华菱：我对日本学者的了解只限于以上这几位，对于整个日本学界的情况了解得并不多。但在我印象中，日本学界在松枝茂夫、立间祥介等早一代的沈研者之后，新一代的研究者也为数不少。从2002年出席"沈从文诞辰100周年国际学术论坛"的外国学者人数来看，日本到会人数就比其他外国为多，而且都是年轻人，并有多篇论文收进《论坛文集》之中。齐藤大纪先生的论文《日本沈从文研究的昨天、今天、明天》，对我们了解日本学界的研究成果很有帮助。另外，小岛久代教授也曾有两篇这方面的专文发表在《吉首大学学报》和湖南师范大学的学刊上，可供参考。

张晓眉：丁玲晚年写文章攻击沈从文先生，如果仅仅是因为《记丁玲》的原因，似乎有些说不过去，任何看了《记丁玲》一书的读者，特别是在读了《记丁玲》一书的序跋后，都可以毫不费力地发现沈先生对他笔下这个人的维护。您认为丁玲写这篇文章的主要用意是什么？

糜华菱：丁玲是个懂得从政治上看问题的人，早年她和胡也频困居上海时，沈从文推荐胡也频去给《中央日报》编副刊，她因为"逐渐懂得要从政治上看问题"，不久就让胡也频辞去了这个工作。后来她被国民党软禁于南京，生活有困难，沈从文去看她时，表示可以找王世杰帮她找点事做，弄点钱花，她因王世杰是国民党的教育部长，也拒绝了。到解放后，丁玲以胜利者的身份回到北京，沈从文正处于政治落魄的时候，她对这位当年共闯文坛的老友逐渐失去了昔时的热情，大概也是出于政治上的考虑。因此，当她后来看到沈从文的《记丁玲》时，认为其中某些叙述有损自己的政治形象，特别是其中写到她与冯达的关系，触及她被困扰多年的政治历史问题，她就突然地翻了脸。因为从20世纪50年代她被错划为"反党集团"和"右派"后，她已吃了许多苦；直到1978年时，她虽然已摘掉了"右派"帽子，但仍未得到平反，更没有恢复党籍。正是在这样的情况下，她见到了认为对自己政审不利的《记丁玲》，自然是极为反感了，除指责沈从文是"信笔编撰"外，还说他是"对革命的无知、无情"，骂他是"胆小鬼"和"市侩"。为了在政治上保护自己，其实像她这样做的人，又何止是她一人而已呢？

张晓眉：请您具体谈谈1980年后文坛上关于沈从文与丁玲的那场旧日恩怨争论，当年沈从文与丁玲发生过哪些冲突？其中有不少其他人士卷入争论，涉及许多旧事，各执一词。当时您是否有参与到这些纷争中？

糜华菱：对于那场争论，媒体已经报道很多，不必赘述。我也是在看了那些报道之后，才在《文汇读书周报》上发表《一死一生见交情》那篇文章的。尽管当时参与争辩的人各执一词，但读者心中有杆秤，自会做出公正结论的。

张晓眉：从您写的《一死一生见交情》一文的字里行间，似乎可以看出您曾经与沈先生的夫人张兆和先生谈过沈先生与丁玲女士之间的恩怨问题，您是否方便将您所了解的情况给我们谈谈？

糜华菱：我没有与沈夫人谈过沈老与丁玲之间的恩怨问题，只在写《沈从文生平年表》时，与她通信讨论过丁玲被国民党软禁在南京期间，她和沈老是在哪一年去探望丁玲的。沈夫人回信时，除同意我把探望的时间推断为1936年春天外，还补充介绍了她和沈老同去看望丁玲时的一些细节，以及随后的一些有关情节。这些我都已写进那篇《一死一生见交情》的文章里边了。

张晓眉：您写的《〈沈从文与丁玲的情缘〉事件真相》（以下简称《事件真相》）一文，除发表在网易"天涯社区"的"闲闲书屋"外，后来是否在其他报刊上公开发表过？当时您写这篇文章的时候，除了感到愤怒，您最想通过这篇文章告诉大家一个什么样的信息？

糜华菱：1996年8月1日，《武汉晚报》刊出一篇《沈从文与丁玲的情缘》的文章，一位在武汉的朋友将报纸邮寄给我。我当时正在编写《沈从文生平年表》，根据我对沈从文的了解，这篇文章完全是捕风捉影和凭空捏造。比如：作者说沈从文在西山第一次见到丁玲时，就一见钟情，"顿生爱慕之心"，而且对与丁玲生活在一起的胡也频也"顿生一股无名的醋意嫉妒之火"；事实上他们三人早就相识，见面时所"顿生"的种种情景也是作者杜撰而已。而且文章随后又说，丁沈二人经常"结伴夜行"去郁达夫家作客，"胡也频牺牲后，沈从文与丁玲默默地相恋着"，以及丁"与冯达同居"后沈从文"心中顿起无言的妒意和怒火"等等，也都无一不是作者杜撰的延续。至于所谓丁玲被国民党软禁在南京时沈从文"去南京探监，并策划她越狱"，以及国民党"迫于国内外舆论的压力和文化界知名人士的抗议……不得不释放了丁玲"，以及在丁玲"出狱的第三天，沈从文又匆匆赶去秘密与她相会，二人见面后抱头痛哭"等等，则更是违背历史事实的捏造，因为丁玲既非"释放出狱"，沈从文也没有"赶去相会"，这是人所共知的历史事实。特别是文章开头说，作者是在"1982年中秋"到凤凰去"拜访沈老"的，而沈老这时"最感兴趣的是他与丁玲的深情交往"的话题，这就等于是作者自己露出了造谣的马脚，试想：1980年沈从文刚因《记丁玲》事件受到丁玲一顿贬斥，并在文坛引起一场轩然大波，那么，到"1982年中秋"，他还会对"与丁玲的深情交往"而"最感兴趣"吗？这样的谎言，恐怕是连三岁小孩也骗不了的！

然而奇怪的是，这样一篇由谎话编织起来的文章，居然还会有报纸予以刊载；更离奇的是，作家李辉在《文汇报》刊文揭露这篇造谣文章，居然还会有人出来横加干涉，以致李辉的文章只登出一半就被腰斩。这在新中国的报业史上真是一桩令人骇怪的事件！因此，我接着写了这篇题为《事件真相》的文章，一方面是揭露那篇文章的造谣伎俩，另一方面也是对刊载这篇文章的报纸提出质询并对腰斩李辉文章的权势人物给予谴责。网易当时有个"沈从文论坛"，有位版主是我的熟人，我把这篇《事件真相》拿给他发表了。这篇稿子未再投寄其他报刊。以后这件事情有什么新的进展，我也没有再听说过。

张晓眉：您后来是否了解到《沈从文与丁玲的情缘》一文作者写这篇文章的意图？他为什么要杜撰这些事？

糜华菱：我对此文的作者并无了解，以后也没有到他工作的地方去作调查，不知道他究竟是出于什么意图要做这样卑劣的事。

张晓眉：请您谈谈沈从文先生与萧乾先生之间的恩怨。

糜华菱：二人早年的友谊，曾经是文坛佳话，但后来发生变故，其原因传说甚多，但都没有得到当事人的证实。有一次，沈老当面拒绝萧乾为他解决住房问题，理由是"我要入党"，其实沈老当时也正在多处托人帮助解决住房问题，看来所谓"我要入党"也并不是真实原因。不过，沈老和萧乾两人的恩怨发展，与丁玲与沈老关系破裂所不同的是，由于有巴金的关心和李辉的斡旋，沈老最后还是同意了萧乾去看望他。而在沈老逝世后，萧乾也立即写了一篇《没齿难忘——悼沈从文老师》的文章公开发表。后来，萧乾还为金介甫著《沈从文传》的中译和出版做了不少工作，我那篇《萧乾与金著〈沈从文传〉》的文章就是在这种情况下写出来的。

张晓眉：您撰写的《郭沫若和沈从文的文字恩怨》一文逻辑严密，极有说服力，这篇文章是在一个什么样的背景下写成的？

糜华菱：郭沫若一篇《斥反动文艺》的文章，把沈从文定性为"一直有意识的作为反动派而活动着"，这是一个乱扣帽子的典型案例。他批评沈从文的《看虹录》和《摘星录》，其实他是否看过这两篇小说都很令人怀疑，因为他一再把《看虹录》说成了《看云录》。而就是这样一篇乱打棍子的文章，几乎送掉了沈从文的性命。所以我想通过这篇《郭沫若和沈从文的文字恩怨》，借以评说一下文坛上把学术问题当政治问题来整人的经验教训。文章最后的"盖棺论定的反思"一节，便是我写这篇文章的主旨。

张晓眉：您在《沈从文的〈长河〉多舛命运》一文中，引用了很多《长河》当年被删削的内容，您是从哪里发现这些被删削内容的？

糜华菱："命运多舛"，这是沈老自己对《长河》被删改得遍体鳞伤所发出的感叹。我找出这些被删削内容的办法是：广泛搜集《长河》的各种版本，包括最先在报纸上连载的文本，以及后来在刊物上分章发表的文本，以及再后出版的几个单行本。把所有这些文本加以对比，就能发现各文本在文字叙述上所发生的变动，再结合作者本人所做的说明（有的地方作者指出"前后互不一致"，或者注明"这里删扣甚多"，有的地方甚至明指"被中央宣传部删去一大段"等等），这就能发现这个作品屡次被删改的痕迹了。我这样做，只是为了发现这部作品有哪些地方曾遭图书审查官的删改，以证实其"多舛命运"，并不是要为它搞出一个校补本来，所以没有再做增补这些被删削内容的工作。

张晓眉： 在沈从文诞辰110周年全国学术研讨会上，王继志教授曾经谈到《看虹录》只有一个文本，而《摘星录》却有两个文本（其一是《全集》里的文本，或者是叫作《新摘星录》的文本，另一个是新近发现的《摘星录》文本）。这个新发现的《摘星录》，其篇幅和文体风格都跟《看虹录》更加接近，它是不是您与《看虹录》同时找到的那一篇？

糜华菱： 不是。我与《看虹录》同时找到的《摘星录》（又名《新摘星录》），均发表于内地，它与新近从香港刊物上发现的《摘星录》（又名《绿的梦》）不是一回事，后者是清华大学博士研究生裴春芳同学发现的，它的篇幅和文体风格的确与《看虹录》有些接近。

这几篇作品的命名有些纠结，比如《新摘星录》发表于《摘星录》之后，却反而取名为"新"，令人费解；《绿的梦》在香港发表之前，已有一篇又名《梦与现实》的《摘星录》在香港发表，为什么又将《摘星录》作为《绿的梦》的别名，也使人犯糊涂。

张晓眉：《看虹摘星录》曾经作为单行本发行过吗？目前找到这本书了没有？

糜华菱： 有人说出过单行本，但至今没有人找到过。

张晓眉： 您读过张兆和先生等创办的《水》这个刊物吗？如果是，请您谈谈这个刊物的风格特征、内容等。

糜华菱：《水》是张兆和先生的娘家人互通信息的家庭内部刊物，我过去没见到过。张兆和先生逝世后，《水》出过一次"张兆和纪念专集"，因为刊有我一篇纪念短文，所以寄过一本样刊给我。过去，我虽没见过这个刊物，但有人在公开的出版物上介绍过这个刊物。它虽只用油印的方式出版，但有半个多世纪的历史，因而颇为人所称道。

　　晓眉特注：糜先生之前曾就我的专访问题回复过一篇，期间因糜先生身体抱恙，且兼他的一老友即文中提及的李大宾先生身体沉疴，（李大宾先生已经于2014年10月仙游了，让我们为这位默默支持沈从文研究的老先生祈福吧！祝老人一路走好！）糜先生忙于写一篇作品纪念他，同时还要赶写《签名本上的纪念》一书，费去不少时间和精力，又担心我需要急用，见缝插针写了一篇给我。后来得知时间宽裕，糜先生不辞辛劳，几易其稿，于是有了我们现在拜阅到的这篇《糜华菱先生专访》，除了字里行间记录的诸多珍贵史料，我们不难感受到这位沈从文研究老学者一路走来的热忱、严谨、诚挚和他那感人至深的人文情怀……就我个人而言，所受教益是良多的，特录之、传之，意与各位同仁共勉！

刘一友教授专访

刘一友老师（左）给张晓眉（右）讲专访稿修改情况，随后又将他做的一百多页读《访谈录》书稿笔记讲解给张晓眉听

写在前面的话： 2014年3月3日上午，我为《访谈录》一书去采访沈虎雏先生，采访结束时。我请沈虎雏先生推荐值得去采访的沈从文研究学者，沈虎雏先生不假思索地给我推荐了刘一友老师，且是唯一一个。

说来惭愧，我虽然在2012年入学不久，就跟着导师李端生老师研究沈从文先生，但对吉首大学的沈从文研究所成立史和研究史，却没有进行过系统梳理。因在沈从文先生诞辰110周年全国学术研讨会和沈从文纪念馆成立时，刘一友老师均未参加；又因我对《全集》编辑出版之艰难过程没有充分认识和了解，所以在我最初的沈从文研究学者采访名单上，竟然把刘一友老师给忽略了。

回家后，我尽己所能，将刘一友老师出版的相关专著和撰写的沈从文研究成果找来一一拜读，所得感受如下：

从数量上来讲，刘一友老师的沈从文研究著作与有些学者相比，确实少了点。但从质量上讲，仅他撰写的一篇《沈从文现象》，就足以奠定他在沈从文研究史上的历史地位，更何况，刘一友老师所做的工作远远不止于此。

从沈从文研究成果方面来谈，刘一友老师撰写出版了《沈从文与湘西》《文星街大哥》等；他撰写的学术论文《桃李不言，下自成蹊》《深沉的乡恋——1988年5月7日上午沈从文先生忆家乡人事》《评一曲弹了五十年的老调——〈边城〉的真实和"世外桃源论"的失误》《沈从文文化禀赋溯源研究中的误导现象》《沈从文与楚文化》《论沈从文的乡情及其〈边城〉创作——兼谈乡土文学的基本特征》《孤寂中的思亲奏鸣——读〈来的是谁？〉》等，有的长则达十余万字，短则也不少于三万字……

刘一友老师写的是长文，读来却总让人嫌短。黄永玉先生在读了他写的《论凤凰人》后曾感叹："一读三读，感动而叹息，这样好的文章是很费力气的了。长虽长，读之仍嫌短，如友朋万里归来，茅舍中秉烛夜谈，唯恐其天曙……凤凰人在生死掠杀道场生发的诗意已悄然隐退……你文章回荡之处在此，不知怎样，我有读'骚'的感受。"沈从文先生和汪曾祺先生在读了他写的《桃李不言，下自成蹊》后评其"极有见地"。

平庸如我辈，刘一友老师写的《沈从文现象》，我就曾翻来覆去读了近十遍，仍觉得没读够，还需再读。总觉得在刘一友老师笔下的沈从文先生，是如此生动可爱可亲，寥寥几笔，沈从文先生一生之颠沛流离、近似传奇的经历跃然纸上。特别是在读了大量相关沈从文研究著作后，再去读刘一友老师的文章，字里行间恰如其分，读后犹品甘露，又似享受一曲旋律优美且绵延悠长的生命之音……

读刘一友老师的作品越多，对他和吉首大学老前辈们创建沈从文研究所的历史了解越多，感受也就越发深刻，有时会产生一种又惋惜又庆幸之感。惋惜，是觉得凭着刘一友老师的才华，他本该为我们留下更多精彩的沈从文研究著作，可惜政务费去了他几多精力；庆幸，是刘一友老师凭着他睿智的历史眼光和人文情怀，把沈从文研究根据地牢牢地扎在了湘西，扎在了吉首大学！沈从文先生现在已经从边城走向了世界，而边城的这所大学——吉首大学，也将伴随着沈从文先生的身影走遍全球！

这样一位为沈从文研究做出了重大贡献的学者，我竟然给忽略了！带着这样一份惭愧的心情，和拜读刘一友老师著作之后所得崇敬感受，我写了一份采访提纲想去求教于他，可是按照何小平老师提供的联系方式，多次尝试都没能联系上。

2014年6月20日至22日，"沈从文文学创作90周年暨《边城》发表80周年学术研讨会"在边城茶峒召开，因我家住北京，沈从文研究所给我寄了两封邀请函，其中一封是寄给沈龙朱和沈虎雏两位先生及家人的，沈从文研究所派我代表吉首大学专程将邀请函给两位老先生送去。我在把邀请函送给沈虎雏先生时，将联系不上刘一友老师一事和他说了，又试着问沈虎雏先生是否知道刘一友老师能否参加会议。沈虎雏先生告诉我，刘一友老师经常住在深圳，较少在吉首，有可能碰不上他。如此，我的遗憾之情可想而知！

6月18日，我从北京出发去参加会议，在吉首大学办完报到手续后，转乘专车去边城茶峒。不想同车学者中，就有刘一友老师！坐在他旁边的是吉首大学图书馆前任馆长郑英杰老师。这真是意外的惊喜！

到达边城茶峒时，约下午五点，在三不管酒店办好相关手续，大家乘渡船过河去吃晚餐，我们一路同行的有刘一友老师、向成国老师、叶德政老师、郑英杰老师等几位沈从文研究老专家。刘一友老师讲话非常风趣，上船时，我主动上前去扶他，他却说："我以前是运动员，虽然老了，底子还在，不用扶。"几位老专家坐在同一条船上，因船身两边所坐人员不成比例，船身往向成国老师那边倾斜，刘一友老师见了开玩笑说："向老师太重要了，他是一个重量级的人物，所以船斜到他那边去了！"大家都笑了起来。

1987年，首届全国沈从文学术研讨会也是在边城茶峒召开的，当年从全国各地来了一批在研究沈从文领域取得较大成果的学者，如湖南师范大学凌宇、武汉大学唐荣昆、兰州大学赵学勇、南京大学王继志、复旦大学吴立昌、广东韶关师专詹鹏万等学者，吉首大学的学者有刘一友、向成国、孙韬龙、叶德政等，时任吉首大学党委书记向宏业参加了该次会议，时任湘西自治州州委宣传部部长向熙勤出席了该次会议。

　　我请几位同行老专家们分别谈谈2014年边城会议和1987年那次会议的感受。刘一友老师用手指着我们来时方向的那个码头说："当年我们在那个地方照了一张相，你要是看了，就知道当时有多寒酸，照片的背景全是一些乱七八糟的东西……"他又讲到当年开会的情景，尽管是招待来自全国各地的专家学者，但吃饭时，饭还没吃完，菜却吃完了，不够了，不过大家兴致都很高。刘一友老师说，那次会议开得很成功。刘一友老师还谈到一个现象，他说当年研究沈从文的学者，个个都性格倔强、诚恳朴实，都不是滑头的人，很奇怪……

　　抚今追昔，一晃近三十年过去了，当年来参加会议的学者有的已经去世，比如吉首大学孙韬龙老师……向成国老师在讲到上海复旦大学吴立昌老师身患重病不能讲话了，兰州大学赵学勇老师也身患重病时，气氛顿时低沉，大家唏嘘不已，伤感不已！

　　用过晚饭后，刘一友老师指着翠翠岛对面的那个码头对我说："当年就是在那个河滩上，有一个当地人告诉我说，翠翠是他的老婶娘。"引得在场的人都开怀大笑起来。

　　可能是一路颠簸劳累，刘一友老师和几位老专家要回酒店休息，我提出送他们过河，刘一友老师和郑英杰老师坚持说不用。我又提出请刘一友老师晚上给我讲讲我提出的几十个问题，刘一友老师爽快地答应了，并约好在八点半去他们住的108房间找他。

　　八点半，我和我的同学孙立青、莫华秀、欧阳英豪等几位同学如约来到刘一友和郑英杰两位老师住的房间。刘一友老师见了我们说："呀，你们来这么多人，你写的采访提纲我还没看完，你们自己找凳子坐吧。"

　　我对沈从文研究历史了解有限，且综合知识水平极浅，想到自己给这样一位资历如此之深的老前辈提了那么些幼稚问题，心里很没底。见刘一友老师认真看我写的采访提纲的架势，我心虚得额头直冒汗。

　　想了一下，与其让老前辈批评，不如自己老实交代。于是我说："刘老师，因为我的水平有限，提了很多幼稚的问题，有的问题如果您觉得太没有水平，就直接跳过。并请您批评指正。"刘一友老师安慰我说："你提的问题都很好。特别是你送给我的那本厚厚的书稿，我真的被你感动了。"听刘一友老师如此说，我悬着的心才稍微放松了一些。

过了一会儿，刘一友老师将采访提纲放下，他说："你问的这些问题，很多沈虎雏先生都知道，你问问他就知道了。"我惊讶两位老人不约而同说着如此相似的一句话……

郑英杰老师给我和刘一友老师各倒了一杯茶，因为水杯不够，其他同学都没有。郑英杰老师的理由是，我要提问，刘一友老师要解答，所以应该多喝水。让我感到格外温暖，又诚惶诚恐，因为他们都是我的前辈。

时间过得飞快，不知觉间就到了午夜十二点，在近四个小时的采访中，刘一友老师主讲，向成国老师和郑英杰老师随时补充一些有用信息，三位老前辈一起，深情回顾了他们创办沈从文研究所和从事沈从文研究的历程……

在告别时，刘一友老师一再表扬我，说我做了一件有意义的事情，并说被我做事情的认真精神感动。他的情绪感染了我，仿佛自己真的做了件了不起的事，定下神来一想，其实我只是用最笨的方法去做一些我认为应该做的事情罢了。在做的过程中，因为学识修养、见识不足等原因，肯定还有很多疏漏和不尽如人意的地方，却一再受到老前辈们的支持和表扬，真是百感交集、惶恐万分！

我把自己的想法告诉刘一友老师："我很笨，所以都是用最笨的方法在做事情，还请老前辈多指导。"刘一友老师诚恳地安慰我说："做事情没有什么巧办法、笨办法，只有认真做事的态度。如果要说笨办法，沈从文的办法就更笨了。你要是看到他做的那些卡片，一个著名的文学家在故宫给别人写卡片，做讲解员，那才是最笨的。但从另一个角度来讲，又是一个最有用、最好的办法。做任何事情，走捷径是靠不住的。只有一步一个脚印，才踏实，才会真正有所得。做学问也是一样的。我这一辈子遇到过很多好人，也遇到过很多让我感动的人，你的这种做事精神很令我感动。"

刘一友老师的一番话，说得我心里暖暖的。

会议结束后，我回北京，将对刘一友老师的专访整理成文。2014年9月26日，我因回吉首大学办事，得知刘一友老师在家，于是去他府上拜访，并将整理好的专访稿送给他。在一个半小时的采访中，刘一友老师将沈从文研究的发展历程给我梳理了一遍，指出我做采访沈从文研究学者这项工作的意义和价值，令我茅塞顿开，有醍醐灌顶之感。告别时，刘一友老师送我出门，一直送到马路上。这是一段很长的路程，望着刘一友老师在夜色中往山上家中走去的背影，我的眼睛被热乎乎的泪水挤得发酸，仿佛就在瞬间，采访奔波的辛苦化成了一股力量，支撑我不断向前，向前！

2014年12月11日，刘一友老师给我打电话，告诉我专访稿还在修改当中，因我在11月间寄过一本《访谈录》书稿给他，他将书稿看完后，写了一篇读后感，另外在看书稿过程中，发现了一些错误，所以顺手做了刊误，且录入好并已委托唐德祥先生转发我的邮箱，让我查收一下。交代完毕，刘一友老师又给我说了很多鼓励的话，这次通话时长十六分钟，所谈及的内容，至今想来，依然让我感动不已，激动不已！

挂了电话，我赶紧打开邮箱，发现邮箱是空的。晚上接儿子放学回来，再次打开邮箱，收到了刘一友老师写的读后感和勘误。刚读到一半时，我的先生任翀从西安出差回来，我赶紧招呼他过来一起看，他不顾旅途劳顿，坐在电脑前和我一起拜读刘一友老师写的读后感。任翀一边读一边点头，我则一边读一边嚷嚷太热……在一旁专心画画的儿子问："妈妈为什么热？屋里不热呀！"任翀给儿子说："你妈妈心里热。"儿子听了一愣，不明所以，又转去画画，不理我们了。在读到刘一友老师标出几页之多的勘误时，任翀转头责备我："你看看你，有多少错误！以后做事细心点……"

2015年3月26日，刘一友老师将他修改好的专访稿发送给我，内容修改极为细致周全，大到框架结构、问答的内容逻辑排列递进等，小到字词标点，特别是因为我的知识水平有限，很多冗长的表达经他修改后更明确、简洁，其间还穿插、补充了许多恰如其分的典故成语，使得整个专访从逻辑表达、格调和语言风采方面呈现出化腐朽为神奇的局面，读后令我佩服得五体投地，从中所受教益，竟是找不出一词一句来形容。

将专访稿发送给我后，可能是担心我读了修改后的专访内容信心受挫，刘一友老师又专门给我打电话，解释他所做修改的种种考虑，讲得最多的是"要为读者负责"，态度之真诚恳切，做事之严谨认真，让人不由心生敬仰，意欲效之！

仔细阅读刘一友老师所修改的专访稿，我发现这位睿智的老前辈在用一种含蓄的方式纠正我的诸多错误，又巧妙地指点我所不明白的知识点，比如他撰写的《沈从文现象》中的"现象"词义解释……特别值得一提的是，刘一友老师专门撰文两篇回答了我的两个提问，我亦是从中见出了这位睿智的老前辈在从事学术研究，特别是在如何从事沈从文研究方面给我带来的诸多示范作用。刘一友老师有种无私、侠义精神，在聆听他的讲述和细读他修改的专访稿时，我们不难发现这样一个事实：他总是将功劳归于曾经与他一起共创沈从文研究事业的同仁们，而将所要担负的责任归于自己。

因近三年来对中外沈从文研究学者的访问，我对沈从文研究学术史有了一个比较清晰的了解，顺带也发现了一个古丈人与凤凰人的奇特交往现象。远的我不大清楚，但从沈从文先生一辈开始，比较清晰的有，萧离先生是古丈县人，与沈从文先生关系非同一般，且在社会上都是很有影响力的人物。沈从文先生与萧离先生之后，又是黄永玉先生与宋祖英女士，从我了解的一些情况来看，相互之间也是格外关照，家乡人的情谊深厚是不言而喻的。随后就是刘一友老师和叶德政老师、张永中先生，后两位都是古丈县人，按照刘一友老师的话说，叶德政老师是一位谋士型人物，为沈从文研究所的成立出谋划策，为沈从文研究所雏形初备贡献了力量；张永中先生则和刘一友老师全国各地搜集沈从文先生的作品，为沈从文诞辰100周年国际学术研讨会、"沈从文文化节"和《全集》的正式出版做出了杰出贡献，可以说，这些工作对沈从文研究向前发展具有历史性重要作用。可算是又一个凤凰人与古丈人的珍贵友谊史！

我一直找不到一个词来形容刘一友老师带给我的一种深刻感受，在他修改后的专访稿里，他这样评价沈从文先生："沈老的非凡成就，在我眼中近乎奇迹，他的人品和作品，让我这湘西人觉得太亲切了。"在读到"太亲切了"几个字时，我突然感到一股力量直抵我心，原来也是"太亲切了"……

我一直在想，沈从文先生是如此谦虚低调的一个人，特别是在那个敏感时期，他制止某些名高校名学者去研究他，成立他的研究所，却默许由刘一友老师牵头的吉首大学老师们去研究他，并成立研究他的机构，以沈从文先生的丰富人生阅历，阅人无数的他，对人事的深刻理解不是平庸如我辈所能领会的。

但是，我想我可以肯定的是，沈从文先生之所以默许刘一友老师等组建沈从文研究所的一个最重要理由，必然是刘一友老师的真诚之心感动了沈从文先生。正因于此，才有了从20世纪80年代初发端的沈从文研究热不断延续乃至持续升温至今的繁荣局面！

在拜读刘一友老师修改后的专访稿时，我甚至想，沈从文先生与刘一友老师之间的情谊，或许早已超越了故乡人之间的情感，再回想沈虎雏先生在接受我的采访时，他谈及沈从文先生与刘一友老师相谈甚欢的场面，我甚至想，从精神层面来讲，他们是知己！唯如此，才会有刘一友老师不屈不挠，有段时间甚至是抱病为沈从文先生编辑出版书籍的激情场面！在政治敏感时期不曾向权威低头的刘一友老师，却可以在他已经六十多岁时为搜集沈从文先生的作品，因没有买到坐票、卧票而蜷腿挤坐车厢长途旅行；在炎热的夏天、寒冷的冬天手抄沈从文先生的作品……诸如此类，或许在刘一友老师那里，不过都是小事一桩而已。那么，如果我们仅仅只是用家乡人的情感来解释刘一友老师为沈从文研究事业的付出，是很难说得通的。我以为，这必然还有士为知己者的情怀在里面！

刘一友老师为沈从文研究事业奔波的身影和做出的重要贡献，我想，任何一个后来的沈从文研究学者，即便你是天才也好，他都是值得我们去回顾、去阅读、去学习、去品鉴、去欣赏的，因为在刘一友老师的作品中，包含了我们从事沈从文研究、为人处世等所必须的成长土壤和养分，这也是每个从事沈从文研究的学者都应该了解并记住的！

2015年4月11日，我和师弟孙立青去刘一友老师府上拜访，刘一友老师将他读《中外沈从文研究学者访谈录》书稿时做的读书笔记卡片拿给我们看

孙立青 摄

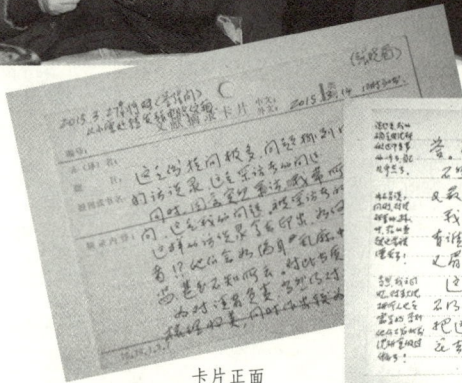

卡片正面

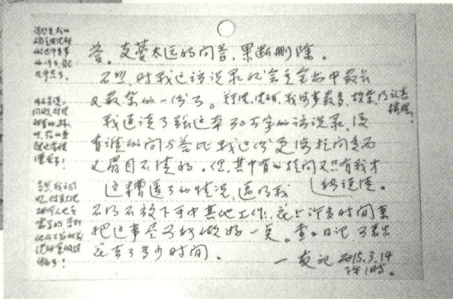

卡片反面

刘一友老师在读《访谈录》过程中做的一百
多页读书笔记　　　　　　孙立青　摄

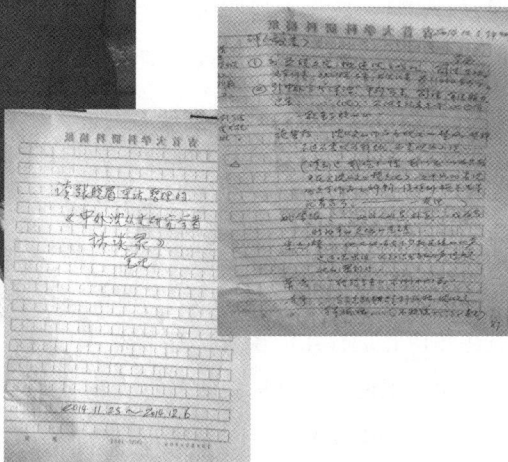

一、有关刘一友初识沈从文以及此后多次拜望情况的问答

张晓眉：您是通过什么方式和沈从文先生取得联系的？

刘一友：1980年11月下旬，我在天津参加了一个全国性的学术大会，讨论人道主义问题，时任文化部副部长，参加过《白毛女》创作的延安时代作家贺敬之坐镇，大家就我国如今来提"人道主义"，前面要不要冠以"革命的"或"无产阶级的"几个字争辩得十分激烈。那期间，学术界思想解冻不久，乱，谁也不怕谁。

会散后，我返至北京转车，拟回武汉。那时，我是吉首大学一名教员，被派到武汉大学进修当时十分时髦的"美学"，钻研黑格尔那一套理论，上午去购火车票，买到的是第二天十一时半发车的。

我住的旅店在崇文门火车站附近，闲来无事，寂寞，想到何不借机去看看沈从文。

沈从文是我们凤凰人，小时在家乡就听大人说过，他是东门外大街上那位对小孩也十分亲切的"沈瞎子伯伯"的弟弟，是位有本事在外面大都市靠卖文章就能过日子的大角色。只是，20世纪50年代初，我读大学时，从现代文学史教科书中知道，他竟是个"反动文人"，令人扫兴。过一阵，有迹象表明，好像又不算"反动的"，但也没有明确他是"革命的"。待到"文革"，有传单重提他是

"反动的"，并说此人"畏罪自杀"了。"文革"一过，他给家乡亲友写了信，说自己在社科院历史研究所研究中国古代人穿的衣服裤子之类。我在凤凰帮助一位接他信的亲友辨识他那较为难认的章草字时，顺带把信封上的寄信地址给记住了：北京前门东大街3号楼507室。

我是个乡巴佬，大学毕业后，一直在湘中、湘西工作和生活，信息闭塞，对"文革"结束后，沈从文随之露头，开始受到一些人抬举的事知之极少，也不曾读到他过去写的什么文学作品，因此远远不知道他的分量，此时想到去看他，一因总觉这位家乡人经历如煎饼一般翻来覆去，怪，近乎传奇，一定有趣；二因我虽还知道北京有几位乡亲，但仅知道沈从文一个人的确切地址，且那条街又离我所住旅店不远，于是选中就去看他。那时，电话极少，也不知他家是否装有，话号数字，无从事先预约。

先天下午，在前门东大街转了许久，竟找不到什么3号楼。第二天上午，早早去了崇文门火车站候车，无聊，想到自己为何如此低能，连个前门东大街3号楼也找不到？不服气，想到离开车还有三个多小时，这里离前门东大街也不远，于是毅然起身，离开了候车大厅，此时，外面下着冷雨，我背着两个行李袋，撑了伞，决心再找最后一次。成功了，终于找到了那个大门背街开着，隐在一条小巷间的3号楼，敲响了507室房门，就这样，第一次见到了一头白发的沈从文先生。

临别前，恰恰又见到了从市场买菜回来的张兆和先生，再还得知，我今天来得真是时候，如是明天，二老一早就已离家，登机飞美国去了，要一两个月后才返北京。

在沈从文先生这极狭窄的小房里对坐，二人谈了近两小时，我讲了不少蠢话，让沈先生察觉了我这他家乡的小子极端无知，一再表示要分些书给我读；我则从他的言谈中见出他的诚挚，加上他是一口凤凰腔，又还属见过我爷爷的人，这些，都让我倍感亲切。关于我第一次看望沈从文先生的种种，我在《沈从文现象》一文开头一节有详细记述，你有空看看就成，这里不再啰嗦。

也许，这就是缘分吧，如果没有1980年11月这次与沈老在北京第一次见面，留下格外亲切印象，那么接下来若干年内，一连串环环相扣，与沈老有关的事可能就不会如此这般地在我等这里牵连而出，包括你今夜一下摊出五十来个问题要我回答的事，也一并都不会发生了。

张晓眉：1982年，沈从文先生回湘西，您先后几次去见他，后来沈从文先生又来吉首大学讲学，由您全程陪同，请您讲讲当时的情景可以吗？

刘一友：1982年，这年沈从文先生80岁。5月下旬，在黄永玉先生陪同下，他与张兆和先生回到他已阔别二十多年的湘西，住黄永玉先生在凤凰白羊岭的旧居"古椿书屋"。

此时的沈老，在国内已名声重起，吉首大学校领导和我们议及，想请沈老来校与师生见见面，并讲一次课，由谁去请，我这个曾同他见过一面的刘一友当然成了首选。

第二天，我同时任科研科长的向熙勤前往凤凰，去时路上先是大太阳天，突然下了一阵骤雨，劣质沥青铺的公路路面，一时油光水滑，我们小车差点开到路边土坎下去了。到达凤凰，沈老听是湘西唯一一所大学请他，欣然答应。

过了两天，黄永玉先生、萧离先生便陪同沈老夫妇来了，学校拟开全校师生大会请沈老登台讲演，沈老说不习惯，改成开个大型座谈会，来些师生代表在图书馆一间大厅里见面，学校仅有两张软沙发，为表恭敬，此时抬来置于首席，让沈老夫妇就座。

众人鼓掌，请沈老讲话，他说自己平日与三几个人谈天还可以，遇上人多，就讲不出什么了，关于自己的文学创作，那已过时，没资格再谈，于是，只谈了谈他近三十年来的服饰研究，自谦也仅属试探性的，说不到十五分钟，他便声明到此为止，"讲得汗流浃背了"，引得大家笑起来。

此时，幸得萧离先生一旁帮大家出题向沈老挤兑，沈老才说起自己年轻时初到北京期间生活、学习写作中一些克服困难的情况，讲了大约一堂课的时间，大家满意了。

沈老讲话后，黄永玉先生也讲了一阵，散会后，由我带了沈老夫妇到中文系教学楼一楼与两个班的学生见面，学生热烈鼓掌，他微笑点头、鞠躬，两三分钟事，本来二楼还有中文系两个班学生等着，我怕沈老累了，难上楼下楼，也就作罢，楼上学生得知如此，立即拥下楼来，围住沈老鼓掌一阵。

沈老没在吉首大学吃中餐便离开了，我陪他们回到湘西政府招待所，下午跟着他与张兆和、萧离先生到峒河渡口边大青石上坐了一阵，几个人挤在他身边照相，沈老说他还记得，六十多年前自己到过这里，当年那拉渡船的是一位盲人。此时，有几个赤条条的小孩从渡口处扑下水，向对河游去，沈老笑，说自己又可写新湘行记了。再之后，大家走河街，两旁是古旧砖木结构的店铺及深宅，沈老有时竟停下步来向内窥视，引得萧离先生笑着建议沈老在这里买上一间住下，别回北京了。

接下来，大家一起到了湘西州博物馆，他对馆里人谈了些湘西文物发掘和保护应注意的事，十来人一道拍了合影留念。

第二天，沈老和黄永玉先生一行回了凤凰，此后几天我与本校两位老师去凤凰看望他，问及他《边城》及《长河》写作动因等问题。

张晓眉：在《全集》中，我只看到沈从文先生给您写过一封信，没看见您写给他的书信。您从1980年就和沈从文先生取得了联系，这期间为什么只有一封书信？

刘一友：你真细心，连这也注意到了。

这事说来话长，它与我试手写的第一篇沈从文研究文章有关，这文章是《桃李不言，下自成蹊——浅谈沈从文的作品与人品兼及湘西的沈从文热》（以下简称《桃李不言，下自成蹊》）。

1981年秋，我在武汉大学进修结业，回到吉首，这年冬，湖南人民出版社出版了湘潭大学中文系现代文学教研室编的两本寸来厚的《沈从文散文选》《沈从文小说选》，我立即买来，读得如痴如醉，他笔下的湘西人物、景物是何等的真切动人啊！这就是一年前我在北京前门东大街3号楼507室所见那位沈从文写的吗？这样一位对乡土、对人民怀着深爱的作家，几十年来却被文坛上一些有权有势的假"左派"紧紧捂住，不让露头，简直欺人太甚，岂有此理！

1982年3月间，一天晚餐后，我同系好友孙韬龙来到我家，说当天上街买双皮鞋，店伙计顺手取了张旧报给他包着拿回，到家后，他顺便将报纸抹平看看，见有篇谈沈从文的短文，他知道我这段时间痴迷于沈从文，特地将报纸拿来给我看看。

原来这是1981年9月间的一张《羊城晚报》，过去几个月了的东西，上面载有一篇广东作家秦牧写的《海外的沈从文热》，我发现他在巧妙地、转弯抹角地贬损沈从文，可恼！

当年，秦牧也是个在全国有点影响的角色，可是，我是个经历过"文革"的人，不再迷信权威，看他文章，当夜我就凭自己读沈从文作品的感受，写下不少驳斥秦牧的话，一个中心意思很快明晰下来，秦牧你们这类人尽管再压制沈从文吧，终归是压不住的。当时灵光一闪，记起了《史记·李将军列传》最后所引民谚，"桃李不言，下自成蹊"，文章题目也就有了。

文章初稿于3月下旬写成，当时《吉首大学学报》系试刊阶段，出版时间不定，稿件足了才出，我这文章也就暂时放在家里。

说来又巧，两个月后，也即1982年5月下旬，沈从文先生在黄永玉、萧离等人陪同下回到凤凰，还来吉首大学座谈，我又去凤凰看望过他，本有机会把文章初稿给沈老过目，一转念，怕他不想让我招惹权威，加以制止，我这文章便不好出笼了，于是，只悄悄请萧离先生看了，他说可以。

沈老回北京后，他在吉首大学座谈会上的讲话录音由我整理，因为只有我这凤凰人听得准他那一口家乡话。整理中，加深了自己对沈老人品的理解，也就把相关一些事例充实到《桃李不言，下自成蹊》一文中去。

这文章于1982年9月在《吉首大学学报》当年第二期上发表了。那时，我还没到学报编辑部工作，不知是谁寄出一本给了沈老。

1982年10月底，我突然收到一封由北京前门东大街3号楼507室寄来的信，拆开看，是沈老用毛笔写在几张巴掌大宣纸片上的，一开头，沈老称我为"一友同志"，这一抬举，让我笑了。

接下来，沈老说看到我在《吉首大学学报》上写的文章，他和家中人都觉得"极有见地"，又说他的学生汪曾祺先生看后，"也极口称赞"。

太意外了，这属我生平写的第一篇谈论沈从文作品与人品的文章，先还担心沈老看到会认为我幼稚，不意却得到他本人如此认可！

来信中还说到，另一时要辑印谈论他作品的一个特辑，将把我这文章也收入其中。后来这事兑现了，这文章收入了由香港三联书店和花城出版社出的《沈从文研究资料》一书中，在我文章之前，全文转载了秦牧《海外的沈从文热》，这做法很公平，便于读者对照，看我和秦牧谁更有理。

为感谢孙韬龙老师为我提供那张包皮鞋用的《羊城晚报》，促成了我这得到沈老认可的文章出笼，我特地把沈老来信给他看，他也高兴，同时提醒我，老人家给你来信了，赶快回信，这是礼貌。

我深知自己一手字写得太丑，那时，我已知道沈老是国内有数的章草书法家，给他写信，岂不是主动把自己这一手烂字送到书法家面前去献丑，不妥，犹豫再三，想到干脆以后找机会去北京面谢他老人家就成。

就这样，我当时没给沈老回信，此后也不曾给他去信，再说沈老1983年就病了，写字已很困难。

反正，当年我顾面子战胜了讲礼貌，这便是我如今手头只有沈老一封信的原因。

张晓眉：我记得金介甫先生曾经说过，在他采访的所有关于沈从文先生的亲友中，您是他见过的最为沈从文先生感到自豪的一个。请您谈谈让您为之感到自豪的是什么，可以吗？

刘一友：金介甫先生1987年就曾给我写过信，告知他的沈研专著目录中曾引用过我的两篇有关沈研的文章。2002年，在凤凰参加纪念沈从文诞辰100周年的国际学术讨论会上，二人才第一次见面，双方都很高兴，他请人为我和他照了好几张照片，回美国后冲洗好寄给了我。见面时，二人因语言障碍，无法深谈。你说的我给他的上述印象，应是他读过我相关作品所得感受。沈老的非凡成就，在我眼中近乎奇迹，他的人品和作品，让我这湘西人觉得太亲切了。

张晓眉：沈从文先生诞辰110周年时，我看到沈从文纪念馆播放了沈从文先生的录像，当时向成国老师介绍是你们拍的，请您谈谈给沈从文先生拍照和录像时的经过可以吗？

刘一友：那是1986年8月间的事，那时，沈研室成立不久，几个人突发异想，拍摄一部沈老生平简介的录像片，其中得有沈老当前生活的镜头，于是由我、向成国及学校教学设备科年轻的摄像师罗沐带了录相像机前往北京。

沈老平日不肯让人给他录像，这事我早已知道，那天我们三人到了沈家，沈老一见罗沐抱个录像机在不远不近处坐着，十分警惕，叫不要录，我急了，便说吉首大学师生惦记他，不让录，我回去就叫众人自己上北京来登门看望，我这一说，沈老只好不反对了。你所见这段录像，等于是我要挟了沈老才拍成的，当时拍摄情况，我在《沈从文现象》一文中有详细记述，如今想来，这是当年自己在沈老面前又一次礼貌有亏的事，惭愧！

张晓眉：您在《深沉的乡恋——1988年5月7日上午沈从文先生忆家乡人事》（以下简称《深沉的乡恋》）一文中说在您和沈从文先生告别时，沈从文先生曾经评价了专门写他的一本书，这本书是不是凌宇写的？是《沈从文传》还是《从边城走向世界》？您还记得他是怎么样评价的吗？

刘一友：《深沉的乡恋》所记为沈老辞世前三天与我的一次长谈。后来回想，当天有几件小事就我来说竟然不同以往。以往，我一个人去看望他，从来不带相机，这天却带上，离开前，还匆匆给他照了几张相。又以往我说走就走，从不回头，这天走出客厅，走了两步，又转身去拨开那印花布门帘看了他一眼，请他好好保养。另，以往听他谈什么，在小笔记本上记下几个字备忘，带回吉首才慢慢照着备忘所提示，做出回忆，详细记下。这天，离开他家，才到距他家不远过大马路的地下人行通道入口处，我便在石阶上坐下，把先一阵在小本子上记得过于简单的备忘补上几句以免遗漏，待回到旅社，竟不吃不喝地坚持了近八个小时，照备忘提示写出详细回忆。以上反常细节，近乎异兆。

是的，在《深沉的乡恋》中，我顺带提及一句沈老对当时写他的一本书

刘一友老师与沈从文先生生前最后一张照片　　　　　孙立青　翻拍

有所评价，很简短两句，如何说的我没写出，系因无原话录音，恐转述有误，不妥。

二、有关吉首大学沈从文研究室成立
经过及召开相关学术会议情况的问答

张晓眉：请您谈谈沈从文研究所（原沈从文研究室）成立的过程可以吗？

刘一友：吉首大学沈从文研究室的成立，有过几年的酝酿期，最终成立，属机会偶然出现，被我等几个人抓住了。

1980年，我在北京第一次见到了沈从文先生，1982年沈老又来到吉首大学与师生座谈，给我印象极深，加上又读了他的小说选和散文选，倍感亲切。这期

间，吉首大学中文系的孙韬龙、叶德政、蒙慕秋几位老师和几位学生读到沈老的作品后，也认定他是中国现代文学史上风格特异的好作家，几十年来假"左"派势力对他的压制实属荒唐。大家在一起时，也就常议论此事，各自还写上一两篇相关文章在当时尚属"内部发行"的《吉首大学学报》"试刊"上发表。这一来，吉首大学的沈研氛围开始形成。

事有凑巧，1983年底，省里为吉首大学派来一位新党委书记，名向宏业，他原在省委宣传部是编党刊的。1984年初，向宏业找我谈话，要我在中文系当个领导，我知道一个系的行政工作繁杂，不肯接受，他坚持要求我总得做点为公众服务的事，不宜只教几堂美学课。无奈之下，想到"学报试刊"一位兼职负责人平时常请我代为审稿，自己何不驾轻就熟到学报去做点"为公众服务的事"。向宏业一听我愿去学报，很高兴，有了专职人员，他立即请求省里批准学报"公开发行"。申请报告很快派专人送到省委宣传部，部里人都熟悉向宏业，见是他签署的申请报告，很快批准《吉首大学学报》于1985年元月起，以季刊形式一年四期，向国内公开发行，同时，对我这"主编"资格也一并审查通过。

我的朋友叶德政老师，是中文系现当代文学教研室主任，专业强，且还是个谋士型人物，见我当了学报主编，多次对我讲到二三十年代期间那些文学社团，诸如文学研究会、创造社、太阳社、未名社、朝花社等，都属依托所办报刊才得以凝聚成员，扩大影响的，现在我们有了公开发行的学报，机会好，得抓住，在他的"怂恿"下，我们在学报上开始设定一个"沈从文研究专栏"，与学报还在试刊期间即已办得十分活跃的湘西民族历史文化研究专栏并列。沈研专栏办起来后，果然吸引了校内外一些沈研文章投来发表，气氛日益浓了起来。

此时，谋士型人物叶德政分析形势，认为吉首大学仅有学报专栏，如无自己一个沈研组织来研究和推动相关工作，势头恐难持久，他建议由我牵头组建个沈研室，他一定积极参加。这主意有理，但当时我编制属学报，于中文系仅一兼职教员，不便在中文系里拉人成立什么组织，怕被误会为搞什么小集团，干扰系里负责人施政。

又一次机会到来了。

1986年2月初，校党委书记向宏业再一次找我谈话，锁定要我回中文系任职，我舍不得离开业已公开发行了的学报，校党委研究决定，两项工作同时兼作，不容再讨价还价。这一来，我工作量大增，但却也得到一个方便，在中文系里设个沈研室就不难了。

2月初的一天，我向中文系原两位副主任提议在系里加设个"沈从文研究室"，二人赞成。待到3月，我正式回到中文系后，在一次全体教师会上，我通告沈研室成立，成员为孙韬龙、叶德政、向成国和我四人，全属兼职，后来学校编写《吉首大学志》时，明说沈研室成立于1986年2月6日，大约取的是我向中文系两位负责人建议成立沈研室的那个日子。

回忆起来，真还有几分滑稽。沈研室挂靠于中文系，成立前，几个人并没专门开会拟出个什么章程条例，也未投票选出个什么负责人一并上报校领导批准，我便充当起召集人来，对外还用上个沈研室主任的名分，可说不懂办事程序，近乎违规。直到1987年11月，我们要召开一个所谓"全国沈从文学术讨论会"，为了发邀请函的需要，才找学校办公室开具证明，到校外刻了个"吉首大学沈从文研究室"的公章，并去地方政府相关管理部门备了案，让这公章成了合乎法规的有效印鉴，这一来，沈研室对外俨然一独立学术单位了。

向成国老师是1983年初由广西调来吉首大学中文系教现代文学的，他工作热情高，能力强，1986年经学校调他到学报编辑部当副主任，此后，沈研室对外联络的事大都由他从编辑部发函出去，加上我在学报也还有职务，这情况，造成一些人错觉，以为沈研室是挂靠在吉首大学学报编辑部的。

也是1986年，这年秋，张永中从吉首大学中文系毕业留校，分配到学报编辑部工作，除编刊外，也兼做沈研室的事并写沈研文章，成为沈研室最年轻而又极踏实的一员。

以上，即吉首大学小小沈从文研究室成立的详细过程。

张晓眉：请您谈谈成立沈研室前后发生的一些难忘的事情可以吗？

刘一友：要说难忘，说起来就是我等当时行事的种种草率处了，不懂规范，沈研室的成立过程，近乎民谚所云："草鞋没样，边打边像。"

张晓眉：20世纪80年代初，在全国"清精神污染运动"中，您因为研究沈从文先生成了被批评对象。当时还有人写文章批评沈从文先生，而吉首大学在1986年2月6日成立了沈从文研究室，有顶风而作的态势，当时有没有其他的顾虑？

刘一友：全国"清精神污染"运动是1983年的事。"清污染"，属政治上

"左"倾势力对改革开放以来"思想解放"的一次反扑，其实，它在先一年底即已山雨欲来。

且以我的遭遇为例：1982年11月，一位曾在湖南省担任过省委宣传部副部长、省文联副主席的延安时代成名的作家康某来湘西视察，召集湘西州百来名文化人开了次会，我被叫去参加了。这位大人物有点口吃，在说到湘西文化界思想动向时，生气地说道："越、越、越是反动的作家，就越、越鼓吹得厉害！"当时在台下与我并坐的一位吉首大学老师用手肘碰碰我，可能他敏感到这是骂我了。散会时，陪同这位康某从长沙来的湘西籍孙姓作家特地走近我，拍拍我肩低声安慰："老人家骂几句，别放在心上。"我和他是熟人，听他这一说，才确信大人物骂的就是我，估计自己1982年9月发表的第一篇沈研文章《桃李不言，下自成蹊》被大人物看到或有人转述给他听了。

1983年上半年全国"清污"正式启动，很快便波及此前几年人们对沈从文作过正面评价这一领域，《光明日报》《文艺报》及湖南的《书林》《洞庭湖》杂志均发有文章，对沈从文进行诋毁，欲将他再次打入反动资产阶级、小资产阶级作家行列。

我被大人物骂为"鼓吹""反动作家"一事，大概早让吉首大学当时领导人知道了，因之1983年"清污"潮头到来，学校当局即指派了三个人在党委宣传部办公室里研我那第一篇沈研文章的"反动"问题。宣传部办公室与学报编辑部办公室对门对户，那时，我常到学报编辑部代"试刊"负责人审稿，奇怪那一阵宣传部办公室门整天关着，太反常，后得知情朋友告诉我那三人在干什么暂时保密的事，我才知道自己已成瓮中之鳖。

过一阵，宣传部门又同平日一样敞开了。原来对"清污"一事在中央高层有分歧，推进不久，反对一方最终占了上风，"清污"运动中途夭折，我也随之在还没被公开批判前就悄然无事了。

记得就在宣传部办公室门照常敞开后不久，一次晚餐后在校内散步遇上校党委杨书记，那时新书记向宏业还未派来。杨书记关切地问我眼前在研究什么。我带气地答研究沈从文，杨书记竟一点也不在意我的生硬态度，十分得体地回应："研究沈从文当然可以，观点正确就成。"

也许，多少与受"清污"刺激有关，不服气，"清污"后一两年间，我杂事再多，还是挤时间在一两年间连续写出两篇"鼓吹"沈从文《边城》的文章在

《吉首大学学报》上发表，文章均"蓄意"顺带兼及反"左"。

至于你问1986年2月我们成立沈从文研究室是否有顶风而作的态势，答，没有存心如此，那时"清污"已过三年，当然潜在风险还是存在。

张晓眉：据资料记载，吉首大学成立沈从文研究室时，沈从文先生没有公开反对过。

刘一友：是，从没公开反对过，也许是他一份深厚的乡情起了作用吧。只是，私下还是有些担心，怕什么风波突起，我等因研究他而打烂饭碗。1984年秋，"清污"已过，我去北京看望沈老，刚见面，他第一句就问："清污染，你没有受冲击吧？"

张晓眉：假设您的饭碗真的因为研究沈从文而被打烂了，您怎么办？

刘一友：逆来顺受，一介蚁民，只能如此。

张晓眉：请您谈谈这些年由吉首大学组办的关于沈从文研究的会议，特别是2002年沈从文诞辰100周年，国内外有二百多位专家学者参会。举办这样大型的国际会议除了新闻报道的一些事件外，我想背后肯定还有很多故事。能请您给我们讲几个吗？

刘一友：在2002年之前，小小沈研室独立组办过两次所谓"全国性"的沈从文研究学术讨论会。

第一次开会时间是1987年11月，沈研室成立才一年多，地点在吉首大学大田湾校区办公楼不大的会议室。国内高校来的沈研学者就只王继志、吴立昌、凌宇、赵学勇、唐荣昆、詹鹏万等，加上湘西州和吉首大学的总共只二十来人，吃饭就在教工食堂，讨论会仅开一天，然后驱车去了凤凰、茶峒观光。这属国内部分沈研学者第一次聚会，志同道合，大家都很高兴。这次会议上众人发言曾刊登在《吉首大学学报》上，那时沈老还在世，学报寄去给他看了。后来这些发言又收入了由沈研室编的，托请湖南大学出版社出版的《沈从文研究》一书中。

第二次沈研会召开时间是1998年，纪念沈老去世十周年。会议地点在湘西州民族宾馆一间大会议厅。参会人员上百，我们把黄永玉先生从北京请来，让他当大会名誉主席，他发表了长篇讲话，讲话稿后来发表于我们学报上，标题为《平常的沈从文》。

上述两次会议的联络、组织安排工作均系办事热情、十分能干的向成国老师带领学报编辑部和中文系部分年轻老师一道圆满完成的。

你问会议"背后"有什么故事可讲，我记忆中，最突出的便是我们沈研室当年太穷，分明无专门活动经费，却硬着头皮来开号称"全国性"的沈研学术研讨会。

第一次会议期间，我陪外校来的学者就在吉首大学教工食堂同席进餐，有人还没放下饭碗，桌上菜盘里已是空空如也，令我暗暗深感惭愧！

第二次会拟开大些，学校拿不出钱，我拉了学校副校长杨复兴到长沙找曾在湘西州任过州委书记的郑培民同志，此时他是省委副书记兼管文教，他支持我们开这会，电话指示湘西州烟草公司给我们五万，又当面指示杨复兴：吉首大学自己挤个五万。我估算了一下，钱可能还不够，特别是要吉首大学挤出五万，怕会落空，还得另找门路，于是一个人又去到省委统战部找田芦娥副部长，几年前，她曾在吉首大学任过党委副书记。她很为难，说统战部是党委机关，只有点办公经费，挤不出钱来，我大失所望，坐在她办公室不动，大有不给钱就不走人的架势。很快，她有了办法，当着我面给省民族事务委员会主任一个电话，对方答应拨个两万，要我回湘西到州民委去取。关于上述三笔钱还有后续故事，说来丑人，闲时再说吧。

待到2002年，召开起纪念沈从文诞辰100周年国际学术讨论会时，因是与凤凰县政府联合举办的，一下就阔气多了。我2000年即已退休，忙于协助虎雏做《全集》出版的扫尾工作，东奔西跑，没参与这次大会筹划。

此时，我们学报编辑部的原编辑，沈研室原成员之一的张永中同志已离开吉首大学，在凤凰从政十来年了，当上了凤凰县县长，一出手就拨出数十万来支持这次国际性的大会，境外学者来回机票钱也由他们给予报销。这次参会的国内外相关学者多达二百余人，连沈从文家的龙朱、张之佩也来了，堪称空前盛会。我也到会了，众人见面，倍感亲切，故事多多，说来话长，免了。

此后，2012年纪念沈从文诞辰110周年全国学术讨论会在凤凰、吉首、茶峒召开，我在深圳忙于其他，没赶来参加。这次刚从深圳回到吉首几天，遇上到茶峒来开这纪念《边城》发表80周年的学术研讨会，很偶然，被你一下揪住，摊出这么一大串我与沈研相关的问题进行突击采访，更偶然。

张晓眉：1988年4月，凌宇等准备召开一次"沈从文研究"国际性学术研讨会，沈从文先生知道消息后，连给凌宇写了两封书信，还给吉首大学向成国老师写了一封信。当时为什么没有给您写信？您5月份去北京，除了准备问沈从文先生关于家乡的一些事情，是不是与这件事情也有关系？

刘一友：1988年凌宇老师他们拟开个什么大型沈研国际学术研讨会一事，我们沈研室几个人不曾关心过，我至今还不清楚其来龙去脉，怎么会把向成国老师牵扯进去，大约是别人在沈老那里传话有误。向老师接到沈老一信的事，当年5月我去北京看望沈老时还没听向老师说及，因之，不会去问沈老，估计沈老知道那事与我无关，也不必提及。那天，我和沈老说的大都是家乡旧事，很快乐。

三、有关沈研室人编辑相关书刊及参与编辑《别集》《全集》情况的问答

张晓眉：1989年，为纪念沈从文先生去世一周年，出版了《长河不尽流》纪念沈从文先生一书，国内外很多学者都为该书写了纪念文章，请您谈谈这本书出版过程可以吗？

刘一友：沈研室成立后，若干年间，几个人所相关的事，除组织召开过几次大小型的研讨会和纪念会外，再就是各自挤些业余时间写些沈研文章，要说投入时间和精力最多的倒是参编《别集》《全集》和主持编辑出版了几本与沈老相关的书刊。

沈研室五个人，有三人在学报编辑部编刊，学报中因设有当时在全国刊物中也许属仅有的一个"沈从文研究专栏"，吸引来的相关稿件日益增多。1988年5月沈老去世，沈研室人很快想到让学报赶快向国内外征集沈研文章，出一期"沈从文研究专号"，同时又想到，得抓紧向沈老生前海内外亲友、学生、同事等征集怀念性文章，出一本专书来。几个人商定，专号和专书均要赶在沈老去世一周年时出版。

怀念沈从文先生一书，后定名为《长河不尽流》，其寓意不言自明。要出这书，首先遇到的难题是我等哪清楚沈老生前那么多亲友姓名、通讯地址。为解决

这难题，我和向成国老师去了趟北京，得张兆和先生帮忙提供了不少。去时，我们带上一叠盖有沈研室印章的约稿信，按张先生提供的姓名、地址填写。在寄给一些老前辈或我们极生疏者的约稿信上，由张先生签了名，个别的张先生还加了一两句附言。

巴金先生那时抱病在床，据说一天只能写两三百字，有时还只能写上几行，他老人家最终还是将长达一万多字的《怀念从文》于1988年9月间就寄来了。黄永玉先生那时在香港，不仅为我们寄来《这一些忧郁的碎屑》，还给这书画了一幅长河沿小城流过的彩墨画，供作封面用。在美国的张充和先生寄来怀念文章外，还为此书题写了书名。此外，瑞典的马悦然、倪尔思，美国的金介甫、马逢华、聂华苓等人的怀念文章，均赶在1988年底寄到。

1989年三四月间，《吉首大学学报·沈从文研究专号》及《长河不尽流》均赶在沈老去世一周年前夕出版了。

操办这一刊一书编务、校对和出版事宜的是向成国、张永中、易小明三位，那一年他们该是何等忙碌可想而知，我没有做多少具体工作。

令人高兴的是，也许因这一刊一书产生了连锁效应，紧接着的一年多内，境内外沈研文章持续涌来，我们只好将1991年一二季度两期学报版面集中使用，又出了一册沈研专号。到1992年，仍然形势大好，投寄来的沈研文章还是很多，处在亢奋状态中的我们，故伎重演，把这年三四季度两期学报版面集中使用，再出了一本厚厚的"纪念沈从文诞辰90周年"专号。

我们这样尽兴地放手大干，让学报在连续三年中出了三本"沈从文研究专号"，引来国内外学界相关人士多人叫好，但也惹得校内部分老师不满，认为我等利用职权，太多挤占了学报发表其他学科研究文章的版面。

张晓眉：《别集》是您和沈虎雏先生主编的，请您谈谈编辑这部书籍的过程可以吗？

刘一友：沈从文先生在世时，曾想过请人帮忙把自己所写文学作品精选一下，出一套袖珍本小册子方便读者阅读。1989年，沈研室编出《长河不尽流》后，虎雏便与我和向成国老师谈及，想与我们合作，完成沈老这一遗愿。当时各自事多，未及实施。

1991年机会到来，这年秋，我获准到北京大学进修，由北大中文系严家炎先生指导我做沈从文专题研究。到北京后，与虎雏见面容易，二人商定利用这机会把一套沈老作品精选的袖珍本编出来。

二人分工合作，虎雏加紧搜寻、选择、整理可编入这套书的书信、日记、文稿等，我负责全套书的选文和初编。

这初编工作十分不易，得细读四五百万字，当时已能见到的沈老作品、书信及新发现的文稿，仅篇目大约有两三百个之多，为下一步编选时方便，每读一篇均得做出卡片，记出篇名、写作年月、内容提要及字数多少，同时考虑到下一步编辑时肯定要有所取舍，此时也就据自己读时感受，将其精彩程度、重要性分为A、B、C、D四等。

这套书编入多少册，每册字数大致多少，各用什么书名，这是虎雏、向成国和我先前商讨过的，原拟为十册，后因好东西太多，一步步扩张成了二十册。

记得当我在北大研究生宿舍住处花了半年多时间，读罢四五百万字沈从文作品及文稿、书信、日记，并有了两百来张相关卡片在手。可以进入分册编辑时，我想到虎雏、向成国和我对如何编法应预先有个更具体细致的共识。否则，虎雏住北京轻工学院，并不能天天来北大，他得忙于进一步搜集、整理这套书可收入的沈老书信和文稿；向成国在吉首忙于学报定期出刊的一大摊工作；我一人埋头在这里编，编出来后，三人看法不一，甚至要推倒重来，自己吃不消。

于是，在动手初编之前，我根据与虎雏几次议及的此套书编辑目的和总体设想做出梳理，结合自己想到的进入各册分编时定然会遇上的问题及处理办法，写出一份两千来字，共为十条的"编辑构想"，先给当过多年《人民文学》编辑的张兆和先生斟酌，又给虎雏看过，均无异议，我这才一个人果断地行动起来。

许多年后，回头看这份"编辑构想"，还是满意当时自己思考的有序和缜密，如果不是先定下这样细致的"构想"，那么要将这合计二百六十余万字、二百来篇长短不一的文章编成字数基本相近，且各册内容组合均有自己讲究之处的二十册小书，怕就不可能了。

这套书进入初编阶段了，虎雏知道要议的事多，常来北大，我有时也去虎雏所在的北京轻工学院。期间一次，虎雏拿来几个绝版六十来年的《记丁玲》的不同文本，在北大我不便找其他访问学者帮忙校读，只好请远在吉首的向成国老师放下繁重的学报编辑工作，赶来北大，二人在宿舍里对坐校读了整整一个星期。

一套二十册的沈从文作品选初编完成，张兆和先生及虎雏看过各册目录，未作更动，这算定稿了，但套书总体用个什么名称定不下来，张先生认为"文选""选集"均已用过，"新编""精选"又太俗气，那天虎雏和我在张先生的崇文门住处也帮想过一阵，想不出恰当的，虎雏此时灵机一动，邀我一道去汪曾祺先生家求助。我不想去生人家，虎雏一人去了，不久即回，说汪曾祺先生稍作沉思，便建议用个"别集"好，为慎重，还进书房查了查什么辞书，确信可以。《别集》这套书的总名称就是这样定下来的。

套书编成，总名称也有了，虎雏想到要我给每册写个简介，此时，我已是强弩之末，不想再动，推说这应是出版社编辑的事。一天，去到张兆和先生处，张先生说，刘一友，你还是给《别集》每册写个一两百字的简介吧！那时已到暑假，我在北大进修一年时间已满，同栋楼层的其他访问学者正先后离校，为写这简介，我只好多待了一星期。写"简介"，一册十一、十二万字的书中往往多篇文章，如何用一两百字做出"简介"？想了想，只能扣住每册各自一份不同的"神韵"下笔了，这一来，就不像什么"简介"了，此时，才想出个用"编者简语"来称呼似较得体。张兆和先生看后满意，通过。恰恰此时应承出版这套书的湖南岳麓书社二人到北大我往处捡胜利果实，其中一位是社长，看了"编者简语"，抬举了我几句，说他们社的编辑怕是写不出来，许诺今后出了书，要单就这"编者简语"另给稿费。

1992年12月，《别集》由岳麓书社出版发行。次年，此套书即荣获了第七届全国图书奖，好像还是个什么一等奖，这个奖颁给了岳麓书社。

岳麓书社对《别集》拥有为期十年的出版权，之后国内好几家出版社又接手出版，我偶然翻看到一家出版社出版的《别集》，不知该社编辑出于何种考量，把我写的，还是经过张兆和先生认可过的"编者简语"悉数换掉另写，可恶！

关于《别集》的编辑过程就讲到这里，想到还有几件相关的事值得回忆，这里顺便说说。

我是个习惯于单打一的人，做事专注，不能旁骛，我在北大进修，指导老师严家炎先生要求我将沈从文与美国的福克纳、日本的川端康成做出比较。这一年，严老师在全国高校只接受一名访问学者，我还是得到昆明军区作家彭荆风先生去信推荐，才有幸被严老师接纳的，岂料一年间我仅代严老师为他的学生讲过几堂关于沈从文的课，主要精力和时间全用在编《别集》上了，比较研究的事压根没做，但得严老师谅解，北大还是给我发了结业证书。

又，也是在那一年，具体日期记不清了，我们凤凰那位民国初期当过一阵子总理的教育家、慈善事业家熊希龄骨灰由香港回葬北京香山。我曾是凤凰县熊希龄研究基金会的兼职副理事，北京操办熊归葬一事的组织及时将参与此仪式的请柬寄来北大，我收到了，但我担心外出活动会打断编《别集》的思路，那天只好不去香山。

再，1992年5月上旬，张兆和先生、沈虎雏、张之佩等护送沈老骨灰回凤凰安葬，此时我在北大编《别集》正处于收束阶段，紧迫异常，便没有陪张先生一道回湘西，只先一阵给吉首大学中文系去了封信，提醒他们届时参加相关活动。张兆和先生几人离京去凤凰那夜，我与她家因事留在北京的沈龙朱先生到崇文门火车站送他们进站。此事2002年12月，我写了篇回忆文章《为沈从文南归送行》，刊登在《中国文化报》上。

张晓眉：张兆和先生有没有修改过《别集》里面的文章？

刘一友：我印象中没有。

张晓眉：1994年11月7日，您以《全集》的编委（负责《全集》1—10卷小说部分和文物卷编辑工作）、《吉首大学学报》、沈从文研究室主任等身份参加了在人民大会堂的《全集》出版签约仪式，请您谈谈当时的情景好吗？

刘一友：沈研室参加这次会的为我和张永中。

我对"仪式"一类的事感觉迟钝，谁主持，来了什么嘉宾我均记不起，这事虎雏参与张罗，可去问他。我只记得签约地点是人民大会堂广西厅，主席台后原有的装饰是一面好像是木雕的、直径两米左右壮族人特别看重的铜鼓。

另，快开会前，来了位高大健壮的老人，在会场四围座席前绕了一圈就走了，和我一同并坐在后排的龙朱问我那是谁。我一想，是李振军，凤凰人，曾到过吉首大学视察，当年他从北京去延安曾得过沈老资助。我同龙朱立即起身追了出去，李已在电梯门口正待下楼了。龙朱请他回会议厅，李答：这种场合，席位上没有自己名牌，不便参加。原来如此，属工作人员疏忽，为他发了今天参会的请柬，这里却忘了制出名牌放好。我连说有、有、有，二人将他请回，龙朱将他安排在张兆和先生一侧坐下，我很快地走到大厅一角工作台边，找到硬纸卡片，写上李的名字，嵌入透明的塑料座夹，放到李面前桌上去。太急促，我在扳开那座夹时，还弄损了一角。

张晓眉：当年，为了编辑《全集》，您曾经沿着沈从文当年跋涉过的湘西沅水、酉水进行了多次实地考察，搜集了大量与沈从文作品有关的文献、文物资料；还跑遍北京、上海、南京、武汉、桂林等全国著名图书馆，收集到六百多万字沈从文作品和其他相关资料；并与美国、德国、瑞典、法国、日本、新加坡、韩国等国家以及我国台湾的学者建立了长期学术联系，并多次接待了国内外沈从文研究学者来湘西和吉首大学实地考察交流。请您谈谈在这段时期您记忆最深的几件往事可以吗？

刘一友：你这问题涵盖太广，答来太多太杂，这里仅来谈谈沈研室几个人为编辑《全集》1—10卷小说部分过程中几件难忘甚或有趣的事吧。

动手编《全集》前，编委们议定了一条严格规矩，收入《全集》的作品，一概要用最初发表时的原始文本。沈老大量小说，均系20世纪二十、三十、四十年代在多个地方，多家报刊上登出的，大几十年过去，国家历经战乱，加上当年书刊印数不多，如今来找原始文本，谈何容易！

为了完成这数百万字小说原始文本的搜寻任务，几个人费时近两年，行程何止万里！

记得向成国、张永中跑了北京、武汉、长沙等地。一次回来给我讲起好几天在中国社科院文研所藏书室搜寻、复印、抄录"原始文本"的情况，除忍饥挨饿外，偶尔得管理人员通融，违规复印，出大门时，保安人员要查包，他们为此担惊受怕。

张永中还与我跑过昆明、成都、贵阳、桂林等地大图书馆和老牌高校。一次在云南大学发现久寻不得的《文聚》月刊上一篇连载的沈老作品，纸质已脆，不能复印，二人轮流手抄，张永中照顾我，总由他手抄，数天才抄完。

又一次，与张永中再去昆明，从吉首坐汽车到怀化转乘火车，开车前，得一在怀化工作的过去吉首大学学生送上火车，对他熟悉的列车长说好，届时补给我一张软卧票。车开了，补票时挤在列车长处人太多，轮到我只有站票了。那夜，我只得同位五十来岁的农民工蜷腿挤坐在车厢一端一台废旧的烧开水铁炉前。这农民工对我很友好，将自己一件油布雨衣摊开在地板上二人分享，熬到半夜，实在坐累了，这农民工顺手从废炉膛里摸出块砖头般的煤块，塞于雨衣下当枕头仰卧着，我立即学样，也有了枕头。地方局促，躺下后双脚当然只能蜷曲着，久了难受，便将脚向炉膛内伸去舒展一下。现在回想，当时自己才六十一二岁，还算年轻，能随遇而安。

手抄、复印、拍照所得沈老小说最初文本拿到手后，还得请人打印，编者自己校对，再才进入编排。向成国、张永中二人编辑学报的事还不能放下，我杂事也多，几人忙碌，可想而知。

《全集》小说十卷编辑工作持续了两年左右，我印象里，张永中最属辛苦，跑北走南都有他，从现存编排小说十卷时用过的若干档案袋封面看，分编时密密麻麻的目录全是他的笔迹。小说十卷书稿编成不久，张永中离开吉首大学，到凤凰县从政去了，他当年在沈研室和学报所作大量工作，日渐被人淡忘。

张晓眉：《全集》原计划1995年出版，但正式出版是在2002年。你们的工作真是太辛苦了。

刘一友：《全集》比原计划推迟了数年才出版，最大原因是"物质文化史"数卷的文稿整理和编辑工作拖了后腿。本来这项工作原定由沈老在服饰研究室工作期间的主要助手，文物研究专家王㐨先生负责，不料这事刚启动，他就病故了。

谁来接手这摊子工作？

张兆和先生是《全集》主编，年纪大了，只属挂名，实际主编是虎雏。虎雏得统管《全集》编务组织协调工作，几个编委各在一方，分工不同，所遇问题各异，他得用通信或登门方式帮忙解决。更压头的是虎雏和张之佩、龙朱三人还得负担清理可能是用大麻袋装着的沈老书信、文稿等，有的还是残篇。一些手稿清出后，还得分别寄送其他相关编委。再，虎雏自己一项重任是整理和编辑沈老书信，仅看事后经由虎雏整理，收入《全集》的"书信"就是9卷，另还有一卷"集外文存"，就可推知当时虎雏本人工作量该有多大了。

请中国社科院历史所老专家接手整理沈老文物研究手稿最恰当，可别人无不被"文革"耽误了十多年，得抓紧完成以前属于自己名下的研究项目；找历史所里年轻人吧，多数入门不久，且课题与职称、工资、住房挂钩，哪能把时间用在帮沈从文整理旧文及残稿上。

可以想见，为沈老文物研究手稿整理和编辑这事，一时间会让统筹《全集》

出版工作的虎雏何等着急。

吉首大学沈研室几个人负责编辑小说卷，1994年年底接受任务，花了两年，十卷编成。大约是1997年，一次我与吉首大学一位副校长及图书馆一位年轻人到教育部办事，办事完毕，顺便去看望虎雏，他说到《全集》眼前在"物质文化史"手稿整理上卡住，停摆了，听罢，我也为之着急。

此时，同去的这位完全外行的副校长也不先和我商量，脱口便说，那就由吉首大学沈研室人来帮忙吧，当即许诺由学校拨个三万元专项经费，由我从学校教师中再选择两三位懂行点的协助，同时还当着虎雏的面，派定同去的这位年轻人以后专就此事为我等打杂。

一方面是见虎雏着急，眼下无法摆脱；一方面是受到这外行副校长的极力怂恿，我这外行不及深思，竟接过副校长话头，麻起胆子对虎雏表示："那就由我们来试试看吧！"

当时，我之所以斗胆说"那就由我们来试试看吧！"还与我对沈老在文物领域研究所涉深广程度无知有关，我以为沈老多年研究物质文化史的成果，大都集中于20世纪80年代初即已出版了的《中国古代服饰研究》这一巨著内了，余下的零碎东西不会太多，整理起来难度也不会太大，花上几个月时间当可完工。在虎雏方面，当时他还远未将相关文稿翻箱倒柜清理完毕，对数量多大，由外行来整理可否胜任也心中无底，反正我和他双方当时都还相当糊涂。

回到学校后，同到虎雏家的图书馆这位年轻人行动迅速，很快在图书馆三楼辟出一间大办公室，拉进电话线，装好大空调机，且在办公室外悬上"沈从文研究文献资料中心"的铜牌，闪闪发光，堂哉皇哉了。

随着虎雏源源不断将沈老相关手稿包括残篇寄来吉首，我才发现沈老之文物研究涉及中国古代玉器、陶器、漆器、螺钿、铜镜、丝绸、织绣染缬、龙凤艺术、狮子艺术、马的装备、鼓的演进，甚至山水画法、杂技、"熊经"等等，实在太深太广了，自己这个大外行简直在向一个无底洞坠落下去，一次次希望到了底，却一次次还没到底。

哪曾料到，这项"由我们试试看吧"的工作一上手，费时竟达三年有多！

最终还是将沈老这涉及十来个大专题、数十个小项目、上百篇长长短短文章、数百附图的物质文化史手稿整理编辑完成了，共四大卷，仅就版面字数比较，这四卷版面字数是沈老另一相关巨著《中国古代服饰研究》的三倍左右。回头看，几个外行挣扎着将这工作完成，连自己也感惊奇。

你推想我们当年是"太辛苦了"，对，算得上辛苦，这属我当教员以来每天单纯持续伏案最长的一段时期，弄得肩周炎一度发作。你现在如还想见识一下我等的辛苦，可去看看几个外行整理编辑沈老手稿时留下的手抄件、校对件、拼接件、试编件等二十来个档案，这批档案材料叠起来高近三尺，这些东西如今还由我锁在图书馆原"沈从文研究文献资料中心"的大玻璃柜内。

只是，说到辛苦，在那三年左右中，最辛苦、最令人难忘的还是当时已是七十四五岁，身体又不算太好的孙韬龙老师。

当我不知深浅地答应试着整理沈老文物研究手稿后，回到学校，实在难找到合适且有空来帮忙的人，这是一门学术性的细活，也不宜多人七手八脚来做，人多插手会乱，最后谁来汇总编辑就更加费神。此期间，偏偏又遇上向成国老师从学报编辑部回了中文系教课，还被派专门指导一批学生准备考研，再之后，自己又带上几名硕士生，够忙了，只能拿了部分沈老文物研究手稿于百忙中挤时间在家整理。我一个人在偌大的资料中心做事岂不寂寞，且遇上疑难找个可商讨的人也没有行吗？终于想到了已退休多年的原吉首大学教务处副处长、沈研室最早成员之一的孙韬龙老师，我登门邀他参与工作，一请就动，来了。

孙老师毕业于武汉大学中文系，文史功底厚实，整理手稿对他而言困难不会太大，只是任务紧迫，《全集》出版卡在我们这份工作上，得尽快完成，这一来，就不能按常规讲究什么"双休日"，更谈不上放什么暑假寒假，反正得天天连续工作。如今回想，很对不起他这当年七十四五岁，身体又不算太好的老人了。

我曾考虑到孙老师属退休人员，如今请他出来工作应属"返聘"，学校规矩，对"返聘"人员要另外补贴。我对孙老师说，我们可以从学校所拨专项经费中每月为他支出一些，他一听，正色回答："别胡搅，这样，我不来了！"

一次，他伏在办公桌前誊正沈老一篇手稿，以便送文印室人打印出来再校对，他突然流了鼻血，滴落在面前的稿纸上才发觉。我吓住了，劝他回家休息一天，他竟不肯。

期间一年，我生病入住医院一个多月，我担心孙老师一人难耐寂寞，可能也暂停了工作，我病愈出院的当天，就去资料中心探看虚实，他竟仍在那里，这天，正遇虎雏突然从北京来看我们工作进度，同时了解一下有什么困难要他解决。我进资料中心时，孙老师正同虎雏在翻看他新整理出的几份手稿。

虎雏、张之佩、龙朱三人在北京清理、收集出的相关手稿、资料、图片陆续寄来，开头一年多所寄还属比较完整有序，后面一年左右寄来的大都零碎，甚至很乱，有的同一内容却有几个手稿，大同小异处得细细斟酌选取；有的则是仅改过开头或改过结尾，得代为截取拼合。有篇千余字的短文，沈老竟写在一个小信封上，字小如蚁，孙老师是借助放大镜才为之誊正后交人打印的。

孙韬龙老师性格沉静，我较火爆。一天，我面对一大叠手稿，由于自己相关知识太缺，翻来覆去竟理不清头绪，陡然烦躁，见怪起社科院历史研究所的专家来，在孙老师面前背地骂远在北京那些专家不讲情义，不肯出力帮沈老整理这些手稿。同时又对孙老师说，自己现在总算理解汉代那个班超了，他之所以愤而"投笔从戎"，把笔甩在地下不干了的原因，估计他当时在皇家国史馆整理那些断简残篇，定然也像我眼前这样理不清头绪，突然烦了！孙老师听罢，笑着对我开导，谁叫你80年代初第一次见沈老时，胡说自己"不喜欢文物"，如今他老人家让你扎扎实实喜欢一回！

《全集》中的"物质文化史"研究四大卷共二百三十余万字的书稿于2001年初编完成，此后，虎雏和我，还有北岳文艺出版社的编辑谢中一、陈洋等人又在北京、太原碰头审定过两次，通过，整套《全集》终于在2002年出版。一次，在北京见到虎雏，他告诉我，有社科院历史研究所老专家翻阅了我等整理编辑的"物质文化史"四卷，没发现整理方面有什么"硬伤"。我听了很高兴，回到吉首后，即据此向朋友吹嘘，说自己如今至少可算个文物学专业三年制专科毕业生了。当我把虎雏所说北京专家认定"无硬伤"的话到孙韬龙老师家去报喜时，他听了只沉静地笑了笑。

孙韬龙老师这样一种诚挚古典的人，如今是较难遇到了！

张晓眉：《全集》28-32卷，是不是就是《中国古代服饰研究》这本书的内容？

刘一友：《全集》共三十二卷，其中十四卷是由我们沈研室几个人编的，包括1-10卷为"小说"，28-31卷四大本为"物质文化史"。32卷一大本才是沈从文先生在世时出版过的《中国古代服饰研究》。

张晓眉：截至2014年《全集》公开出版了十二年之后，您是否了解到这期间共发现了多少沈从文先生佚文？请您谈谈这些新发现的佚文今后应以一种什么样的形式补充到《全集》中比较合适？

刘一友：据我所知，新发现的佚文虎雏处有，多少不清楚。如不是太多，另编一卷"集外文存"似即可以，如采取分类插入相关各卷，会打乱原有编排及索引等，各卷字数也会因之失衡，工作量太大，效果还不一定好。

张晓眉：在采访完沈虎雏先生之后，我一直有一种感觉：前人栽树，后人乘凉！因为您和叶德政、孙韬龙、向成国、张永中等吉首大学的沈从文研究老前辈前期做了很多工作，所以沈虎雏先生才会爽快接受我的采访，在回答我的问题时，才会如此坦诚和详细。在采访结束之际，我请沈虎雏先生给我推荐可以采访的沈从文研究专家学者，他只给我推荐了您。可见您为沈从文研究事业做出的贡献之大。您是在什么时候开始和沈虎雏先生开始编辑出版沈从文先生的书籍的？请您谈谈这些年您与沈虎雏先生一起共事的难忘经历可以吗？

刘一友：虎雏先生和吉首大学沈研室人合作编辑有关沈老的书籍和刊物可说从1988年即已开始。我们编辑《长河不尽流》时，他寄来了自己所写《团聚》，且同张之佩老师参与审定过部分稿件。1991年和1992年《吉首大学学报》连续推出厚厚两期"沈从文研究专号"，其中选载的书信、文稿、沈老自订生平年表及"文革"中回应范曾的大字报稿均系虎雏从北京家中找出寄来的。至于编《别集》《全集》期间，虎雏与我等讨论相关事宜的书信，如今我手头保存的就有三十来封，其中有几封是张兆和先生和沈红的。至于大家一道在吉首、北京、太原等地商讨情况，前面回答你相关提问时多有涉及，不再说。

虎雏、张之佩、龙朱等为人本分厚道，也懂我等湘西人不喜客套的性情，双方合作做与沈老相关的事时，从不讲干好某事某事"意义"如何"重大"之类大话空话，因之，工作总在一种平实亲切氛围中推进，十分愉快。

张晓眉：请您讲几件与沈虎雏一起工作时碰到的比较有趣的事情。

刘一友：1991年秋至1992年秋，我在北京大学进修，与虎雏常来常往，商讨《别集》编辑的事。他从阜成路甘家口马神庙轻工学院出发，背个挎包，蹬单车到北大来，估计那路程二三十里，蹬车少说也得四五十分钟吧，上午十时左右到达，中午十二时左右又蹬车回去，那时，他也五十五六岁了，蹬车多累，消耗多大，可我一次也不曾想到应留他在北大食堂吃个中餐，补足能量再走。反观我去他家，从北大门外上公交车，到动物园转车，再到甘家口又转车才到马神庙，虽说得花个把小时，毕竟是坐车，消耗不大，可是我去他轻工学院家里议事，多次是在他家吃了张之佩老师办的中餐才离开，如今反思，这方面，我太粗心了。

又，2002年吧，虎雏、王继志、我三人与北岳文艺出版社编辑谢中一、陈洋、任丽凤在山西太原为《全集》，特别是为其中"物质文化史"四卷作最后定稿期间，虎雏与我同住山西省政协宾馆八楼高处一间客房。

一天晚上，睡得正香，被邻铺虎雏惊呼吵醒："刘老师，刘老师，地震，地震！"我醒来，糊涂间，只感所睡床铺颠簸晃摇如筛子筛米，极舒服，可惜持续不到分把钟就停了，过一下，又重复几秒，或十几秒，便不再来，我看看表，凌晨三点刚过，离起床时间还早，也不同虎雏说什么，翻个身又睡着了。天亮后起床下楼，才听人说，昨夜太原火车站那边发生三点五级地震。按常识，感到地震时，当时我与虎雏应立即跑下八楼，到空旷地方去，以防房屋倒塌，危及性命。我属第一次遇上地震，无知无畏，他虎雏应是有这常识的，竟不果断提议二人起床下楼，似为我之大无畏所感染，不惜抱定个如果有难，二人同当的勇敢态度，讲哥儿们义气，多谢，多谢！

再，虎雏是学机械制造的，做事格外精细，力求分毫不差，这职业特点，被他引入编书上，在北京、太原为《全集》定稿时，竟与我和陈洋这样老资格编辑在某些并不重大的细节上发生争执，那份顽强，引得我和陈洋窃笑、苦笑，奈他不何。

不过，平心而论，他这精细常常也是必要的。一次，正因他的精细，才发现我们编委中一人的一次"接龙术"，及时纠正，此属虎雏精细的光彩一例。经过如下：某编委在20世纪二三十年代的《申报》上找到沈老所写一篇连载长文，复印出来交虎雏审读。其中有一节文字与接着的另一节文字间有此编委加进的一二十字的过渡语，读来也似顺畅，但还是引发了虎雏惑疑，恰恰那时他在吉首大学，由我为他从图书馆找来全套当年的《申报》复印件，经他对沈老此连载长文一节节细查，原来此编委所加过渡语处缺失整整两千来字一节。幸得虎雏精细，才避免此硬伤。

四、有关刘一友沈研论文及其沈研路径形成情况的问答

张晓眉：您在《桃李不言，下自成蹊》中说："在中国近代的散文和小说中，第一个对湘西山水加以诗化的是沈从文；第一个对湘西人民璞玉般美质和深深痛苦作极真切描绘的是沈从文。"您的这一判断是根据他的作品进行判断的吗？

刘一友：我是湘西人，对湘西山水风物、人民性情及地方苦难历史均有一定的实感，同时，我也读过不少近代文人书写湘西的作品，经过与沈老相关作品多方比照，实还未发现有其他作家怀着他那样一份深深的温爱情感，将湘西书写得这般真切动人的。

《桃李不言，下自成蹊》写出之后的十余年间，我又多次对沅水、酉水流域历史和风物进行考察，更证实了我之判断贴近实情。

我上述判断如果有误，沈老在1982年给我的来信中定会做出提示，这封信你现已见过，其中没有这方面的指谬。

张晓眉：在与沈从文先生多次交谈中，除了问过他关于《边城》的写作事宜，关于《长河》《湘西》等著作的写作，您问过他吗？

刘一友：1982年沈老回乡，我去凤凰看望他时，特地问过他创作《边城》的一些旧事，他答了。正因得到了相关启迪，1982年底，我才就若干年来一些"左派"文人对《边城》"主题思想""不健康"之类浅薄指责做出反驳，写了《评一曲弹了五十年的老调》；1983年，又就《边城》创作动因及内涵特点写了《沈从文的乡情和他的〈边城〉创作》。

关于《长河》写作也曾问过，他除用最平实的话说到此书的创作动因外，特别提及要我注意沅水上游辰河一带风光和民情，具体说到麻阳县境内的吕家坪、烂泥等地。正因不忘他这提示，后来我同沈研室几个人曾去考察过一次，我们租了条小木船，在吕家坪旧码头一带录像。烂泥这地方也就在吕家坪近处，如今地名为"兰里"。

至于《湘西》等著作，涉及大湘西各县，一次谈话中，沈老见我对沅水、辰水一带还算熟悉，对酉水一带太陌生，建议我应去走走，说到这，曾进到房间去用毛笔在一两指宽的小宣纸片上写了"里耶、石堤、龙潭"几个地名，其中有属

川东边境内的，可惜这纸片如今不知藏到哪里去了。不过，他所提示的这几个地方，后来我都去了。有一次还是同沈龙朱、虎雏、张之佩及沈红等一道去的，沈红还写了相关游记，同去的吉首大学图书馆馆长郑英杰写有长篇纪行，吉首大学党委宣传部长吴恒忠拍有许多照片。

张晓眉：您的《论凤凰人——〈沈从文与湘西〉系列之三》（以下简称《论凤凰人》）这篇文章最后一句是这样写的："最后，我还得再次声明，我文章中所说的是老凤凰人，未涉及解放后崭新的一辈。"给人感觉好像别有一番深意。

刘一友：这一提问，涉及我所写系列有关沈从文故乡凤凰的文章，倒是有话可谈。

《论凤凰人》是我在20世纪80年代末、90年代初写的，分上、下两篇，上篇为《凤凰人独特的社会心态》，下篇为《凤凰人的游侠精神》，合计八万多字，所写为1949年前老一辈凤凰人群体心性状况。

这篇长文是我所写与沈从文研究相关文章中最受人注意，所得表扬最多的一篇，不少我认识的、不认识的人读后主动来信说好，如今我手头保留的这类信件有二十来封。

美国沈研专家金介甫来信告知，在他相关专著中引用到我的文章。

海南省作协蒋子丹写成他的《边城凤凰》，在《后记》中说到我这《论凤凰人》对他"深层次"了解凤凰人有"特别帮助"。

我同昆明军区作家彭荆风的相识也缘于这篇文章。20世纪90年代中期，他来湘西考察，托人找到我。二人见面，他拿出刊有我《论凤凰人》一文的《吉首大学学报》，我见他在文章中画有许多认可的记号，很感动，请他将这本杂志留下给我了。

我当年在武汉大学、北京大学进修时所师从的指导老师陆耀东、严家炎不仅对此文从学术价值上做出肯定，还认为我这种论文写法别具一格，可取。

以上种种反响当然让我高兴，但最让我自己关注的还是活在当今的老一辈凤凰人的反响，我就怕他们不认可，那我就白费劲了，会因之怕回凤凰，遭到耿直的他们当面毫不留情的谴责甚至嘲笑。

值得庆幸，好几位与我同龄的长住凤凰的老凤凰人来信为我这《论凤凰人》叫好，甚至有说读罢感到"痛快"的。更让我高兴的是几位比我大十多岁，在外地的老凤凰人就此来了信。

吴瑞之先生是沈老当年在西南联大教过的学生，1949年后在国家民委工作，这位老凤凰人从北京来信说，《论凤凰人》让他看得"爱不离手"。

黄永玉先生这位老凤凰人看了《论凤凰人》后，由香港托人将一信从北京转寄给我，信中说对此文："一读三读，感动而叹息，这样好的文章是很费力气的了。长虽长，读之仍嫌短，如友朋万里归来，茅舍中秉烛夜谈，唯恐其天曙。""凤凰人在生死掠杀道场生发的诗意已悄然隐退……你文章回荡之处在此，不知怎样，我有读'骚'的感受。"

又一位老凤凰人滕兴杰先生，他是黄永玉先生的小学同班同学，比永玉先生年长三岁，1949年后住台湾，曾任台湾《华夏之光》主编。他在自己所著《大陆画乡人物风采录》一书中，提及我的《论凤凰人》，认为"将凤凰人解剖得淋漓尽致"，"极具学术价值"。与我取得联系后，曾在信中再次对此文做出肯定。二十来年后的今年（2014年），滕先生返凤凰探亲，与我在吉首大学第一次见面，还在说《论凤凰人》让他读得"时而想哭，时而又逗得我发笑"。

《论凤凰人》一文得到老一辈凤凰人的认可，让我深深舒了口气，放心了。

不过，这里更值得特别一提的是：当年我动手写这《论凤凰人》时，其潜在的主要动机在于想帮助对沈从文感兴趣的人便于更切实深入理解沈从文心性特点的由来，我一直担心这一想法被人忽略，岂料沈虎雏先生读罢来信，说读此文"惊喜和沉重感交织"，"对于我，怎样理解父亲；对于沈红，怎样理解爷爷，这篇论文补给许多我们不懂的东西。我想，对于其他研究者和读者，一定如刘老师所希望的，能够'多一份参考而少一分迷惑'"。

你可想象，得虎雏先生这一认可，我该是多么高兴！

哪曾料到，自己一篇《论凤凰人》竟会得来如此多师友和同行的肯定，这让我心存感激，连他们鼓励的原话也记住不少。这是一种珍贵营养，有助于增强自己在学术上的自觉，加快成长。

当然，说坏的也有。一次由省里相关单位牵头在凤凰县召开了一次湘西历史文化研究学术讨论会，我也被叫去参加了。会上，我早认识的省作协一位评论写手在大会上发言，不点名地指出"有人"所写"谈论凤凰人群体"之类的文章，没有坚持"党性原则"，没有用"阶级分析方法"透视当地人行为的阶级性。对此，他将写文章做出批评。我一直等着他文章出来，可惜至今未见。

写罢《论凤凰人》后，接下来我还写了《论凤凰文化》与《论凤凰人》配套。《论凤凰文化》一文，同时也是与另一沈研论文《沈从文与楚文化》配套的。

《论凤凰文化》一文长达十一万字。刚打印好，恰逢黄永玉先生从香港回来，住他在凤凰沱江边的新屋"夺翠楼"。一天夜间在他家，将这文章请他最先审读，晚九时我离开，第二天一早又去那里，正遇上他手里拿着那沓文稿下楼，见面就说写得好，文字也活脱，还说他昨夜回卧室后，先是坐着看，累了又躺着看，再后又坐起来看，直到今天凌晨三点终于看完，说到这，他说："我来帮你写个序吧！"当时，我想到他刚回乡，人客特别多，包括追踪而来的电视台记者穿出穿进，他太累了，便说关于我所写一组谈凤凰的文章结集出版时，我就用他评《论凤凰人》那封给我的信当"序"算了。就这样，"序"没写，如今想来，十分后悔，得他写"序"，该多精彩！

关于我所写谈论凤凰人和凤凰文化的一组文章，说得够多了，到此为止吧。

最后，来回答你关于我为什么在《论凤凰人》一文结束时要"再次声明"自己"文章中所说的是老凤凰人，未涉及解放后崭新的一辈"。

你真细心、敏感，察觉我这声明"好像别有一番深意"了。

同样的声明，《论凤凰人》中共有两处，一处在全文开头所写一段"引言"后面；一处即在你所说的全文"结语"后面。

如此一再"声明"，"深意"谈不上，"实事求是"而已。须知，凤凰"解放后崭新一辈"是在"阶级斗争年年讲，月月讲，天天讲"的社会氛围中成长起来的，谁还能保有多少老一辈凤凰人那份不合时宜，有时甚至令人啼笑皆非的古典性情？

几天前，凤凰一位十分好学的朋友突然打来电话，说正在重读我二十来年前所写《论凤凰人》，对我之一再声明所写为"老凤凰人"一语大加赞扬，连呼必要极了，必要极了！估计他是有感而发，看到当下凤凰的"崭新一辈"在近十来年间本地以旅游开发为中心的环境里，观念与时俱进，日新月异，论其求财之精明，盘算之周到，行动之火爆已达当年重义轻利、呆头呆脑的老凤凰人做梦也想象不出的程度了。

不妨看看我所知一例。沈从文墓地下来不远临河处，原有一旧碾房，一水车，外加一垂柳，颇有沈老笔下风景韵味。当年，我陪同凤凰县政府有关负责人田时烈、曹义为沈老回乡归葬选址时，见此风景，几个人曾商讨过一定将这风景保留下来，作为沈墓组成部分。谁料沈墓修成后几年，这附近游客也与日俱增，有人竟不顾一切，将河边碾房、水车拆了，垂柳砍了，强行在那里建了栋三层水泥砖房，用之于开家庭旅社赚钱，政府拟走司法程序令其恢复原貌，几年还拿不下来……

幸好，当年写《论凤凰人》时，自己一再声明所写为"老凤凰人"，否则，外地来的有识之士以当下所见与我笔下所写对照，定会认为我极不老实，借用上文化社会学的议事方法，在《论凤凰人》一文中大肆造谣了。

张晓眉：您写的《沈从文现象》，我认真拜读了好几遍，越读感受越深，您一定是满怀着感情写的，全文给人"文章本天成，妙手偶得之"的自然顺畅之感。能请您讲讲是什么触动您写了这篇文章吗？

刘一友：1988年5月沈从文先生去世，6月我写了一篇《深沉的乡恋》，追忆沈老去世前三天与我的一次长谈。写成，心情远未平静，文章不想拿出发表。

1988年底，沈研室议定，1989年沈老去世周年时，吉首大学办一期沈研专号，同时编一本回忆沈从文先生的专书，此书后来取名为《长河不尽流》。我们向国内外相关人士征稿，自己当然也得书写。

时间过得真快，让我倍感亲切的沈老去世，倏忽间就快一周年了，打从1980年后，多次见到他的情景一幕幕涌上心头。那时，我除教学外，行政兼职多，会议频繁，我得找到一段安静点的时间才能动笔，为此，向学校请了一个星期的假，躲到离吉首大学一百里外的凤凰县去，住进该县政府招待所三楼一间房子里。

假期仅一星期，一星期如没写成，一回去，杂务拥来，心情一乱，就难于收束，得抓紧再抓紧。我每天早上六点即起，中午限定只休息一刻钟，放松下腰肌，晚餐后，也不出去走走，怕遇上熟人打断思路，晚上一概工作到深夜两点左右才就寝。天气冷，幸得招待所人熟，允许我在室内生火，我过去的一个田姓学生此时在县政府办公室当秘书，他从办公室取来大筐木炭供我取暖，半夜太冷，我桌下一盆炭火，背后椅边还加烧一盆。

刚好一个星期，文章写成，标题为"沈从文现象"。

写得太累，包括体力的和心力的，一旦松弛下来，自己回头再细看一遍的劲头也没有了，拿回吉首就交由学报编辑张永中帮看。他看后，原稿由他寄去北京请张兆和先生审读，张先生给我改正了几个错别字，寄回。这文章于1989年3月在《吉首大学学报》"沈研专号"上发表。

文章发表了，此时距我写成此稿已过去四个来月，我仍无劲头将此文细读一遍，如此疲惫麻木状态，从未有过，自己也感奇怪。

又过一阵，一些对此文的评议信件寄达学报编辑部，在别人读后看法的激励下，自己才将这全文从头至尾细读起来，意识到自己写时全为一份对沈老深切怀念的情感所牵引，排除了任何顾忌横加干扰，因之行文得以自然顺畅。

张晓眉：您在《沈从文现象》一文中谈到沈从文先生在"文革"中下放双溪搬家的遭遇，"林彪出了问题，全国戒严，别人认为他这种人，住在制高点上，不可靠……"初看觉得好笑，笑过之后又觉得很辛酸。这是沈从文先生给您亲自讲到的往事吗？

刘一友：是的，这类事他给我讲过不少，都是当笑话讲的。他是个历史感很强的人，看得透，想得通。

张晓眉：您在《沈从文现象》一文中说："在相当长的一段年月里，他曾使我暗中引以为荣或引以为辱。"引以为荣的荣是什么？引以为耻的耻又是为什么？

刘一友：这问题答来太多，时间有限，免了。其实相关答案，我这篇《沈从文现象》及我第一篇沈研文章《桃李不言，下自成蹊》中均已涉及，你读时稍作梳理自会明白。

张晓眉：请您讲讲写和发表《沈从文现象》这篇文章前后。

刘一友：关于《沈从文现象》一文写作的起因、经过等，在上面答问中均已讲过，倒是此文发表之后引发出来几件事也还有趣，甚至有点意思，值得说说。

其一，关于对此文标题的解读。

且说载有《沈从文现象》一文的"沈研专号"传到我故乡凤凰，一位当时在县志办公室工作的朋友来信，说他们县志办一负责人指出我文章标题中"现象"应为"印象"之误，属校对不细心所致。我这朋友读过全文，认定标题用上"现象”一词十分恰当，颇有讲究，不属校对弄错，二人就此发生争论，朋友要我回信为之判定输赢。

此后不久，我去北京，见到虎雏，他笑着问我这文章标题为什么用上“现象”一词，我猜准他是明知故问，想坐实我作此标题的可恶用心，我岂肯让他轻易抓了“辫子”，答曰：“哲学现象嘛”，以此做出搪塞。其实“沈从文现象”明摆着是特定历史阶段内，中国老一辈知识分子特有的引人为之伤感、为之深思的典型“现象”之一，对这点，明白人多着哩！

其二，此文曾引发出一位德国学者的一声喟叹。

载有《沈从文现象》的此期学报“专号”经由向成国老师寄了两本给美国华盛顿大学马逢华教授。1949年前，北京大学校址还在北京沙滩红楼时期，马曾是沈老的学生，后去了美国从教。1980年年底到1981年年初，沈老有美国之行，马在美国曾专门陪同过沈老一阵，沈老去世后，马曾应沈研室的约稿，寄来《敬悼沈从文教授》一文，被收入我们编的《长河不尽流》一书中。马逢华教授读过我的《沈从文现象》后，在给向成国的信中认定此文“是一份重要的文献”。他将一本我们的学报“专号”转送给了正在美国西雅图进行学术交流的德国慕尼黑大学图书馆东方部的汪珏女士，汪景仰沈从文，曾将沈老一些作品译成德文发表。汪读罢我《沈从文现象》后，于1989年7月间给我来了一信，用中文写的，“谢谢”我让她“又离沈先生的心灵近一点”。她赞美沈从文是“这么‘中国’，却又这么‘世界’的文学家”，同时发出一声喟叹：“他的中国如何对待他呵！”

张晓眉：请您评价一下您自己的沈从文研究。您的沈从文研究有没有因为您与沈从文先生是同乡这层关系的影响，是否出现主观偏颇等问题？

刘一友：……

（这是个十分逼人又颇有意思的问题，此前我从未认真想过，因之，2014年6月20日晚在茶峒“三不管宾馆”回答张晓眉这一提问时无意间扯到自己在大学读书时所遇马宗霍、罗凯岚、皮名举、郭圣铭几位名师的作风和学风上去了。

现张晓眉将那晚对我的马拉松式采访记录寄我“审阅”，自己才发现当时对此题答非所问，一概删去。

对张这一提问得做出正面回应才好，它将有助于旁人对我之沈研有个较为明晰的印象，对我而言，也有助于进一步提高自己的学术自觉，于是静下来梳理一番，写出一则数千字的书面补答，以单篇方式置于此访谈记录之后，为求醒目，加一标题：《关于我之沈从文研究路径形成的回顾》，特此说明。）

张晓眉：1992年，您在《沈从文与楚文化》一文中说，沈从文的成功是非同凡响的，是楚文化在20世纪一次耀眼的闪光，是屈赋在现代形式中的复活，是楚文化在现代背景下推陈出新的杰出代表。这是20世纪90年代您提出应当从楚文化的视角来审视和评价沈从文先生在现代文学史上的贡献。截至今年，这个提法已经走过二十二年，请您谈谈当下我们沈从文研究事业应当在这一领域做哪些深入的挖掘？

刘一友：……

（此问所涉，与我之沈研思路推移情况相关极其紧密，属我沈研走向的重要组成部分。张晓眉那夜采访，因时间所限，我未及作答，现将其纳入《关于我之沈从文研究路径形成的回顾》之内，一并做出书面补答，以单篇方式置于张对我的长长访谈录之后，略加翻看即可明白。）

五、其他

张晓眉：您在《沈从文现象》一文中说："沈先生的书，启开了我重新认识湘西，认识自己，认识文学，同时也认识沈先生的大门。"我现在也在读沈从文先生的书，我也是湘西人，我也有这种感受。今年（2014年）5月17日，黄永玉先生在北京798圣之艺术空间召开他的《无愁河的浪荡汉子》论坛会，我有幸参加了此次会议，之前我专门买了一套拜读。我在采访李辉先生的时候，他说我们做沈从文研究，必须要和黄永玉研究结合起来，颇受启发，但是真正具体操作起来，又觉得困难重重，您对两位老先生都有很深的了解，请您讲讲应该怎样把两位先生的作品结合起来研究？

刘一友：李辉先生对你说"做沈从文研究，必须要和黄永玉研究结合起来"这一建议是可行的。

沈从文和黄永玉二位都是湘西凤凰人，沈是黄的表叔。论学历，沈只读到小学四年级，黄则是个初中肆业生，但二人后来均成了海内外公认的艺术奇才，这现象值得研究。

二人性情外露时，沈近乎水，黄近乎火，但二人青少年时期成长于同一群体和历史文化环境之中，究其性情内涵定然异中有同，但各人生就的脾气，特别是此后二人走出湘西的经历有别，造成各自思考和处理问题的方式，包括艺术创作风格上的取向，定然又会同中有异。因而如将二人拉近做出比照研究，可能有助于对二人理解得更细更深更准确。

对沈、黄二人的比照，我没有专门作过，只是在《论凤凰人》《论凤凰文化》中较早有所涉及。另，我在《沈从文与楚文化》及《黄永玉八十》画册序言《一个街坊人眼中的黄永玉》中，分别专谈过二人文化底蕴的深层由来，认定二人均属楚文化所孕育出的奇才，是灿烂的古楚文化遗风在近世铸就的人物链上异中有同，同中有异的两个闪光环节。

张晓眉：黄永玉先生将沈从文先生在"文革"期间写的《来的是谁》这篇小说寄给您，您在读了之后，是一种什么样的心情？文学在沈从文先生的人生中，占据着怎样一个位置？

刘一友：黄永玉先生将《来的是谁》这篇小说手稿复印件交给我读，并附上他的一封信，信中嘱我就沈从文先生这一小说创作的"机缘"问题做出探索，为此，我写出一篇《孤寂中的思亲奏鸣》，我想，从这文章标题你即可多少感知我读沈老那小说时的一份心情。

你问文学在沈从文先生的人生中占据着怎样一个位置？简略答来，文学是沈老生命的组成部分，也是他生命得以长远延续的一种有效形式。

张晓眉：请您谈谈您创作的《文星街大哥》这本书。

刘一友：这是本从多个侧面对黄永玉先生人品和作品进行记述和解读的书。书名是黄永玉先生给取的，插图是他画的，2007年出版，今年再版仅增加了一篇我新写的《且说〈无愁河〉的真实性兼及其他》。这书，我可送你一本，有空再读。

张晓眉：在读了《沈从文家书》后，我发现张兆和先生是一位非常了不起的女性，我是从她写给沈从文的信的字里行间感受到这一点的，您与两位老人生前有过很多的接触，能不能请您谈谈张兆和先生？比如她对沈从文的影响，主要是生活和事业这两个方面。

刘一友：有关张兆和先生对沈老在生活和事业两方面的帮助，如今只有龙朱和虎雏兄弟才能说得实在，你应请他二人多谈。

不过，你这提问，倒触发了我自己对张先生一些琐事的回忆，随便说上几件吧。

"清污染"过后，我去北京看望沈老，进得客厅还未坐下，沈老就问我："清污染，你没有被冲击吧？"时张先生在场，提醒我："刘一友，以后你写文章要注意含蓄。"

沈老1982年病后，张先生超常辛苦，好几次，我在他们家见张先生做好饭菜从厨房出来，她老人家鼻翼上沁满细细汗珠。一次，建议她请个保姆来分担点劳累，张先生答："我一辈子服侍别人，如今让别人来服侍我，不习惯。"

沈老去世前三天，我曾与沈老有次长谈，临离开时，我匆匆给沈老拍照，张先生从厨房出来，身上系着个围兜，我说给她和沈老拍张合影，张先生说衣着不整，不便拍，反说"我给你两个拍吧"。如今我保存的这张最后一次在沈老一旁坐着的合影，就是张先生给拍的。

由于去张先生那里次数不少，她对我一些小动作也清楚起来。一次，我带了家人李老师和小儿李翔翔去看望张先生，谈话间，我曾离开客厅一阵子才返回再坐。当告辞张先生下楼后，李问我先一阵抽身哪去了。答：有事。李笑道，当时自己觉得奇怪，自言自语问了句："刘一友哪去了？"张先生当即回应："别管他，一定是躲在厨房抽烟去了！"

一次，去看望张兆和先生，她孙女小红在客厅陪坐。一会儿，旁边房间电话铃响，小红起身进房去接，此后，只听得小红在那边小声嘀咕不停，有时还笑，好几分钟过去，还不见她出来。张先生对我说："你看，你看，现在的年轻人，煲起电话粥来，就是没完没了！"这话音刚落，不料小红一下从门边闪出高声抗议："奶奶，你在客人面前说我坏话！"可见她已先在门边隐身偷听了。须知，在家里，她小红可不是好惹的。

张晓眉：请您谈谈当前的沈从文研究队伍和今后的发展。

刘一友：20世纪90年代后期到2000年代初期，我主要精力全投入协助虎雏编辑《全集》，特别是忙于整理和编辑《全集》中的四大卷"物质文化史"手稿，个人沈研的事基本停摆。《全集》出版后，我长住深圳，忙于其他，沈研全停，甚至吉首大学沈研所主持召开的两次国内学者参与的沈研会议也不曾参加，因之对国内外沈研情况已极生疏，"队伍"一事，也不清楚。

至于对沈研在国内的今后展望，我想，随着《全集》和沈老一些佚文的不断发现，研究资料已比20世纪八九十年代丰富多了。又，看来如今研究环境自由度大增，似已不再如我等当年初涉沈研时，偶尔还会招来什么虚惊了。再，近些年，文艺研究方法的相关理论源源从境外输入，沈研视角定会随之日趋多样。以上种种，令人相信，沈研发展，定然前景广阔。

附：

关于我之沈从文研究路径形成的回顾

　　说明：2014年6月20日晚，在茶峒宾馆接受张晓眉采访，以下两个问题所涉内容应对张较有引发思考的作用，但对其中一问，当时答非所问，等于未答；另一问则因时间关系，未及说到。现特将此二问做出书面补答，且加上个标题，以利醒目。

张晓眉：请您评价一下您自己的沈从文研究。您的沈从文研究有没有因为您与沈从文先生是同乡这层关系的影响，是否出现过主观偏颇等问题？

刘一友：这问题提得厉害！

"评价一下您自己的沈从文研究。"这事我从来没想过。似应感谢你这提问，第一次触动了我来回顾一下自己十分有限的沈研工作，更明晰地看清自己曾做了什么，还可继续做点什么。同时，也可对你们初涉沈研时，在路径的独自选择上，引发出一些必要的思考。

沈从文的文学作品，其独具的内涵和特异的风格迥然不同于同辈大师，现在大多数人都承认了。可在20世纪80年代初，对其认识分歧还颇大。进入90年代，多数人才一边倒地叫起好来。而我的沈研活动，就是在这一大背景下进行的，是个一步步走向较为深化的过程。

第一阶段，20世纪80年代初，我大为惊喜地发现我的同乡沈从文原来是这样一位风格特异的好作家。

那时我仅只读到《沈从文散文选》《沈从文小说选》两本不厚的书，但却被深深地打动了，当时偶见秦牧还在诋毁他，引我气愤，写出了《桃李不言，下自成蹊——浅谈沈从文的作品与人品兼及湘西的沈从文热》，这属我写的第一篇勉强算得上沈研的文章，它的出笼详情，前面我已回答过你了。不意这文章得到沈从文先生及其家人"觉得极有见地"，沈先生的高足汪曾祺先生看后"也极口称赞"，这让我意识到紧贴湘西这块土来理解沈从文的作品和人品的思路是可取的。

沈从文是位重情爱美，苦恋故乡的人，因之在他笔下才写出了《边城》《湘行散记》《湘西》《从文自传》《长河》这一系列描述20世纪二三十年代湘西风土民情十分真切的篇章。可是几十年间，先后总是有些自视为"革命"文人无知地指摘沈从文《边城》一类小说写的是虚拟的"世外桃源"，他们"不要"，这类言说，离沈从文作品和人品的实情太远，令我不平，激发了我干脆就盯住《边城》问题，发挥自己是湘西人，了解这里实情的优势，同那些自以为高明的评论者展开有理有据的商榷，写出了《评一曲弹了五十年的老调》与《沈从文的乡情和他的〈边城〉创作》两篇文章。

这阶段的后期，我想到与多人就沈从文的单个作品评价零星争论，实在纠缠不起，得寻求新的、更有效的研究路子才行，由此，我的沈研转入另一新的层面。

第二阶段，20世纪90年代初，我开始探索沈从文之所以成为一位风格特异作家的深层根源。

我相信，如将沈从文为何能成为风格特异作家的深层根源弄清楚，对沈从文作品和人品的认识将可能一目了然，甚至可说能"一网打尽"。

我认为一个作家独有风格的形成主要源于其人独特的心性和独特的艺术禀赋。

文化社会学的常识提示人们，一个人的心性和禀赋，特别是艺术禀赋的形成，与其青少年时期所处那一社会群体性情状况及文化氛围关系极大，其潜在影响将伴随人的一生。沈从文是在凤凰小城里长大的，那时他周遭的群体及文化是个什么样的值得弄清，为此，我花了数年时间进行调查和思考，写出了《论凤凰人》和《论凤凰文化》两篇长文。在这两篇长文里，我没有专谈沈从文，只下大力描述了他曾一度所处的那一社会群体在特定历史环境中所形成的普遍而独特的性情，以及小城中由宗教、习俗、民间艺术等所共同造就的独特文化氛围。这文章对人们了解当年的凤凰有其独立价值，2000年凤凰县申报国家级历史文化名城时，曾将这两篇文章当成主体报告的参考资料附上。不过诱发我写这两篇文章的起因，还是想为读者提供一份了解沈从文特有心性和艺术禀赋得以形成的较为鲜活而厚重的背景材料，让读者自己去体察它与沈从文潜在的关系，做出相应的判断。沈虎雏先生读后来信说《论凤凰人》对他更多地理解自己父亲有帮助，这话让我高兴，觉得自己写这文章的目的，多少在虎雏处达到了。

在写成上述两篇有关凤凰的长文后，不久，我便写了《沈从文与楚文化》，这篇文章就是直接紧紧扣住沈从文艺术禀赋的由来及其独特性展开论证了。

我首先追溯了古楚文化在湘西沅水流域得以广泛流布的历史，接着谈了强烈的生命意识，"发愤以抒情"，"哀民生之多艰"和对形式美的倾心等是楚文化的耀眼特征。而常以"楚人"自居，且青少年时期在沅水流域生活过多年的沈从文正是接受了这种楚文化的熏陶，最终形成了沈在审美视角和作品内涵上大异于同代作家的个人风格。沈明白这点，故曾称自己是"在'神'的解体时代"之"最后一个浪漫派"。值得你注意的是，在这篇文章中，我特别同时强调了沈所具有的一份格外强烈的生命意识恰恰可与当年"五四"新文化运动中高扬的人文主义精神产生契合和共振。正是依据上述几方面认识，我对沈从文的文学创作才得出如下结论："就沈从文作品精神内涵来说，它是现代的，却又饱和着古楚文化的神韵。""可以说，沈从文的作品是今日之楚骚。"……并认定得从这样的角度来审视沈从文的文学成就。

够了，关于我之沈从文研究，不包括在一些相关会议上的发言，所写文章就只上面提到那么几篇。至于《沈从文现象》《深沉的乡恋》《为沈从文南归送行》《孤寂中的思亲奏鸣》等大都属回忆性文字，学术含量甚少。

不过，从我上面的一番回顾，估计你可看清，从我第一篇谈沈从文的文章《桃李不言，下自成蹊》到后来这篇《沈从文与楚文化》，我之沈从文研究两个阶段有序迭进的轨迹是相当清晰的。

再补说几句，《沈从文与楚文化》一文，就我之沈研来说是重要的，可视为对此前我的诸般研究的一个收束，有着"承先"作用，但它同时还将产生"启后"作用，这就是待我有空了，自己将在这篇文章提供的思路上，写出一本《沈从文美学思想论纲》来，如实施，我的沈研就进入第三阶段，到达一个更新的层面上了。

另外，我手头还有当年沈从文先生与我多次谈话的记录，还有自己沿着沈从文当年在大湘西足迹考察而作的几次沅水行日记有待整理。

关于我之沈研，这里是由你提问而引发的第一次回顾，是好是歹，包括是否因与沈先生是同乡而夹带进情感上的偏颇，当局者迷，均得由别人来说，自己认真听取。

张晓眉：1992年，您在《沈从文与楚文化》一文中说，沈从文的成功是非同凡响的，是楚文化在20世纪一次耀眼的闪光，是屈赋在现代形式中的复活，是楚文化在现代背景下推陈出新的杰出代表。这是20世纪90年代您提出应当从楚文化的视角来评价沈从文先生在现代文学史上的贡献。截至今年，这个提法已经走过二十二年，请您谈谈当下我们沈从文研究事业应当在这一领域做哪些深入挖掘？

刘一友：关于沈从文与楚文化深层关系研究，也许我算得上是较早的一个了，但自己从未想过别人可以完全循着我一样的路径走下去，在学术研究上，各有各的根基，各有各的"灵光一闪"，不可重复。至于在别人已取得的研究成果基础上向前推进是可能的，只是其结果也难于与此前研究者所预期的完全吻合。

一个人独有的研究路径的形成是件很复杂的事，主客观因素都在起作用，有时甚至三两个偶然机缘出现，也会引发出"形势大好"来。

且以我为例，对沈从文文化禀赋问题研究的过程中，偶遇的几次机缘，说来就属独有，且还有趣。

其一，某次，在沈从文先生家，张兆和先生突然问我："你们凤凰人真怪，许多人并不专搞文艺，提起笔来写点什么，画点什么，总像个样子，这是不是一种遗传？"张先生提出的这个"怪"，显然旁及沈从文成才之"谜"，这一问大大强化了我正拟着手研究凤凰人及凤凰文化的决心，意识到这会是喜爱沈从文的人都会关注的一大焦点，必须尽力做好。

其二，正当我开始对凤凰文化并进而对大湘西文化进行研究时，适逢国内兴起一波"文化热"，一些人动辄将某地区文化作为一个"文化圈"来研究，一不小心，就将这"圈"固化了，无视文化在一个地域中的历史流变。那期间，一些湘西人也把湘西文化"圈"起来研究，有的说湘西文化主体是土家族的；有的说是苗族的；更有人为调和两家争执，含糊其词地说湘西文化是土家族苗族文化的"撞击"。这类囿于横断面的静态研究，总难自圆其说，引发了我的迷惑。

我上述迷惑最终是怎么解开的？说起来就甚属机缘巧合了。

1988年5月7日，也即沈从文先生辞世前三天，我竟突然与他谈起学术来。以前我曾多次登门看望他，从不谈学术，我自知不够格，这天破例了，我问他湘西文化可否作为一个"湘西文化圈"来研究？沈先生静静想了一阵，答曰："不能。"接下来他提示我从古楚国郢都纪南城（今荆州地界）水路进入沅水流域不是很远距离，当时在沅水干流区域活动的主体也是楚人，楚文化在这一带广泛流布是不争的事实，其宗教、艺术、民俗遗风在近世仍很鲜明，想想看，怎能将湘西文化按如今的行政区划"圈"起来研究它？

沈从文先生上述提示让我茅塞顿开，对楚文化在沅水流域流布历史作了一番灵动的探索，最终在用之于破译沈从文先生文化禀赋之谜上取得突破，写出了《论凤凰文化》及《沈从文与楚文化》两篇长文。同时也顺带弄清了凤凰在近世还出现了熊希龄、田星六、田个石、黄永玉等这类文化人的近似原因。

说到这里，你定可感到上述一条研究思路对我之沈研太重要了。但它之较快明晰下来，却是太偶然了！

其三，又是一次极好极巧的机缘到来，简直得用民谚所云"运气来了，门板都挡不住"来形容。

你看，恰恰在我专注于破译沈从文艺术禀赋之谜，为此而大量阅读湖北学者有关楚史、楚文化研究专著，并兼及学习些民族学、宗教学、文化社会学知识期间，我获得了一个由国家资助的研究课题："湘鄂川黔边少数民族文化模式研究"，我由此有了资金，也有了借口，邀伴一道在四省边区到处跑，翻阅那些地方的史志和作实地考察，川东行两次，沅水行三次以上，趁机把沈从文笔下写到的湘川一带县镇跑遍了，另还特地去了趟湖北荆州，不仅看了纪南城旧址，还细看了荆州历史博物馆展出的大量出土的楚国文物，并将其图样、造型、色彩、纹饰与我曾在湘西见过的实物相同相近处做出比照……总之，有了以上的考察和学习的积累，再来谈论凤凰及大湘西楚文化流布，并用之于解读沈从文之所成为这样一位风格特异作家的深层原因时，底气就足多了。

你问："当下我们沈从文研究事业应当在这一领域做哪些深入的挖掘？"我

难于回答，相信你听罢上述有关我在研究沈从文与楚文化关系过程中偶遇的大好机缘后，定然会更加明白了一种研究路径的演进，各是各的，不可重复。因而当别人在某一领域研究处于"深入挖掘"层面时，并未同时涉足其间的人，谁也不宜在旁想当然地指点别人"应当""做哪些深入挖掘"。"应当"涉嫌武断，而"哪些"则太丰富了，最终"挖掘"者会有什么新的发现，是旁人极难预示的。说到底，学术研究的深入，总归得由各自依凭自己眼力和功力去单干完成。

至于当今是否有人也在就沈从文与楚文化关系这一大问题做出他们自己独有的"深入挖掘"？答曰："有。"十多年前，我以往在北大进修时的指导老师严家炎先生就曾来信，建议我与北京一高校沈研学者合作，就湖南乡土文学与湘楚文化关系做出研究，主谈沈从文。我因深知自己研究个性色彩强烈，不敢答应，别人也就单干做成了。

又，几年前，在一书店见到一本博士论文，匆匆翻看了一下该书纲目，是研究沈从文与楚文化的，可惜这本书我没买。

有关以上两个问题的回答，到此作罢，说得多了点。

以下问题因时间原因，在采访过程中未及问到，而刘老师又已经为我们谈了如上之宝贵见解，几近四万字，实属珍贵异常！面对未及解答的以下问题，虽然这些问题有些幼稚，但考虑到这是我在拜读刘一友老师著作时所得感受和意欲了解的问题，以我愚见，或许在将来的某个时刻许能引发自己和同仁们的一些思考，所以决定保留下来。

1. 沈从文先生能活下来，堪称奇迹。在战火硝烟时代，身边许多人因战火而死去；在"文革"期间，许多人因承受不了政治压力，相继选择结束自己的生命。沈从文也有过此类行径，死神却一再从他的身边擦肩而过，他奇迹般活了下来，更为重要的是，他克服重重困难，撰写出了《中国古代服饰研究》这样一部开山巨作。请您谈谈沈从文先生的生存哲学观。

2. 请您谈谈沈从文文学作品中的音乐元素，或者他对音乐的理解。

3. 请您谈谈沈从文早期文学创作的成败得失，对他在成熟以后的文学创作起到过哪些作用？

4. 因我近日读了李扬写的《跛者不忘履——沈从文建国后的文学写作

生涯》中引用了据说是1960年4月24日，沈从文先生接待《鲁迅传》电影创作组，在与他们的谈话中，对胡适、徐志摩作了一些负面的评价。据您看来，那些话真的是沈从文先生所说吗？如果是，我们应该如何理解沈从文先生会说那样的话？如果不是，那我们今后如何辨别关于沈从文先生此类言论的真伪？

5. 请您谈谈丁玲，可以吗？

6. 沈从文先生是5月10日接见一个朋友的孩子，因谈及他的朋友悲惨遭遇，沈从文先生激愤引发心脏病突发而与世长辞。他的这个朋友是谁？您了解具体情况吗？

7. 在编辑出版《全集》时，为什么没有把所有别人写给沈从文先生的书信编辑进来呢？是因为没有保存下来还是出于其他考虑？

8. 沈虎雏先生在接受我的采访时说，在编《全集》时犯了一个低级错误，就是沈从文先生的那篇《莫错过这千载难逢的报国机会》没有被收入到《全集》中，多次审稿都未发现。在编《全集》的时候，此类遗憾的事情多吗？

9. 《莫错过这千载难逢的报国机会》这篇作品的出处现在找到了吗？

10. 20世纪80年代初，湘潭大学编好待印的一本《沈从文和青年谈创作》一书，因为"清精神污染运动"不印了。您知道这本书后来出版了吗？这本书当时是由谁主编的？

11. 您在《桃李不言，下自成蹊——浅谈沈从文的作品与人品兼及湘西的沈从文热》一文中说，1979年，吉首大学的一位讲师在一次全国性的学术讨论会上发出了重新评价沈从文的呼吁。这位老师和准备办一个《边城》刊物的学生是谁？您能一并具体给我们谈谈吗？

12. 我看了黄永玉先生写的《无愁河的浪荡汉子·后记》，才知道这部长篇小说原来是您和李辉老师逼出来的。请您谈谈您是怎么逼黄永玉先生的？

杨瑞仁教授专访

杨瑞仁老师（左）在接受张晓眉（右）专访 莫华秀 摄

写在前面的话：杨瑞仁老师是吉首大学文学与新闻传播学院退休教授，也是沈从文研究所第三任所长，主攻沈从文文学与外国文学比较研究，撰写出版了《沈从文·福克纳·哈代比较论》，该著作被业内人士评价为"国内第一本系统研究沈从文与外国作家的真正属于'比较'的论著"；他编著的《沈从文研究专题目录集》被称为"难得的工具书"；2006年，他与刘洪涛老师一起编辑出版了《沈从文研究资料》上下卷，该著作是迄今为止最完备的沈从文研究资料集和工具书；撰写了《沈从文·福克纳·哈代比较论》《域外学者关于沈从文与世界文学比较研究述略》《"类意识"与沈从文创作》《老船夫的俄狄浦斯追求》《七十年来域外学者〈边城〉研究述评》等三十余篇学术论文，为沈从文研究做出了重要贡献。

2012年在沈从文诞辰110周年全国学术研讨会议期间，我有幸认识杨瑞仁老师，因我当时涉入沈从文研究领域不久，杨瑞仁老师已经退休，应聘于张家界学院，所以对他了解不多，没有作深入交流。后来我把这次会议的专家学者即兴发言和对凌宇、王继志、向成国等学者的专访整理成文，共计二十余万字，打印出来呈送给我的导师李端生老师审阅。杨瑞仁老师从李端生老师处看到我整理的资料，对这些资料价值给予了很高评价，随后他和我取得联系，并将多年收集保存的沈从文研究资料和他撰写出版的相关书籍赠送给我，还对我说了很多鼓励的话。沈从文研究所计划将我整理的资料公开出版，他又给我写了几千字的序言。后来考虑到2014年是《边城》发表80周年和沈从文先生文学创作90周年，沈从文研究所计划召开一个纪念性学术会议，因此出版计划调整。

沈从文研究所让我继续对中外沈从文研究学者进行专访，并以《中外沈从文研究学者访谈录》作为书名公开出版。杨瑞仁老师因其为沈从文研究事业做出的贡献，很自然地就被列入到了被采访名单之列。因杨瑞仁老师退休后，去了吉首大学张家界学院主持博物馆建设，平时工作很忙，加上我在校课程均已修完，就回了北京。采访杨瑞仁老师因各种原因，一直没有找到一个合适时间。

2014年6月20日至22日，"《边城》发表80周年暨沈从文先生文学创作90周年学术研讨会"在边城茶峒举行，我应邀参加会议。杨瑞仁老师作为沈从文研究老专家，自然也在被邀请行列。

在三不管酒店大厅，我碰到杨瑞仁老师，他赠送了一本由他的女儿杨子琴女士翻译的、意大利学者焦石先生撰写的《轻盈地掠过现代性的泥淖——沈从文小说中的反讽意象和异域情调》学术专著给我。在学术讨论分组发言阶段，我们又在一个小组，轮到杨瑞仁老师发言时，他专门介绍了我专访中外沈从文研究学者以及目前所做这些事情的意义和价值所在，当着几十个学者的面，讲了很多鼓励和表扬我的话……

会议结束回到吉首，我和我的同学莫华秀一起就我提出的三十多个问题请教杨瑞仁老师。因为第二天是杨瑞仁老师母亲的九十大寿，我们采访他的时段，正好是他的小女儿从长沙赶回吉首庆贺奶奶九十华诞的火车上，因他要去接女儿，所以只有三个小时的时间。

在近三个小时的专访过程中，杨瑞仁老师回顾了他从事沈从文研究以来的种种经历，一一耐心回答了我的很多幼稚提问。如今回想起杨瑞仁老师给予我的各种帮助，心里充满了感激之情。

在接受我们的采访之前，杨瑞仁老师又将他保存的许多电子版本的沈从文研究资料拷贝给我，并把意大利学者焦石先生、我国台湾学者邱宇芸女士的联系方式提供给我，鼓励我把沈从文研究继续做下去。

作为吉首大学沈从文研究所第三任所长，杨瑞仁老师的讲述不仅涉及了他的沈从文研究，且包含了他在主持沈从文研究所工作期间所取得的相关成果和做出的贡献。因此，对杨瑞仁老师的采访意义兼备了沈从文研究史料记载和沈从文研究所工作展开进程记录双重意义和价值，有利于我们更好地了解沈从文研究发展历程。

现将专访整理如下，以期给各位同仁留下宝贵史料。

张晓眉：您是从什么时候开始从事沈从文研究的？

杨瑞仁：真正开始研究沈从文，从发表学术论文算起，是在1992年。1987年我发表过一篇《论〈雷雨〉对西方话剧的借鉴》，是属于比较文学范畴。但是阅读沈从文的作品是从20世纪80年代开始的。沈从文写的关于湘西的描写，我很熟悉，因为我也是凤凰人，我出生在20世纪50年代，他笔下的凤凰风土人情，基本上我都亲身经历过，感受很深。

在我看来，在吉首大学搞沈从文研究，占了天时、地利、人和几大优点。我来吉首大学工作的时候，是教外国文学，文学院的沈从文研究搞得风生水起，我也加入其中，结合我的本专业，主要搞沈从文文学与外国文学比较研究这一块。

我写的第一篇关于沈从文研究论文是《从"生命"信仰谈到美的抽象——沈从文作品阅读札记二则》。沈从文的生命信仰是比较难理解，所以我就从最难理解的地方做起。现在回过头来看当时写的文章，觉得还是很有必要的，我从真、善、美三个角度了分析沈从文的生命信仰。

张晓眉：截至目前，您一共撰写出版了多少关于沈从文研究的专著？请您谈谈您这些年来的沈从文研究心得体会。

杨瑞仁：撰写出版的专著有《沈从文·福克纳·哈代比较论》，编著了《沈从文研究专题目录集》，2006年，和北京师范大学刘洪涛教授一起编辑出版了

《沈从文研究资料》。还准备出《沈从文述论》，有二十几万字，出版时间还没有确定。

今后的沈从文于地域文化的研究，可以考虑把整个大湘西的文化脉络串联起来进行研究分析，比如屈原曾经写过沅水、澧水，还写过山鬼，沈从文也写过一些相关题材，这是一种什么样的精神联系？屈原是中国第一个浪漫派诗人，沈从文说他是最后一个浪漫派，尽管"浪漫"含义不完全一样，但他们之间的文化脉络有相通之处。

张晓眉：从沈从文研究所成立至今，吉首大学共举办过多少次沈从文研究学术会议？

杨瑞仁：第一次会议应该是在1987年。规模比较大的几次分别就是1998年、2002年、2012年和2014年。其他小型的会议每年都有。那么今年（2014年）三地联合举办的这次会议，虽然在人数规模上不如前几次，但是很有意义，三地的模式很好，这种模式把大湘西的沈从文研究全部调动起来了。

张晓眉：请您谈谈您在担任沈从文研究所所长期间，吉首大学沈从文研究所取得了哪些成果？做出了哪些贡献？

杨瑞仁：在我参与和主持沈从文研究所工作期间，主要做了以下几件事情：

一是策划了2002年沈从文诞辰100周年国际学术研讨会；

二是提出并参与了沈从文纪念馆的构想和设计。

三是编辑《沈从文大辞典》。

这三个项目能够做成，与时任文学院院长简德彬的倡导、支持和组织有很大关系。

张晓眉：请您具体谈谈沈从文纪念馆筹划建设的前前后后。

杨瑞仁：2010年2月10日，吉首大学召开校长办公会，参加这次会议的有校党委书记游俊、校长李明、张建永副校长、文学院院长简德彬、图书馆馆长郑英杰、黄永玉艺术博物馆馆长谷遇春、向成国老师、向青松、李启贵和我。当时我起草报告，并做了PPT（微软公司开发的演示文稿软件），在会上作了二十分钟的展示和讲解，包括我的几个创意、文字设计方案："走近从文、从文之谜、从文习作、抽象抒情、永远从文",这几厅名称是我取的。

沈从文纪念馆建设方案在校长办公会上通过后,文学院派我和周吉文去北京考察,我们两个在北京搞了十多天,看了二十几个纪念馆,认为鲁迅纪念馆的模式风格,比较符合我们建馆的理念和基调。沈从文纪念馆建成后,基本上符合我们当初的设想,虽然正式施工的时候,还有很多设想都因为资金的原因没有实现,但主要方面还是保留了。

我们最初的计划是要建沈从文博物馆,后来因沈家不太赞成,所以就建成了现在的沈从文纪念馆。

关于沈从文纪念馆选址问题,也是一波三折,一开始我看中的地方就在现在沈从文纪念馆这个地方,这个地方原来是《吉首大学学报》的办公地点,当时张建永副书记现场办公的时候,遇到了阻力,打算把沈从文纪念馆地址改到四楼,我不赞同,我邀上郑英杰馆长一起去找张建永副书记,后来还是按照我们开始选择的地址施工了。这让我感到欣慰的。

张晓眉:请您谈谈2002年沈从文诞辰100周年时,国内外来了六十多位专家学者参会,请您谈谈您在当时的所见所闻所思所想。

杨瑞仁:2002年,沈从文诞辰100周年国际学术研讨会是由中国社会科学院文学所、吉首大学和凤凰县政府联合举办的。当时我是沈从文研究所副所长兼秘书长。

举办这次会议,实际上也算是一个机缘巧合。我记得是2月份的时候,我去凤凰办事,我给时任凤凰县县长张永中打了一个电话,因为我要送他一本书。张永中接到我的电话很高兴,他说正准备找我。他告诉我凤凰当时正在准备搞沈从文文化节,让我们吉首大学沈从文研究所搞一个研讨会,资金由他们出,让我们做一个计划方案,做一个预算。

我从凤凰回到吉首大学,就给简德彬院长汇报,因为当时刘一友和向成国老师都去山西太原编《全集》去了,抽不开身。所以就由我主要负责。

我们平时召开会议都很节省,一般就是两到三万块钱。当时简德彬院长就讲,我们麻着胆子搞个五万的预算吧。后来凤凰县的一个副县长来沈从文研究所和我们谈,他就说,这个计划太小气了,应该把规模搞大一点,把国外研究沈从文的专家学者也请来。

后来凤凰县给了四十万的经费，我们请了二百多位外中外沈从文研究学者，国外的专家有美国的金介甫，新加坡的王润华、夏菁、南治国，日本的福家道信、齐藤大纪等，还有一些留学生，国内研究沈从文的专家基本上都来了，沈从文的助手王亚蓉、李之檀等也来参加了。

沈从文百年诞辰国际学术研讨会和沈从文文化节相互辉映，当时很多专家学者来到凤凰，都称像是进入了桃花源一样，会议搞得很成功，出版了一部厚厚的《永远的从文》论文集，时任中国社会科学院文学所所长、《文学评论》杂志的杨仪也写了参会论文《沈从文的凤凰情节》，后来都收进了《永远的从文》论文集里面。

当时吉首大学文学院主要由我负责联系专家学者和接待工作，开会之前，我专程去了一趟沈家，把我们的会议召开方案、用纯银打造的沈从文银像印章样品拿去征求沈家的意见。这个银像是我根据沈虎雏先生指定的沈从文先生的照片，拿到上海造币厂定做的。我去的时候，见到了张兆和先生，我把沈从文的银像章拿给张兆和先生看，当时张兆和先生病得很重，都不能说话了，但是她看到印章的时候，眼泪出来了。

沈家的人都很低调，凤凰原来有个广场取名叫"沈从文广场"，沈家知道了，认为那不符合沈从文先生的做人风格，要求换别的名称。我们沈从文研究所主办的《从文学刊》，原来沈虎雏先生也反对用这个名字，后来他们来吉首大学，我们开了一个会议，我们解释说："取名《从文学刊》有两个意思，一是我们确实是在做沈从文研究；二是这个名字也可以从广义上来理解。"听了我的解释，沈虎雏先生就不作声了，他的夫人张之佩后来悄悄跟我说："他（指沈虎雏）不说话了，你们就用吧。"

沈家有时回凤凰，都是自己悄悄来、悄悄走，谁都不惊动。我在主持沈从文研究所的工作时，有次他们回到凤凰，还是黄永玉的侄儿黄毅给我打的电话，告诉我沈龙朱和沈虎雏一家到了凤凰，我们赶紧去凤凰看他们。他们每次回去都和田世烈的儿子田斌联系，我们找到田斌，也就找到了他们。

那么在开沈从文诞辰100周年国际学术研讨会时，沈从文先生的儿子沈龙朱、二儿媳张之佩也来参加了，也算是会议成功的一个部分吧。

张晓眉：您作为沈从文诞辰110周年全国学术研讨会的主要策划者和组织者

之一，请您谈谈这项工作的具体过程可以吗？2012年沈从文诞辰110周年，全国来了120多位学者。举办这样大型的会议，除了新闻报道的一些事件外，我想背后肯定还有很多故事。能请您给我们讲几个吗？

杨瑞仁：我是2011年年底退休的，但是2012年沈从文诞辰110周年全国学术研讨会的前期工作我都参与了。2009年我们召开了一个沈从文诞辰110周年的预备会议。

2012年的时候，我们还邀请了彭思汉、龙迎春、刘鸿洲等几个人，彭思汉当时刚与沈家签《边城》改编成为音乐剧授权书，他不知道沈家的联系方式，我给他说了，又给他说了我们现在正在举办这样一个会议。他们后来也参加。

张晓眉：《边城》发表七十周年时，您写了一篇《〈边城〉研究述略》，今年是《边城》发表八十周年，在这十年里，您是否还在关注《边城》的被研究状况？这十年中，关于《边城》的论文又有了哪些新的进展？

杨瑞仁：今年我写了一篇关于《边城》的论文，有些观点是以前就有的，结合了一些我最近发现的材料写的，譬如《边城》与碧溪咀地名的关系，人们以前认为边城就是茶峒，茶峒就是边城，事实上不是这样的。恰好在这次边城会议上，叶德政老师在发言的时候提出了一个问题："边城在哪里？"刚好契合了我的观点，所以我发言的时候也讲到了这个问题，大家听了都为之眼前一亮，因为这是大家以前没有留意的问题。这篇论文收入到了这次《边城》会议论文集中了。

这次会议我提交了两篇论文，另外一篇是关于意大利学者焦石的著作。焦石是沈从文研究专家，这几年，我一直关注着他的著作《轻盈地掠过现代性的泥淖——沈从文小说中的反讽意象和异域情调》翻译情况，他的这本著作是很有水平的，值得我们中国沈从文研究学者借鉴。焦石是一个很严谨的学者，仅这本书的书名他就修改过好几次，书名一开始是《从沈从文的作品的反讽和异乡情调看沈从文的现代性》，后来改成《轻盈地掠过现代性的泥淖——沈从文小说中的反讽意象和异域情调》，他的中文修养非常高。

张晓眉：在您的沈从文研究中，关于《边城》您写过多篇论文，比如《老船夫的俄狄浦斯追求——〈边城〉与〈俄狄浦斯王〉悲剧因素比较》《七十年来国内学者〈边城〉研究述评》《〈边城〉研究述略》《"类意识"与沈从文的创作》等，今年是《边城》发表80周年，请您谈谈您对《边城》的理解和今后我们应该以怎样的方式来诠释《边城》。

杨瑞仁：关于《边城》研究，我曾经写过一篇《七十年来国内学者〈边城〉研究述评》，我是用三种方式进行阐述的，分别是牧歌——中国人形象说、悲剧——命运说和象征——原型说。《边城》曾经被认为是千年不磨的珠玉，指的就是《边城》艺术性很强，珠圆玉润，内涵深厚，有讲不完的话题，其实这也就是《边城》成功的地方。

张晓眉：今年是沈从文先生文学创作九十周年暨《边城》发表八十周年，今天我们在《边城》故事发生地召开这个研讨兼纪念会议，感受一定不一样，必然会有思想的火花闪现，请您谈谈您对此次会议的感想和期待。

杨瑞仁：这次会议举办得比较成功，和《边城》发表七十周年那次会议相比，发展进步了很多，规模也大了很多，还邀请来了那么多的老前辈、老专家，他们所讲当年开创沈从文研究所、从事沈从文研究的故事，对我们同样是一种激励，也是一笔宝贵的财富，因为再过十年，这些老专家不一定还有精力来参加会议，从这个角度来讲，就更显珍贵了。

我认为今天在边城茶峒举办的这个会议，是一个非常好的模式。由于资金局限等方面原因，每年都举办大型会议行不通，那么我们可以举办一些中、小型的会议，逢五逢十举办一次大的会议，这种模式是可以行得通的，就像今天举办的这次会议，甚至可以各地方轮流举办，这种联合举办会议的模式应该发扬下去。

张晓眉：在您的研究文章中，频繁出现这样的文字："哈代、福克纳家乡一年一度举行作家的研讨会。旅游者慕名而来。"我们的沈从文研究学者遍布全国乃至世界，我们今后是否也能每年在湘西举办一次比较大型的作家研讨会？

杨瑞仁：当时我在写这句话的时候，就是有这方面的考虑。当时我就想，哈代、福克纳家乡每年都能够举行作家研讨会，他们能行，沈从文影响也很大，我们同样也可以借鉴他们的运行模式。因为湘西本身就是一个旅游地，我们有这个条件。我们完全可以采取一种参会者自理费用模式，同时扩大参会者的范围，我们现在召开会议，包办了一切，只请研究沈从文的学者，这个范围我认为太窄了，对那些热爱沈从文文学的普通读者，我们是不是也可以请来呢？研究者和普通读者同时与会，很可能会碰撞出很多有益的思想火花。可以采取自愿原则，以会养会的模式。可以试一试。

张晓眉：在2000年您写了一篇《近二十年来国内沈从文与外国文学比较研究述评》，您在文中说："近年来国内沈从文与外国文学的比较研究，涉及美、英、法、俄、日本、加拿大等近十个国家的文学，涉及近二十个作家近百部作品。"截至今天，又过去了十多年，能请您谈谈在这十多年中，沈从文文学与外国文学比较研究有了哪些新的进展，除了与契诃夫、屠格涅夫、莫泊桑、乔伊斯、托尔斯泰、狄更斯、卢梭、安德森、劳伦斯等，又出现了哪些新的作家。

杨瑞仁：这些年沈从文文学的比较研究，在国内有了一些发展，这是我们沈从文研究的一个学术增长点，因为比较文学研究比较容易出新的观点和看法，能够帮助我们了解这些作品。现在已经全面展开了，但是有条理、专题性的研究还是比较少。在国外这种比较研究是比较普遍的，也是一个很常用的方法。至于国外关于沈从文的比较研究，主要与夏志清、金介甫、王润华、焦石、邱宇云等有点联系，了解多一点，他们涉及面很宽，其他学者见过介绍，了解还不够深入。

张晓眉：您在《近二十年来国内沈从文与外国文学比较研究述评》中说："在中国现代作家与外国文学比较研究的进军中，沈从文研究还是一个薄弱环节，已取得的成果也没引起足够重视。"现在距您写这篇文章过去了十多年，这种状况是否有所改善？

杨瑞仁：国内关于这方面的研究，已经大大改善和改观，可谓今非昔比，不成问题。

张晓眉：您主要从事中外乡土文学比较研究与沈从文研究，现在还在担任湖南省比较文学学会副会长吗？

杨瑞仁：湖南省比较文学学会副会长这个职务我还担任。2015年，吉首大学张家界学院准备召开一次中国文学与世界文学比较研究会，就是由我们组织。

张晓眉：请您谈谈八十年来域外沈从文研究所取得的成果和做出的贡献。

杨瑞仁：关于国外的沈从文研究，20世纪30年代斯诺出过一本书名为《活的中国》，评价沈从文为"中国的大仲马"，到了20世纪60年代，夏志清撰写出版了《中国现代小说史》评价沈从文在中国现代文学史上，没有人超过他。夏志清对沈从文评价很高，他甚至影响了后来美国华语界的沈从文研究，他的《中国现代小说史》曾经被作为经典教材，影响很大。后来就是聂华苓的《沈从文评传》，金介甫虽然是研究历史的，但是他对文学也很有研究，所以他把沈从文的文学放在多国视野下参照进行研究，很有水平的。但与意大利学者焦石的沈从文研究比较而言，焦石是纯文学的研究，金介甫是从历史的角度来进行研究。

另外，20世纪70年代，澳大利亚学者普林斯的沈从文研究搞得早，现在我们看他的研究水平，可能会觉得不高，但是当年能够那样，已经是很不容易了。

近期国外的沈从文研究影响比较大的应该是焦石，他的研究是很有水平的。我所了解的大概就是这些，还有很多国外的学者在研究沈从文，但我们掌握不多，没有建立联系。

张晓眉：请您谈谈您和刘洪涛老师一起编撰《沈从文研究资料》这部书的过程。当时是什么促使您编撰这部书的？

杨瑞仁：2002年刘洪涛老师来湘西凤凰开会，我和他就认识了。2003年，天津人民出版社约他编一部《沈从文研究资料》上下卷，他邀我一起做。版权归出版社，出版社给我们稿费。我主要是负责资料索引这一块。因为之前我出版了一本《沈从文研究专题目录集》，在这本书的基础上，补充、扩展，这本书真的做得太辛苦了，现在这本书是做沈从文研究的必备资料之一，它的价值、意义还是较大的。

张晓眉：请您谈谈您的专著《沈从文·福克纳·哈代比较论》《沈从文研究专题目录集》等著作的写作过程。

杨瑞仁：在写《沈从文·福克纳·哈代比较论》之前，我淘到了几个话题：乡下人、乡土、乡巴佬、乡土变迁、乡土重建、乡土叙述。我从上面几个作家当中提炼出了这几个话题，如果要完全展开的话，五本书都不够写。严格来讲，我这本书只能算是一个提纲，就其中的一个话题就可以写成一本书。原来计划退休后要好好写一下的，但是现在工作太忙了，没有时间和精力来做。这本书提炼出了这六个话题，还是有价值的。

当时写《沈从文研究专题目录集》这本书，开始主要是为了自己研究方便，因为研究每个专题都需要查阅相关资料，于是我就把资料归了类，查阅的时候方便快捷，因为此前没有人做过，我自己做出来之后发现还不错，所以就出版了，和大家一起共享。后来刘一友老师专门给我讲："你这个书编得太好了。很方便查阅，为我们搞研究节约了很多时间。"

张晓眉：请您谈谈沈从文早期文学创作的成败得失，对他在成熟以后的文学创作起到过哪些作用？

杨瑞仁：沈从文早期文学作品都看过，早期的作品感性的东西比较多，那么到了中、后期，沈从文的作品就很理性了。主要从哲学、文化等角度来写作，给人的感觉境界要比早期高一些。但是他初期多数是好作品，他的写作和认识都是在发展变化的。比如他早期写的《棉鞋》中的熊希龄形象和他后来写的《芷江县的熊公馆》熊希龄形象就有很大的变化，早期作品对熊希龄是有很多微词的，那么在后期写作就理性了很多，他在评价一个人物的时候，是放在整个大的历史背景下来看的，比较客观，这就是一种境界。

张晓眉：您在《〈一个传奇的本事〉的内涵及地位》分析出了这一作品中所蕴含的四个内容，但我在读这篇作品的时候，却不能读出您所分析出来的内涵，因此给了我一个启发，今后我在研究沈从文先生的作品时，应该结合湘西历史，才能更好地理解沈从文作品的真正内涵。您能给我们讲讲，如何才能将沈从文文学与湘西历史文化更好地结合起来进行研究？

杨瑞仁：这篇文章我是从一个知识分子的沉浮史、兴衰史、超越局限与希望之歌和自我剖析等几个方面来论述的，我很看重《一个传奇的本事》，我把它归入到湘西的三部曲之一（《湘行散记》《湘西》和《一个传奇的本事》）。《一个传奇的本事》是一篇非常重要的作品，两万多字，我认为这部作品是可以和《湘行散记》《湘西》相媲美的。

张晓眉：您是沈从文研究专家，对当下影响较大的湘西凤凰作家田耳也有研究。您曾经写过一篇《传承与超越——凤凰·沈从文·田耳》，您能给我们具体谈谈田耳在继沈从文之后，在文学方面所体现出来的"传承与超越"主要是表现在哪些方面？

杨瑞仁：在田耳二十岁的时候，我就认识他了，当时他没发表任何作品，认识他的时候，我觉得这个孩子极有灵气。

后来读到田耳在《神地》上发表的三篇作品，就觉得他真是出手不凡，有一种凤凰文脉后继有人的感觉。后来我写了一篇田耳和沈从文在文化上相通的文章。我认为，田耳应该说是继沈从文之后，凤凰文脉的一个很好的传人，同时他又有一些超越。像沈从文那样的文风，田耳受影响不大，但是他继承了沈从文精神上的一些东西。

田耳每年大年初三都要去给沈从文烧纸。田耳说，那一年去给沈从文烧纸，他的第一篇作品就发表了。从那之后，他每年都要去给沈从文烧纸，我认为这是一种精神的影响，一种非常可爱的迷信。

田耳曾经给我讲，他并不喜欢沈从文的那种写法，因为这种写法在现在很难有市场。田耳现在作为专业作家，走的是专业作家的路，所以他寻找到了自己的路，从这方面来讲，他有所超越。

田耳的作品可读性很高，他的语言一下子就能把你抓住，最近他又写了两部侦探小说，把社会各方面的问题充实进去，让你紧跟着他的步伐走，从这方面来讲，他也有所超越。

这是田耳自己走出来的路。凤凰有这么一个人，是非常不容易的，如果仅仅只是模仿沈从文，那是没有出路的，这是田耳了不起的地方，而且他还很年轻，才三十几岁，正是写小说的时候，今后是大有可为的。

张晓眉：您在《沈从文与湘西旅游》一文中说："湘西旅游的发展与沈从文的湘西美文密切相关，特别是凤凰古城美名远播与沈从文的创作和名声更是紧密相连。"能请您谈谈湘西旅游热与沈从文的乡土作品具体有哪些关联可以吗？

杨瑞仁：这个关联度很多很密切的。沈从文不仅是作家，他还是从事媒体工作的，20世纪30年代他主持《大公报·文艺副刊》，可以说从那个时候开始，沈从文就在有意识地将湘西介绍给世人。

沈从文写了很多关于湘西的作品，在他的笔下，多丰富、多绚丽的湘西画面！湘西人民的淳朴、热情，沈从文的作品让外界深入了解湘西。这种传播对湘西是很有意义的，也是很了不起的。虽然以前屈原、陶渊明都曾写到过湘西，但是湘西真正为世人所认识，是从沈从文开始的。文学的影响力很大，它能给人们带来一些想象，那么现在很多人来湘西旅游，很多是冲着沈从文来的，因为沈从文在文学中给了他们一种想象空间。

张晓眉：您在《从"生命"信仰谈到美的抽象》一文中谈到，执着追求爱和其生命深度的人，只能"与幸福永远分手"，爱几乎是牺牲的同义语，也许正是在此意义上，沈从文说"爱与死为邻"，"我是个对一切无信仰的人，却只信仰'生命'"（《水云》）。我们如何来理解沈从文提出的这个"生命观"？

杨瑞仁：在我理解，沈从文的这个生命观是从表现真、善、美等角度来理解的。真，是一种智慧；善是一种创作，与一定的形式结合起来，就表现出一种美。这种真、善、美的逻辑关系，沈从文生前对他所提出的生命观并没有具体阐释过，是我通过阅读他的作品做了一点分析。

张晓眉：在我看来，沈从文先生能活下来，堪称奇迹。在战火硝烟时代，身边许多人因战火而死去；在"文革"期间，许多人因承受不了政治等压力，相继选择结束自己的生命。沈从文也有过此类行径，死神却一再从他的身边擦肩而过，他奇迹般活了下来，更为重要的是，他克服重重困难，撰写出《中国古代服饰研究》这样一部开山巨作。请您谈谈沈从文先生的生存哲学观。

杨瑞仁：沈从文能够活下来，确实存在着一种传奇性，但更重要的是，沈从文很睿智。新中国成立后，他选择了物质文化史研究，这是一个很明智的选择。他从事服饰研究，不与人争得失，所以他逃过了很多劫难。你看他们那一代人，比如老舍，自杀了；像丁玲，在北大荒搞了十几年，都是很惨的。现在很多人评价沈从文不继续文学创作太可惜，其实他们不理解沈从文，不了解他的智慧和深度。

张晓眉：您曾专门撰写《从世界乡土文学的缘起谈沈从文的文学地位》探讨沈从文的文学地位，引用了很多颇具说服力的数据，当时写这篇文章的背景是什么？

杨瑞仁：当时有很多期刊搞作家排行榜，沈从文的位置一般在第二、三、四等几个层面徘徊。我觉得这种排列依据不足，说服力不够。

能不能客观一点、科学一点呢？那么从哪个角度来衡量一下沈从文的文学地位比较客观呢？我认为数据是最具说服力的。所以我就从数据统计开始着手：研究沈从文的著作、论文有多少，研究《边城》的论文有多少，做了很多数据统计，然后把他和同时代作家进行比较，最后得出鲁迅、沈从文、张爱玲这样一个排位。我这篇文章做得还是很扎实的，就是现在看来，依然还是有一定说服力的。当年凌宇看到这篇文章，也给予了比较高的评价，认为我写的持之有据，有说服力。

张晓眉：关于沈从文与丁玲之间的恩怨，在20世纪80年代曾经有一些学者写文章辨是非，后来李辉先生还写了一本《恩怨沧桑——沈从文与丁玲》……对于沈从文与丁玲之间的恩怨，我们应该秉持一种什么学术态度比较合适？

杨瑞仁：沈从文与丁玲本来是两路人，但是由于胡也频和乡情的缘故成了朋友，后来又分道扬镳，这是很自然的。不管后来怎么样，他们曾经一起奋斗过，从这个角度来讲，是应该值得肯定的，那些过去了的个人恩怨，我们应该客观对待。

张晓眉：请您谈谈吉首大学的沈从文研究过去的成就。

杨瑞仁：吉首大学研究沈从文，占了天时、地利、人和等优势。通过几十年的发展，形成了一个研究团体和氛围，现在研究队伍已经达到了一定的规模，国内外对吉首大学的沈从文研究成果和成绩评价也比较高。吉首大学出版过研究沈从文的学术专著的教师有十几个，因研究沈从文获得教授职称的也有十几个。《吉首大学学报》推出了四期沈从文研究专号，共计一百一十多万字；开设了沈从文研究专栏。多次主持召开沈从文研讨会，其中大型的有五次，出版了六辑《从文学刊》。2012年建成了沈从文纪念馆，《沈从文大辞典》也即将编完付梓。参与编辑了《全集》《别集》，主持编撰了《长河不尽流》等纪念沈从文先生的文集。这些成就的取得，从国内外的沈从文研究成果来讲，都是丰硕的，但在专题研究的深度方面还有待进一步努力。

张晓眉：您怎样看待我国当前的沈从文研究队伍，是继续勃发，还是出现了后继乏人、学术研究断层这么一种现状？

杨瑞仁：当前的沈从文研究队伍还是比较壮观的，博士、硕士学位论文和学术论文成千上万，这个数字是非常大的，沈从文研究已经更上一层楼。

张晓眉：随着沈从文研究的不断深入，沈从文研究已经涉及了几乎每一个领域，比如生态、精神病理等，您作为已有三十多年研究经历的沈从文研究专家，您对当前沈从文研究肯定有很深刻的见解，您觉得当前沈从文研究的这种多元化是否是一种学术疲劳现象？

杨瑞仁：多元化本身是一个好事情，关键是看你怎么做，用一种什么样的态度去做。这个是有相互作用的，不应该拒绝这种多元化研究模式。

吴世勇博士专访

吴世勇博士（左）接受采访后与采访者张晓眉
（右）在北大合影留念

写在前面的话： 2014年10月14
日，我去北京大学采访《沈从文年
谱》的作者、正在北京大学访学的吴
世勇博士，采访地点是在吴世勇博士
的本科同学、现在北京大学任教的蒋
洪生教授的办公室，参加采访的还有
北京大学在读博士生李浴洋先生、张
一帆先生、路杨女士。

因我住在朝阳区，吴世勇博士前
一天和我约好十点开始，我担心路上
堵车迟到，所以起了个大早。到北京
大学的时候，才八点，距约好时间还
有两个小时，于是我决定不打扰吴世

勇博士，就在北大四处转了一圈。

我虽在北京住了一些年头，但从未来北大校园游览过，看到
北大久负盛名的红楼，古朴中满是历史的厚重和沧桑；走到风景
如画的未名湖时，不知为什么，我想到了老舍先生……

一路走走停停，心里想着，沈从文先生曾经参加北京大学的
入学考试，后又在北大担任教授，在北大校园，曾留下过沈从文
先生的足迹。亦或许，我现在正走的这条路，也曾留下过沈从文
先生的足迹……

一路走着想着，无意间竟然来到了北京大学考古系门口，

让我产生一种心遂人愿的感慨来……北大考古系刚成立时，展室里一大半的物品都是从沈从文先生家搬过去的（参看汪曾祺的回忆）。

众所周知，新中国成立后，沈从文先生转行物质文化史研究，历经三十余年坎坷，他撰写出版了一部我国古代丝绸、服饰研究领域的开山之作《中国古代服饰研究》。沈从文先生的学生王㐨先生曾在中国社会科学院考古所工作多年，他曾是中国考古领域最具实力、最负盛名的专家，由他发明的丝网保护技术，为保护文物做出了重要贡献！他还曾经利用这项技术，成功修复了阿尔巴尼亚的国宝——6世纪和9世纪的两本残破羊皮纸《圣经》；1972年由王㐨先生主持发掘的长沙马王堆汉墓，由于他的高超技术，成功科学发掘并保存了大量的纺织品文物，业内人士称他所做的工作具有国内里程碑式纪念和传承价值。随后王㐨先生和沈从文先生的另一位助手王亚蓉女士（现任中国社会科学院考古研究所特聘研究员、文化遗产保护研究中心古代纺织品保护研究部部长）一起，参与了湖北荆州江陵马山一号楚墓、陕西法门寺唐塔地宫、河北满城中山王刘胜墓、北京大葆台汉墓等挖掘保护工作。王㐨先生协助沈从文先生成功出版了《中国古代服饰研究》；沈从文先生去世后，王㐨先生又为《全集》的编辑出版尽心尽力，并将其所有资料全部贡献出来，为《全集》的顺利出版做出了杰出贡献。

1988年，沈从文先生离开了我们……

1997年，王㐨先生不幸离世……

望着北京大学考古系几个刚劲有力的大字，我感慨万千！

岁月沧桑，旧貌新颜，逝者已逝，唯其留下的事业，将万古长青！

事业在，必将有为之奉献的人们的身影在，这样想着，又觉得欣慰许多……

转眼到了与吴世勇博士约好的时间，我如约来到采访地点蒋洪生教授的办公室。

近两个小时的采访，吴世勇博士渊博的学识，深入浅出的讲解，让我受益颇多，与其说是采访，不如说是吴世勇博士给我们上了一堂生动的沈从文文学课。

采访结束，已是中午十二点，蒋洪生教授请我们去北大东门金盆地饭店午餐，席间得知蒋教授是我的湖南同乡，无形中亲切了许多！

午餐结束，与大家告别。

吴世勇博士送我去地铁站，我们站在路边，吴世勇博士又给我讲了近一个小时，让我深受感动！

现将对吴世勇博士的专访整理如下，期望给后来的学者们一些有益启发。

张晓眉：您是从什么时候开始阅读沈从文先生文学作品的？请您谈谈最初的阅读感受可以吗？

吴世勇：最初阅读沈从文先生的作品是在上世纪90年代读本科的时候，那时的教材虽然留有时代印记，对沈从文先生文学创作仅有几段简单的文字，但社会上"沈从文热"早已兴起。受时代风气的影响，我们课后都去阅览室找他的作品来读。说到最初的印象，说起来有点奇怪，我的印象是沈先生作品的语言很生拗，不像中学时读教材里那些现代作家的作品那么顺。其实也不奇怪，中学教材里的现代作家作品，很多都是作者或编辑为了适合中学生阅读做过修改的，再则沈从文先生作品的语言特点现在一般不都说是"文白杂糅"吗，他一些湘西题材的作品还夹杂了不少湘西地方方言，这自然会给那时刚刚接触沈从文先生作品的我留下这样的印象。

张晓眉：据了解，您目前在学校开设了"沈从文研究"选修课，请您谈谈您的教学效果和学生们的反响，可以吗？

吴世勇：开设"沈从文研究"课程，是因为现在网络上流传的大多是些与沈先生婚恋有关的东西，学生接触这些类似八卦花边的东西多了，对沈从文先生的认识难免会产生偏差，开选修课就是想给学生一些比较真实和可靠的信息，有助于他们正确理解沈从文的为人。另外，沈从文先生的作品虽然现在评价很高，但据学生反映，他们读下来还是不易理解，不知道这些作品好在哪里，开设选修课也是要引领他们去阅读和欣赏这种故事性不强，而审美性比较强的作品。学生也反映，他们听完课后对沈从文先生的理解加深了，不仅仅是知道他和张兆和的恋爱故事或者与高青子的婚外恋了，也为他出生在偏僻的湘西，却从一个仅高小毕业的年轻人通过努力成为著名作家的奋斗历程所感动。我们学校很多学生也是出生在少数民族地区的，所以他们对沈先生的经历很有共鸣。

张晓眉：据了解，您的本科学位论文选题是关于沈从文研究的，具体是研究哪部作品？当时为什么会选择沈从文文学作品作为学位论文选题？

吴世勇：最初我选择将沈从文研究作为我的学位论文选题，主要是因为当年读了《边城》后，觉得大多数研究论文不管是肯定或者是否定的，都是从"阶级"的视角去解读，自己有些不太认可，也就搜集了一些相关资料，写了篇关于《边城》意蕴分析的论文。现在想来真是有那么一股初生牛犊的勇气。

至于硕士学位论文选题继续选择沈从文研究，主要是因为本科学位论文是研究沈从文，多少有些熟悉，就想着还是接着做吧。

到了确定博士学位论文选题的时候，其实我是想换一个方向的，认为这样可以逼迫自己多读一些书，涉猎面广一些，打开一下自己的学术视野。但是机缘巧合，我的导师杨扬和天津人民出版社一直都有联系，当时天津人民出版社找杨扬老师编一部《沈从文年谱》，因为他当时还有另外一个任务，就是编《莫言研究资料》，因此编《沈从文年谱》这个任务就交给了我。

我做《沈从文年谱》，主要是以《全集》为主要参考资料，其中又补充了一些《全集》没有涉及的内容。这项工作做得真的是很辛苦，因为沈从文先生自从投身新文学创作事业后，写作就非常勤奋，当年即被称为"多产作家"，到晚年依然勤奋写作，现在留下来的包括文学和文物研究的文字，共整理出版的《全集》就有皇皇三十二卷之多，要把其中与沈先生生平行迹有关事情整理出来，工作量不小。收入《全集》中的沈从文的书信里有很多具有史料价值的内容，但要辨析其中涉及的人事，将这些内容概括、梳理、勾勒出来，是非常辛苦的一项工作。另外，沈从文先生的创作历史几乎贯穿了整个现代文学史，与他关涉的文学史上的人和事都不少，要编好他的年谱，几乎要把整个文学史都梳理一遍。

因为编《沈从文年谱》占用了我很多的时间和精力，博士论文也就不可能再选择其他方向，因为没有时间和精力再去研究其他的，所以就继续选择沈从文研究做博士论文。

张晓眉：《沈从文年谱》是2006年出版的，如今已经过去了近十年，如今回过头去看，这部著作是否存在有待修改的地方？在这期间，您是否发现新的资料？我在网上搜索想要买这本书，但都处于无货状态，以后准备重印吗？

吴世勇：《沈从文年谱》肯定有许多不足的地方，因为自己是第一次做这个工作，也没有什么经验。另外，自从《沈从文年谱》正式出版后，这些年在研究者的共同努力下，又新发掘出了很多资料，而且一些还是很重要的资料，当然有必要对《沈从文年谱》进行修订与完善。

前几天，我还和裴春芳女士聊到她2008年发现的发表在香港杂志《大风》上的《摘星录》。这是沈从文一篇非常重要的作品。

诸如此类的大量资料不断被发掘出来后，以前不太能确定或说清楚的，现在基本上比较清楚了，那么对《沈从文年谱》做修订，把一些以前遗漏或者新发现的东西，特别是像真正的《摘星录》的写作与出版情况这样的史料充实到《沈从文年谱》中去就非常有必要了。

2012年12月，我在参加沈从文诞辰110周年全国学术研讨会时，吴正锋博士就谈到《看虹录》中的"虹"应该是张充和的问题。但是当时我觉得他主要是从文本分析上去说明问题，没有其他的史实材料去佐证，这难免有一种主观臆测之嫌。当时安刚强老师和我同住一屋，他也认为恐怕不能这样处理问题，因为单从沈从文作品本身进行推理，虽然有一定道理，但作家的作品所写和他实际生活还是有一定距离的，不可能完全等同起来。换句话说，我们可以从作家实际生活出发去分析他作品的内容，但反过来做是不行的。

张晓眉：钱谷融先生在您的《沈从文年谱·序》中说，《沈从文年谱》与您的博士论文形成了彼此辉映的"双璧"，凸现了论说与史料相互印证的价值与魅力。请您谈谈您的这部著作与博士论文的形成过程可以吗？

吴世勇：在我的理解中，钱先生在《沈从文年谱》的序里写的这些话，主要是他对我这样的后学晚辈的鼓励，非常感谢先生能给我的《沈从文年谱》作序。

现在回过头来看《沈从文年谱》，尤其是我的毕业论文，个人觉得还是有许多有待完善的地方。我这次来北大访学，一个目的就是想对《沈从文年谱》进行修订完善，另一个是把我的博士论文《论影响沈从文创作的六个因素》进行修改完善后，准备公开出版。

读博期间，为做《沈从文年谱》这本书，查阅了很多资料，书做完后，大概有五十多万字，学位论文写出来后，也有二十多万字。三年时间，码这么多字，想想都觉得挺累的。而且读博的三年中，除了做这两件事情，还要选修很多课程，完成专业要求修够的学分，时间排得很满。说实话，在写博士论文时，我几乎都快受不了了。写完以后，虽然知道还有很多毛病，但是因为太累，也无力再去修改了。

我的论文是在编写《沈从文年谱》翻阅各种资料的过程中慢慢形成的，当时觉得这六个方面的问题，有的以前的研究者关注不够，有的还可以深入一步进行探讨，就这样把要写的内容确定了下来。比如论文的第四章探讨沈从文在大学的从教经历对他创作的影响，其中对沈从文从教经历的有关史实的梳理，就纠正了此前的一些颇有影响的误传。而系统地探讨沈从文不同时期在不同大学任教对他创作心态的影响，就是此前研究者关注较少的地方。论文第二章主要是探讨沈从文的创作与北京和上海这两座城市的关系。当时我有一个观点，就是受到了范家进老师的启发。范老师的一个观点就是沈从文最初写的湘西题材的作品与当时以鲁迅为代表的乡土文学的风格、视角是不一样的，他最初投稿孙伏园主编的《晨报副刊》即被拒绝，后来甚至与鲁迅产生误会，在此情况下，为什么沈从文还能够在北京文坛冒出来？范老师认为这是得益于新文坛的分化，特别是《新青年》编辑群体分裂，譬如鲁迅与胡适当时就开始走向了两种不同的道路。在这种走向多元的文坛格局下，有了胡适等人的扶持，沈从文就有了机会，所以沈从文在20世纪20年代就能够在北京这样一个地方冒出来。顺着这个思路，我提出沈从文20世纪20年代末移居上海后，在出版业的商业化转型后所形成的一个比20世纪20年代的北京更加多元的文化环境中，他以个人的力量即站稳了脚跟，闯出了一个新天地。因此自由多元的文化环境是沈从文创作获得成功的最可靠的保障。

因为当时刚做完《沈从文年谱》的关系，在描述沈从文在北京和上海的创作情况时，还是有很多具体详细的资料做支撑的，但这样的立论显然不够全面。记得当时郜元宝老师顺着我的思路问了个问题："同样是北京和上海的文化环境，

为什么只有沈从文冒出来，别人为什么冒不出来呢？你说一个分化的趋于多元的
文化环境为沈从文的成长提供了一种条件，那其他的人为什么就不能利用这个条
件成长起来呢？"他的这个问题当然可以用沈从文创作的独特性去加以解释，但
他之所以有此一问，显然是我在写这一章时，论述不够周全造成的。

张晓眉：我注意到《沈从文年谱》有一个特点，就是在每年沈从文的本事
前，选取一些与沈从文本事有关或当年在国内外政治、文化中产生重要影响的事
件，这种年谱的编选方法是您参考了前人已有范例，还是您的独创？请您谈谈您
选择这些事件的标准是什么？把当年的大事件选编在每年的最前面有交代社会历
史背景用意外，还有别的考虑吗？

吴世勇：关于为什么选一些大事放在每年沈从文的本事之前，我在年谱的编
纂说明里已经做了说明，三点编选原则就是我的用意。这种做法当然不是我的独
创，前面说了，编年谱我是新手，当年我从导师那里接受这个任务前，其实是有
点犹豫的，因为我对自己编的年谱能不能给沈从文研究带来些新的东西没有把
握。后来，我先去把近些年的沈从文研究资料翻了一遍，又去找了不少别人编的
年谱来学习，大约考虑了一个星期，才鼓起勇气接受了这个工作。说到我为什么
选择这种做法，其实最初是源于翻阅《全集》中收录的沈先生1949年之后的那些
书信。这批写给家人和朋友的书信有很大一部分是《全集》出版时才首次和读者
见面。我在读这些书信的时候，觉得这些书信对我们了解沈先生1949年之后的生
活和思想有很大的帮助，不过其中涉及的一些人事和沈先生的一些看法，如果不
了解当年发生的一些大事，恐怕不好理解。也就是说沈先生的一些言行，要放在
当年大的社会背景下才好理解。我看到别人编的年谱中也有这样的先例，就跟杨
扬老师谈了这个想法。他认为其实1949年前沈从文的文学活动，也只有放在整个
的社会和文坛的变动中来看，才能得到比较准确的认识和理解。因此就确定把这
作为统一的体例，按前面说的三个编选原则，选择一些大事放在每年的本事前。

张晓眉：据了解，沈虎雏先生现在已经收集到了有两卷之多的沈从文佚文，
如果这些佚文公开出版后，您是否有计划将这些佚文内容增入到您的《沈从文年
谱》中再版？

吴世勇：关于沈虎雏先生收集的佚文的具体情况我不是很了解，但从这些年

沈从文研究的情况来看，他能收集到的佚文有两卷之多并不奇怪。当然，这些佚文如果虎雏先生已经正式编辑出版了，具体的文字自然就没有必要再放到《沈从文年谱》中去，但这些佚文的写作、发表情况，以及其中一些重要的信息，自然要增加到修订后的《沈从文年谱》里去。

张晓眉：我看到《沈从文年谱》这部著作前面排版了很多珍贵照片，您能讲讲这些照片和文字解说是来自何处吗？

吴世勇：这些照片是沈家提供的。因为这些照片本来是在编《全集》时使用的，所以解说文字也是原来就有的，他们给我的时候文字和照片就是附在一起的。说到这里，首先要感谢刘洪涛老师，论起辈分来，他是我师叔了。当初出版社提出《沈从文年谱》前面最好有些沈从文先生不同年代的照片，能够比较直观地反映出他的生平经历，并让我和沈家联系。但那时我并没有沈家的联系电话和地址，是托刘老师向沈家提出这个请求的，后来我从上海到北京去取照片，也是刘老师带我到沈虎雏先生家的。当然，这里也特别要感谢沈龙朱和沈虎雏先生，他们不但让我到家中把这些精心编选好的照片拷给我，还授权同意我在《沈从文年谱》中使用这些珍贵的照片。我跟两位先生事先并没有见过面，在得知我编年谱需要用到沈先生照片后，他们慷慨答应了我的请求。记得刘老师带我到虎雏先生家后，我向沈虎雏先生请教了一些编年谱时遇到的问题，沈虎雏先生一一耐心地做了解答。不过最后却有些遗憾地告诉我，照片不在他那里，而是存放在龙朱先生家中的电脑里，所以还得麻烦我再去沈龙朱先生家一趟。因为刘老师还有事，就没有陪我去沈龙朱先生家了。我电话跟沈龙朱先生联系上以后，就打了个车过去。因为怕我到了后不好找，沈龙朱先生还亲自到小区的门口来接我。离开的时候，沈龙朱先生又亲自送我到楼下，并细心地告诉我返回住处的路线。这一切现在想起来，还依然非常感动。

我们知道，沈先生晚年的时候，对于那些向他求教的人总是热情地指点，甚至无私地把自己辛苦积累的资料提供给他们。作为儿子一辈的沈龙朱和沈虎雏先生的行事，以及作为孙辈的沈红的热心公益，所有这一切，处处都能让我们感受到沈家的良好家风。

张晓眉：我仔细阅读了您的《沈从文年谱》，发现很多地方都具体到了某年某月某日某时，可见您为这部著作付出的辛勤劳动。除了参阅了《全集》外，还有哪些资料是您主要参阅的？

吴世勇： 其实事情没有你想象得那么复杂。编写年谱时，比较方便确定时间的，就是作品的写作和发表的时间。因为沈从文在很多作品的文末都标明了写作时间的。《全集》中还收有沈从文若干日记片段，这也可以使记事精确到某日的。此外，沈从文的一些活动，我是依据《全集》中收录的书信的记述勾勒出来的，这只要下点笨功夫也可以做到。当然除了《全集》，还参考了其他的资料，比如与沈从文有交际的一些作家、名人，像胡适、周作人、朱自清、施蛰存、叶圣陶、吴宓等，他们都有日记出版，其中就有记录他们交游活动的，这也很方便把时间确定到某日。有的当然就比较麻烦一些，比如需要从与沈从文有交往的人的书信去找，像丁玲、林徽因等人。还有一些不那么有名的人，现在也零星公布了一些他们的书信，像刊载在《新文学史料》上的程万孚、程朱溪兄弟的信，那么也可以依据这些材料去确定。最不容易找的，当然是散见于一些纪实性散文上的材料。做资料工作，确实是要费心费力，有时限于资料和个人识见，错误也难免，只要研究者使用时能理解其中难处就行了。

张晓眉： 您的硕士、博士论文选题，包括您撰写发表的多篇学术论文均是关于沈从文研究。请谈谈您这些年的沈从文研究心得体会可以吗？

吴世勇： 当年博士论文答辩完后，我把老师们提的问题和论文中写得不够完满的地方都标了出来，打算以后做进一步的修改完善。此后，我对论文的不足之处进行了深入思考，看了一些新的材料，加上我给学生们上选修课，也要讲这些东西，在这个过程中就逐渐形成了一个认识，即做沈从文研究终归是在回答一个问题：沈从文的文学创作有何独特性？

我的毕业论文第一章讨论沈从文与湘西的关系，从湘西为沈从文提供了写作资源这样一个角度切入，认为是湘西的独特性使沈从文在众多作家中凸显出他的独特性，显示了他创作的独特价值，因此得到了像胡适、徐志摩等名家欣赏。当时想回答的其实就是这个问题，但这多少有些题材决定论的味道，湘西确实有其特殊性，但不见得以此为题材的作品就是独特的。

最近在读张新颖教授和解志熙教授撰写的关于沈从文研究方面的著作，对我很有启发。

张新颖教授对沈从文的文学发展和整个人生所取得的成就进行了概括，认为沈从文是文学家、思想家和实践家。因受了张新颖教授相关论述的启发，我认为要搞清楚沈从文如何从一个较低的起点到最后成为文学大家，首先应当从文学的角度来谈沈从文。

谈起文学，人们可能经常都会产生一种疑惑，就是文学究竟是什么？我个人对文学究竟是什么这个问题，虽然读了多年的书，一开始也不曾去细究过。直到我读王安忆的《心灵世界——王安忆文学讲稿》时，才突然有所领悟，对文学有了一种特别理解。

王安忆在复旦讲课，她首先也是需要回答这样一个问题：文学是什么？作家去大学讲课是常事，很多作家都努力想讲清楚什么是文学这个问题。但我认为都没有讲清楚，至少没有像王安忆讲得那样对我具有启发性。

比如，王安忆讲课中谈到了作家与现实之间的关系，也即作家与作品之间的现实关系。一个作家生活在现实生活中，他是经过一种什么方式将现实的东西转化形成他的文学作品？我觉得王安忆把这个过程讲得比较清楚。

以前我也听过一些文学理论课，比如20世纪90年代在上海听夏中义老师讲文艺心理学，他最拿手的，也是最得意的就是讲他的那本《艺术链》，特别是他对素材的解释。夏老师的那本文学理论教材是20世纪80年代写的，他对素材的解析，就跳出了传统的现实主义对素材的解释，用文艺心理学理论对素材进行重新解读，于是就有了强大的理论穿透力。夏老师对素材如何转化为文学作品的解释，对我是很有启蒙意义的。但是，我认为这是一种理论家对文学的理解，与王安忆这样的作家对何为文学的理解还是有区别的。

关于何为文学，王安忆有个提法：小说是一个独立的心灵世界。她的这个提法看似很简单，就是作家从现实生活中拿起一些素材，在作品中搭建起作家所理解的世界。那么作家在讲故事时，是一种超现实的。这是作家按照自己所理解的那个世界来建构的其书中所呈现出来的意象。

王安忆以此对《红楼梦》所做的分析，给我很深启发。她说《红楼梦》的核心故事看起来像是写贾家这样一个大家庭，甚至很多人觉得就是在写宝黛的恋爱故事，但是作为一个作家，有一个东西一直困惑她，即：从情节角度来讲，整个《红楼梦》好像缺少一种内在动机。曹雪芹为什么在写贾家故事的时候，还要去写王家、薛家、史家的那些事情？四大家族的故事背后，从情节的角度是不是应该有一种更内在东西把它们串起来？特别是在阅读的时候，小说中的人物之间除了属于某一大家族外好像没有更为内在的关系了。那么在写贾宝玉时，为什么要去写尤二姐的故事？这两者之间有什么关系？但是读到最后，王安忆说自己有了一种体悟：我们理解不了的那些人物之间的内在关系，其实不是那些人物没有关系，而是因为我们没有像曹雪芹写那些人物时那样去理解和认识世界。这个钥匙其实就在《红楼梦》开头讲的那个有关石头的故事。在曹雪芹看来，世界的运行是由一种高于一般社会法则的"天道"在掌控的，贾宝玉梦游太虚幻境时，其实就是预先窥见了天机。《红楼梦》中写到的那些主要人物的命运实际上都已经写在了宝玉看见的那个名册上，这就是《红楼梦》中人物和情节的内在关系，只是习惯了从无神论和现实主义眼光来看世界的我们认识不到，认为书中的一切都是无序的。

从这个意义上讲，作家首先是有一种自己对这个世界的理解和认识，然后他按照自己的理解和认识去写作，在文学中重建了一个世界，所以文学世界的独特性与作家对世界的独特理解认识是直接相连的。

那么回过头来，当我去梳理沈从文对文学的认识时，就发现沈从文在谈到文学时，跟王安忆讲的那些有很多的契合处。比如沈从文老是强调，读者要从他的作品中进入到另外一个世界去看他写的那些人与事，他也经常抱怨别人读不懂他的作品，比如他在《从文习作选集代序》中就写到，"你们能欣赏我文字的朴实，照例那作品背后隐伏的悲痛也忽略了"。

以前我对沈从文一些论争性的文章，比如他针对左翼作家那种机械现实主义作品提出的批评，也总是从一种很简单的角度来理解。现在我再去读他的文章，我的理解就不一样了，我认为他可能并不真的是对左翼作家批评进行反驳，他所要表达的是：你们读我的故事，不能进入到我所表达的那个世界里面去，不能够理解我写的这些人物。我为什么要写他们，你们理解不了，所以你们就读歪了我的东西。

沈从文曾经抱怨即使是最细心的刘西渭先生也没有读懂他的作品，这是为什么？我觉得沈从文有一种很寂寞的感受，这种感受可能是一些大作家都有的。像《红楼梦》那样的著作，出版了这么多年，依然还有很多人去谈论它。但试想又有几个人能真正进入到曹雪芹所建构的那个文学世界，并从这里去接近和理解现实中的他？所以沈从文说："照我思索，能理解我；照我思索，可认识人。"

所以要理解沈从文文学作品的独特性，首先就要注意沈从文对现实世界的理解和认识的独特性。我发现如同张新颖教授讲的那样，沈从文的文学起点看起来很低，但是他一直遵循一个原则，就是在创作中不为某种既成的理论限制，忠实于自己的实感经验，并追求用恰当的文字把它传达出来。这在现代作家中是颇为独特的。

沈从文之所以喜欢写自己实际生活中的经验与感受，并认为这样的作品才是最真实的，与他从小受到湘西巫文化的影响有关。沈从文是用一种"巫"的方式来看世界、理解世界的。

刚开始可能这并不是沈从文的刻意追求，因为当他站在文学创作起点时，他所能依靠的只有两个东西：一是他在湘西的生活，二是他在都市的感受。沈从文刚走上文学创作的道路时，他只有这两点可写，这个很多学者都谈过了。从《从文自传》也可以看出，沈从文在湘西这样一个环境中成长起来，那么当他来到都市时，他能够写的东西，除了湘西的生活，就是他在都市中所受到的挫折。

我们一般都讲沈从文湘西题材的作品最能代表他创作的独特性，那么沈从文在写湘西的时候，他的特殊性在哪里呢？如果我们回过头去看他那些最初的关于湘西的作品，包括他早期那些不成熟的作品，虽然他写得很芜杂，但沈从文把他在湘西生活时的那种生存实感经验写出来了，这种实感经验看起来乱七八糟，甚至包括沈从文自己也说不清楚到底是一种什么东西，也许就是那么一种感觉。

沈从文在回想、回忆他的湘西生活时，写到他笔下的人和事，他产生了一种感觉，然后他把这种感觉用他磕磕绊绊的、很不成熟的文字表达出来，这本身就有一种很特别的东西在里面。比如大家反复提到的那篇《市集》，徐志摩当时为什么那么欣赏沈从文的这篇作品？可能很多读者认为这篇作品不过是一篇速写的东西。但它是很特别的，它不是一般的写景、纪实性的散文，比如叶圣陶写的《苏州园林》那种类型，用了很多技法，诸如移步换景等等。徐志摩先生曾经评价沈从文的《市集》为"想成的"，其实我们可以看出，沈从文在写这篇作品时，他不是用的传统描写手法。比如写集市，我们往往会设定一个观察点，再来写周围的一切，首先左边是卖什么的，右边又是卖什么的等等。沈从文写的时候，他没有遵循所谓的定点透视法，他开头写大家来赶集，结尾写散场时大家回去，中间写集市的具体情形，没有一条具体的线索，而只是写了集市里有什么，这些东西给他的一种感受。可以说是集声、色、味、香于一体，写得非常生动。

在沈从文的笔下，您能感觉到好像他把市集里的一切一下都端在了你的面前，不只是让你去看，你还得去想、去体会、去回味。我记得刘西渭在评价《边城》时也谈过类似的感觉，大意是沈从文的小说不单是让你去看，而且让你去想、去了解、去回味。

我认为沈从文的作品能让人去感受、去想、去思索、去回味，这是一种境界。比如我们在读别的作家的一些作品时，你是跟着他们的脚步去了解一些事物，这是起到认识作用。但沈从文的作品给你的是一种感觉，你阅读他的同时，慢慢地去感觉，然后你就会去想为什么世界会是这样的。因为我们都有一种好奇心，我们看到作品所呈现的世界以后，会将之与我们自己所理解的世界做一个参照，所以如果你能进入到他作品所呈现出来的世界，你就会回味，世界为什么会是这样的？因而又产生很多体悟，或者说是一种感受，或者产生出一种更为深刻的东西。这种阅读体验就会带给我们很多东西，但是这些东西不是作者直接告诉你的，而是靠你自己去体会的。沈从文的作品就有这样一个特点。

在我理解，文学不是直接告诉你一个道理。文学给我们的，只是作为读者的你去读文学作品时，感受到一种别人眼中，或者是别人心中的世界是什么样的。

从王安忆说的文学是心灵世界这一认识出发，我把沈从文的创作经历做了一个简单的划分，沈从文的文学创作就是这么一步一步走过来的：

第一个阶段我称之为"跟着感觉走"的阶段。在这个阶段，沈从文主要依赖的一个是他在湘西生活体验，另一个是他刚刚来到都市的生活体验。我们将沈从文根据这两种生活体验所写出来的作品进行比较，他在写都市与湘西的感觉相差很大。关于都市生活的写作，沈从文是很尴尬的。比如他当时主要是学郁达夫，但又学不像，他没有郁达夫那种才情，所以他都市题材的作品就成了赤裸裸的对性压抑、生压抑的一种宣泄，缺少美感。沈从文写湘西的作品，虽然也受到鲁迅的乡土文学启发和影响。当时沈从文的写作状态是文坛流行什么，他就跟着写什么。但是沈从文在写湘西的时候，他写出感觉来了，以至于后来他逐渐发现了一个秘密：即写自己实感经验的作品最易写好。即写作就是写自己内心感受到的那个世界，把那个世界写出来，这就是一篇好的文学作品。当沈从文发现这个秘密，他对文学创作和自己的文学创作也就越来越自信。

第二阶段我称之为"情绪的体操"阶段。沈从文在发现写作主要是写自己的实感经验后，在付诸实践写作时却发现，这很不容易。也就是很难通过文字把自己的实感经验传达出来。他发现光靠各种时髦的理论解决不了，要把这种感觉传达出来，要下笨功夫，必须要在文学和文字表达上均掌握一定技巧。

1928年，沈从文到了上海以后，他和左翼作家发生的冲突，我认为其实他并不是反对包括他的朋友胡也频、丁玲他们去写那些左翼作品，甚至他自己在上海也写过类似作品。从思想上来讲，他并不抵触大家写，他只是觉得当时一些左翼作家并没有能写出那种所谓底层人民的生活来，因为他们的作品完全没有那种感觉。沈从文认为他们写不出来除了缺乏生活的感受外，也是因为他们缺乏技巧。当时他就反复说，如果写作不讲技巧，只将想法直接喊出来，这种血啊泪啊的文字不是文学。那么在这个阶段，沈从文特别强调文学写作技巧，因为这也是他要解决的一个问题。

机缘巧合，1929年他去中国公学教书，随后又去了武汉、青岛等大学，这段经历正好为他提供了研究实践写作技巧的机会，从而找到了一种方法和文学上的手段，把他内心的那种感受传达出来，所以我把沈从文写作的这个阶段称之为"情绪的体操"。

情绪就相当于我说的经验，如何把这种情绪传达出来？沈从文自己也说了，要像做体操一样，摔打、试验文字的韧劲。经过较长一段时间到大学教书、写作实践后，沈从文吸收了很多东西，最后终于达到了一种既把握了自己内心真实的与这个世界的感触，即所谓实感经验；然后又掌握了一种文学写作技巧，并通过这种技巧顺利地把自己的实感经验传达出来。当他达到这个境界后，顺理成章，他的代表作《边城》在这个时候诞生了！

在这里，我想展开一下对《边城》的解读。很多人都读过刘洪涛教授写的《沈从文与张兆和》，文中比较详细介绍了高青子这个人物。其实关于高青子，金介甫先生在他的《沈从文传》里面已经用比较简略但又清晰的史实证实了她与沈从文的婚外恋关系。我在做《沈从文年谱》时，也曾经去考证过高青子与沈从文的关系。把他们的关系理清后，我在写博士论文时，也曾从这个角度去理解《边城》的诞生。我的看法是：我们很可能一直都被沈从文在1936年写的《从文习作选集代序》里面那句话给误导了，这句话是这样说的："在世界上或有想在沙基或水面上建造崇楼杰阁的人，那可不是我。我只想造希腊小庙。选山地作基础，用坚硬石头堆砌它。精致，结实，均称，形体虽小而不纤巧，是我理想的建筑。这神庙供奉的是'人性'。作成了，你们也许嫌它式样太旧了，形体太小了，不妨事。……我要表现的本是一种'人生的形式'，一种'优美，健康，自然，而又不悖乎人性的人生形式'。"

《边城》写的是一种"人生形式"，一直以来，我们好像都是从这个角度去解读《边城》的。不过如果就《边城》的创作动机来说，我认为这跟沈从文说的要写一种"优美、健康、自然，不悖乎人性的人生形式"其实没有多大的关系。

我们来看沈从文解释如何写《边城》时提到的三个灵感来源：一个是在山东崂山看到那个报丧的女孩，一个是在湘西当兵时绒线铺的翠翠，还有一个就是他身边的夫人张兆和。

仔细想想，沈从文是如何依靠这三个表面上几乎没有联系的素材酝酿出一部《边城》呢？阅读时我就很疑惑。我认为要把这三个素材连起来，沈从文的现实生活中肯定是有一个触发点。这个触发点在他后来写《水云》时，我认为就交代得很清楚。沈从文在《水云》中曾说："我的新书《边城》是出了版。这本小书在读者间得到些赞美，在朋友间还得到些极难得的鼓励。可是没有一个人知道我是在什么感情下写成这个作品，也不大明白我写它的意义。即以极细心朋友刘西渭先生的批评说来，就完全得不到我如何用这个故事填补过去生命中一点哀乐的原因。正惟其如此，这个作品在个人抽象感觉上，我却得到一种近乎严厉而讽刺的责备。"沈从文为什么抱怨别人不理解他写《边城》的意义？其实是因为别人都没看出这个作品是他当时受自己与高青子婚外情的激发，想对自己所走过的人生道路做一个总结而写成的，所以他只好在《水云》中把这个问题点了出来。

那么沈从文与高青子的交往中是什么触动了他呢？那就是《水云》反复提到两个字"偶然"。

我们试着分析一下沈从文当时的生活处境。当时，他刚刚把张兆和追到手，却发现高青子好像更适合自己，他感觉自己好像被命运要了一把。这种偶然感，在阅读《边城》时我们会有很深的体验。我们现在读《边城》，总感觉到有一种危机感，好像只要有个什么东西一来，翠翠和老船夫的世界就要垮塌了一样，总有一种不安。这样一种情绪，或者说这种人生总是充满偶然性的感受，我认为实际上是来自于沈从文对自己现实生活的感受，是他对理性与偶然关系的一种理解、一种体悟。

在遇到高青子之前，沈从文认为人生是可控的。比如他和张兆和的爱情，人们认为他与张兆和的爱情是一个传奇故事，但沈从文在《水云》中却说得很明白："关于这件事，我却认为是意志和理性作成的。恰恰如我一切用笔写成的故事，内容虽近于传奇，从我个人看来，却产生完成于一种人为计划中。"按我理解，沈从文这里表达的意思就是他追求张兆和成功，就好像他在文学上的成功一样，无非是印证了一个东西，即自己的人生是可由理性来掌控的而已。所以文学也好、爱情也好，这些东西对他来说都是可通过自己的努力得到的。

但是高青子的出现，不仅打破了他对命运的掌控感，而且还使沈从文产生了一种被命运耍了一把的挫败感。所以他觉得"我要的，已经得到了。名誉，金钱和爱情，全都到了我的身边。我从社会和别人证实了存在的意义。可是不成。我还有另外一种幻想，即从个人工作上证实个人希望所能达到的传奇。我准备创造一点纯粹的诗，与生活不相粘附的诗。情感上积压下来的东西，家庭生活并不能完全中和它，销蚀它。我需要一点传奇，一种出于不巧的痛苦经验，一分从我'过去'负责所必然发生的悲剧。换言之，即爱情生活并不能调整我的生命，还要用一种温柔的笔调来写各式各样爱情，写那种和我目前生活完全相反，然而与我过去情感又十分相近的牧歌，方可望使生命得到平衡。这种平衡，正是新的家庭所不可少的。"

从这个意义上讲，沈从文的《边城》实际上写的就是他当时这样一种感受。当然他后来对《边城》念念不忘，除了作品写的是他的这种人生感受，与他的生命有一种特别紧密的联系外，也与沈从文在创作《边城》这部作品过程中得到的文学感悟有关。

我们还可以注意一下《边城》中造成情节转折的各种"误会"，包括老船夫对翠翠意思的误会，对二佬、大佬的误会，以及大佬、二佬对老船夫的误会。如果从故事层面来讲，可以说小说的情节、人物的命运转折都是源于各种各样的误会。最初我对《边城》中的"误会"也没有细究，但后来我读了费孝通先生的《乡土中国》，觉得这大有讲究。费孝通先生在书中讲到当时一些大学生到乡下去教农民认字，对此费先生有一个很有意思的说法，他说在农村，文字是一个不必需的东西，把这个无用的东西送给农民，不但不能够让他们过得更好，相反把他们的生活搞乱了。费先生从乡土中国的社会特点来理解和分析，认为在乡土社会这样的"熟人社会"当中，人们的交流是无须借助文字的，他们依靠的是千百年流传下来的习俗、习惯，一个眼神、一个动作即可让人们相互理解，这让我突然产生了一种感悟，就是如果说《边城》像很多人说的那样，是写一个"牧歌式的、充满了传统文化情调的社会"的话，那么在这个社会中应该就不会有那么多的误会。为什么这样说？

要理解沈从文的《边城》，认清其中"误会"如何产生是个关键。费孝通先生把中国传统社会这种"没有具体目的，只是因为在一起生长而发生的社会"称之为"礼俗社会"。"礼俗社会"是一个"礼治"的社会，也即社会并不依靠以国家权力所维持的法律等规则来运行，而是靠"礼"来形成并维持着社会的秩序。乡土社会中，人们所遵循的传统或者说规范是在日常生活中潜移默化习得的，是内化于人们自身的一种行为习惯，是一种"不必知之，只要照办，生活就能得到保障的办法"，所以这样的社会人们在交往中是不容易产生误会的。误会的产生，其实反映的是社会规则出了问题，或者更准确地说是维持这一社会运转的"礼"出了问题。这也预示了《边城》的社会已经在发生变化，不再是大家想象中的"牧歌式"社会了。当然《边城》所写的湘西社会发生的变化，还没有给社会造成剧烈的变动，还没到你死我活的激烈阶级斗争的程度，但确实已经造成了一种紊乱，至少在人们的价值观上有了一定变化。最明显的就是《边城》写到的面对"碾房与渡船"的选择时，人们价值对比和取舍上的冲突，这个是大家都看到的，或者说是比较显在的一个东西。而像婚配形式上的"车路"和"马路"所体现的价值对立，则比较隐蔽。由此可以看出，《边城》社会已经不再是大家统一遵循的和谐世界，不统一了，就肯定会产生误会。所以大佬就会认为，老船夫你不是让我走"车路"吗？我提亲了，你又在那里推三阻四，因而产生不满，有了误会。

我们回过头来看《边城》的写作，其实源于沈从文当时感受到的一种命运的偶然感。但《边城》发表以后，很多人去读，读出了很多东西。比如从翠翠的生活中，读者看到了传统乡土社会中曾存在过的一种"优美的人生形式"。对于这些来自读者的阅读体验，沈从文可能认为有些东西是比较契合他所要表达的意思，所以他在写《从文习作选集代序》的时候，提到了《边城》是要写"优美的人生"。沈从文为什么要提这个，其实是表示对读者读出来的"优美的人生"的一种追认。就像曹禺写《雷雨》一样，原本要表达的是对"宇宙间许多神秘的事物一种不可言喻的憧憬"，却让人读出了"暴露大家庭的罪恶"的意思，以至于不得不在后来写的序中追认自己写作时也在毁谤着"家庭和社会"。

所以从沈从文来说，他只是把当时自己生活中的实感经验，包括遇到高青子后产生的偶然感，以及返乡探望母亲时觉察到的对故乡的危机感写出来，最终却成就了《边城》这样一个伟大的作品。

我觉得此前虽然沈从文已写了不少作品，但直到《边城》诞生，沈从文才真正领悟到了如何用恰当的文字把自己的实感经验表达出来，以及这样的作品所具有的丰富复杂的意蕴。

写完《边城》后，很多人认为沈从文应该趁势而为，写出更好的作品来。但事实上直到抗战爆发，他才在战火硝烟中开始写作另一部重要作品《长河》。

但《长河》的写作却遇到很大的困难，在断断续续的写作过程中，沈从文的创作也进入到了第三个阶段，我把之称为"抽象的抒情"阶段。

原计划写三部的《长河》，写完第一部后为什么写不下去了？我认为这是一个很有意思的问题。2012年参加沈从文诞辰110周年全国学术研讨会时，我在发言时简单地谈到这个问题，当时也写了一篇文章。我在写博士论文时，对于《长河》没写完这个问题，从现实的角度比如出版审查等方面给沈从文造成的思想压力，还有沈从文对于从历史文化角度去分析湘西社会缺乏必要的知识储备等几方面加以分析。

现在如果从沈从文对文学的理解和认识阶段性发展这个思路展开，我认为即使没有出版审查等方面的外在压力，沈从文实际上也是写不完《长河》的。

我们说通过《边城》的写作，沈从文对文学有了两方面的领悟：一是对"实感经验"如何转化成"文学形式"的感悟；二是对文学的"真实性"认识，即文学的"真"是建基于作家实感经验的真，而非科学意义上的求真过程。但是，创作《长河》时，沈从文设定的目标除了写出湘西人民的"性格灵魂被时代大力压扁扭曲"外，还要探求民族品德重造的可能与途径问题。这就是说沈从文已不满足于仅仅是写出自己感受和经验的世界了，他试图在自己的世界观、人生观的指导下把他所感受到的东西用一种更深刻的方式表现出来。因为表现湘西农民素朴的人性被时代大力扭曲，还可以借助他早年在湘西生活时的人生经验，但要以湘西为例去讨论民族品德的消失与重造问题，除了要去分析湘西生活带给他的芜杂丰富的实感经验外，还必须去研究湘西复杂的社会文化现象，去弄清湘西历史与现实发生的变动，这样才能找到民族重造、国家重造可参考的依据。

这确实是作家在创作发展过程，经常会遇到的问题。就像马原说的，人类可能一直希望自我深刻，一直不甘于自己通过感官获取的表象，希望再去获取这个表象之下的意义。人类希望深刻的这个愿望，也就造成了作家们在追求复杂深刻的过程中，掉进了所谓追求深刻的泥淖。比如在有些人看来，沈从文《边城》这样的作品，仅仅写出了一个世界的表象，就去分析沈从文为什么写不出表象背后的东西。无论是作家还是读者，都有一种追求深刻的欲望。沈从文写《长河》也是试图写表象背后的东西，但他这样做的时候，恰恰就遇到了一个问题：就是沈从文自己对这个世界都还没有形成一整套比较完善的理解和认识，他如何能够透过所谓的表象写出更为深刻的背后的意义？

这里还有一个长期存在的误解，沈从文曾说，他对于农人和士兵怀有一种不可言说的温爱，因为他们身上有一种人性的光辉。他身居都市却自称乡下人，也是为了表明自己与劳动人民的一种亲近。所以很多人认为《长河》关于民族品德重造的思考，就是沈从文想从底层人民身上去挖掘人性的美，以此重造我们的民族。

但在我看来，恰恰相反，在《长河》中，沈从文并不是把民族和国家重造的希望放在普通民众的身上，而是放在了像橘子园主人和商会会长一类人的身上，即宽泛意义的乡村士绅身上。也就是说，沈从文在探寻我们民族品德重造的途径时，他寄予希望的不是普通人。因为在沈从文看来，普通人虽保有人性的光辉，但还未达到自觉自为的高度，而士绅阶层不仅较好保留了传统意义上的崇尚美德，并且对维持这种品德有一种自觉，所以他更希望由士绅级阶层来承担起这个责任。沈从文在《长河》中表现的这种观念，与当时的社会观念是相冲突的。

《长河》已完成的第一部，只写到湘西人民在新的时代即将来临时的惶恐、不安。第二、第三部，按照创作目标，恐怕就要写到人们如何去应付搅动了整个湘西的"新生活运动"所带来的社会变化，并且找出民族品德重造的可能途径。但进展到这一步的时候，沈从文写不下去了。因为这需要他先去整合自己的思想，形成自己对世界的一整套的理解和认识。所以进入20世纪40年代，沈从文开始试图对自己的人生观、世界观做一个分析、探索，我们去看沈从文这个时期的文学作品，他写了很多进行抽象思索的作品。

从人事机缘来讲，这时沈从文与高青子、张充和的感情纠葛，既给沈从文的现实生活，给他的家庭带来了很多麻烦，也促使他在处理这些事情时，思考生活究竟是什么，生命的意义又是什么。

除了来自婚姻家庭的压力外，沈从文这时陷入对人生和文学的意义的思索，部分也源于在大学任教的精神压力。当时沈从文在西南联大教书,这份工作虽然缓解了他的经济压力,带来的精神压力也是巨大的。在沈从文那个时代,像他这样没有受过正规教育,没有足够学历资历的人,在学术领域是受到歧视的,这是一种实实在在的压力,既然他是靠新文学创作的成就进入大学教书的,他就要思考文学是什么,文学的价值与意义何在,文学家的社会价值在哪儿。我们看到,在给西南联大学生就小说创作问题做的两次演讲中,他都努力地用一种学理化的语言来对何为文学、作家的社会价值进行一种解释。

也就是在这个思索过程中,沈从文写出了像《看虹录》《摘星看虹录》《烛虚》等一类被称为"抽象的抒情"的作品。

从另一方面讲,沈从文这个时候去写这样的作品,也是他的文学要达到一个新的高度必须经历的,如能完成他对文学的理解又将达到新的境界。这怎么理解呢?

不妨先读读张新颖教授在一本书中谈王元化先生《读黑格尔》的一段文字:"王元化先生,借助于对黑格尔'知性不能掌握美'的理解,斩钉截铁地表达了这样明确的思想:'文艺作品不能以去粗取精作为借口舍弃生活的现象形态。相反,它必须保持生活现象的一切属性';知性的分析方法'肢解了事物的具体内容,使之变成简单的概念、片面的规定、稀薄的抽象'。"王元化先生对黑格尔的"知性不能掌握美"这句话的解读,指出了很多作家在追求作品深度时的一个弊病,这也就是马原所说的掉进了追求深刻的泥淖。避免这种毛病的一种办法就是像沈从文写《边城》那样,使文学作品中呈现的那个世界,里面的人啊,事啊,包括作者所体会到的自然,都是一种蓬蓬勃勃的生长的状态。这种状态,不是一种用理论、用自己狭隘的感觉修剪过的状态,保留了生活本身的丰富和复杂性。但仅仅这样又是不够的,从文学是一个独立的心灵世界来看,这样的世界是蒙昧不清的,而真正的文学大师,他构建的心灵世界是复杂却又清晰的。就像王安忆分析过的曹雪芹的《红楼梦》那样,越是伟大的作家他们构建的心灵世界越不可能是我们生活期间的真实世界的简单对应,或者说翻版,它带有很强的心灵特征,完全是出于作家个人的经验,但越是如此,他们在建构这一世界时的法则和逻辑越是清晰的。

其中的道理我们可以借用马克思《政治经济学批判导言》一段讲自己研究过程和阶段的话来做个类比。马克思谈到自己研究时这样说:"我如果从人口着手，那么这就是一个混沌的关于整体的表象，经过更贴近的规定后，我就会在分析中达到越来越简单的概念；从表象中的具体达到越来越稀薄的抽象，直到我达到一些最简单的规定。于是行程又得从那里回过头来，直到我最后又回到人口，但是这回人口已不是一个混沌的关于整体的表象，而是一个具有许多规定和关系的丰富的整体了。"这是马克思谈自己做研究的过程和阶段的话，也可以借来描述作家对现实世界的理解认识过程和他文学世界所呈现的面貌。沈从文在20世纪40年代写了大量的抽象的抒情的作品，说明他正处在马克思说的那种试图从"混沌的表象"挣脱出来的阶段。这个"混沌的关于整体的表象"类似于《边城》中所呈现的沈从文保留的湘西世界的实感经验。写作《长河》时，则是他要从这个"混沌的表象"中找出一些规律和概念并试图去把握这个世界。如果能完成这一超越，他文学世界呈现的就是一个"具有许多规定和关系的丰富的整体"了。但沈从文最终没有能够完成这一超越，没能进入到一个新的境界。

为什么沈从文没有能够完成对这个阶段的超越？不单纯是政治的原因。就像沈从文能在文学中呈现湘西"混沌的关于整体的表象"，并不是依靠他个人的力量完成的。客观来说，这是与徐志摩、胡适等人对他的启发有关。到了20世纪40年代，徐志摩去世，胡适等人也已经不能再帮沈从文了，那么仅凭他自己的素养，沈从文实际上是没有办法达到这样一种很高的哲学抽象思维层面的。这不是贬低沈从文，事实就是这样，他超越不了这个层面，最后当然也就无法回到像马克思讲的那样，在自己的文学世界中重新形成一个"具有许多规定和关系的丰富的整体"。

从某种程度上讲，这其实也是中国作家、中国文学普遍存在的问题。我们很多作家就像沈从文一样，发展到第二阶段，也就是分析那个层面，试图去把握这个世界层面，通过文学来把握表象背后的意义的时候，就停止不前了。有的人则在这个阶段，走进了歧途，忽视了经验世界的价值与意义，试图把它简化，犯了用知性分析的方法肢解了事物的具体内容，使之变成简单的概念、片面的规定、稀薄的抽象的毛病。苏珊·桑塔格曾说："文学的智慧与表达意见是颇为对立的。要求文学提供意见，甚至是改正的意见，无论什么时候被要求，都会使小说家和诗人的看家本领变得廉价。因为作家的看家本领是省思，是感受复杂性。"

我记得你在沈从文诞辰110周年全国学术研讨会期间采访我的时候，我就曾经给你说过，现在许多研究者存在人为拔高沈从文的现象，我认为他们有很多都是溢美之词，一厢情愿地认为沈从文已经达到了什么文豪、大师的高度，我觉得是不理智的。从我的理解，我认为沈从文达到了一流作家的水平，但还没有达到比这更高的层次。当时我说这些话，就是从这个角度考虑的。

张晓眉：请吴老师具体谈谈目前您为修改完善博士论文所进行的思考。

吴世勇：其实我刚才谈的就是我打算修改我的论文时第一章讨论沈从文文学创作特色时思考的东西。第二章准备把原先主要从城市文化角度讨论沈从文的创作，扩充为从文学场域的角度去探究沈从文的文学崛起之路。

我最近读了季剑青先生分析北京20世纪30年代文坛的文章，他谈到了学院派从胡适手中将对诗的解释权夺过来，然后又把诗提升到一定的文学高度，他的这一分析视角对我产生了一定的启发。我现在要解释沈从文来到都市以后，除了个人文学的独特性外，他是如何在这个场域中一步一步冒出来的。比如像前面谈到的，早年在北京，沈从文与鲁迅的乡土文学观念并不一致的情况下，他为什么还能够冒出来。沈从文能够成长起来，当然在人事上与徐志摩、胡适等人对他的扶持有关，但大的背景是胡适为代表的自由主义文学这一脉的崛起。我们可以看到，沈从文利用了很多自由主义崛起过程的契机，从而使得自己在文学场域中占据越来越高的、有利的地位。包括沈从文到上海后如何利用商业化报刊的便利、如何自己创办报刊等，从布尔迪厄的文学场理论看，实际上都是想掌握话语权，提升自己在场域中的位置的表现。

比如，梁实秋与鲁迅关于人性的争论，在我看来，实际上是为沈从文的文学创作获取了一种话语权。因为在这之前，人们对于人性、对于乡土文学都是从泛政治的角度去理解的。比如鲁迅的乡土文学作品，用的是一种启蒙的视角去审视农村和农民，在他之后的乡土文学，发展到后来更是喜欢用一种阶级分析的视角去写农村，其中所以呈现出来的，从某种程度上讲，都是抽象的、简单化了的世界。那么这与沈从文所理解的乡土世界是有冲突的，当沈从文把他在湘西时的复杂感受和所理解的乡土世界呈现出来，如何能获得文坛的认可。这就涉及话语权的问题。不是说要文坛认为沈从文的乡土写作比鲁迅的更优秀，但最起码要认为具有同等价值。

这样来看，梁实秋的"人性"理论，起码为沈从文的作品的价值作了有效的辩护。如果承认文学应该写人性，那肯定就不能再用一种简单抽象的阶级教条来评价乡土文学的价值了。那么沈从文写出来的湘西那种不强调阶级冲突，而是显示了人与人的自然、和谐一面的生活，是不是更符合人性？或者更符合梁实秋所提出的那种普遍的人性？答案是肯定的。因此，自由主义文学的崛起，为沈从文文学作品的价值和意义争取到了话语权，使他在文坛上得到了大家的认可。

沿着这个视角，20世纪30年代，沈从文从上海重回北京，当他成为京派首领时，又有了另外一种意思。如果说沈从文之前为自己文学的发展是要打破并确立一种新规则，那么到了这个时候，沈从文是要维护他所建立的这个规则，引导一班人来遵循他所确立的这个规则。

再沿着这个思路去看沈从文20世纪40年代在文坛上的活动，从他写给胡适的几封信来看，他的感觉是这时文坛中的自由主义文学已经基本上处于曲终人散的状态，只有他自己在孤独地为自由主义呼喊了。

我想，要是沿着这个视角再深入下去，把论文的另外两个章节合并到第二章去，结合起来写，可能会更容易把问题讲清楚。第一章现在已经思考得比较成熟了；第二章还在酝酿过程中，如果能够真正做下来，我觉得还是比较有意思的。

第三章准备写沈从文的创作与若干女性关系，第四章写的是沈从文与政治的关系。因为有了前面两章的深入思考，再回过头看沈从文与女性、政治的关系时，应该会容易很多。

我们看沈从文创作与女性、政治的关系，或者当中的一些冲突，其实是有一个内在联系。说穿了，就是沈从文对自由的追求。沈从文无法忍受任何束缚，因此面对命题作文时，他就无法写，这与他的文学观是有很大关系的，也与他对人性、自由的追求紧密相关。我甚至觉得，为什么在很多人看来，沈从文是一个很懦弱的人，但是在感情上却是如此的坚毅，这都跟他对自由的理解有关。

沈从文对情感的理解，他应该是把林徽因当成了他的老师，如果我们把《水云》中对于情感辩解部分文字与林徽因写给他的那封信进行比照，我们可以看到，林徽因提出的一整套对于情感的理论，在《水云》里面几乎是照搬的。

沈从文认为夫妻的感情生活就是要追求一种极端，以激发他对文学的热情。

我甚至想，沈从文对张兆和的认识，是不是也经历了一个由女神到女人，最后变成一个主妇的落差。可能沈从文原来对张兆和的想象成分太多，他在中国公学教书时，张兆和作为一个学生所呈现出来的面貌跟她后来在家庭生活中呈现给沈从文的是完全不一样的。

我们看《合肥四姐妹》《最后的闺秀》等对张兆和的介绍，张兆和在学校的时候是比较活跃的，比如张允和回忆张兆和在学校时，有天晚上月光很好，宿舍的同学都睡着了，张兆和竟然起来跳舞。这些事在当时的人看来，会觉得张兆和是很浪漫的。但是，张兆和的这种形象与她结婚以后的形象出现了较大区别。结婚以后，张兆和呈现给沈从文的形象是一个实实在在的主妇，根本没有出生大家庭的那种娇纵，也没有沈从文所期待的浪漫。太朴实了，所以沈从文产生了一种失落。

另外，沈从文与胡适、徐志摩等人的交往，还有一些深层次的东西影响着沈从文对张兆和认识的落差。罗志田先生曾经提出过边缘知识分子与精英知识分子的关系，我觉得这种关系可以拿来比较沈从文与胡适、徐志摩等人的关系，而且比较贴切。

当时的精英知识分子一般都是向西方的，那么他们与普通大众就有一种隔离，如何拉近与普通大众的距离？最好的办法就是去找一个中介，比如像沈从文这样的边缘知识分子，在他们的想象当中充当底层民众，来接受他们发出的声音。

沈从文最初是很边缘的知识分子，后来他为胡适等人所欣赏。为什么这些人那么欣赏沈从文？除了沈从文的文学才能外，从某种角度来讲，我觉得沈从文与胡适等人的关系有点类似精英知识分子与边缘知识的关系，胡适、徐志摩等人将沈从文当作一个底层的代表，而且还是能够理解他们的声音的底层代表，其实真正的底层反而是不能理解他们的。

沈从文愿不愿充当这样一个底层代表呢？施蛰存先生曾经就讲过，沈从文虽自称"乡巴佬"，但他是很向往徐志摩、胡适等人的生活方式和欣赏林徽因那种风流生活的。

沈从文与政治的关系。建国以后，因为政治的压力，他的文学创作无以为继，不是他不想写，他是很想写的，并为此努力过，但没有办法，写不出。为什么写不出？归根结底是他的文学观在起作用，这是我们理解沈从文为什么建国后写不出作品的关键所在。沈从文在《抽象的抒情》一文中就讲得很明白："每一个作者写他的作品时，首先想到的是政治效果，教育效果，道德效果。更重要有时还是某种少数特权人物或多数人'能懂爱听'的阿谀效果。他乐意这么做，他完了。他不乐意，也完了。"

其实，像沈从文这种类型的作家，你得先给他一段时间去体验生活，与新的民众建立情感，打通并体会到一种东西，他才能够把那些东西转化成作品。当时政治上的要求是什么？今天要求是这样的，明天是那样的，让人无所适从，所以沈从文跟不上这个步伐。沈从文在土改的时候曾经给张兆和写过一封家书，那封书信中提到了一个概念：有情和事功的冲突。在沈从文的理解，政治要求写的那些东西，实际上是一种事功的东西，但沈从文更欣赏的是有情这一类东西，这种东西能够真正地深入到他笔下人物的精神。

另外，沈从文的文学发展之路不是走的一种分析道路，而是依靠一种实感经验来从事写作，他无法用逻辑分析方法去写作。

张晓眉：沈从文走出湘西后在城市生活了几十年，甚至是他在湘西生活时长的好几倍，可是他写城市题材与湘西题材作品有着截然不同的感觉，他为什么从心里接纳不了城市？这是一个很奇怪的现象。请您谈谈您的想法。

吴世勇：沈从文在城市生活了几十年，从生活经验来讲，几十年的生活应该让他有了很多实感经验，可为什么他始终不能把城市写好，他写的城市都是一种漫画的、抽象的，而不是实实在在的，这跟他写的湘西完全不一样，他不能够完全进入到那个世界里面去。

沈从文曾经说，一下笔写湘西就能感到一种温暖。比如《边城》，我们可以去看一下沈从文修改的《边城》剧本，改编《边城》的那两个编剧所理解的《边城》与沈从文所要呈现的《边城》是完全两回事。最让沈从文不满意的是20世纪50年代香港拍摄的电影《边城》，这部电影完全是在沈从文不知情的情况下拍摄的。沈从文对电影中的翠翠很不满意，因为那部电影中的翠翠就像是一个风韵的少妇勇敢地去追求爱情，这与沈从文所要表现的完全是两码事。凌子风导演的《边城》，沈从文也曾表示解说的声音、电影中的那条狗都不是他所描写的。

从某种意义上，在沈从文所理解的湘西世界里，一个声音、一条狗的动作都是如此的细致入微；但是写城市，他就没有这种感觉，不要说感觉和温暖，他就进不去。也许他已经进去了，可能我们没有发现。

梁实秋曾经写过几篇回忆沈从文的作品，他就谈到沈从文在青岛大学的时候，是很孤独的，他很少会同别人出去玩，而是把自己关在屋子里。我们单从书信来看，沈从文与梁实秋、胡适他们的关系似乎很密切，但实际生活中，我认为他和这些人是走不到一起的。这可能也是沈从文不能真正进入到城市生活中去的原因之一。

张晓眉：您在《沈从文的从教经历与其文学创作、学者化道路》一文中认为"在西南联大时沈从文才是真正从历史文化的角度来关注和研究文物"。据您了解，沈从文在西南联大时就在有意识向文物研究，您认为促使其转变的关键因素是什么？

吴世勇：我认为主要是在大学里教书的学术压力。沈先生早年在湘西时，就有机会接触到陈渠珍收藏的文物，后来初到北京时，在困苦中又以逛琉璃厂为一种解脱，这些都培养了他对文物了解的一些知识。20世纪30年代经济上宽裕了，他像很多文人、教授一样，也喜好到北京的旧货市场搜集古玩，比如他此时对瓷器就很痴迷，这个还写到小说里去了，《主妇》里就提到这种爱好，但他有意识去研究文物，把对文物的一些认识写成文章，是从西南联大开始的。因为研究文物，在当时，不仅是能显示一个人国学水平的事，也是算到学术的范畴里的，所以沈先生就把早年由爱好而搜集文物发展成为对文物的研究了。现在经常被人提到的刘文典嘲笑沈从文的故事，虽然很难确证，刘文典先生的儿子甚至还写了文章，否定这件事，为父亲辩解，但确实能反映出当时大学里的一些人对新文学的态度，对新文学作家的态度。不要说沈先生这样没有足够的学历、资历，当时也没有一般意义上的学术成就的人，就像朱自清先生这样，在转向学术研究后，已很有学术建树的新文学作家在大学里教书，压力也非常大，连做梦都梦到学生斥责自己没有学问，惊出一身冷汗。

张晓眉：您在博士论文《论影响沈从文创作的六个因素》中曾经说："在沈从文的一生中，他对文学的那份虔诚，那容不得任何人对此有半点冒犯的痴迷，着实令我感动。"沈从文先生在新中国成立后转业到物质文化史研究，直到他去世，您是否认为沈从文先生对文学的热爱并没有改变？请您谈谈您的理由和根据可以吗？

吴世勇：关于沈从文先生转向物质文化史研究后对文学和研究的态度是怎样的，这个问题很有意思，王德威先生和张新颖教授都谈到过这个问题。从我个人来讲，我觉得首先是要纠正一个偏见，就是沈从文1949年后由于政治的高压，再也不写东西了。这是20世纪80年代沈从文热在海外兴起时，由于资料所限，更由于意识形态偏见造成的这么一种印象。其实现在我们看到《全集》收了若干1949年沈从文写的作品，还有2007年公布的写"家史及地方志"式的作品《来的是谁？》，都说明沈从文对文学的兴趣始终是存在的，他也一直努力尝试在写，只是写不出来。其次，从《全集》中的书信来看，他政治上也不是像一些人认为的那样，对新政权一直持一种排斥的态度，反对为新社会而写作。关于他为什么想写而写不出来，我正在写一篇文章，准备谈这个问题。不过他对文物研究的痴迷，也不是假的，他确实在文物研究中，找到了与文学创作一样的乐趣，或者说他发现了他的文物研究和他的文学创作的相通之处，为此而乐此不疲。如果从20世纪40年代谈起，他1949年后从事文物研究所取得的学术成就，确实是在某种程度上抚平了他当初在大学教书时受到的创伤，给他带来另一种满足感。但我认为，他后来逢人便喜滋滋地谈文物，是因为他确实体悟到了自己的研究跟文学创作是相通的。

在沈从文1961年写的现在被广泛谈论的《抽象的抒情》中，他不是说文学艺术的可贵，就是用文字将生命的某一种形式，某一种状态，凝固下来，形成生命另外一种存在和延续，以此穿越长长的时间和遥遥的空间，让另外一时另外一地生存的人，能彼此生命流注，无有阻隔吗？如果从事文学创作，做的是把自己这个时代的生命形式、生命状态保存下来的工作，那么研究文物，就是将前人保存在文物中的生命密码破解出来，让我们能接近或者进入另一时代啊！所以他说一个伟大的雕塑家，一生中曾作过千百件当时辉煌世界的作品，时光流转，今天保留下的不过是一个雕像的残余部分，却依然反映出这人的生命的坚实、伟大和美好，这就是文学艺术能穿越千古的奥秘。其实20世纪40年代他在西南联大的演讲中，就谈到了相同的意思，认为在我们民族历史上，正是创作者将崇高的理想、浓厚的感情灌注到作品中，产生了无数精美的绘画，型制完整的铜器或玉器，美丽温雅的瓷器，以及形色质料无不超卓的漆器。让千百年后的人们依然可以取得一点生命力量，发现一点智慧之光。所以做文物研究工作，只不过是将文学创作倒过来而已。

张晓眉：您在《为文学运动的重造寻找一个阵地——沈从文参与〈战国策〉编辑经历考辨》一文中认为，通过对沈从文参与编辑《战国策》前后经历的考证，可以看到文学史研究中被政治因素的扭曲和沈从文作为20世纪40年代自由主义文学领军人物试图通过"文学运动的重造"，使自由主义文学居于文学发展主导地位的雄心和努力，以及当时各种力量对文学发展话语权的争夺和文学发展存在着的多种可能性。您的这篇文章主要是着眼于沈从文与《战国策》关系考据，据您了解，目前学术界对沈从文与《战国策》关系的深层次研究有哪些进展？请您谈谈，我们今后在从事沈从文研究时，应该如何将这种深层次的社会背景联系起来进行研究？

吴世勇：解志熙教授去年在《现代中文学刊》上有一篇文章，题目就叫《感时忧国有"狂论"——〈战国策〉派时期的沈从文及其杂文》，结合他新发现的沈从文的一些佚文讨论了这个问题。至于在研究沈从文时，如何将深层次的社会背景联系起来进行研究，我觉得解教授做得就非常好，他还从方法论上谈到过这个问题，就是提出要将用于古代典籍研究的"校读法"运用于现代文学文献的整理和考释中，这些都是值得我们去认真学习和借鉴的东西。

张晓眉：沈从文与徐志摩的相识是通过书信的方式吗？能请您谈谈《沈从文年谱》上所载的"沈从文因喜欢徐志摩的散文，与徐通信，两人由此相识"的出处吗？

吴世勇：这是沈从文自己说的啊，包括两人相识的时间，还有后面我引的那几句话，都是1981年沈从文写的《回忆徐志摩先生》中的话。这篇文章现在收入《全集》第27卷《集外文存》里，这是一篇残稿，2002年《全集》出版时第一次公开。另外收入《全集·附卷》里的沈虎雏编的《沈从文年表简编》也是这样认为的。

《沈从文全集》责任编辑谢中一专访

谢中一先生（左）在家接受张晓眉（右）采访　郝树椿　摄

写在前面的话：决定去采访《全集》编委、责任编辑谢中一先生，主要是因为我在采访沈虎雏先生时，他谈到了《全集》历时近十年才得以编辑出版，过程极其艰辛。

因沈从文先生的大部分作品在20世纪50年代初被当时的开明书店"代为销毁"，他自己保存的部分作品也因"文革"期间多次被抄家，遗失殆尽。20世纪80年代初，亲朋好友分别从世界各地将他们保存的作品给沈从文先生寄来，凌宇、金介甫、邵华强等学者搜集了一部分，但还有大量已经发表的作品分布在全国各地图书馆。《全集》特约编辑刘一友、向成国、张永中等，南来北往，从全国著名的大图书馆搜集到了大量的沈从文作品。从某种意义上讲，《全集》能够编辑出版，仅就资料搜集这一块，就格外艰难，因而也就倍显珍贵！

我因专访中外沈从文研究学者和撰写学位论文需要搜集大量资料，深知个中艰辛。我将准备采访谢中一先生的想法给吉首大学的老师们做了汇报，作为《全集》编委成员之一、特约编辑向成国老师极力赞赏，并将谢中一先生的联系方式提供给我。

专访提纲写好后，我原准备请谢中一先生通过网络之便帮忙作答。向成国老师得知我的想法，又极力鼓励我亲自走一趟。因为谢中一先生不仅仅是《全集》的责任编辑，从最初策划出版，与沈家取得联系，在江苏文艺出版社已向沈家预付出版订金的情况下，最终将《全集》的出版权争取到北岳文艺出版社。历时近十年，北岳文艺出版社领导换了几拨，曾派给谢中一先生做助手的一位编辑，尚未接手正式工作即已离去，谢中一先生一直尽心尽力坚守在《全集》责任编辑工作岗位上，直到2002年《全集》终于在沈从文先生诞辰100周年之际正式出版……

更为重要的是，《全集》是《中国出版法》颁布后作为规范中国出版行业的示范性工程。1993年11月7日，沈从文先生的家人、中国新闻出版总署和北岳文艺出版社三方在人民大会堂举行出版签约仪式，张兆和先生与时任北岳文艺出版社社长罗继长、时任中国版权代理总公司副总经理陶庆军分别代表合同三方在版约上签字。时任中国新闻出版总署负责人于友先出席签约仪式。巴金、施蛰存等特发贺电。武警部队原总政委李振军，著名法学家郑成思，著名作家汪曾祺，时任《诗刊》副主编邵燕祥，叶圣陶之子叶至善等分别作了讲话。

从某种意义上说，《全集》的出版在中国20世纪出版史上具有划时代重要意义，而谢中一先生正是这项工作的亲历者、见证者和参与者！

向成国老师还一再交代我，要我转告谢中一先生，请他回家乡湘西看看，一来回到家乡可以会会亲朋好友；二来还可以为我们做一期"从文大讲堂"，给吉首大学的师生们讲讲当年出版《全集》的故事……

2014年11月18日，我踏上了前去山西太原采访谢中一先生的旅程。临行前，我曾给谢中一先生致电，他将我的名字听成了"晓美"，就开玩笑说："你是不是长得很美啊！"向成国老师和刘一友老师都曾给我介绍过谢中一先生的情况，他们一致评价谢中一先生是一个非常忠厚老实的人，当年准备为自己的妈妈买房子，都要先请示组织，以免犯了资产阶级错误……听到谢中一先生和我开玩笑，我有点小意外。

18日下午五点半左右，我到达谢中一先生家的楼下。因谢中一先生的女儿谢放老师将地址四单元写成了一单元，我一路爬上四楼，敲门久不见开，就又给谢中一先生打电话，请他开门。电话是谢夫人郝树椿接的，等了很久还不见开门。于是我只好提着行李下楼来。我拿着谢放老师发在我手机中的信息问一位在擦车的先生，这位先生一看，也没回答我的问询，而是大声喊郝阿姨，告诉她要找的人在这儿。原来郝阿姨开门不见我，估计我可能是走错门了，就下楼来找我。

我跟随郝阿姨来到家里，谢中一先生热情地招呼我坐下，郝阿姨则去厨房给我做吃的。不一会儿，郝阿姨给我端来一碗湖南特产：甜酒！热腾腾的，里面还有一个荷包蛋。郝阿姨担心甜酒不够甜，又到厨房去给我拿了一瓶白糖，用勺子给我添上一勺，还一个劲儿地说："外面冷，可能不对你的胃口，但喝了能暖暖身子。"谢中一先生也担心我觉得不够甜，又招呼郝阿姨将一瓶白糖都放在桌上，让我自己根据需要添加。两位老人不断地对我说，来了就像在自己的家里一样，需要什么直接说，不要客气。

随后谢中一先生又对我说，你能来，我们都欢迎你。但是我这个人不善于言辞，很多事情讲不好，谢放前几天把你写的采访提纲给我后，我看了一下，因为我现在做《沈从文自叙传》，比较忙，我也不知道你什么时候会来，所以也没做准备，我担心自己讲得不好，你可能不会有太多收获，白跑一趟了……这本《沈从文自叙传》原来只打算从一千多万字的《全集》中选出二十多万沈从文自述文字，但是今年新来的领导说，可不限定字数，所以我也就越选越多，现在大约超过四十万字了，计划2015年下半年分上下册出版，书出版后，我赠送一套给你……

见我和谢中一先生聊得热乎，郝阿姨担心甜酒凉了不好吃，要我边喝边和谢中一先生说话。郝阿姨招呼好我，又回转厨房去忙碌……

这些年在外漂泊，很多年都没吃过家乡的甜酒，味道似乎也已经忘了，喝着热乎乎的甜酒，我突然真的有了一种回到家里的温暖感觉……

过了不多久，郝阿姨将做好的晚饭端了过来，有粥，四个菜，郝阿姨知道我们湖南人喜欢吃米饭，专门给我炒了一碗蛋炒饭。谢中一先生见了就说，我们湖南人就是喜欢吃实在的东西，不像山西人只吃汤汤水水，怎么吃也吃不饱……谢中一先生的话音还没落，我就和郝阿姨笑了起来。

谢中一先生今年八十六岁，身体很棒，仅从外表看，最多也就是六十岁的样子，上楼下楼，也不气喘，比我还利索。谢中一先生是湖南湘西花垣茶峒人，茶峒就是沈从文先生享誉世界的文学经典《边城》的发生地。谢中一先生知道我也是湘西人，格外高兴，还给我讲起他当年的一些经历。

从11月18日下午六时左右开始，谢中一先生就我所提的问题进行了详细解答，不知不觉间就到了晚上十一点，尽管谢中一先生的兴致很高，谈兴很浓，但我担心他的身体吃不消，就决定休息，请他第二天再继续谈。我打算去外面找个旅馆住下，郝阿姨和谢中一先生坚持挽留，要我就住在家里。

19日上午八点左右，谢中一先生就我所提问题再次进行解答，直到近中午十二点才结束。

在回北京的火车上，回想今年已经八十六岁的谢中一先生所给我的质朴印象，感慨不已！

与谢中一先生相处的短短两天时间里，他的质朴在我见到他的第一眼时，就留下了极深刻的印象！

我将谢中一先生用时近十二个小时的讲述整理如下，以期给今后的沈从文研究留下宝贵史料的同时，谢中一先生一生勤恳的工作态度和真诚待人的处世风格也能给沈从文研究的同仁们带来一些启示！

张晓眉：请您谈谈贵社在当年出版业相对低迷的情况下，为什么会选择出版《全集》这样工程庞大的项目？

谢中一：决定出版《全集》，应该是当年出版社的领导们比较有远见吧。

张晓眉：当时您在北岳文艺出版社工作吗？

谢中一：在。北岳文艺出版社是1984年在山西人民出版社文艺编辑室的基础上成立的。这之前我在文艺室已工作了十来年了。

张晓眉：您见过沈从文先生吗？

谢中一：见过。山西人民出版社文艺编辑室有个《名作欣赏》杂志，这个杂志现在还在办。当年我的一个朋友是这个杂志的主编，因为有个学者写了一篇评论沈从文的小说《月下小景》的文章，他们准备发表，但是因为没有沈从文先生的《月下小景》原文和授权，于是就请我去征求沈先生的意见，想将这篇评论文章和《月下小景》原文一起发表。

当时我也没有和沈先生联系过，但是我有个老乡叫徐祖文，他也是湘西花垣茶峒人，当年他在国家民族事务委员会工作，认识萧离、吴瑞芝，并且和他们关系不错，他们又和沈先生的关系很好。这样我到了北京，通过他们的帮忙，才和沈先生见上面的。

沈先生得知我的来意，很爽快地答应了。我记得《月下小景》后来发表在20世纪80年代初《名作欣赏》的第3期上。

那次去见沈先生，他们家还住在小羊宜宾胡同，房子很小，小的程度你都没法想象，客人来了，张兆和先生就得退让出来，站在房檐下简单搭成的厨房里。据说胡乔木去看沈先生的时候，都没有地方坐。你想想，沈先生有多艰苦！

沈先生的住房问题很多年都没有得到解决。巴金、周扬、胡乔木等都给他想过办法，社科院的梅益曾给他找了一套房子，但又被别人占去了。最后还是通过国家领导人胡耀邦才解决了住房问题，沈先生八十多岁以后才得以分到了一套三居室的宽敞宿舍，但那个时候都有点晚了，沈先生已经不能摊开资料，伏在案桌上研究和写作了！

张晓眉：您那次去见沈从文先生，当时有没有计划出版沈从文先生的书？

谢中一：没有，当时我没有这个想法，就是单纯地去征求沈从文先生的意见，能不能让我们发表他的作品《月下小景》。当年我们出版社文艺编辑室有两个刊物，一个是《名作欣赏》，另一个是《通俗文学选刊》，我在编《通俗文学选刊》。当时为什么没有想过给沈先生出版全集，可能有这样几种情况：一是我当时既编书，又在编辑杂志，没有这方面的工作便利；二是受郭沫若等主流评价影响，在我的印象中，沈先生是受争议的人；三是当时我没读过他的多少作品，也不知道他写了多少作品。回忆起来在1943年前后，我在国立第八中学读初中时读过《边城》，但还不如同时期读过的《少年维特之烦恼》感兴趣，所以就没有往这方面想。直到改革开放思想有所解放，20世纪80年代初沈从文热正兴起，特别是1985年12月19日，为庆祝沈从文从事文学创作和文物研究60周年，《光明日报》头版头条发表了《坚实地站在中华大地上——访著名老作家沈从文》的长篇访问记，高度地赞扬了沈从文"正体现了中国知识分子的崇高风范"等等，促使我对沈从文先生及其作品逐渐关注起来。

张晓眉：后来是什么促使您决定要出版《全集》？请您谈谈出版《全集》前的准备和洽谈工作。包括如何与沈家取得联系，如何洽谈，洽谈过程中碰到了哪些问题，是如何协商处理的等。

谢中一：可能是因为后来整个社会发展不一样了。改革开放后，大家的思想也都慢慢放开。出版社领导原让我负责编辑有关"全集"的书稿，已编过一二种出版，这时我就着力搜索新的目标了。决定编辑出版《全集》，首先应该是因为工作的需要。

当年，我认识一位北京的老编辑常君实先生，我编辑《张恨水全集》也是这位老编辑推荐的。当时在编辑《张恨水全集》时，碰到了很多困难，张恨水的很多作品都是从世界各地寄来的，还有很多作品有多种版本，仅在国民党时期，就出版过"皇子本""曹子本"等，比较乱，改动也比较多，后来工人都没法排版，要求编辑重抄，但是我的工作又很忙，因为工人都是按照进度给工资的，后来我只好给工人增加费用，才解决了这个问题，费了很多工夫。

《张恨水全集》出版后，受到了广大读者的好评，发行量很大，后来还拍了很多张恨水的电影。现在新编文学史开始重视张恨水的文学史地位，与《张恨水全集》的出版应该是有点关联的。张恨水的文化底子很厚，即以他写的回目而论，对仗也是很工整的，很有诗意；而且，现在像他这样写得又多又好的作家是很少见的。

因为《张恨水全集》反响很好，那位老编辑又先后给我推荐出版《老舍全集》《全集》。征得社里领导的同意，我就下决心把这两件事情做下来。《老舍全集》经与胡絜青、舒济商谈，本已同意签订出版合同，后因故撤销。在我将决定出版《全集》这个想法告诉那位老编辑后不久，有一天，他却告诉我说："晚了，前些天沈家已经决定在江苏文艺出版社出版了。"

不久，我因和我们出版社社长罗继长、总编林友光一起去俄罗斯考察访问，路过北京。那位老编辑虽然告诉我沈家已经决定在江苏文艺出版社出版，但我心不甘，想证实一下，还是希望能把《全集》争取到我们出版社出版。所以我又去找我的老乡徐祖文，请他帮忙打听那位老编辑告诉我的消息是不是真的。徐祖文通过萧离的关系，反馈了一个让我惊喜的消息：江苏文艺出版社与沈家有过联系，但沈家没有将出版权交给江苏文艺出版社！

这时，沈先生一家已经由小羊宜宾胡同搬到崇文门居住了。因为第二天就将离开北京去莫斯科，特请徐祖文引领我及时地去拜访张兆和与沈虎雏母子俩。交谈过程中，沈家肯定了徐祖文提供的信息是确实的。我说了些什么，记不太清楚了，大意是说：我们出版社的社长来了，总编也来了，我们虽是地方出版社，但省里领导十分重视和支持，我们是诚心想要出版《全集》，绝不是单纯为牟利，主要是为了宣扬沈从文先生。于是我又把编辑出版《张恨水全集》的情况，作了一番介绍，请他们考虑最好能接受我们的意见，并说下一次等我们从俄罗斯回来，让我们的社长、总编亲自来府上拜访，再作详细商谈。

从俄罗斯一回来，我就把这件事作为大事，带着我们的社长和总编去了沈家。这次我没叫徐祖文，一是我已经认得路了；二是徐祖文的工作也很忙。所以只有我们出版社三个人去了，沈家很热情地接待了我们。两位领导先后介绍了出版社情况，并征询对出版社的要求和条件，沈虎雏先生也谈了些书稿有关方面的事情。社长罗继长还自我介绍他是湖南澧县人，并说如果搜集书稿作品有困难，他承诺出版社可帮助解决等等。当时沈家既没有表示同意，也没有拒绝我们的要求，只是说对各家出版社不太了解，并告诉我们已经将出版权交给了中华版权代理总公司，请他们帮助了解，做出决定，让我们回去等候通知。

我估计沈家将版权交给中华版权代理公司，主要是想通过版权公司了解有意出版《全集》的出版社是否有这方面的诚意和资质。我估计后来版权公司将对我们出版社的考察意见反馈给沈家，沈家应该是比较满意的。

没过多久，版权公司就通知我们：同意授权北岳文艺出版社承担《全集》出版事宜。这样我们就开始筹划与沈家商定签约出版等工作。

张晓眉：《全集》最后能够在北岳文艺出版社出版，是不是主要是由于您是湖南湘西人这个因素？

谢中一：我不知道究竟有没有一点因素，即使有，也肯定不是决定因素。当年我们和沈家谈的时候，就很坦率地给他们说，《全集》出版后，肯定不会是畅销书，但是比《老舍全集》可能要好销一些，因为老舍很多作品是戏剧曲艺方面的，他的读者面会受局限。另外就是我们出版社出版《全集》，政府会有补助，在资金这块有保障。

现在很多人说《全集》在北岳文艺出版社出版，是因为我谢中一是湘西花垣茶峒人，主要是因为我的关系才决定到我们这里出版，我觉得决定性的因素肯定不是因为我这个老乡的身份，我认为我没有那么大的魅力和影响力。应该是多方面的因素促成的：

一是山西省政府领导和出版社领导的支持。因为《全集》的出版是相当耗费财力物力人力的，任何一个个人都没有办法在短时间内做好。由于山西省政府、省委宣传部、新闻出版局等领导部门都支持我们去做这个事情，因此也就没有太多考虑资金的投入。现在看来，当初如果没有政府的大力支持，《全集》能够出成现在这个样子，是很难的。

其次是当时很多像巴金、老舍、曹禺、丁玲等作家的全集都还没有出来，如果要等人民文学出版社出版，估计《全集》等上好几年也可能出不来。

第三是版权公司也考察了我们出版社的资质，沈家应该是比较满意的。而且沈虎雏在草拟"《全集》出版协议中几个要点"时，曾提到编辑合作的"乙方"——出版社对编辑过程的经费支持以及协助搜集资料的合作程度，这也是沈家选择出版者的重要考虑因素。

我们接到通知后就与沈家商谈，开始组织编委会，召开了几次编委会会议，形成了《全集·编后记》中介绍的相关情况。《全集》一开始计划出版二十卷，但是因为有很多作品都不全，部分已经出版过的书也都没有了。主要是因为20世纪50年代初，开明书店将沈先生的书都"代为销毁"了，而且待印的书籍连纸型也给销毁了，非常可惜！沈先生自己保存的一些书，在"文化大革命"期间又全都被抄走，他的很多书都是通过我国香港和世界各地的朋友搜集回来的。有些作品只知道篇目和发表的报刊，但手中都没有具体版本，大都分藏在全国各地的图书馆里。《全集》的特约编辑、编委除按分工各自负责编辑的书稿外，都附加了一份搜集、查录、注释、校勘作品资料的任务。吉首大学刘一友、向成国、张永中三位老师除了负责编辑《全集》的小说卷和文物卷外，还亲自到北京、上海、广州、青岛等地去查找、搜集沈从文先生的作品版本，然后复印回来。所有产生的费用如差旅费、复印费等全部由我们出版社支付，这应该是我们出版社提供的一个很大优惠。

关于《全集》的签约出版等事宜，最初出版社主要是通过中华版权代理总公司与沈家取得联系，沈家不直接与出版社接洽，我估计当时沈家对北岳文艺出版社的情况既不明底细，也不敢轻信并赋予重任。从这儿也可看出他们在选择出版社的问题上，态度是十分慎重的。

张晓眉：我在采访沈虎雏先生和李辉先生的时候，他们都提到了当年江苏文艺出版社也准备出版《全集》一事。据他们评价，当年江苏文艺出版社影响比较大，图书印刷质量也比较好。但后来《全集》还是决定在北岳文艺出版社出版。请您谈谈这其中的原因可以吗？

谢中一：具体原因，我也说不清楚。据我了解，当时除了江苏文艺出版社，据传说还有湖南文艺出版社、岳麓书社以及北京的几家出版社和我国香港的出版部门都有意向出版《全集》。而且在《全集》出版前，沈家和江苏文艺出版社、湖南岳麓书社等都打过交道，他们应该是比较了解出版方面的事情的。

当年我带着我们出版社的领导去和沈家谈时，张兆和先生还健在，沈家也没有直接应允下来，而是把版权授予给了版权公司，最后参加签字仪式的三方为：沈从文先生之夫人张兆和、北岳文艺出版社社长罗继长、中华版权代理总公司副总经理陶庆军。

张晓眉：《全集》能够编辑出版发行，张兆和先生起到了一个什么样的作用？在与沈家协商出版《全集》时，张兆和先生当时做出了哪些表态？

谢中一：这个问题最好是请沈虎雏先生或沈龙朱先生回答。因为签约前，沈家殚精竭虑、郑重其事地为《全集》的编辑出版已做充分的准备，有全面的总体设计和设想，规模的规划，文字、图片各有多少，如何按作品文体和内容性质分类、分编、分卷等有关编辑印制出版的事无巨细，都十分详尽地用文字阐述，同时还一一列出签约授权的条件和要求以供商讨。没有张兆和先生运筹帷幄是很难想象的。我认为签约后，三方人员都十分满意、十分开心，沈家特在和平门烤鸭店办了两桌丰盛的酒席宴请大家以示庆贺！张兆和作为《全集》的主编，首先聘请顾问、编委，组建并主持召开编委会，商定编辑方针，确定《全集》的总体方案，提出编委分工意见，同时还审阅了部分卷的文稿，并对存疑的重点作品辨识真伪，决定取舍。后来因张先生年事已高，对《全集》编辑进程的组织、联系和协调任务，以及主持各卷定稿、复核、补遗工作委托沈虎雏先生办理。当年人民文学出版社准备出版《沈从文小说选集》时，沈从文先生选编了一些作品，因为张先生既是作家，又是编辑，对文学写作有很高的造诣，对沈从文先生作品中的个别字、句作了改动，客观地讲，有些改得是对的，但有些改得不尽贴切，沈先生就又改了过来。我们在看稿的时候，也发现了这个问题，在编辑没有初版本的作品时，我们主要是看哪个改得更贴切些，就以哪个为准。

张先生往往是沈先生作品的第一个读者，有意见，就直接了当地提出来。比如沈先生曾经写过一篇打扑克的小说，张先生就认为这种事情不值得去写；沈先生曾经给张先生寄了一首组诗《资生篇》，共三章请她发表，张先生认为第一章《史镜》和全诗不协调读来比较干。张先生没用，被删除掉了，结果沈先生就有意见，认为她不懂诗。其实你如果读了《张兆和复沈从文》谈诗作的信后，定会感到张先生在文学诗歌方面造诣是很高的。她不仅把《资生篇》第二、三章在《人民文学》上发表了，并赞扬说："写得真好，确有些老杜风呢！"同时，还认为沈从文寄来的"其他各篇也都不错。各诗感旧歌今，不落俗套，写景抒怀，浑然一体，情真意挚，读了鼓舞人，也给人以艺术享受。《井冈山清晨》历述过去，一气呵成，亲切感人。但个别字句，'毛选实圣经'，不够含蓄，来得突兀；'惟传王母鞋，一掷在湖心'也比较少余味。我的意见能改改一下更好！"你看这样评论写得多好，多中肯！沈先生能不同意吗？所以沈先生还是佩服张先生的，因为她大多时候是能够提出很多很好的意见，在生活上，在思想上，在处世方面，也大都如此，对沈先生很有帮助，沈先生有时就戏称她为自己的"政委"！

另外，再举个例子，看看张兆和先生是如何整理沈从文先生一批旧作，准备应约给出版社出版。1982年2月，沈从文先生《复徐盈》信中大意是说：照当前真正"当家作主"的兆和同志习惯，最怕不小心处，无意得罪了老同行中"要人"，恐易出事故，招架不住。凡是"粗野"的字句必删去，易犯时忌，犯人忌，"易致误解处"更必删去。结果不少作品磨得光溜溜的，不免把"原有特征失去了"。又说：对前后叙述上矛盾处，不尽衔接处，她总是日夜为核对这些忙得头昏眼花，如此费心，实在不必要。在《致程应镠》信中也说，"我那些过时旧作，可能将出到廿本左右，稿件校对统由兆和担负，她还十分天真而认真的一字一句，从许多不同本子字斟句酌的一一校去，以为当真还会传世长远。一遇到有疑问处，即一一提出。我却以为实在不必要"。

当年张先生可能也意识到自己年岁大了，精力有限，曾给我写过一张条子，想把沈虎雏提升为副主编。我是完全同意张先生这个意见的，事实上就是沈虎雏在承担主编职责。后来我在《全集》的校样本中，将沈虎雏改为副主编，但是沈虎雏觉得不好，他认为大家做的事情都一样，都很辛苦。我将张先生的意见拿到编委会上讨论，大家没有同意，主要是认为没有必要。如果当时我把张先生写给我的条子拿出来的话，就显得有点太勉强了，所以最后我也没有拿出来，只是作口头传达，也没有把编委会讨论的结果告诉张先生，因为我不知道怎么开口对她说。后来她的身体也不太好，《全集》正式出版时，她已经去世了，所以她应该是不知道这件事情的最终结果的。

张晓眉：出版《全集》，出版社是如何取得山西省政府的支持的？

谢中一：这是出版社领导做的工作了，具体情况我不了解。我只是按一般常规、惯例考虑：我们出版社是属于省委宣传部、省新闻出版局直接主管的，每年出版社都必须将编辑出版选题计划送审。像《全集》这类重要图书出版选题，更是需要呈送省委宣传部直接审批的。当年我们把出版《全集》作为一个选题报了上去后，听说中国新闻出版总署署长于有先等刚好到山西视察，得知此事后也很重视，曾指示北岳文艺出版社上级领导主管部门一定要出好《全集》，工作如果没做好，是要受罚的。因为中国新闻出版署的重视，所以才有了在人民大会堂举办签约仪式这一环节。因为在人民大会堂举办签约仪式是很难的，这里涉及方方面面的沟通问题，非常复杂。这是全国重大会议召开的地方，规格很高，我们作为一个地方出版社，要在北京人民大会堂那么高规格的地方签约，一般是做不到的。这个工作主要是中国新闻出版总署统筹安排，我和版权公司辛广伟先生做一些具体事务性的工作。参加仪式的来宾为国家领导人及知识界、文艺界、出版界著名人士共五十位左右，另有十多家新闻单位参加。

张晓眉：山西省政府出资补贴《全集》出版，您是不是为此做了很多工作？

谢中一：这方面我没做什么工作，要做工作，那是出版社领导的事。

张晓眉：当年您将出版《全集》方案从撰写到上面领导最后批准，共用了多长时间？

谢中一：用的时间也不长，主要是给领导把问题说清楚了，他们意识到出版《全集》是有社会意义和价值的，他们就支持我们去做这项工作。

当年我们不只是计划出版《全集》，还有《胡风全集》《老舍全集》等，特别是出版《胡风全集》，是非常不容易的。胡风的历史背景比沈从文的还要复杂。

改革开放以来，思想解放，在大的时代背景下，我们提出了一些出版选题计划：比如《张恨水全集》。张恨水是一个颇具争议的人，因为他是鸳鸯蝴蝶派，新中国建立后，是很不受待见的，但是他的作品普及性又很高，比如鲁迅的妈妈都很喜欢读张恨水写的小说；沈从文，被贬为"粉红色作家""反动作家"；胡风的文艺思想受到大批判，被定义为"反革命集团"的首要分子。他的《万言书》，多少年了，很多人都没有见到过。20世纪80年代初，胡风的政治冤案虽得到平反昭雪，当时思想正在解放，但有些问题也并不很明朗，编辑出版选题计划的提出，也难免让人感到存在一些风险和压力。

张晓眉：请您谈谈《全集》在人民大会堂召开的签约仪式和策划组办前后工作。

谢中一：这个签约仪式是中国新闻出版总署、北岳文艺出版社和沈家三方进行的签订出版合约。沈从文先生的家属是作为合同甲方代表参加，具体承办工作他们都没有参加，所以沈虎雏先生给你讲他不清楚这个仪式的具体操办过程，是事实。

签约仪式的策划和组办过程，主要是包括联系嘉宾，比如邀请哪些名家作为嘉宾出席，邀请信如何写，通知哪些报社、电视台、广播电台等媒体部门，签约地点安置在哪里。因时任中国新闻出版署署长于友先非常关心《全集》的出版，后来中华版权代理总公司把签约地点定在了人民大会堂。

　　我们将前期策划方案写好，经中国新闻出版署审定，交由版权公司操办，我和辛广伟先生只打杂做一些事务性的工作。比如，签约地点定下来后，我们去人民大会堂实地考察场地，发送邀请函等等。主要是辛广伟先生在前面做，因为出版社只有我一个人在北京，我就代表出版社跟在他后面跑，所需经费则全部由北岳文艺出版社支付。

　　张晓眉：之前也有很多有名的作家出版全集，为什么他们没有举行这样隆重的签约仪式，而我们《全集》出版为什么要组织这么高规格的签约仪式？它的意义和价值是什么？

　　谢中一：这方面的事，我更是孤陋寡闻，没有见识，只是估计：像《全集》这么高规格的签约仪式，在中国应该是第一次，目前我好像也没听说有第二个。具体为什么这么做，我也说不清楚，可能当时在签约仪式上有嘉宾也讲到了。因为时间太久了，加上我当时还有些事务性工作要做，没顾上听，即使听了一半句也没有及时记下来，或是一鳞半爪地听到几句，记下来的也不全。

　　我只是一介编辑，当时也不可能了解国家这样做的目的。现在根据当年的时代背景进行分析推断，我估计一是沈从文先生够这个级别，二是中国新闻出版总署重视。这个重视，根据当时的历史背景，我认为是有向国外宣传沈先生这层意思，因为出席当年签约仪式的社会人士的级别都很高。邀请哪些社会要人出席，都是中国新闻出版总署定的，我们出版社只是负责费用支出和具体承办。出席那次签约仪式的大概有五十多人，有些来不了的，也发来了贺电祝贺。

　　当时在签约仪式上，签约仪式的意义和价值肯定都讲到了的。当时还录了像，但这些资料不知道出版社是否保存得有，可去问问另一责任编辑陈洋，请她帮助查查看。另外像中央电视台、《人民日报》等媒体都来了，会后都有报道。如果我们出版社没有当时签约仪式的相关资料，这些媒体应该是有的，可以去查一下。

　　当时我虽没有顾上仔细听发言。但按《全集》出版签约仪式议程安排，在仪式上讲话的依次为北岳出版社社长罗继长、沈从文先生之子沈虎雏、中华版权代理总公司副总经理陶庆军、新闻出版署署长于友先、国家版权局副局长沈仁干，然后是宣读巴金、施蛰存先生贺信。最后是座谈会，发言人有：胡绳、费孝通、雷洁琼、汪曾祺、王蒙、冯牧、叶至善、邵燕祥等。汪曾祺在讲话中谈到了他与沈从文先生的三重关系：一是读者关系，二是沈从文先生的入门弟子，三是《全集》的顾问；邵燕祥也讲了话，他讲到了他的第一首诗就是沈先生给他发表的。座谈会应该安排得有做记录的工作人员，应该也有记录在案吧！

20世纪80年代前后，国外沈从文研究热起来后，我们国家虽然没有明确表态要给沈先生恢复名誉，但是1985年12月19日为庆祝沈从文从事文学创作和文物研究60周年，《光明日报》头版头条发表了《坚实地站在中华大地上——访著名老作家沈从文》的长篇访问记，无异于是对多年蒙冤的沈从文进行了公开而郑重的平反昭雪的声明，此后好像有关方面才得以比较重视起来。国外对沈先生的评价都很高。我估计，或许是中国新闻出版总署拟借以《全集》出版，造一个舆论声势，扩大沈先生的影响，同时也是表示一种姿态，就是沈从文在我们国内也是很受重视的。

当时的历史背景是：沈先生多少年来都是被故意压抑的，虽然中共中央最高领导人如毛泽东、周恩来等曾经亲自鼓励沈先生继续创作，周扬也说过要将像沈先生这类的作家改造过来，对新中国的建设发展是了不起的事情……这些都是领导人讲的话，但没有正式形成文件，所以还是比较微妙的。比如郭沫若写的批评文章和整个文艺界对沈从文的压制，是很明显的，甚至在我国台湾也不准出版沈先生的书籍。

在人民大会堂谈举行签约仪式的意义，我的笔记中记录了一点冯牧讲的话，比较能够体现这层意义：一是严密地沟通并建立了版权局、出版社与作家之间共同协作出版图书的关系，在此之前，《鲁迅全集》出版中曾有过这样的意图和设想，惜未能实际操作体现出来。《全集》这是第一次作为先例，由版权局、出版社与作家三家联合举行图书出版签约仪式，这种仪式具有重要意义，也是功德无量的事情；二是要将这种出版模式发扬下去，作为书籍出版有法可依的先例，进一步完善出版法；三是这次签约仪式有魄力、功力，为以后维护作家作品出版权益提供了很好的例证，为促进文艺繁荣做出了很好的示范模式。冯牧还代表中国作家协会、张兆和先生和北岳文艺出版社向各方面表示感谢。

张晓眉：周扬对沈从文先生的评价很高，但周扬和丁玲的关系很紧张。20世纪80年代初丁玲写《也频与革命》一文攻击沈从文先生，是不是与周扬对沈从文评价很高有关系？

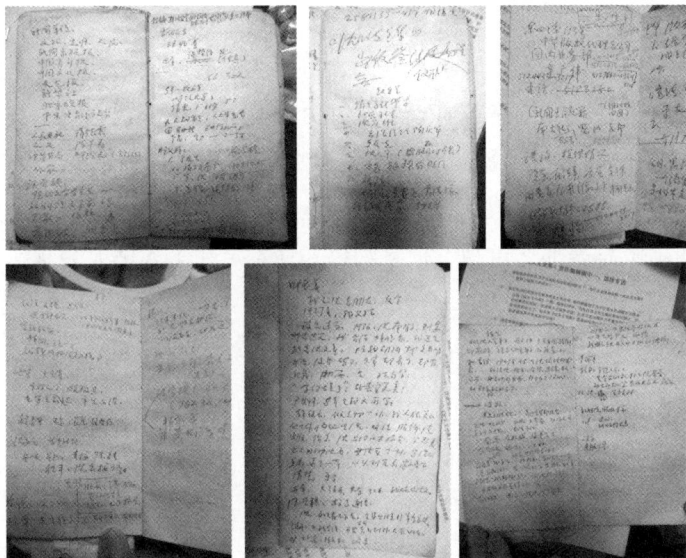

因为谢中一先生担任接待工作，所以对当时各界人士的发言无暇顾及，但他还是抽出时间做了一些宝贵的笔记，记录内容简洁，字迹潦草，即便如此，在二十多年后的今天看来，显得异常珍贵

谢中一：周扬和丁玲的关系是不是很紧张，我不了解。即使是紧张，恐怕是由来已久，也不会是因周扬对沈从文评价高而引起的。你如果了解《也频与革命》一文内容就会明白的。

丁玲写文章攻击沈先生，主要是贬斥沈先生《记丁玲》一书。"这是一部编得很拙劣的'小说'。"沈先生说，"嫌举得她不够高，有损于她伟大形象。这书事实上已赞美她够好的了……外国人对她的印象，大致还多从这一'极坏小说'而来。"书中还提到了丁玲最忌讳的事情。就是丁玲在上海被捕之后，她和冯达同居一事。沈先生在文章中提到了这件事情，所以她看了之后很生气。丁玲在那篇文章中骂沈先生是"胆小鬼""市侩"。沈先生就讲，我是胆小鬼，那当年冒着生命危险送你娘儿俩回常德，怎么不胆小了？你丁玲被国民党拘捕后，有哪个作家公开写文章为你呼吁？胡也频被捕后，是谁不顾生命危险，四处奔波营救？这些都是沈先生在书信中提到的，沈先生生前从来没有写文章公开反驳过丁玲。沈先生说，"特别是五六十岁以上。或多或少明白卅年文艺界大事的人"，对这段历史都是比较了解的，他们"看过后一笑了之，根本用不着为我抱不平"。

张晓眉：邀请沈家参加人民大会堂签约仪式，是您专程去请的吗？

谢中一：不是的。当时我们正在召开编委扩大会，版权公司也有人参加。只在会上一宣布，情况就明确了，用不着我亲自登门去告诉沈家签约仪式是在什么时间、什么地点举行，有哪些嘉宾出席等事宜。也许由有关方面作个别通知，我不知道。张兆和先生好像也参加过一次编委会，给我的印象是她比较满意。她应该是放心了，因为不光是和我们出版社签订合约，这里面还有中国版权代理公司，还有就是中国新闻出版总署那么重视，把签约仪式地点定在了人民大会堂，非常隆重，声势虽不大，影响可不小。

张晓眉：继《全集》出版签约仪式在人民大会堂举办后，还有其他类似的签约仪式在人民大会堂举办过吗？

谢中一：据我了解，好像是没有。但是我离开工作岗位这么多年了，对很多事情也不是很了解，也许有，但我不知道，也是有可能的。

张晓眉：《全集》从编辑到正式出版，经历了近十年的漫长过程，您在编辑之前是否有过思想准备？

谢中一：我们召开《全集》第一次编委会议时，沈虎雏先生起草了个《全集》总体设想计划，提出的规模：正文为五百万字以上，图片约六百幅，按文体分为小说、散文、传记、文论、书信及其他以及物质文化史六类，按类分卷，共二十卷，这是在正式进入编辑前思想有所准备的。后来因为不断有新的作品发现，到正式出版时，竟成为三十二卷，文字约一千多万字，插图一千七百一十余幅，这是预先没有料到的。其次是当时张兆和先生年纪大了，《全集》复杂的具体工作后来她顾不上了，王㐨和汪曾祺两个顾问也先后去世了，很多事情实际上都是由沈虎雏负责处理的，还有那么多书信卷又是沈虎雏一个人整理、编辑，还要兼顾其他事务，特别是对《全集》整个编辑出版事宜的悉心关照。另外，《全集》中物质文化史部分文稿原请专家王㐨主持编辑整理工作，王亚蓉编委协助；但由于两位编委健康原因和王㐨先生的不幸病逝，工作一度陷于停顿，十分意外！

根据《全集》编委会制定的编辑方针，有很多方面的限制和需要达到的目标，后来在编辑过程中，很多困难都是我们在制定编辑方针之前没有预料到的，编辑委员会的成员倍加辛苦，特别是吉首大学的刘一友、向成国、张永中三位老师全国各地搜集资料，有一年快过春节了，他们从青岛搜集到几大包资料，沉甸甸的，急匆匆地要赶回湖南路过北京时，恰巧我也在北京，我邀请他们一起在辟才胡同一个小饭馆里吃了顿晚饭，算是接风洗尘，以示谢意。当时回家的火车票也很难买，不知他们回到家时是否已过了大年三十。现在想起来很有意思，但是他们确实做得很辛苦！

你想想看，全国各地找稿件，将找到的稿件进行初步甄别、复印、剪接、分类整理、编辑校对等等，他们做得很辛苦，也很仔细，生怕弄丢了，路过北京都没敢打开，回湖南经过处理后，先送交北京，然后才转到我社进行编辑校读，再往印刷厂发排制作。虽然差旅费等一切开销由出版社出，有时所产生费用先由他们自己垫上，有时是以我个人的名义向社里借款，先预支付他们，回来后拿票据到出版社报销，但是在做这一切工作的过程中，刘一友老师他们是很辛苦，很艰难的！

张晓眉：刘一友、向成国、张永中等老师负责搜集资料，当时您主要是做哪些方面的工作？

谢中一：当时文稿还未送交出版社，我也未正式进入编辑工作，可能是正编辑《台湾文学丛书》或其他书稿，滞留在北京，即使在太原，也没闲着，得编其他书稿。后来，《全集》分工是这样的：

刘一友、向成国、张永中负责前十卷，也就是小说卷；凌宇负责散文、文论的编辑工作；王继志和他的几个助手负责诗歌、传记的编辑工作；沈虎雏负责书信、日记和以史料为主的"集外文存"部分（第18—27卷）编辑整理工作。他们不光是编委，也是我们的特约编辑，承担了原初文本的查寻、释注、校勘和各卷编辑任务；张之佩参加了各卷编辑工作；沈龙朱在遗稿整理中付出了大量劳动。此外，吴蕴东参加了第13—15卷的部分编辑工作；沈从文先生未发表过的部分杂感性题识和全部诗作，是由沈红、沈虎雏搜集并整理定稿。

我除了做好责任编辑本职工作，就是参加所有各卷定稿工作，并对分卷方案和对物质文化史遗稿的整理工作提出些建议。此外，我负责给刘一友等编委会成员报差旅费，他们来山西了，给他们安排食宿，再没做什么工作。沈虎雏、刘一友、向成国、张永中、凌宇、王继志等都是在大学执教多年的老师、教授，经验丰富、知识渊博，对文学有很高的造诣，他们都有教学任务，还要带研究生，凌宇先生是全国人大代表，还有政治活动。他们作为全集的编委、特约编辑，做出了重大贡献，我们出版社同仁是为之敬仰和感谢的！

前后十来年的时间，我的主要工作就是编辑《全集》，湖南吉首也跑了很多次。为了校对我去了一次吉首大学，沈从文学术研究会去了一次，部分稿子出来以后，在吉首大学召开编委会，我又去了一次。小说卷是最先出版的，但是为了保证整体质量，我曾坐飞机将校样带到吉首大学，让刘一友、向成国、张永中三位老师亲自重新校对。因为原稿中也有错误，我印象比较深的是，湖南有一种栀子花，沈先生有篇作品的原文不是栀子花，可能是排版的错误，我看到了给他们提了出来，就改了过来。我们原有规定，一般字都不改，维持原样。我记得我到沈家送这初稿校样请审阅时，张兆和先生还特别过问这事，意思是：说不改么，怎么又改了？经沈虎雏作了解释，她终于点了点头。

《全集》能够编辑出版，应归功于领导的重视与支持，是大家共同努力的结果。你去看看《全集·编后记》就能明白，我们都是有明确分工的，几位特约编辑都非常认真，特别是吉首大学的老师们，全国各地搜集资料非常辛苦，做文物卷遗稿的整理和编辑也是很辛苦的。

另外，几位特约编辑不在一个地方，分布在北京、吉首、长沙、南京等地，每次召开编委会，大家都要放下手头的工作聚到一起，因为这个程序很重要，加上我们的编辑理念要求很严格，所以大家做得都很辛苦，很认真，显示了《全集》的编辑力量很雄厚。历次召开的编委会概由沈虎雏先生代理主编主持，也是非常得力的。

张晓眉：在编辑《全集》时，让您感到最困难的是什么？

谢中一：困难有很多，现在一下子也不知道从哪里讲起。

第一个应该是文物卷的编辑，因为这方面的知识我们都不懂，专业性太强了，王㐨去世以后，就没有人能够承担这项工作，加上沈先生这方面的稿件有的不是完整现成的，有部分属于半成品，需要整理加工，这个工作困难很大，等于是重新创作了。

文物卷整理工作要求整理人具备相当丰富的知识，因为沈先生原来是作家，所以他的研究与一般专门做这方面研究的学者不一样。那么如果我们请一个作家来帮忙整理，就要求这位作家对物质文化史研究历史背景有一个比较透彻的了解；如果请一个物质文化史研究专家，那就必须要具备一定的文学素养，兼具两个知识领域的人太难找了，所以非常不好办。

1999年起,吉首大学 支持刘一友的设想，组织该校力量，由刘一友、向成国接手物质文化史遗稿的整理任务。约请孙韬龙教授参与，中文系部分教师也做了一些整理工作；沈龙珠搜集了物质文化史的已刊稿，并加以整理和补充作者附加的文字；刘一友、沈虎雏完成文稿与图像资料的复核、补充、取舍、注释和编辑工作；向成国、张之佩亦参与了工作。上述编委和参编人员的专业知识，均与所负任务需要相去甚远，但大家都能以兢兢业业和认真负责的工作态度，尽力减少因隔行隔业带来的失误。

我记得有一次在吉首大学开编委会时，刘一友老师提到他在整理沈先生遗稿中的一篇文章时，发现了一个问题，刚开始以为是沈先生弄错了，经考证，沈先生是对的；再一查资料，又是错的。最后也不知道到底是对还是错，没有了标准，非常棘手。这个是刘一友老师经手的事，你问问他就知道了。另一个就是沈先生的作品中有很多古字，这些字我们根本就不认识，更不要说去解释它了，很多字典也查不到，最后我们查了《辞海》，才查出来。比如一个革命的"革"字，右边上面是一个占有的"占"，还有一个字是革命的"革"字，下面是一个世界的"世"，像这些字在一般性的现代字典中就查不出来，电脑也打不出来，查了《辞海》，才知道其意义就是马鞍上的一个装饰品和在人身上的配饰。这些应该是我们编辑《全集》时碰到的比较困难的事情。

其次就是要甄别一些作品是不是属于沈先生的。

第三是对沈先生作品的文体有极少数很难鉴别，既像散文，又像小说。沈先生这种写作方式，其实也是一种试验，也许他写作的时候并没有一个明确的文体意识。这些应该也算是在编辑过程中存在的困难。

第四是作品版本选择问题，我们定的是必须要初版本，但是有些作品没有初版本，因为时间长，而且沈先生的很多作品都在20世纪50年代就被销毁了，虽然要求初版本，但没有办法完全做到，所以有些作品只好将就。比如《烛虚》，有好几个版本，凌宇以前找到了几个，后来沈虎雏又找到了一本，他寄给了我。因为沈先生有修改自己作品的习惯，所以每个版本都不一样，即使在同一种版本中，比如有的是"上帝"，有的是"真主"，前后都不一致，怎么办？改还是不改？当时就比较作难。如果要改，我又想，如果是面对西方的读者，称"上帝"就应该是对的；那么面对伊斯兰教的读者，称"真主"，也是对的，因为面对的读者不一样了。后来为了统一，还是都改成"上帝"了。原来我们在编委会上定了的，不准改，所以沈虎雏把《烛虚》寄给我，让我根据情况进行编辑修改，那也只是极少数极个别的，仅限于对字、词作必要的改动。其他作品是否也有如此作法，即使有，也是极个别的。做编辑是一件很难的工作，改好了，作者同意你；没改好，作者是要骂你的。

第五是有些稿件内容不全，表述前后不一致，语义含糊，多数是属于印制的问题，我就必须要去图书馆查找原文对照。我记得有几次我去的时候，北京图书馆正在维修，费了好大劲才借到原文。虽然这种情况不多，但都需要认真处理，所以还是很麻烦的一件事情。

第六是注释问题：编委会对如何判定作品中是否有难懂的字、句或词语，以及需不需要加以注释的问题，经过研究讨论，一致认为："以是否具有初中以上文化程度作为界定的原则。"即指：具有初中以上文化程度者，认为难懂的，则需加注释，否则就可不加。但这条原则实际操作起来，也不易掌握。全集出版后，尚存有该加未加而不该加却加了注释的现象。

另外，极个别注释也有差错的，如沈从文先生在一篇文论中提到"梁武帝还敕令殷芸撰述《小说》三十卷……"一事，注释者却把加书名号的《小说》作为一种文学体裁来注解。经考证才改正过来。这里说的《小说》原是一本书的名字，又名《殷芸小说》，《梁武小说》，南朝梁小说集。殷芸著，其内容为记述周秦至南齐历代帝王及各种杂事。

第七是当时的压力也很大，《全集》是列入国家的重点图书，是沈从文先生毕生心血的结晶。如果编辑出版的书籍质量不好，责任编辑将会落个什么下场！真揪心啊！原来还有经济压力，担心书出版了不好销售。好在我们编辑《全集》时，山西省政府也意识到了沈先生的价值，所以给了出版社一些补贴。经济压力就减免了。

北岳文艺出版社原是事业单位，出版局有拨款，那时候出书秉持的理念是：只要这个作家有作为，有前途，书写得好，通过三审，我们就可编辑出版，同时还付给作家稿酬。如果市场销路不好赔钱了，有政府津贴，不存在盈亏顾虑。后来就不行了，尤其是转业改制以后，将出版社由事业单位改成按企业单位管理，要求出版社自负盈亏，如果出书赚不到钱，一般出版社就不敢出，所以出版社编辑的压力就更大了。

张晓眉：我注意到一个问题，就是《全集》中的书信只有沈从文先生写给别人的书信，而没别人写给他的书信。我看到很多作家的书信卷都有一来一往，为什么我们在编辑《全集》时没有将这部分内容收入进来？

谢中一：这个问题据我分析，可能是因为沈家没有保存这方面的书信，如果有，估计也不全。另外可能当时还有一个考虑，就是如果要把别人写给沈先生的信收入到《全集》中来，是需要征求写信人的意见的，当时我们来不及做这个事情。我们原来想编辑出版《沈从文与名人书信来往》一书，但是沈家没有同意。我估计可能是三个原因：一是沈家资料不全，很多书信丢失了；二是他们没有时间、精力去做这件事情；三或是在很早以前与大多数写信人失去联系，更难征求他们的意见。

张晓眉：据了解，现在已经发现了很多沈从文先生的佚文，北岳文艺出版社是否有这方面的出版计划？

谢中一：这得取决于沈虎雏先生的意见和安排，我们出版社是有这方面的出版计划的。我曾经与沈虎雏先生谈到过这个问题。但是他一直在考虑如何将这些佚文补充到《全集》中去比较合适：是按照作品体裁分类插入进去，还是单独一起出版佚文卷。如果是按照第一种方案出版的话，工作量太大，一时半会儿估计弄不出来；但是单独出佚文综合卷，又觉得不伦不类。他有这方面的考虑。另外就是还有人不断发现佚文，陆陆续续送交给他，但据他说，还不够两卷。

张晓眉：沈虎雏先生近年来搜集到很多佚文，具体情况和内容您知道吗？

谢中一：这个情况我不是很清楚。沈虎雏先生告诉过我，他一直在做这个事情，我只知道个大概，具体的不清楚。前两年他告诉我已经有一卷了，没过多久他又告诉我有一卷多一点。据了解，沈从文研究专家和一批学者、读者，很想沈家能够早点完成补遗，印制成书面世。因为只有这样他们才可以全面地把握沈先生的作品情况，更深入地进行赏析和研究。但是沈虎雏先生一面在考虑是按照作品体裁插入进去，还是单独综合性补遗，可能还要作些案头工作；一面也在积极搜集准备充实补充，不断有新的发现。这使我想起了当初，《全集》开始计划出版二十卷，后来出书时成了三十二卷，共一千多万字，其中沈先生生前未发表的作品及书信等约四百四十万字。张新颖教授在《沈从文的后半生》一书中曾说："很难设想没有这四百四十万字，可以很好地理解沈从文，尤其他的后半生。说起来，真得庆幸沈从文家人的有心、耐烦和细致。'乱纸堆'没有化为乌有，而整理成了重要文献。"他援引了沈虎雏先生在给他的信中简略叙述的缘起和经过："我1980年回到北京时，破旧行李中有个小纸箱，保存着父母'文革'前后给我的信，其中偏偏父亲规劝我怎么面对冲击挫折，最重要的几封，由于担心遭查抄、肆意曲解上纲，被我毁掉了。打开小纸箱时，心中的懊恼使我倍加珍惜这种不可再生的材料。那是在一间空屋子，几个月前，父亲从这里搬入新居，地上犹存着厚厚的垃圾，清理它们的时候，我顺手把一切有父亲文字的纸张收拢，不意竟有一整箱，从此开始了保护、收集、拼接、识别、整理的漫长岁月。"这样看起来，《全集》补遗，估计出书还得待一段时日，是可以理解的。

张晓眉：沈虎雏先生说《莫错过这千载难逢的报国机会》这篇作品没有收入到《全集》中，这是我们《全集》的一个硬伤，您当时知道这个情况吗？

谢中一：当时并不知道。后来才了解，沈从文先生去昆明之前，路过长沙时，拜访了徐特立受到很大启发，不仅写下了著名的《湘西》一书，也写下了这篇文章，对湘西的在乡军人以及乡亲们晓以抗日大义，勉励大家洁身自爱，或去前方作战，或在后方把安定团结搞好。他殷切地希望："家乡后起之秀，自爱自重，奋发有为，不落人后，为中国人争一口气，为湘西人争一口气。"并愿"和家乡人民一起，为国事尽一份自己的力量"。我参加编辑《全集》，检讨起来，当时好像有点老大自居的想法，暗自认为《全集》要比他文集收录的作品"全"。哪晓得人家文集早已出版了沈从文的作品，《全集》在后竟把应收入《全集》的作品，从眼面前漏掉了，造成了《全集》的一个"硬伤"，实在是极不应当，我也应负一定的责任！

张晓眉：《全集》前期的经济投入很大，《全集》出版也有十多年了，这些经济投入现在都收回了吗？

谢中一：具体投入多少，这个经济账我都没算过，因为有政府补贴，估计出版社的投入不会很大。因为编辑《全集》这套书的工作量太大太繁重了，我都没有时间去关注这个事情，所以我也不清楚是不是收回了投资。

我这个人在计算经济账方面比较马虎，只管一心一意做事情，很少会去关心钱的事情，所以在这方面比较糊涂。比如《全集》前十卷的校对费用，一般出版书都只是三校，我请人校对过一次，我自己也校对过一次，最后一次校对即第三校是我应邀亲自送去吉首大学请刘一友、向成国、张永中等老师校对的，到现在这个校对费用都没有给他们结算，我是比较为难的。后来竟弄成七校，我也是很难想象的。当年刘一友、向成国、张永中等老师到外地搜集作品资料，预支款是以我个人的名义向公家借钱汇给他们的，出差回来，他们把单据寄给我，由我向社里报销结了账。后来出版社认为是我用的钱未还，还扣了我的工资，后来发现错了，再没扣款，扣了的也没退还给我，倒留下一个尾巴，说我欠了一笔公款还未还清，如今还记在会计的账簿上。

关于《全集》的经济投入，据我估计应该是收回来了。但是在我看来，北岳文艺出版社出版《全集》，这个经济投入是否收回并不重要，重要的是沈先生带给我们的这笔无形资产太珍贵。

张晓眉：《全集》的定价是根据什么来定的？特别是后五卷，比前面二十七卷（加上附卷，实际上是二十八卷）的定价都要高，这是根据我们前期的经济投入进行定价的吗？

谢中一：《全集》第32卷因为沈家的面子，香港商务印书馆没有收取我们出版社任何费用，等于是免费给北岳文艺出版社提供的。从28卷到31卷，都是沈先生的文物研究作品，有些是出版成书的，有的是在报刊上发表过，也有一些是手稿，还有一部分是半成品都是经过吉首大学几位老师整理成文的。还有邀请了孙韬龙老师参与，他也为此做出了很大贡献。

《全集·文物卷》编辑是最难的，因为有些稿件是沈先生没有完成的论题，大家又都不懂这方面的文物知识，也不懂这方面的历史，特别是那些专有名词，我们都弄不清楚，只有王㐨比较了解。

王㐨曾经与沈先生出版过书，又是沈先生的得力助手，我们原来是准备让王㐨做的，但是王㐨身体不好，可能是20世纪70年代他在负责挖掘马王堆工作时，太过劳累了，后来又到陕西马鞍山参加挖掘，这些工作把他的身体累坏了。我们在编《全集》的后期，他的身体越来越不好，严重时甚至要按期到医院进行透析。据沈虎雏先生说，他曾亲自请陈高华、李之檀等学者专家在百忙中审阅了部分文稿；史树青、宋伯胤等很多学者专家都曾热情细致地为全集编著答疑解惑，而这项工作最后则是由吉首大学刘一友、向成国、张永中、孙韬龙等老师完成的。有一年在吉首开编委会审定文物卷时，刘一友老师身体也不太好，他竟然当着几个编委的面，气嘟嘟地埋怨我给他们安排这么艰巨的任务。因为物质文化史的编辑整理工作曾停顿一段时间，我很着急，曾在私下里对刘一友老师说过：这一工作非你莫属！所以他把气往我头上撒，也是可以理解的。（说到这里时，谢中一先生开怀大笑！），我估计沈虎雏先生都不会给你说这些，但当时他也在场，当年他是赞同让刘老师来担当这一艰巨任务的。不知他是否会听出弦外之音，刘老师的埋怨含有旁敲侧击的意味。

关于《全集》的定价，应该不是按照前期经济投入进行定价，主要是按照市场价格来定的。后面几卷比前面的贵，是因为后面五卷是四色印刷，而且后面五卷比前面二十八卷要大，是16开的，它的造价很高。（我因为《全集》第28-32卷价格较高，加上对文物知识没有太多常识，就没有买。谢中一先生起身去书房，将《全集》后五卷拿给我看，果然非常精美，看了之后，才理解这个定价应该是合理的。）

张晓眉：我发现《全集》的第1卷和第15卷有几篇作品是完全重复的，这是出于什么考虑？还是当时没有发现这个问题？

谢中一：有这种情况吗？完全重复？（说到这里，谢中一先生站起身来，去书房核查，我跟在他的后面。通过核对，发现内容确实完全重复，但是下面的注释不同，谢中一先生给我做了如下解释。）从第15卷的注释来看，当年王继志老师在编辑的时候应该是对第1卷也收入同样的篇目是知道的。第1卷选编是考虑《鸭子》文集的完整性，第15卷选编是考虑到了诗歌的完整性，所以《鸭子》文集中的诗歌再次被收入，当时应该是有意为之，第15卷有比较详细的注释，应该不算完全重复。如果不注明，就算是重复了。你能发现这个问题，说明你做研究很仔细，这样是对的。

当年沈先生出版《中国古代服饰研究》的增订本，我国香港有篇文章说沈先生的文章一文不值，错误太多，比如"拓枝舞"，沈先生知道了就很生气，写了一篇文章驳斥他：你都不知道"拓枝舞"是什么东西就来评价，真是太可笑了。

"拓枝舞"其实就是一个舞蹈名称，那篇文章认为沈先生把这个弄错了，实际上是他自己弄错了，他都不知道"拓枝舞"是什么东西。所以我们以后做研究，仔细一些是对的。

《中国古代服饰研究》增订本最初是在太原印制，王予很关心这个事情，校样出来后，我专门拿到北京送给他审阅。他看了之后，非常不满意。我感到很尴尬，回来跟社领导作了汇报。后来改到北京印制，王予才勉强点头认可。

《中国古代服饰研究》增订本实际上是经过沈先生校对修改的，还写了再版后记，但是书出版后，沈先生没有赶上，就去世了。沈先生去世后，由王予主持一切。王予亲自执笔，增加了三万多字的材料，经过王予审定补充，对一些文字和图片进行修订，这样就产生了一个问题，即叙述人称等方面与沈先生之前写的不一致，有点乱。香港的增订本编辑也没有仔细审稿，就那样印出来了。因此我们在编辑这块内容的时候，把文字重新理顺，请王予做了一个注释。后来王予在注释中说明了他所写的文字是受沈先生委托并于生前审定过的，由他执笔补写了哪些内容等，交代得比较清楚，另外，王予还对增订本的文字列出一个勘误表，发排前，我们按表提示一一作了更正；校对时，还发现个别文图对应不相符合，也作了校改。如果你能把两种版本比照一下，可看看我们出版的版本有哪些改动？是不是要比我国香港出版的那个增订本稍完善一些？

张晓眉：《全集》公开出版后，受到了海内外各界人士的高度评价。胡适先生曾经在20世纪20年代说过："一个好的出版社比一个大学的影响还大。"作为出版行业的资深专家，请您结合《全集》成功案例，谈谈您的感受。

谢中一：胡适确实讲过这个话，我记得沈从文先生在一篇文章中也讲过这个问题，我认为他们讲得很好。

据我所了解的情况，现在各界人士对《全集》评价越来越高。比如复旦大学的张新颖老师，我前两年去上海见他，他就曾告诉我《全集》是他阅读过的编辑得最好的一套全集，考虑得很周全，对他们搞研究很有帮助，启发也很大。

《全集》出版后，对沈从文研究应该还是起到过一些作用的。比如郭沫若当年批判沈先生是桃红色作家，你郭沫若都没读过沈从文的作品就如此评价，是不公道的，不光是郭沫若，在中国现代文学史上，特别是那些年轻一代的教授们，也是如此，都是跟着郭沫若当年定下的调子，一路批判下来，是很不客观的。那么《全集》公开出版发行后，这样大家可以根据自己的阅读感受来进行评价，看看沈从文究竟是个什么样的作家。大家自己做评判，这是相对公正的。有人要做沈从文研究，大专同学要写论文，没有作品怎么研究？怎么评论？特别过去很多人对沈从文有看法。如今《全集》出来了，大家自己看作品，自己判断，这样就比较客观。

当然，沈先生也不是完人，他也有他的局限，比如沈先生对于时间的记忆，他自己有时就不是很准确。我曾经多次碰到这种情况，比如周恩来总理问齐燕铭谁可以做服饰研究，齐燕铭就给周恩来总理推荐沈从文，沈从文说是1964年，我查了好几个材料，都说是1963年，一开始我认为沈从文他自己应该是最清楚的，所以把其他几个材料中记载的1963年都给否定了，改成1964年。但是后来推算下来，发现不对，如果是1964年，如何能够在当年就把书稿全部撰写出来？不可能那么快。后来我又去查询，沈虎雏先生也告诉我是1963年。可见有些时间性问题沈先生自己也免不了记得不准确。

张晓眉：在我看来，《全集》受到如此多、如此高的评价，除了沈从文先生本身所创造的价值外，这些高度评价同样也是送给我们《全集》的编辑们的。

谢中一：《张恨水全集》出版之后，我记得安徽大学教授徐传礼先生就曾经写文章说，感谢北岳文艺出版社的编辑们，肯定了责任编辑所发挥的作用。我认为他的评价过高了，过奖了，令人汗颜。实际这都是作为编辑分内应做的事，有不如人意的地方，他们都宽容不提了。这不是谦虚，这类事你翻翻《全集》附卷编后记就会明白了，多少人在尽心尽力为《全集》做贡献，我们几个编辑尽尽责任打杂，出点绵薄之力，比起大家来，真是微不足道！

《全集》出版至今，我也没有收到来自社会各界对我们编辑工作反馈的批评意见，以后如果你要有这方面的信息，也请你转告我，我再转告出版社。但是我想，《全集》应该还是有很多有待完善的地方。

张晓眉：因我近日读了李扬写的《跛者不忘履——沈从文建国后的文学写作生涯》一文，该文中引用了据说是1960年4月24日，沈从文先生接待《鲁迅传》电影创作组，在与他们的谈话中，沈从文先生对胡适、徐志摩等作了一些负面的评价。据您看来，那些话是不是真的是沈从文先生所说？如果是，我们应该如何理解沈从文先生会说那样的话？如果不是，那我们今后如何辨别关于沈从文先生此类言论的真伪？

谢中一：对于这个问题，我没有发言权，一没有认真地读过李杨的文章，二不大了解沈从文先生是如何的评价。按说沈从文与胡适、徐志摩等人的关系是很好的，胡适是中国近现代思想文化史上影响很大的资产阶级自由派代表人物，他曾破格也是破天荒的第一次聘请没有文凭的沈从文到他主持的中国公学去执教，沈从文肯定受他一定的影响。胡适还是沈从文与张兆和的介绍人，他们结婚后，沈从文还曾专门写信表示感谢胡适对他的厚爱。对于徐志摩，他曾说过："尤其是徐志摩先生，没有他，我这时节也许……就卧在什么人家的屋檐下瘪了，僵了，而且早已腐烂了。"你可想象他们是什么关系了，沈从文对他俩应是有所了解的。

建国以后，因为当时大的社会历史背景比较特殊，时代变了，人们的思想认识也会有变化。在我看来，如果沈从文确实是说过一些关于胡适、徐志摩等人的长短，这也不足为奇，主要是看他是不是实事求是的说的是事实？是不是说的在理？再一点是不是就是沈从文的心里话呢？我觉得我们应该辩证地谨慎而有分析地看待。

新中国成立后，整个大的社会历史背景和趋势就是胡适、徐志摩等人是受激烈批判的对象，即使沈从文跟随社会形势说了一些违心的话，我认为也是可以理解的。1960年沈从文接待电影创作组的谈话，对胡适、徐志摩作了新的评价，与1949年以前相比，显然可以看出沈从文的思想已发生了变化，他是自觉地按照官方的"评判标准"，来对比、来校正对这些老朋友过去的看法，是可以理解的。比如沈从文曾坚定、果断地为徐志摩辩解：他绝不是个"花花公子"；在这篇谈话里，他又说，"徐志摩跳跳打打的，他是一花花公子"。因时间、地点、氛围和大的社会背景不同，这两种微妙的说法是值得认真分析的。又比如沈从文在检讨书中说自己是混蛋，有些骂自己的话甚至比混蛋还厉害。在校对《全集》的时候，有校对者建议删去，我当时是不主张删除的，因为当时的时代背景就是这样的，如果去掉这些，就没有那个时代的烙印了，不去掉这些话，并不一定就说明沈从文是软弱的。

从深层次来讲，其实那是沈从文的一种自我保护策略。你去想想看，当时沈从文是一个什么情况，高压二百多，低压一百多，稍微一疏忽，就命悬一线。如果沈从文也像老舍那样跳湖自杀，或者像巴金那样被整来整去，家被弄得支离破碎，有何益处？沈从文对整个社会形势的认识是很透彻的。在书信中，有些过激的论点，只能在知心的好友中表述。

如果我们从大的社会历史背景来理解和看待沈从文讲过的一些话，我们就能够有比较清醒的认识，沈从文讲的很多话，实际上也有几句是反话的。就得换一个思维方式来理解，不能完全按照字面意思去理解。比如有时候沈从文说这个事情是对的，实际上他可能说这件事情是错的。最典型的一次就是那个长得很帅气的年轻军代表销毁沈从文的著作和资料时，说是给他消毒。从正常人的思维角度来讲，当时沈从文的心里肯定是很不满意的，估计那位年轻人也感觉到了这一点，就问沈从文："你看不起我？"沈从文赶紧说："不不不！你比我聪明，你比我高明多了……"后面说了一长串恭维话，我们能将沈从文讲的那些话理解为是他的真心话？不可能！绝对不可能！明智点的人一听就知道是怎么回事。然而有时候，竟让你听不出来，你还乐呢！这就是沈从文的聪明之处。1980年沈从文在《致蒙慕秋》的信中说："应当明白，我早已算不得什么作家。世界上哪有作品早已烧尽卅年，还来冒充'作家'？务必要尊重教材，因为是国家九大著名院校廿多人同编，通过批准，绝不会错的。"你能相信这是真话么？又比如沈从文写的《看虹录》，里面很多东西看起来好像是色情的东西，实际上不是。我有次看到有位学者写的评论《看虹录》的文章，我就觉得写得很不错，里面的很多分析，我认为他是比较理解沈从文的写作意图的，我记不得那位作者的名字了。

现在很多评论文章，往往搞不清楚作家的创作真实意图，作家为什么要这样写，他们搞不清楚。沈从文以前就有过抱怨。人家说他好，他不高兴；说他不好，他也不高兴。沈从文的意思实际上就是说你们都没有说到我的痛处，没有讲到要害，他实际上是这个看法。所以我们在研究沈从文的时候，要从深层次来理解，才能研究得好。

张晓眉：请您谈谈《全集》出版对您的影响。

谢中一：编辑《全集》对我的影响，真是感触万端，我一时也不知从哪里说起，只是我虽然老了，也只想通过阅读沈从文先生的作品，和专家们研究赏析的文章，去认识他，理解他、学习他。你以后有机会，可以去采访一下张新颖老师，他对《全集》有分析，也有看法：他认为在作家全集中，《全集》是目前他发现最好的。我自己没有这种感觉，因为我没有仔细阅读过其他作家的全集，没有比较，也不知道这里面到底还有哪些问题。但是《全集》是否有一些大的问题，我目前还没有发现，也没发现有人就这方面的问题写过批评文章或向我提出意见。刚才你提到的那几首诗是重复的，我还是第一次听到。

张晓眉：《沈从文文集》1982年由花城出版社出版，2014年湖南人民出版社再版了该文集，花城出版社的《沈从文文集》有些只有篇目，湖南人民出版社再版的时候补充了花城版的作品具体内容，很多篇目内容与《全集》相同。请您谈谈这种出版现象对《全集》这部书籍有哪些影响，是否存在版权方面关系处理的问题。贵社出版的《全集》从目前来讲，是沈从文研究最权威、内容最全、最本真的参考书籍，请您从出版社的角度来评价一下湖南人民出版社再版《沈从文文集》的意义和价值所在。

谢中一：《沈从文文集》的出版，向成国老师比较了解这个事情。2014年湖南人民出版社再版的《沈从文文集》我还没看到过，所以不方便谈自己的看法。版权问题很复杂，是不是侵犯了版权，这个问题得问沈龙朱先生，他应该比较清楚。如果出版社和沈龙朱先生签订了合同，应该是不存在版权问题的。比如《全集·32卷》，我们在出版的时候，香港商务印书馆将版权让给北岳文艺出版社，签合同的时候，也只能让给北岳文艺出版社一家，不能让给很多家，另外就是不能在海外出版发行。但是从出版社的角度来讲，如果你讲的这种情况属实，我觉得是有点不合适。

张晓眉：陈洋女士是什么时候介入到《全集》编辑工作中来的？

谢中一：记不得准确时间，据陈洋说是2000年来的。因为当时我年龄大了，我担心要是万一我不在了，没有人来接我的班，《全集》的出版工作就会受到影响，所以通过社领导，就请了陈洋同志来帮忙。原来经我的要求社里决定调一位编辑来协助我的工作，他本人也同意，和我接触过几次，尚未正式投入工作，却因留职停薪，出国去了。调人的事也就作罢了。陈洋女士来了以后，就一直坚持和我一起工作到《全集》出版。

陈洋女士主要负责《全集·书信卷》方面的工作，恰在沈虎雏先生负责整理和前期编辑工作完成后，把文稿送交出版社时，正好接手。另外陈洋女士后来还负责对整个《全集》的校对工作。一般书稿只有三校，因为中国新闻出版署领导来山西视察后有指示，要求出版社一定要把《全集》出版好。为了保证质量，

《全集》做到了七校。

张晓眉：2009年《全集》再次印刷，这项工作是您负责的吗？

谢中一：不是。这件事情因为我离开工作岗位了，没有参与，是陈洋负责做的。但我听说要改错，还要另制作封面。封面初稿设计出来后，好像是给我看过，我不敢苟同，建议最好送到北京，征求沈家的意见。

张晓眉：《全集》特约编辑将各卷编完之后，您需要将整个《全集》通看审阅，对吗？

谢中一：是的。分卷由特约编好之后，我作为责任编辑责无旁贷，从头至尾地通读一遍。然后集中各卷分别按文体形式归类，分期召开编委会讨论。

张晓眉：确定是不是沈从文先生的作品，是由您最后拿主意吗？

谢中一：不是。是召开编委会审定，以大家讨论的结果而定。我对沈先生的作品远远不如凌宇、刘一友、向成国、王继志、沈虎雏等老师熟悉。但是我们的标准是宁缺毋滥，对存疑作品，如果大家意见不一致，也不随意舍弃，而是按程序送交主编张兆和先生终审，审定。

张晓眉：像这样的情况多吗？

谢中一：不多，有那么几篇，最后都没有编入《全集》中。如：有一首短诗《敌军反敌歌》，内容是写侵华日军中的士兵奋起反抗侵华战争，曾公开发表过，署名"从文"。经过编委们讨论、考证，不是沈从文先生所作，未收入全集。还有一部存疑的中篇小说，署名"沈从文"，编委们从作品的内容、风格和写作时间、背景等各方面讨论研究，也难以做出抉择，最后还是主编张兆和拍的板，说："绝对不是沈从文写的。"并把道理阐释得很清楚，编委们也同意，因此这个中篇也未收入全集。

张晓眉：这些存疑的作品，我们现在是否还保存着？

谢中一：应该保存着的。《全集》正式出版以后，所有的文稿、图片都一一清点好全部如数退还给沈家了，他们应该有保存。

张晓眉：《全集》是否也存在盗版问题？

谢中一：这种状况可能会有。但是没有具体证据，所以也不好说。

张晓眉：2002年，您已经七十多岁了，当时您没有退休吗？

谢中一：这个事情说来话长。按说六十岁就该办理，但因工作需要，延长了离退休年龄。

张晓眉：2002年沈从文先生诞辰100周年，吉首大学和凤凰县政府联合举办了一个国际学术研讨会，当时您去了吗？

谢中一：去了。会议开得很成功。

张晓眉：《沈从文自叙传》这本书，您做了多久了？

谢中一：做了一年多。这本书主要是将分散在沈从文作品中的自述文字整理出来，原封不动地摘录，不加不减地汇编成集。

张晓眉：做这部《沈从文自叙传》的意义和价值是什么？

谢中一：这是社领导指派给我的一个任务，我也未多考虑其意义与价值，只是简单想到：沈从文先生生前自己写过一本《从文自传》，大概有八万多字，但这只涉及沈先生从家乡凤凰去北京之前二十年的生活，后面的六十六年是空白的。沈先生自己也曾多次想写个《从文自传》第二卷，但是因为各种原因，都没有写成。那么我们编选一本《沈从文自叙传》，一是可以向人们全面地介绍沈从文；另外还有一层意思是想将《全集》进行精选，作为普及本发行，让一般的读者对沈从文有一个大概的了解，同时也可供研究学者们参考。刚开始做的时候，计划没有多少篇幅，后来越做越多，我实在舍不得割舍，生怕把沈老精粹或经典的文化思想漏掉了。现在将近有七八十多万字了，计划2015年6月分上下两册出版。

张晓眉：请您谈谈沈从文的文物史研究。

谢中一：这个问题我无从回答，因为我不懂得文物，我是文物盲，门外汉。

我通过编辑《全集》，也只是略知些皮毛。如果你认真通读一遍《全集》中的28卷-32卷，你定会惊叹沈从文先生在文物学术知识和应用方面渊博精深，造诣很高，贡献很大！可说是独树一帜，无人企及！

张晓眉：请您谈谈您所了解的沈从文先生在中国历史博物馆近三十年的生活和工作情况。

谢中一：这些事你只要翻翻全集中沈从文《致胡乔木》的一封信，就可明白个大概。沈从文先生在中国历史博物馆工作，并不受博物馆领导的重视，甚至对他很不满意，沈先生兢兢业业地工作，但长期没有一个固定的办公桌位，没有必要的经费支持，没有得力助手……几乎事事不能从心。有一次中国历史博物馆举办了一次"反浪费"展览，把沈先生为馆里买的一些文物拿出来展览，有些人认为他买的是一些"破烂"与"垃圾"。办展览实际上是博物馆领导想让沈先生出丑，但是后来专家们看了，认为那些展览品不是"垃圾"，而是真正有价值的文物，结果让主管领导下不了台。还有个领导曾经说，不知道沈从文都在干啥，整天都在弄他的花花草草、坛坛罐罐，也不知道做那些有什么用。当时文物局局长对沈先生也是很不理解，还怀疑他与国民党有瓜葛，指示对沈从文要控制使用……这些都是让沈先生最伤心的事情，他调到中国社会科学院历史所工作以后，就再也没有回过中国历史博物馆。

沈先生在文物研究方面是做出了很多贡献的，也做得很辛苦。当年在午门城楼上，冬天很冷，也不准生火，他在那里一待就是十多年，看了成千上万件文物。早上去得早，天上还有星星月亮，门没开，他就捧着在北新桥附近的一个小摊上买的烤红薯暖暖手，坐在天安门前等候开门。有时候下班碰到下雨，他就披着一个麻袋去挤公交车。与他同时代的冰心、巴金等相比，他们的境遇可以说是一个是天上一个是地下，但是沈先生的心态很平和，就是扎扎实实做自己的事情。

张晓眉：请您谈谈您所了解的沈从文先生。

谢中一：沈从文先生非常善良，对那些曾经伤害过他的人，他都一一原谅。比如原来他在湖南芷江做税收员时，被一个女的骗走了他母亲卖房子的钱。后来凌宇在写《沈从文传》时，因为当时那个女的还活着，他还专门嘱咐凌宇不要把那个女的名字写出来，担心给她和她的后代带来不好的影响；还有一位画家，当年没有工作，沈先生给他帮了很多忙，还把他调到中国历史博物馆工作，后来在"文化大革命"期间，这位画家竟然写大字报，写了一些无中生有的事情污蔑沈先生，给他的生活造成了很多麻烦。沈先生虽然很生气，写信骂这位画家是中山狼，但是他又给有关人员说不要四处张扬说这位画家做的事情和他的姓名，担心给他的生活带来不必要的影响。这封信《全集》里面有，你去看看就知道了。另外20世纪80年代初，丁玲在《诗刊》上发表文章骂沈先生是"市侩""胆小鬼"，这是让他感到很意外的，曾经那么好的朋友，怎么会这样？沈先生虽然很生气，但一直克制着，没有和丁玲发生正面冲突，也没有公开发表文章去辩驳。从这些事情就可以看出，沈先生是一个宽宏大量的人。

张晓眉：请您谈谈沈从文与周扬的关系。

谢中一：很遗憾，我全不了解他俩的关系，只是编辑《全集》时略知一二。1953年11月，出于对文物工作的热忱，沈从文给时任文化部副部长的周扬写了一封情词恳切的信，《致周扬》已收入《全集》十九卷中。另外，1956年"双百"方针的提出和贯彻在文艺界引起了巨大反响，受到普遍的欢迎和拥护，周扬一再叮嘱中国文联所属各协会主办刊物的主编，要请多年不曾动笔的老作家们重操旧业。据说，有一次他对《人民文学》主编严文井说："你们要去看看沈从文，沈从文如出来，会惊动海内外。这是你们组稿的一个胜利。"严文井是在沈从文提携下走上文坛的，对此自然乐于从命。

还有一点是1949年第一次全国文代会没有沈从文参加。据夏衍说他问过周扬：怎么沈从文没有参加文代会？周扬表情很奇怪，说："说来话长，不谈不谈。"后来他辗转打听，原来是因为他为《战国策》写文章被误认为是"战国策'派'"！《战国策》是个宣扬法西斯的刊物，问题就复杂了，那就不只是郭沫若骂沈从文的问题了。

如果按照现代文学史的宗派主义来讲，鲁迅是一派，周扬是一派。鲁迅逝世以后，郭沫若接过鲁迅的旗帜，当了旗手。郭沫若后来批评沈从文，可能也有宗派主义的关系。

另外，沈从文在20世纪30年代是非常活跃的一个作家，他不仅写过批评郭沫若的文章，他连批评鲁迅的文章也写过，他对很多作家都有评论，专门出版过文论集。但沈从文写的批评文章并不是针对作家本人，而是就他们的作品来谈的，比如他认为郭沫若的诗歌写得不错，但是小说不行。对文学有点了解的人应该都知道，沈从文讲的是比较客观的。可能郭沫若看了之后，并不认同沈从文的观点，所以对沈从文也就另眼相看。

1948年1月3日沈从文在天津《大公报》上发表了一篇文章，名叫《芷江县的熊公馆》，那是专门为纪念民国第一任总理熊希龄逝世十周年而写的。熊希龄是一个了不起的人，也是凤凰人，还是一个大慈善家。乘郭沫若在香港《大众文艺丛刊》上骂沈从文时，冯乃超也跟着写了《略评沈从文的〈熊公馆〉》一文批判沈从文。认为沈从文是为地主阶级说话。郭沫若把沈从文归到黄色作家一类，说他为反动阶级而活着，其实也是没有根据的，郭沫若后来在香港一个文艺刊物上发表文章承认自己没有看过沈从文的作品，《郭沫若全集》中应该收录了他写的那篇作品。

张晓眉：您总共编辑出版了多少套全集？

谢中一：我先后编辑了《赵树理全集》《张恨水全集》《还珠楼主全集》等。

《全集》出版前，出版社原计划编辑出版《老舍全集》，这次是老编辑常君实先生带着我和社长罗继长去老舍家商谈的。当年老舍的家人胡絜青和舒济都同意了，合同也拟好了，但就在这个时候，天津有一群"老舍迷"的读者，他们非常热爱老舍，他们合资组建了一个书籍发行公司，得知我们出版社正在筹划出版《老舍全集》，就想和我们合作。当时我们考虑到与他们合作，可以扩大图书的发行，就与他们签订了一个合约。结果舒乙知道了，因为我们之前没有和舒乙谈这个事情，他不满意我们与发行公司合作，担心会影响书籍出版质量，他反对。结果《老舍全集》没有出成。

原来我社还准备编辑出版《胡风全集》，让我去北京与胡风夫人、作家梅志先生联系，经过几次访谈，基本商定下来，同意交我社出版，后来因为我社要求将胡风的1954年向中共中央写的《关于几年来文艺实践情况的报告》（即《三十万言书》）全文收进全集中，这很重要，胡风因为《万言书》受了那么多的罪，如果不收入进来，《胡风全集》也就不成其为全集了。但《万言书》原稿不在其家属手中，原稿全文分四部分，他家好像只存有其中的一、三部分，这是个难题，拖了一段时间，仍难以解决，最后，只得作罢。

我社还曾计划将中国的几大武侠作家全集编辑出版，北方的有宫白羽，还珠楼主、王度庐、郑证因等四大家，南方的有我们湖南的平江不肖生等。后来因为各种原因，也没有全出成。宫白羽的作品我们出版过他的单行本，后来由另一位同志编辑出版了他的全集。《还珠楼主全集》也做了很长时间，当时我都编好了，后由于资金原因，我社就和山西人民出版社合作出版了。

《王度庐全集》原来也准备要出版的，但是因为出版社的领导反反复复、犹豫不定，最后一次出版社领导又说要出，让我去和作家家属商谈。我说我不好意思再和人家家属说了，如果出版社决定出，我带你去和王度庐的家属商谈。后来我们去了，王度庐的家属也答应了，但出版社又变卦，最后也就没有出成，我都无颜面对作家家属。

王度庐的影响其实是很大的，美国好莱坞根据他的小说拍了电影，非常受欢迎。但是如果要出版全集，那么就要出版他的所有作品，畅销的和不畅销的都要收进去，这样就会有一定的风险。后来王度庐的部分作品给了北京群众出版社出版了，当时很多出版社都没有魄力去出版《王度庐全集》，这部全集没有出成，是很可惜的。

另外还有几部大书也没有出成，最可惜的是《中华小说大辞典》。我们前期投资了很多，把全世界的华人作家都囊括进来，如果这本书能够做下来，应该是一部很好的书。后因为资金问题告吹了，非常可惜！现在如果再想做，当年我们请的那些专家学者都老了，有的先后作古，现在很难再找到那么多高水平的专家学者了，即便是能够找到，人家愿不愿意做又是另外一个问题。

从古至今，我们国家都还没有一部比较全的关于解释中华小说的辞典，比如小说的名词解释等，当年如果能够做下来，是非常有意义的！当时我国香港还没有回归，特别是当时我们邀请编写辞典的专家学者与港澳台作家及很多华人作家都有联系。比如我社曾通过专家与我国台湾作家达成协议，由我社聘请台湾作家作为特约编辑编写《台湾小说辞典》先在台湾出版，然后作为台湾卷由我们收录到《中华小说大辞典》中。《中华小说大辞典》未能出版真是太可惜了！

当年我社还计划出版国外经典作家全集，比如《泰戈尔全集》等，后来因为各种原因也都没有做成，十分遗憾！

张晓眉：您责编了那么多有影响的书籍，您对自己做的这些事情感到满意吗？

谢中一：无所谓满意不满意。我就是一个干活不计较力气的人，凡事都尽自己的全力去做，不惜力，似乎有股傻劲，做完了也就完事，顾不得再想他是好是坏，任凭读者褒贬，摆在面前正有别的事，得自己接着再干。

张晓眉：我听郝阿姨说，您每天都要去游泳？

谢中一：是的。每天都去。上班最忙的时候都没有误过，中午吃过午饭就去游泳，下午两点半赶回来上班。

张晓眉：您是从什么时候开始游泳的？每天游泳这个习惯保持了多少年？

谢中一：我从小就喜欢游泳。你去过茶峒吧？！看见那条大河了吗？我小时候就经常在那里游泳。后来工作以后，只要有机会，就一定会去游泳。生活稳定下来后，就再没有间断过。前几年我和你郝阿姨在北京住的那段时间，我就经常去玉渊潭游泳，有时也去什刹海。光冬泳活动我已坚持近二十年了。有时去外地出差，只要有条件，也不免到"江河湖海"去游泳。

张晓眉：您经常参加游泳比赛吗？

谢中一：提起这事真有意思。有一年我们出版局举办过游泳比赛，我和那些年轻人参加自由泳赛，我得第一，（谢中一先生一脸得意的神情，随即又哈哈大笑起来。）他们的体力比我强，但是技术不如我，速度上不来，我游了很多年，有经验，所以我得了第一。我现在还游蝶泳，经常给年轻人做示范。现在老了，早已不能参加比赛了，有时候会参加表演。前段时间我们冬泳队在汾河举行冬泳下水仪式，我也参加去了。那天天气很好是个晴天，上午九点钟左右，当时水温大约是六七度，比自来水的温度低。电视台记者还专门采访我，问我冬泳的情况。我给他们讲了一个小故事：我有个泳友是体校校长，他也很喜欢冬泳，当我快八十岁时，他告诉我，"老谢，冬泳有个规律，你可得注意：六十畅游、七十慎游、八十停游。"我曾一度有点紧张惶惑，但游到今年八十六岁了，也没有啥。有时有的泳友问我："想游到什么时候为止？"我就说："游到哪天算哪天吧！"（说完，谢中一先生又得意的大笑起来，神情就如孩子般条可爱。）

张晓眉：除了游泳，您还有其他体育爱好吗？

谢中一：没有。

张晓眉：您有多久没回家乡湖南花垣茶峒了？

谢中一：很久了。我计划这两年回茶峒一趟，探亲访友；另外也想把沈先生路过茶峒的路线给有关方面说说。

沈先生在随部队路过茶峒去四川的时候，住在什么地方，怎样从住的地方去河街，然后坐渡船去四川，这些路线我都很清楚，我对当时的地形、时局、社会情况都很了解。现在年轻人都不知道。茶峒旅游局对沈先生当年在茶峒住的地方都没有弄清楚，我曾经听沈虎雏先生说，旅游当局说沈先生曾经是在河街一个姓万的人家住，我认为那不可能，因为沈先生在《边城·新题记》中提到这个问题，在茶峒住了两天，"驻一座小庙中"，但没说是哪个庙；"至河街小船上玩数次"，也没说从哪条路去的。所以年轻人摸不清底细。

张晓眉：您去过沈从文先生的墓地吗？

谢中一：去过，2002年沈从文诞辰100周年国际学术研讨会议，我和你郝阿姨一起去的。你有没有发现，沈从文先生的墓碑有一个问题，估计大家都没有注意到，就是在沈先生的墓碑后面刻的张充和的"不折不从，星斗其文；亦慈亦让，赤子其人"。有人说题词排列顺序弄颠倒了。下回如果你去，你再仔细看看是不是这样。

张晓眉：2002年《全集》正式出版后，学术界先后出版了多部沈从文研究学术专著，学位论文和学术论文甚至成千上万篇，是《全集》出版前的几倍甚至几十倍，可见《全集》出版所产生的积极价值和意义。这种意义和影响与你们计划出版之前的预想是否契合？

谢中一：只是预想过会在沈从文热的基础上加点热，但没想到会热得那么快，热度又那么高，至于能热下去多久，那就听其自然了！

张晓眉：谢老可以给我推荐几个在沈从文研究领域取得较大成就的学者去采访吗？

谢中一：黄永玉、张新颖都是很值得你去采访的。

《沈从文全集》责任编辑陈洋专访

陈洋女士（右）和张晓眉（左）合影留念

写在前面的话：2012年，沈从文先生诞辰110周年，吉首大学联合地方政府召开了一次沈从文研究全国学术研讨会，我作为沈从文研究初学者兼任新闻报道任务参加此次会议。就餐时，恰好与《全集》责任编辑之一陈洋女士同桌。陈洋女士当时送给我两张名片，一张名片上的职务写着副编审和总编室主任，另一张写着质检主任，令我肃然起敬。相谈不过几句，吉首大学的老师们就强烈要求她去贵宾席就餐，我们的谈话也因此结束……

再次与陈洋女士取得联系，是在我采访沈虎雏先生之后，因了解到《全集》出版历时近十年，过程极其艰难；又因在2012年与陈洋女士有过一面之缘，且保存着她的名片，于是我试着给她写了一封书信，介绍了《访谈录》一书，并拟请她谈谈《全集》出版过程。信寄出一段时间，陈洋女士给我回信，告诉我《全集》前期工作主要是谢中一先生负责，她是在2000年才介入进来，所以对《全集》最初的工作不是很了解。但她表示，她会抽时间和谢中一先生沟通，届时由他们俩一起和我谈谈《全集》的编辑过程。我随即给陈洋女士写了回信，可能是她工作太忙，一个多月都没有给我回信，随后我又写了一封，又过去一个多月，还是没有收到她的回信。期间，我曾将计划采访《全集》责任编辑的想法给吉首大学老师做了汇报，于是，吉首大学向成国老师将谢中一先生的联系方式发送给我。

2014年11月18日，我踏上了前去山西太原采访之旅。陈洋女士工作非常繁忙，但她还是抽出宝贵时间，于19日中午在谢中一先生家，就她所了解的《全集》编辑出版情况给我讲解了近两个小时。她的讲述与谢中一先生的讲述相互补充辉映，必将成为今后沈从文研究的宝贵参考文献。

现将对陈洋女士的专访整理如下，以期为今后的沈从文研究留下宝贵史料。

张晓眉：2002年和2009年两个版本的《全集》您都参与了编辑出版，请您谈谈这两个版本有哪些区别。

陈　洋：2002年的《全集》无论是在设计、印刷质量、装订等方面，都应该是比较经典的版本，我们出版社和沈家对这个版本相对都是比较满意的。当年为了设计《全集》封面和版式，我和美术编辑任丽凤女士有段时间天天去书店、图书馆查找相关参考书籍，有时候中午饭都顾不上吃，真的是做到了事无巨细。比如现在我们看到《全集》书眉上的那个凤凰图案，就是我们花了很多天找到的，当时为了找到比较合适的凤凰图标，我们跑了很多书店和图书馆，后来还专门买了本"凤"图案汇集的图书，这虽然是一个很小的元素，但是为了体现"凤凰之子"的寓意，我们还是做了不少的努力。

《全集》出版后，我们出版社一直准备申报国家图书奖，后来因为当时社里的一些其他原因，这事一拖再拖，最后错过了评奖时间。这么一套经典书籍，因为我们做事效率等问题，最后与国家奖擦肩而过，作为这套书的责任编辑，我感到非常遗憾。为了弥补这个遗憾，我们对《全集》进行了修订，但是2009年版《全集》，似乎在很多方面都不尽如人意，和2002年的那个版本有差距，也没有获奖。

张晓眉：2009年《全集》再次印刷时，2002年版本《全集》当时库存还有多少？

陈　洋：2009年再次印刷，有两个原因。一个就是想为这套书申请国家奖，另一个也是因为我们的库存不多了。

刚开始，这套书卖得并不好，因为按照当时的市价行情，我们的定价是高了一点，因此很多书店都不敢订货，我们只好请书店代售，书店先将书拿去卖，如果没卖掉，就退回出版社。那么从书店退回来的书，一般都没办法再卖了，因为在运输途中和摆放在书架上被翻阅都会有磨损，所以这类损失也不少。还一种情况就是有的书店订货后，放在库房或上架销售过程中，没有保管好，书被弄湿了或污损了，他们又把书退回来，这种情况也有，但不多。为了减少这类损失，书店只好另想办法，比如有顾客去书店买书，指定要《全集》，一定要买，就先给书店订金，书店拿了订金后，再将信息反馈给出版社，我们再把书发给书店。出版社给各界人士也赠送了不少书。所以这套书实际上卖掉的并不多。

张晓眉：截至2014年，《全集》公开出版了十二年，您是否了解到这期间共发现了多少沈从文先生的佚文？2009年贵社与沈家签订再印合同时，你们是否谈到了补佚问题？这次印数是多少？

陈　洋：具体发现了多少佚文，我不是很清楚。《全集》出版后，陆续有三四十万字的佚文佚稿信息反馈回沈虎雏老师那里，我们这里也偶尔有这方面的信息，也有在查资料时偶尔发现的一些文章，我们一般会把这些情况通报到沈虎雏老师那里，由他再来甄别真伪。

2009年再印签订合同时，我们和沈老师谈到过补佚问题，沈老师告诉我们当时有三十万字左右的佚文，因为涉及的作品体裁样式较多，比如有小说、散文、诗歌、书信以及物质文化史等方面的，需要考虑以何种形式编入和编排，所以我们那次再印没有涉及补佚内容。

张晓眉：2009年签订的合同期限是多长？

陈　洋：我们后面签合同，都是五年一签。

张晓眉：《全集》后五卷的定价为什么会比前二十八卷高出很多，这个定价的根据是什么？

陈　洋：《全集》的定价，我们主要是依据成本和市场情况进行的。后面五卷全部是彩色印刷，成本很高，前期投入很大，而且物质文化史研究是属于相对小众的书籍，印刷质量相对前二十八卷的要求要高，但印数要少一半。前面二十八卷我们当时印了三千套，后面五卷只印了一千五百套，当时我们不敢多印，因为预估不到究竟会有多少人去关注沈从文先生的物质文化史研究。所以从经济投入来讲，后面五卷比前面的也多很多。

对于后面五卷的定价，可能很多读者都不是很理解。实际上我们当时定价还是在前期投入略低的情况下进行定价的，因为考虑到今后还会重版。

张晓眉：《全集》出版了这么多年，当初的经济投入是否已经收回？

陈　洋：单纯从经济投入这块来讲，当年我们确实有一定的付出和投入，这是可以计算的一个量，是可以通过图书销售收回的，可是近十年来所投入的人力和精力，应该是永远都收不回来的，而且肯定收不回来。在我之前，我们出版社曾经派过几个工作人员去协助谢中一老师的工作，但是他们都没有坚持下来。后来就派了我去，那么我和谢中一老师一直坚持到了《全集》正式出版。

我们当年在经济上的投入，按说应该也差不多收回来了。但是到目前为止，当年参与了《全集》校对的工作人员和社会人士，他们的劳务费因诸多原因到现在都还没有付清。我粗略计算了一下，《全集》校对费大概有十万元左右。我在快退休的时候曾经写过一篇相关文章，当时我就写到了一个心愿：希望在退休前能把参与《全集》校对工作的那些老师、同行、同事的劳务费都还清。因为他们做得真的很不容易，在核校过程中为稿件的编校质量做了很认真的把关。

退休前，我在出版社总编室工作，为《全集》校对费用这事，没少给领导做专门汇报，将具体做事的那些工作人员情况都给领导做过详细汇报。北岳社新一届领导班子非常重视《全集》和与沈从文相关图书的编辑和出版，新社长多次督催我们尽快统计制表，社里会专门研究支付方案给予解决，我终于是放下了心头的一块大石头。

话再说回来，虽然《全集》的前期投入很大，但《全集》的出版对我们出版社来说也获得了很大的无形资产，这也是无可估量的。与投入多少钱、卖书赚了多少钱等这些有形资产相比较，《全集》出版后带给我们的无形资产，还是让我们有不菲的获益的！

张晓眉：请您谈谈《全集》编辑过程中碰过哪些困难？

陈　洋：《全集》从编辑到出版前后近十年，确实经历了很多。从1992年谢中一老师和我们出版社领导与张兆和先生、中国版权代理公司签订合同到2002年《全集》正式出版，在这十年间，《全集》从一开始计划出版二十卷，到后来在编辑过程中不断发现新的作品，不断扩编，最后出版了三十三卷，这个变化是比较大的。那么前面做的很多工作就相应作废……仅《全集》前十卷，就校对了七遍，责任编辑额外看两遍，远远超出了常规要求。此外，前期作品搜集也花了很长时间，各位编委老师非常辛苦，付出了很多意想不到的努力。

我是2000年介入《全集》编辑工作的，当时正好书信卷工作启动，书信卷的编辑工作比较顺利，前期沈虎雏老师、张之佩老师、沈龙朱老师做了很细致的加工、编排工作，但是由于全部是手稿，所以在校对时费了一些时间，有些书信读起来有难度，在辨识的过程中也遇到了不少困难。回想起来最紧张的应该是物质文化史卷，这五卷最后定稿，我们为赶在沈从文先生百岁诞辰之际出版，我们的编校工作室流水作业，连轴转。

为了赶时间，我们做得真的很辛苦。那种辛苦，你都想象不到，我常得晚上喝上两大杯咖啡提神，通宵看稿早晨一早送去改版，改完马上又送回来校对。记得当时看完稿后，我的胳膊都抬不起来，骑车到排版公司送稿时，手臂无力到搭不到车把上，当时我就有一种感觉，《全集》出版之后，我估计自己怕是要半身不遂了。我当时才四十多岁都这样，你想想谢中一先生他当时都快七十岁了，可想他当时的辛苦程度。

张晓眉：《全集》出版后，北岳文艺出版社在沈从文先生书籍出版方面又做了哪些工作？

陈　洋：《全集》出版后，因为当年杂事太多，关于沈从文先生的书籍出版方面，我们做的事情比较少，也没有深度延伸开发，有很多遗憾，所以现在很想在这方面做一点力所能及的事情。

《全集》出版后，我们做的值得一提的就是出版了《边城》《湘行散记》《长河》《湘女萧萧》《龙朱·虎雏》五本系列丛书，图书分别插入了黄永玉先生和卓雅女士的绘画和摄影作品。这个系列丛书是我和谢中一老师做的。谢中一老师和黄永玉先生联系，我和卓雅女士联系。黄永玉先生很慷慨，说他的作品随我们用；卓雅女士也很支持我们的工作，寄来了很多经典图片供我们选用，所以这套书的出版，没有费太多周折。丛书出版后，我和卓雅女士约定由她帮我联系，带我去拜见黄永玉先生并当面向他老人家致谢，但机缘关系一直未能如愿。借这个机会向他们二位道谢了，是他们的插图丰富了作品的观感，美化了我们的图书。

《全集》印刷出来后，中国现代文学馆召开了一个纪念沈从文先生百年诞辰纪念会，出版社派我连夜将《全集》送到北京，送书的过程也是紧张、曲折，充满了戏剧性，我在《关于〈全集〉出版的那些事》一文中有详细记录，这里就不再啰唆了。

《全集》刚印出来，合同就到期了，沈家两位老师知道我们出版社做得很辛苦，付出了很多，他们给予了我们更多的理解，2009年又和我们续签了五年合同。

张晓眉：《全集》能够编辑出版，让您感触最深的是什么？

陈　洋：感受比较深的事情有很多，也不知道从何讲起。《全集》能够编辑出版，谢中一老师做出了很大贡献。在你们吉首大学沈从文纪念馆有一张照片，就是谢老师他们在地下室整理资料的场景。2012年我去参加沈从文先生诞辰110周年全国研讨会，就把那张照片拍回来拿给谢老师看，照片上的谢老师很瘦。谢老师看了我翻拍的照片后，感慨了一番。

另外，《全集》的前期资料搜集工作是很辛苦的，这些工作主要是刘一友、张永中、向成国、王继志、谢中一等老师们做的，他们当时的状态真是非常投入，不怕苦不叫累，克服了很多困难。他们这样工作，我分析可能有一个关键问题，就是谢中一老师是我们出版社的，他是责任编辑，又是沈从文先生的故乡人，他说书籍尽快出版是他的责任；那么刘一友、张永中、向成国、王继志等老师他们是沈从文先生故乡人和研究者，他们都是真心诚意要做好这件事情。另外还有几位老师虽然不在编委之列，但也做了很多默默无闻的工作。

张晓眉：请您谈谈在编辑《全集》过程中的一些令人难忘的故事。

陈　洋：难忘的故事有很多。印象最深的一次，就是送书的故事。《全集》出版之际，现代文学馆专门策划了一个纪念沈从文先生诞辰100周年纪念活动，我带了两套《全集》去参加那个会议。2002年12月27日下午，社里派人从山西人民印刷厂提回两套《全集》，赶到太原换了司机和车辆，晚上十一点动身，准备连夜开车去北京。大约凌晨四点多钟，高速公路开始堵车。因为会议是在28日上午召开，我担心误事，急得下车去看到底是因为什么堵车。当时是12月份，天非常冷，我在高速公路上往前走，不停地问那些司机为什么堵车，大家都说不知道。看到车慢慢开动，我又马上往回折，因为担心车太多，万一找不到自己的车就麻烦了。一看不动了，我就再去探究竟。如此来回几次，司机担心我出事，就不让我再下车了，毕竟是在高速公路上，又是晚上，太不安全。当时司机也很累，开了那么久的车，我又怕他打瞌睡，就不停地和他讲话。

到了保定，我们才知道是大雾原因，高速封路不让走。我就把我的工作证、会议邀请函都拿给交警看了，说我们是去参加国家级的会议，不能耽搁，车上拉的是会议要用的展品，请他们一定帮帮忙。后来交警又请示了他们的领导，我又给他们的领导说了半天，最后交警要求我们一定要慢点开，一定要保证安全。就这样，我们单车通过路障前行，那时整个高速路就我们一辆车，我们真是既紧张又兴奋，特别是司机不停地感慨："从来没有享受过这么高的待遇。"

张晓眉：《沈从文文集》1982年由花城出版社出版，2014年湖南人民出版社再版了该文集。花城出版社的《沈从文文集》有些只有篇目，湖南人民出版社再版的时候补充了花城版的作品具体内容，很多篇目内容与《全集》相同，请您谈谈这种出版现象对《全集》这部书籍有哪些影响。贵社出版的《全集》从目前来讲，是沈从文研究最权威、内容最全的参考书籍，请您从出版社的角度来评价一下湖南人民出版社再版《沈从文文集》的意义和价值所在。

陈　洋：我觉得对我们出版社应该不存在影响，花城出版社出版的《沈从文文集》有些只是存目，极有可能是因为当时社会大环境有所限制，并不代表他们没有具体作品的内容，也有一种可能是因为当时他们对某些作品整理得不够完善。《沈从文文集》出版在前，《全集》出版在后，应该也不存在版权问题。都是沈从文先生的作品，如果沈家授权给出版社，就不存在版权的问题。比如沈从文先生的《边城》，很多家出版社都在出版，到底是谁侵犯了谁的版权？如果大家都没有得到沈家的授权，那大家就都侵犯了沈家的版权；反之，如果大家得到了沈家的授权，那就不存在版权问题。

《沈从文文集》的意义在于，对于当时的那些文学爱好者而言，特别是一些初读者，它的影响肯定要比《全集》大，从这个层面上讲，是有一点冲突。因为

《沈从文文集》选择出版的作品肯定都是精品。那么《全集》的价值就在于，尽可能做到全，但这就不可能做到全部都是精品，那么对于学者的研究，《全集》肯定就是最好的参考书籍；特别是那些喜欢沈从文先生作品的读者和专门做收藏的，可能《全集》对他们就更适合一些。两部书编辑的方向和针对性不一样，所以我认为《沈从文文集》对《全集》的影响应该不大。

裴春芳博士专访

写在前面的话：得以去采访裴春芳博士，首先还得从裴春芳博士的导师解志熙教授说起。

2014年2月7日，沈从文研究学者糜华菱先生在书信中给我推荐了四个学者去采访，其中一位就是解志熙教授。糜华菱先生在书信中推荐解志熙教授的理由是："解志熙教授是清华博导，带领学生发掘沈老佚文，成就卓著。"并将解志熙教授的电子邮箱和手机号码附发给我。不知何故，糜华菱先生提供的解志熙教授的电话号码和电子邮箱均是错误的。

4月18日，糜华菱先生又专门给我发来解志熙教授的电子邮箱，说是从一大包资料中意外找到的。于是我立即给解志熙教授写了一封书信，并在信中介绍了《中外沈从文研究学者访谈录》一书和计划采访他一事。解志熙教授很快给我回信，不接受采访，但可以和我聊聊沈从文研究。为表示对沈从文研究事业的支持，解志熙教授连同书信一起给我邮寄了他的沈从文研究成果和著作。

因解志熙教授拒绝采访，我又忙于其他杂事，他寄来的著作和相关沈从文研究成果，我也没有细看。直到2014年10月14日，我去北京大学采访吴世勇博士，在与吴世勇博士的谈话中，了解到了很多解志熙教授的沈从文研究和他对沈从文研究做出的贡献……

回家后，我认认真真拜读了解志熙教授的著作，感受是深刻的。于是我又给解志熙教授写信再次表达我的意愿，并随信附上

二十多个问题。解志熙教授在回信中解释说，不接受采访是他的一
条戒律，已坚持多年，希望我能够理解。在信中，解志熙教授表示
愿意就我所提问题和我谈谈，但仅限于私人之间的交流讨论。

　　我想，2012年12月26日第一次向凌宇教授求教时，当时也就
是单纯地去求教。如今解志熙教授愿意解答我的疑问，虽然他不
愿意公开自己的观点和见解，但对我个人的沈从文研究而言，应
该是很有益处的。于是我决定去拜访他。

　　2014年11月15日，我带着问题去清华大学求教解志熙教授。
客观地讲，此次拜访收获良多，受益匪浅！我了解到，从20世纪
80年代，解志熙教授就开始沈从文研究，他1981年的本科毕业论
文就是探讨沈从文小说的，随后的硕士论文也涉及沈从文，此后
很长时间虽未撰写这方面的文章，但一直关注着沈从文研究……
从时间上算，解志熙教授的沈从文研究与凌宇教授几乎是同步进
行的，可能是因为他多年来坚持不接受采访等原因，较少为人所
知。尽管如此，对沈从文研究稍有了解的学者，对解志熙教授在
沈从文研究方面所做出的贡献，还是有目共睹的。否则，糜华菱
先生就不会向我推荐解志熙教授去采访了。

　　从涉入文学研究领域来讲，沈从文研究还是解志熙教授
的"学术初恋"，因而他对沈从文研究在情感和认识方面都是
深厚、深刻的！特别令我吃惊的是，解志熙教授的很多观点与
八十六岁的《全集》责任编辑谢中一先生有诸多共通之处……

　　正是在与解志熙教授的谈话中，我得知裴春芳博士从硕士
时期就跟他念书，并了解到一些关于裴春芳博士的沈从文研究情
况，包括2014年4月裴春芳博士出版的《经典的诞生》一书。关于
裴春芳博士，我在与沈从文研究学者刘洪涛教授、李端生教授、
杨瑞仁教授、王继志教授、吴世勇博士等的交谈中，都曾听他们
谈起过她。后来我又拜读了裴春芳博士的几篇沈从文研究学术论
文，印象非常深刻。

　　辞别解志熙教授后，我买了一本裴春芳博士撰写的《经典的
诞生》。

　　仔细拜读后，感受很深。裴春芳博士在现代作家佚文发现方面做出了杰出贡献，特别是她发现了沈从文先生的中篇小说《梦与现实》（后被沈从文先生改名为《新摘星录》《摘星录》）和《摘星录——绿的梦》，后一篇系北大中文系方锡德先生寻觅二十多年而不得者……在2012年沈从文先生诞辰110周年全国学术研讨会期间，王继志等学者专门提到了这两篇文献的发现情况，还有学者撰写学术论文分析该佚文，并作为参会论文……可见裴春芳博士发现沈从文先生的这篇佚文对沈从文研究的影响和促进作用。

　　此外，裴春芳博士为沈从文先生佚文所做注释，涉及的知识面之深广，颇令我吃惊。《经典的诞生》一书中收入的《湘行日记》也令我异常感动：一个年轻的姑娘为沈从文先生用文字建构起来的湘西世界所迷醉，只身前往湘西探秘，这是需要一定的勇气和魄力的！湘西世界在裴春芳博士灵动的文字描述下，让我对自己的故乡湘西又产生了一种亲切、新颖又颇为伤感的印象……

　　可能是机缘之故，2014年11月28日，我去参加吴世勇博士在北京大学主讲的《从"实感经验"到"文学形式"——以〈边城〉为例看沈从文"文学世界"的独特性》读书会，恰好裴春芳博士是此次读书会的评议员，我因此有幸认识她。读书会中途休息间隙，我将《中外沈从文研究学者访谈录》一书向她做了简要介绍，并将我拟采访她一事征求她的意见。裴春芳博士没有立即答应我的请求，说是等她看完我做的《中外沈从文研究学者访谈录》样稿之后，再决定是否接受采访。

　　2014年12月1日，裴春芳博士给我发来短信，愿意和我谈谈。

　　2日上午十点，我和吴世勇博士如约来到北京大学承泽园公寓裴春芳博士的住处，在近三个小时的访谈中，裴春芳博士就我所提问题做了详细解答，并就《全集》中存在的疏漏，从文献学的专业视角做出了诸多分析和建议。这些专业性建议必将有利于今后《全集》的修订工作……

　　现将裴春芳博士专访整理如下，以期给今后的沈从文研究留下新的珍贵史料。

张晓眉：您是从什么时候开始阅读沈从文先生的作品和从事沈从文研究的？

裴春芳：我在北大读本科的时候就有老师推荐，沈从文的书应该看看。后来我看过一些沈从文的作品，有的觉得好，但有的可能是因为当时年龄缘故和对人生理解等方面局限，只是稍微了解一下，没有深入。

现在看来，其实沈从文的很多作品，只有当你对人生、对社会有了一定的了解之后，也就是有了一定的社会和人生阅历之后再去读他的作品，你才能更好地把握和领会，也才能看出他的作品到底有多好……

我选择从事沈从文研究，主要是受了三位老师的影响。

首先启发我的是王中忱老师。1999年，我考入清华大学攻读文学硕士学位。9月入学后，一开始我也没有打算做沈从文研究。一次在听王中忱老师讲课时，他提到了"沈从文的文体"这个问题，那么我对这个问题比较感兴趣，所以就决定做沈从文的文体研究。

王中忱老师是研究日本文学的，当时沈从文的《边城》，包括20世纪30年代他创作的湘西作品，在日本很受研究学者关注。王老师与日本学者有广泛交往，比如日本沈从文研究学者福家道信，他就与王老师有交往。

福家道信当时主要介绍沈从文研究在日本的整体被研究状况，比如都有哪些学者在研究沈从文、做出了那些贡献等。他曾为研究沈从文多次去过湘西，后来王老师将福家道信介绍给我认识，让我多和他进行交流，多向他请教，这样对我以后做研究会有帮助。

当时福家道信正好在北大访学，他先后在北大和清华大学分别做了一次讲学，我都去听了，私下里我也和福家道信进行过两次交流，他将他在湘西拍的照片、日本出版的《湘西》刊物都拿给我看，当时《全集》还没有出版，他告诉我他拍的一张凤凰的照片《全集》可能会用。后来我在读《全集》时，确实发现有他拍的那张照片。

日本的沈从文研究非常注重实地调查这种研究方法。我接受了福家道信的建议，曾先后两次去湘西进行田野调查，发现日本学者的这种方法比我们单纯地去读文本所获得的知识要多得多。比如我们做沈从文研究，如果你对湘西那个地方，包括对沈从文时代整个中国社会都有一定的了解，那么对你的研究肯定就会有帮助。

通过实践调查，我们会获得很多直感经验，这种直接得来的知识对研究是非常重要的。如果我们只是读文本，那么我们的感受就只能是停留在文本本身上，不能延展开来，比如作者写的一些地名、建筑、人物风俗、人物语言、人物神态等，如果我们没有这方面的生活经验，就对应不上来，在理解上就会与作者写的有出入，加上文字是一种比较抽象的符号，有时候它并不能够准确地表达和呈现作者想要表达的一些东西。

此外，作者用文字表现了一些东西，同时在语言背后还有一些东西，是作者没有写到的，但并不表示它们不存在。相反，这些东西极有可能是一些更深层次的东西，如果你没有实际经历，仅仅单纯阅读文本，我们就可能感受不到。但是如果有了实感经验，在研究的时候就会不一样，所以实感经验是很重要的。

因为清华大学要求每个学生都要有社会实践，2000年在我硕士一年级暑假期间，我没有参加学校集体组织的社会实践安排，而是只身去了湘西。

第一次去湘西的目的，主要是想通过自己的亲身体验来了解湘西，了解沈从文笔下那些文字背后的东西，用文字和图片的形式记录下来。当时清华大学计算语言学专业曹自学老师，他虽然不是文学专业的老师，但是他对文学领域的学生也很关照，得知我的想法后，非常支持我，并慷慨提供资助。

第一次湘西之行，停留的时间大概是两周左右，当时我还写了日记，这些日记我收入到了我的《经典的诞生》一书中，取名《湘行日记》，这些日记都是我当时的真实体验和感受，我的表达比较侧重于文学性，但是细节、时间节点等都是真实的，收入我的书中出版时，也没有做修改，当时是怎样记的，现在呈现出来的就是当初的原貌。

湘西之行，我得到了很好的锻炼，后来证实当时的收获对我的沈从文研究有很大帮助。

第二个是蓝棣之老师。蓝老师的研究很有特色。蓝老师会将他的《现代文学经典：症候式分析》《现代诗的情感与形式》等专著赠送给每位读他硕士的学生，我自然也不例外。20世纪80年代，蓝老师的现代文学研究影响很大。《现代诗的情感与形式》在20世纪80年代就已经出版，有学者曾质疑过他的研究，但是我觉得他的研究方法如果运用恰当，是很好的。但是如果用得不到位，可能就会产生歧义，或者有的学者领会不深，也会认为这种研究涉及隐私问题。如果这样理解蓝老师的研究，就太浅层次了，其实蓝老师的研究非常深入，他的特点是直指本心，不太注重过程。可能因为他自己的悟性很高，所以经常忽略过程，没有把推理论证过程完全呈现出来，而是直接将结果表现在作品中，有些学者领悟不到，就会质疑他的研究。

蓝老师非常注重弗洛伊德理论、精神分析等对作家创作的深入分析，他在讲课时，经常会涉及这些知识，他的讲述很令人信服，所以我受他的影响很大。

第三个是解志熙老师。顺便说一下，1999年我刚入清华的时候，导师是蓝棣之先生，2001年，导师改为解老师，我成为解老师在清华的第一个研究生。解老师的研究非常注重实证分析，他写的每句话都必须是言必有据，论证非常严密，推理过程令人信服。我觉得把文本的内部研究与外部研究结合起来，这一点在做研究的过程中，是非常重要的。

在我读硕士期间，我直接受到了上面三位非常有影响的学者老师对我的直接指导和影响，他们的研究对象不同、方法不同、学术背景各异，但是将他们的指导和影响综合起来，对我的成长是有很大帮助的，我觉得自己特别幸运！

其实在清华大学学习期间，还有很多老师也曾经指导过我。当时清华大学中文系的硕士研究生不多，我们那届只有五个，所以老师在上课时，我们能够得到每位老师及时的具体指导，有什么疑问一般当场就可以得到老师的解答。清华大学的老师还有一个特点，就是只要学生愿意学习，他们就全力支持，给学生提供尽可能的指导和便利，而且都非常及时。

张晓眉：当您从湘西回到北京后，再去阅读沈从文的作品时，是否有了一种全新的感受？

裴春芳：是的。比如对沈从文描写的湘西风景，他笔下的人物神态，如果没有去湘西，我是根本想象不出来的，因为以前没有这方面的生活经历。

由此我想，如果你对一个作家笔下所呈现的社会形态完全不了解，处于一种隔膜状态的话，那么作家在文字背后隐藏的很多东西你是读不出来的。即使你读出来了一些东西，那也是你自己的，与作家所表达的意象还存在距离。

我根据自己的实感体验去体会沈从文笔下的风景和人物心态，所得感受肯定是不一样的。我认为湘西环境和人文环境对沈从文的写作产生过很多影响。比如我在湘西看到路边有很多"小庙（土地堂）"，那些"小庙（土地堂）"应该是宗教发展不成熟的表现，但是湘西人民对宗教的敬仰，对沈从文的思维方式、写作方式以及为人处世等应该都有很大影响。

苏雪林曾经在她的论文中谈到过西洋文化对沈从文的影响，我认为这种影响也是有的。20世纪20年代，沈从文刚来到北京时，他接触到当时从西方游学归国的一些有社会影响人士，虽然直接接触不多，但是对他的间接影响应该也是存在的。

张晓眉：您开始沈从文研究是缘于对沈从文为何被称为"文体家"这个问题的兴趣，我们知道，您后来也写过相关的论文并发表在《永远的从文——沈从文百年诞辰国际学术论坛文集》上，这个论点也是您硕士论文中的一部分内容，关于沈从文是一个"文体家"这个问题，现在您是否有了新的理解？

裴春芳：从时间上算，我介入到沈从文研究时，应该是沈从文研究相对比较成熟时期。那么在这种情况下，首先我不认识沈从文的家人，也不可能与他的家人有很深的交谊，因而也就不可能去做他的传记方面研究，而且这方面的研究凌宇和金介甫两位先生已经做得很成熟了。

在此基础上，我的沈从文研究着重从沈从文文学本身出发，从他在整个中国现代文学史上所呈现出来的文体现象入手。据我了解，在中国现代文学史上，有几个作家是可以称之为文体家的，第一个应该是废名（冯文炳），他早于沈从文被称之为"文体家"，那么沈从文为什么会在废名之后被称之为"文体家"，随着沈从文在文坛上的地位和影响越来越大，他的"文体家"甚至超越了废名的影响。我对这个现象比较感兴趣。

我想搞清楚沈从文"文体家"这个称号的内涵、特点究竟是什么。这个问题引起我的关注，可能与我本科时所学文献专业有关。比如我们现在研究古代文学，研究李清照，那么对于"易安体"的研究可能是比较重要的，至于李清照的个人境况，应该是属于次要被研究对象，但是如果她的婚姻对她的创作产生了影响，那么我们在研究的时候也是不应该回避的。

在历史上关于沈从文是一个"文体家"的评论文章，苏雪林曾经写过一篇《沈从文论》，我在读这篇作品时，发现她虽然写出了一些沈从文文体特点，但是还没有完全说清楚"文体家"这个问题，我想可能是因为当时沈从文的写作还没有成熟的原因，苏雪林的这篇作品是20世纪30年代发表的，所以她涉及的沈从文文学作品不全。

北京师范大学的刘洪涛老师曾经也写过一篇研究沈从文文体的作品，在我硕士毕业前，刘老师的沈从文研究著作我都看了，关于"文体家"这个问题探讨，在我的硕士论文中也有体现，当时方法上的概念也是因为看了刘老师的文章受到的启发，我的硕士答辩他是评委之一，所以在某程度上讲，刘老师对我的硕士论文也间接做出了指导。

我的《经典的诞生》一书于2014年4月正式出版后，曾经在清华、北大召开了座谈会，参会的老师们认为收入到书中的两篇关于沈从文"文体家"的论文很有价值，但是也提出了很多建议，认为还有很多工作需要继续深入。比如20世纪30年代后，沈从文的一些问题没有引起研究学者的重视，现在又开始逐渐进入到了我们的研究视野，把沈从文文体局限于20世纪30年代，就不完整了。现在我们对沈从文文体的研究，应该从他的一生创作来做一个整体观照，才可能得出一个比较合理的结论和完善的研究。

张晓眉：您前期做了这么多工作，接下来的工作您是否会继续做下去？

裴春芳：老师们的意见，其实也是在提醒我在出书的时候，没有把这个问题考虑得深入一些。当时在讨论会上，我就向老师们表了态，以后一定会把这些存在的问题进行完善和补充。

张晓眉：请您谈谈您所领会到的沈从文文学创作特点。

裴春芳：沈从文虽然学历不高，一开始估计学识也不高，但是他在成长过程中，他的学习能力和吸收能力非常强，他善于把很多有利的东西为我所用，所以他成长得非常快。

你知道郦道元的《水经注》吧。我觉得沈从文不管是在写《湘行散记》等散文，还是他的小说，都受到了《水经注》这部作品的影响，他不仅读过《水经注》，而且应该是借鉴了它的很多写作技法。

我们每个人可能都会读很多书，但是哪一本书会对你产生直接和深远的影响？不见得每个人每本书都能达到这个境界。但是沈从文写的文章，不管是小说还是游记，为什么会那么动人？我认为《水经注》这本书对他的影响应该很大，他应该是深入领会并将这本书的写作方法融入到了他的血液中。

现在有学者说《猎人笔记》对沈从文的写作有影响，沈从文可能有意识借鉴过《猎人笔记》的写作技法，但是《水经注》这本书应该在沈从文少年时代就非常熟悉，它的叙述方式、语言简洁等对沈从文肯定是有影响的。

沈从文为什么到现在还能够引起关注？除了一些政治等因素外，沈从文文学语言的生命力非常关键。比如沈从文的写作，有一种举重若轻的感觉，他写得非常轻松也能进入人内心，给你一定的想象空间……这个不是一般的作家能够创作出来的，这也是中国作家中很有特点的东西。沈从文对湘西环境和人文素养所表现出来的那种优美、神奇的把握，特别是他的感知和表现能力，让人叹为观止。

时代在变，社会在变，人们的生活方式也在变，但是一个作家如果有自己的语言魅力，并且达到了一定的高度，那么后人是不会忽视他的成就的。我们可以看到，与沈从文同时代的作家很多，但是能够像沈从文这样引起人们关注的就很少。

另外，沈从文的思维方式也别具一格。因为沈从文在湘西那种生活环境中成长，注定了他的思维和想象不是从概念到概念，沈从文在写作时是没有理论概念的，也不会有形象思维等考虑。从写作本身来讲，如果写作套上概念，那就很难接触具体的事物，也就完了！

张晓眉：我在您撰写的《经典的诞生》及相关沈从文论文中，发现一个相同的词组不断重复出现："爱欲"。您能谈谈您所理解的沈从文的"爱欲"写作吗？

裴春芳：沈从文的"爱欲"写作，是我通过阅读沈从文文本提炼出来的概念。这个概念对沈从文来说，是很重要的，无论是对他的写作主题还是写作观念。

我主要是从沈从文的早期和中期作品分析他的"爱欲"写作。比如他的《七个野人与最后一个迎春节》《神巫之爱》《月下小景》《八骏图》等，我认为"爱欲"贯穿了沈从文写作的始终，比如他经常会写到"爱与死"等字眼……

一开始沈从文这样写作，可能是他的不自觉的写作行为，但是在他写作逐渐成熟，特别是《边城》《八骏图》等作品发表后，他就已经开始意识到了"爱欲"是他关注的核心所在，这与沈从文对弗洛伊德理论的领悟有关，也就是说，沈从文在开始写作时，受到了弗洛伊德理论的影响，那么后来在写作过程中，他越来越认可弗洛伊德的理论，比如他经常写到的"爱与死为邻"等，可以看出他已经开始从生命体验这个层次去领悟弗洛伊德的理论，而不是单纯的受其影响。

另外，沈从文观察都市社会中的人与人之间的关系，以及湘西边地社会中的人与人之间的关系，边地人民是如何处理自己的人生。比如他在《湘西》等作品中写到的少女落洞、放蛊等，"爱欲"其实已经进入到了他的写作中心。

张晓眉：您在《经典的诞生》一书中收录的有关作家的佚文的字体编排、注释（一些比较生僻的字词）都是您所注，还是原文就是如此？

裴春芳：是我注的，这些注释的来源我都注明了。那么有些作品中的繁体字，就是原文如此，不是我加的。沈从文的作品有很多繁体字，但是《全集》出版可能是遵循简体字这个标准。我在做文献整理时，是完全遵照作品的本来面貌，这是我遵循的一个原则。

张晓眉：解志熙教授提出："把原本用于古代典籍研究的'校读法'运用于现代文学文献的整理和考释中，不但必要而且也是行之有效的。"解志熙教授提出的这种方法对您在校读佚文时产生过哪些影响？

裴春芳：解老师提出的这个方法，是具有开创性的。在我们现代文学研究领域，解老师第一个提出了这个方法。解老师将古籍文献整理方法与文本解读方法结合起来，他有很明确的意识，这种方法解老师在他的《考文叙事录》《文学史的"诗与真"——中国现代文学文献校读论集》等著作中都有详细解析。

解老师在这方面对我的影响，不只是局限于他的著作，而是在他有这方面的思想萌芽的时候就已经影响我了，当他有这方面的想法，他就毫无保留地告诉我们。

解老师非常严谨，他也有一种非常自觉的方法论意识，所以作为解老师的学生，在自己还很幼稚的时候，就能够接触和领悟到他提出的理论和方法，是很幸运的。

我当时之所以会去做佚文搜集，也是受了解老师的启发和影响，如果不是他让我明白佚文整理是一项很重要的工作，那么我也就不会取得后来的一些成果了。即便是自己无意中做了，也意识不到做这项工作的价值所在。我印象比较深的一次是，我有一个同学张勇，当时他做的是海派文学研究，在我还没有发现沈从文等作家的佚文之前，他就发现了穆时英的一篇长篇小说《中国行进》的佚文《上海的季节梦》，解老师对他的评价很高，这对我是很有启发和激励的。

张晓眉：请您谈谈解志熙教授对您的沈从文研究的指导和影响。

裴春芳：我在读硕士期间，是由两位导师指导的，先是由蓝棣之老师指导，后来转给解老师指导。解老师对我的硕士论文写作指导得非常细心，提出了很多很具体的意见，我的硕士论文能够获得优秀，与解老师的指导是分不开的。

因为我的志向就是研究，那么硕士毕业工作两年后，清华大学中文系开始招生文学博士，可能解老师觉得我平时学习和工作态度比较认真，对我有个好印象，所以我就又报考了他的博士，他将我重新收入到他的门下，后来我的博士论文也获得了优秀，与他的指导也是分不开的，所以我觉得很幸运。

张晓眉：解志熙教授在《经典的诞生·序》中评价您将沈从文研究进一步拓展到对整个京派文学的关注，尤其注意对京派文学文献的发掘，在这方面取得了令人瞩目的成绩，推动了京派文学研究的深入开展。请您谈谈您做这项工作的具体过程。

裴春芳：这一方面是我硕士期间的沈从文小说研究的自然延伸，另一方面是我博士期间的中国现代"小品散文"研究的无意派生物。学术重心虽然有所转移，但前一阶段的问题依然在我的持续关注中，并且大量阅读原始期刊，视野有所拓展，也就陆续发现了一些新材料，提出了一些新问题。

张晓眉：您是否曾统计过您阅读了多少旧报刊？大量旧报刊的阅读对您的佚文挖掘有哪些收获？您是如何在浩如烟海的旧报刊中判断哪些资料是您所需要的？哪些是可以忽略不计的？或者是每篇都要仔细阅读？

裴春芳：太多了，记不清了。

如果我们要发现一个东西，专门去找，往往是找不到的。我觉得，这里面有一个机缘的问题。比如我想找沈从文的某篇佚文，专门去找，肯定找不到。因为你的目的性太强，就会忽略很多东西。更重要的是，当你的方法和领域定了之后，你还必须有一个沉潜的心态，这样你才有可能发现一些你想要的东西。如果你的目的性很强，可能就会去有可能存在的地方找，那样往往是找不到的。因为你现有的知识会限定你去看什么，有一些你不知道的，你可能就不看了，这样你就发现不了。

张晓眉：判断一篇作品是不是佚文的前提，应该取决于您对这个作家作品的了解和熟悉程度。您对《全集》应该是很熟悉的，是吗？您对沈从文、汪曾祺、芦焚、常风等人的佚文挖掘，是无意所得，还是专门搜集上述作者作品时所得？

裴春芳：2002年《全集》出版后，我就买了前面的二十七卷，一开始觉得后面五卷文物卷太贵了，没有买。博士毕业后，我还是一咬牙，都买了下来。买了之后与20世纪80年代《中国古代服饰研究》进行比较，就发现印刷质量有差距，我觉得如果今后再版，应该印好一点，因为沈从文花了几十年做出来的研究成果，很辛苦，应该不惜成本，把这件事情做得好一点。

发现沈从文等作家的佚文，我觉得可能就是机缘吧，也跟我上面所说不那么有目的性地广泛阅读旧报刊有关。

发现沈从文佚文的过程是这样的，记得2008年整个冬天我都在清华大学图书馆读旧报刊，无意中发现了一个线索，就是我在读《大风》这个刊物时，发现有篇作品提到了沈从文的《摘星录——绿的梦》。这个副题"绿的梦"我一点印象都没有，因为我硕士期间是专门做沈从文研究的，研读过《全集》，《摘星录》我知道，但为什么"绿的梦"会一点印象都没有呢？我比较好奇，当时也没往佚文这方面想。我查了《全集》，发现确实没有叫《绿的梦》这样一篇作品，在强烈的好奇心推动下，就想找来看看，万一找到了，也可以见识一下。

清华大学图书馆收藏的《大风》不全，因为这个刊物有一百多期。于是我就去国家图书馆找。去国图我也不是抱着一定要找到这篇作品的心情，因为《大风》这个刊物上还有很多内容与我的博士论文相关，所以我是一期一期地看，一篇一篇地读，然后就看到了沈从文的《梦与现实》和《摘星录——绿的梦》两篇作品。当时看到《梦与现实》的时候，也感到耳目一新，这篇作品我之前也没看过。因为之前我对沈从文的研究有一定的基础，他的笔名我是比较了解的，加上我是研究沈从文文体，所以对他的作品风格、特点都很熟悉，虽然在写论文时有些东西说不了那么透彻，但是一般看到他的作品，基本上也能辨别出这个作品是不是他的。《梦与现实》和《摘星录——绿的梦》在没有请专家鉴定之前，我也是比较有把握的。

因为我的博士学业一开始进展不是很快，解志熙老师给我的压力也很大，所以我每个阶段性的成果，都会及时发送给导师，告诉他我在工作！（笑！）那么我将这两篇作品复印后带回家，又与《全集》进行了核对，发现《梦与现实》其实就是《全集》所收《摘星录》一篇的初刊本，而真正的《摘星录——绿的梦》则在《全集》确实没有收，对沈从文的笔名进行论证核实无误后，也就是说，我对两篇作品自己先进行了初步论证之后，才写了一封书信给解老师，并随信把这两篇作品也发送给了他。

但是解老师好几个月都没有回复我，我又给他写了一封信，说明《摘星录——绿的梦》在《全集》中肯定没有收，《梦与现实》被改名为《新摘星录》等。解老师读我的第一封信时，可能他没有认真看。因为老师的工作都很忙，指导的学生也不只是我一个，他不可能对每个学生的学习情况都做到了如指掌，有疏忽也是情有可原的。后来解老师认真看了我发现的《梦与现实》和《摘星录——绿的梦》两篇作品，认为是很重要的发现。

我当时虽然能够判断两篇作品应该是沈从文的，但是这两篇佚文的价值，我没有解老师那么深入的理解，因为解老师从20世纪80年代初就开始读沈从文的作品，所以他对沈从文作品的了解相当深入，我的沈从文研究也是在他的指导下成长起来的。

随后解老师又把我发现的《梦与现实》和《摘星录——绿的梦》拿给北大中文系的方锡德先生，请他鉴定。解老师后来告诉我，方锡德老师是吴组缃先生的助手，吴组缃先生以前跟他提到过沈从文有这样一篇作品，而且很重要，所以他就一直很留意这篇作品，但二十多年没有找到，这个机缘被我碰上了。

方锡德老师鉴定确实是沈从文的佚文后，解老师很为我高兴，因为我博士论文做的是小品散文，而我能无意中发现了沈从文如此重要的作品，解老师当时就对我说，你为沈从文研究做出了很大贡献，虽然是无意中做的，但是贡献很大，就问我是不是可以放弃之前的博士论文选题，重新再做沈从文研究。

其实，在博士选题之初，解老师曾建议我还做沈从文的研究，因为我当时在沈从文研究这个领域没有太大进展，如果只是在硕士论文基础上做一些补充工作，我觉得没有太大意思，就没有接受解老师的建议。在沈从文的这两篇佚文发现后，解老师又这样建议我，我没接受，我说学位论文我就不改了，因为博士论文已做了很长时间，的确也有可做的，但是我还可以同时就所发现的佚文写两篇论文，这样可引起研究者们的关注，也可促进沈从文研究发展。于是我的博士论文和沈从文研究同时进行，两项工作都进行得比较慢。

张晓眉：您能说说您的研究方向和学术取向的问题吗？

裴春芳：我认为，每个学者的研究方向和学术取向不会完全一样。不论是从文学本身还是文学评论，每个学者注重的方面肯定也是不一样的。比如梁实秋，他对道德问题就非常看重，像鲁迅那些与道德没有太多关系和涉及别人私事的作品，他就会认为不好。那我们能因为这些作品去质疑鲁迅在故意揭别人的隐私吗？质疑鲁迅的人品吗？显然鲁迅不是这样的人。比如沈从文的写作，不论是他写的《八骏图》，还是他在西南联大写的那些杂文、散文等，涉及当时的当事人也是很多的，我们能认为沈从文在揭别人的隐私吗？

所以我认为，每个学者在从事研究的时候，对他们所研究的对象是有自己的认识和观点的，无论是鲁迅还是沈从文，他们应该不会轻易地将自己局限于某些评价而止步不前。何况道德问题并不是我研究的核心，我只是陈述事实。

现在的文学研究，要么主要从文本出发，对文本进行分析；要么主要是关注作家的生平传记等，我认为这种隔离不太合理。我对文学研究有自己的认识，我认为应该把这两种方法结合贯穿起来，可能会更完善一些。

沈从文的文学创作有他自己的特点和方式，他对文学有自己的理解，有时候他甚至是真幻交织，如果我们用新古典主义这套理论来研究沈从文的文学作品，他极有可能不认可这种观念。我们可以将沈从文和梁实秋的作品进行比读，就会发现他们两个人的价值取向是比较远的，互不欣赏。但是沈从文与鲁迅，虽然他们没有直接交往，但是我们去读沈从文20世纪40年代写的那些作品，从内在精神来看，他与鲁迅的很多杂文是相通的。

张晓眉：您曾与日本的沈从文研究学者福家道信先生有过交流，可否请您谈谈当时所讨论的相关问题？

裴春芳：我与福家道信的交流，我记忆比较深的是，当时他告诉我应该去了解湘西的风土人情，自己亲身去体验一下湘西生活与沈从文笔下描述的有哪些不同。因为这些体验对研究沈从文很重要，他自己就去过湘西很多次，有时候一年去好几次，在中国访学的那几年，他常去湘西。日本学者的沈从文研究比较具体深入，而且做得都很认真，不像欧美国家的学者那样理论化，这两种研究方法对我们都有启发。2009年福家道信先生再次来到清华大学时，我也曾去见过他。

张晓眉：2001年3月21日，日本沈从文研究学者福家道信先生在北京大学的报告中提及，"日本的城谷武男先生发现，在中国1980年代出版的几乎所有的作品，都不是原貌，所以他尽力做版本的研究，特别是对《萧萧》《牛》《边城》着力较深，新加坡的王润华先生在《王润华文集》也注意到这个问题。"因您校阅了大量的初刊文献，特别是沈从文先生的佚文，您觉得福家道信先生所说是否属实？

裴春芳：福家道信先生的这个判断应该是准确的。如果我们去做沈从文的文本解读，把他20世纪30年代到40年代写的作品与20世纪80年代出版的作品直接对照，就能发现哪些东西是经过修改了的，不一样的地方肯定是修改过的。在我看来，这种修改也是可以理解的，因为每个时代容纳作品的要求不一样，有些比较敏感的作品一般不可能得以公之于众，如果一定要公之于众，那就必须要进行处理。

《全集》刚出版时，解志熙老师就曾让我写一篇评论，我把沈从文的许多初刊作品与《全集》中的作品进行过对照阅读，发现有很多篇作品都被改动过了，甚至比《沈从文文集》改动得还要多，《沈从文文集》改动主要是一些思想方面的改动，那么《全集》的改动就更为复杂。比如沈从文在《晨报副刊》上发表的一些诗歌，收到《全集》中的很多字句都变了，标点符号也变了。

另外，我还比照了很多其他作品，发现《全集》有些词语也改成了现在使用的词语。就是说，沈从文的有些作品被换词了，有些内容也换了。出现这种情况，我估计可能是《全集》的编辑当初没有收集到初刊版本，加上当时刘一友等老师们搜集资料时，有些作品是他们手抄的，也有可能是在摘录的时候出现了错误。

如果以后《全集》修订，我认为这些改动都应该改正过来，也许沈从文的有些字词确实用错了，那也是他自己的错误，再说我们也不可能站在沈从文的角度去考虑为什么会用这个词和字，或者这是作家自己的用词特点也未可知，我们应该维持作品原貌。

此外，20世纪20到30年代的日常交流语言并不完全和我们现在一样，每个时代都有自己的语言表达习惯和特点，如果没有那个时代的知识背景，你可能以为作家是用错了，但其实是那个时代的用语习惯，我们作为整理者，是不能随便改的，这是原则性问题。

关于《全集》的编辑问题，我当时也和解志熙老师讨论过。比如沈从文自己编辑的作品集，一些作品集就被《全集》的编辑拆分了，比如《七色魇》那个集子，是沈从文自己编好的，而且还写了后记；《看虹摘星录》也是初具雏形的作品集，我们不知道《全集》的编辑当时是出于什么样的考虑，都将这些作品拆开编排了。

如果是从沈从文本人意愿出发，那么编排就应该尊重他编辑文集的原样比较好。因为那是沈从文自己编的，我们任何人都代替不了他。至于他为什么要将那些作品编辑成为一个集子，他究竟想要表达什么，我想沈从文应该有自己的想法。虽然沈从文早期编的作品集比较乱，但他成名后，又从事过编辑职业，作为《大公报·文艺副刊》的文学编辑，他的编辑技巧应该很高明。所以我认为他编辑的文集，应该有比较成熟的考虑。我们可以把读《看虹摘星录》的系列作品和读其中的单独一篇作品进行比较，所得感受和理解就会有很大不同。

由此可见，将系列作品编辑在一起，对理解沈从文的作品是非常关键的。比如沈从文写了《梦与现实》后，又写了《摘星录——绿的梦》《看虹录》等系列作品，我认为就是因为一篇作品没有办法完整表达他的意思，所以才会有后续作品的写作。因此我认为沈从文自己编辑的一些文集，并不是轻率的组合，而他是有一个完整的思想表达。

《全集》的书信编辑也存在类似问题，比如"巴鲁爵士"的一系列通信，在《全集》中也被打散了，我觉得它们是表达沈从文这一个时期思想的系列作品，应该放在一起，不应该分散，才可能完整地表达沈从文的思想。

当然，《全集》的编辑们能够把基础性的工作做成现在这个样子，已经非常不错了。希望今后有机会进行增订，做得更完善、更本真些。

张晓眉：您读过沈从文先生撰写的《中国古代服饰研究》这本著作吗？请您谈谈您对沈从文从事物质文化史研究的理解。

裴春芳：我一开始不是学文学的。1991年，我到北大中文系读本科念的是古典文献专业，沈从文的《中国古代服饰研究》这本书在我们系的专业图书室有一本，就是一共只有三百本那个精装版本，还有沈从文的亲笔签名。当时老师们都认为那本书很珍贵，给我们介绍的时候就说沈从文的研究非常到位，对他的评价很高，建议我们有时间应该好好看看，但因为这本书老师们都很珍视，不专门研究这个专业的学生，一般都不给看。

后来因为我的一篇学期论文是做的关于女性服饰纹样方面的选题，当时我可能比较懵懂，没有意识到自己能够从沈从文的这本书中吸取到什么，所以只是大概翻看了一下，后来写论文的时候，也没有把这本书作为参考书列出来。但是现在看来，还是有一定影响的，至少对我的学术起步来说，是产生了影响的。

所以，我最早接触到沈从文，其实不是因为他是一个小说家，而是因为他是我所学的学科领域的一个专家。那么对沈从文转行从事物质文化史研究，我比较能够理解。

沈从文撰写的《中国古代服饰研究》，一方面是一个开创性的工作；另一方面他搜集了那么多的珍贵文献资料，非常不容易。在沈从文之前，因为没有这样一门学科，那么一般学者就不会去主动做这类研究，也可能还会认为没有必要。

沈从文对物质文化史研究一直都比较关注。比如沈从文的家乡湘西，当地本身就有很多这方面的东西，比如苗族的服饰、银饰、傩戏服饰等，都是一些活生生的文物，他对这些东西从很小的时候就具备了一定的理解和感知。另外他在给"湘西王"陈渠珍担任文书时，也整理过很多文物……这些经历对沈从文以后从事文物研究应该都有潜在影响作用。我认为像沈从文那样在青年时就对文物有较深理解的人应该很多，但有沈从文那样的人生阅历并去从事文物史研究的中年人，这个是不多见的，很多人可能达不到。

沈从文在物质文化史研究领域所做出的贡献很大。他所使用的方法很多人可能也很难学会，他的研究方法后来被总结为形象史学，其实沈从文自己肯定不会使用这个词。

我觉得沈从文的文物研究，首先是从他的研究对象所处时代的生活方式入手，他深入到了那个时代人们生活方式最内在的、最本真的东西，他是从民族和历史的高度来看待一切文物的。在沈从文的眼里，无论是文物还是文学都是对美的追溯，沈从文曾经提出过"活文物"这个概念，那些文物其实并不仅仅是物质本身，而是那些文物背后所蕴藏的人事，所以他要通过文字来表现文物背后所潜藏的人事变迁和哀乐，实际上表现的是人的生命形式。

比如在一般人看来，一件衣服破了，也就没有用了，也不是什么大不了的事情。但在沈从文的眼里，可能就不一样，他会看到这件破衣服背后所蕴藏的生命形式，因而就倍加珍视。比如单从文物本身的价值如青铜器等，一般都有等级之分，那么衣服与之相比，可能就不算什么。所以很少有人能认识到它们的价值，因此也就没有人去专门研究。

也许，沈从文是从文学领悟到了历史，从而影响到了他对文物的理解。比如沈从文曾经在一封书信中写到，人们以为《史记》就是写的一些国家大事，而他看到的却是司马迁记录那些事件背后的那份情感。那么沈从文在研究文物时，他所看到的其实不仅仅只是文物本身，而是文物背后所蕴含的生命形式。在沈从文那里，无论是他的文学也好，物质文化史研究也好，都充满了情感。

沈从文通过文学的方式建构了他对人生、对世界的理解，他将文学作为一项事业经营时，文物作为他的兴趣而存在；当文学事业一旦受阻，文物研究就跃居成为他的主要事业；文物研究作为事业经营时，沈从文又不断地尝试文学创作，虽然很多作品没有发表，但是写作并没有间断。所以在我看来，其实文学和文物研究在沈从文那里一直是在平行进行的。那么沈从文原来从事文学创作，后来转业研究物质文化史，也可能会不自觉地用文学的表达方式来叙述他对物质文化史的研究，并将文学和文物两者融合贯穿，而不是局限于文学或者文物研究某一种单一的思维方式，最后达到了一个很高的境界。

张晓眉：《中国古代服饰研究》这本著作曾经有人提议送给国外出版社出版，这个事情您知道吗？

裴春芳：我知道，圈里的人一般都知道，沈从文不会同意给国外出版社出版的。当时有很多人不理解，其实《中国古代服饰研究》这本书很早以前就可以出版，但是一直没有出，而是费了很多周折才出版。

尽管面对那么多的困难，但是沈从文是一个有民族自尊心的人，虽然我们国家在某些方面不如别人，但是《中国古代服饰研究》一书是他耗费了多年心血研究而成，是非常有价值的一本书，文化版权也非常重要，沈从文肯定会让版权属于中国，他不会希望中国的学者要参阅这本书时，还要去国外买，那就太伤情感了。

沈从文当年在西南联大时，在沦陷了的上海有些人就写文章想劝诱沈从文。

沈从文当年肯定看到过那些劝降文章，所以后来他在我国香港《大公报》上写了一个题字，原文我不记得了，大概意思是誓死抗战，态度非常坚决，沈从文通过那副书法公开表达了自己的决心……从这些事件我们可以看出，沈从文的民族感情是很深厚的，当年《中国古代服饰研究》没有交给国外出版社出版，我认为这是沈从文做人的原则。

张晓眉：当时劝降沈从文的都是哪些学者？他们的文章主要是发表在哪些刊物上？

裴春芳：那些作者的署名应该都是笔名，他们不可能署真名，他们应该也能意识到写这些文章并不是什么光彩的事情。具体发表在哪些刊物上，我不记得了，应该是日伪主宰的刊物上吧。

张晓眉：当年国民党从北平败退我国台湾时，北大陈雪屏也曾动员过沈从文去台湾。

裴春芳：陈雪屏的动员与我刚才讲的那些劝降在性质上应该是不一样的，我刚才讲的那些劝降是在抗日战争时期，是国家与国家之间的对抗关系；而陈雪屏劝沈从文出走是属于我们的民族内部问题。但是沈从文的立场都是一样坚定，所以从这些事情我们就可以看出，沈从文的民族情感是很深厚的，他非常爱国，国家观念很强。

张晓眉：2002年，沈从文诞辰100周年时，吉首大学和凤凰县政府联合举办了一次国际研讨会，您参加此次研讨会了吗？如果是，可否请您谈谈此次会议所得感受和印象，是否与金介甫、凌宇等学者有过交流？

裴春芳：非常遗憾，我没有参加。2001年我第二次去湘西的时候，吉首大学沈从文研究所的老师曾经告诉过我，正在筹划这样一个会议，并邀请我参加。

2002年7月，我从清华大学硕士毕业，到别处工作，因我没有将最新的联系地址及时告诉吉首大学沈从文研究所的老师们，所以他们将邀请函寄到了清华大学，就耽误了。

我大概是2003年春天才接到邀请函，接到邀请函后，我就与吉首大学沈从文研究所的老师联系，他们告诉我会议已经召开过了，但说他们正在准备出版《永远的从文》论文集，如果我有相关论文，可以提交给他们。后来我就把《文体的分裂与心态的游移——沈从文作品的谱系学构成及文化困扰》寄去吉首大学，该文被收入到了《永远的从文》中，论文集出版后，沈从文研究所的老师给我寄了一本来。

张晓眉：您在《文体的分裂与心态的游移》一文中评价："沈从文最有成就也最引人瞩目的还是他的小说。"您最喜欢沈从文的哪部小说？请谈谈您的感想。

裴春芳：没有，没有特别的。如果从沈从文小说的艺术价值这个层面来讲，很多人公推他成就最高的应该是《边城》。但是20世纪20年代末，沈从文写湘西的那些作品，比如《神巫之爱》这部作品，奇幻色彩强烈，以及他对湘西边地人们生活的理解和把握，虽然这些人们的生活很痛苦，但是他们内心还是有非常美好的东西，在痛苦的情况下，也没有消灭。这一点，也只有像沈从文这样的作家才能够写出来，我认为这些也是很有价值的。

张晓眉：您在《湘行日记》中写到："还有人带了两只黑黑的胖胖的小猪在背篓里。"当时您有没有觉得很吃惊？这些见闻与沈从文先生笔下诗意的湘西以及您想象中的湘西有多大的落差？

裴春芳：我见到这些情景时，没有产生过落差感，因为沈从文在他的作品中并没有回避对湘西落后的描写，好的和不好的，在沈从文文学文本中都有体现，他并没有隐瞒，比如《边城》，你仔细去阅读、去体会，就能发现里面有很多负面的描写。

在沈从文的作品中，关于湘西的描述很多实际上是写实的，但是很多人把他描写的东西理解成了抒情和诗意，他们把自己理解的东西当成了沈从文描写的，我觉得有点牵强。沈从文对湘西落后的描述，其表现形式与湘西的实际情况通过他独特的处理方式，在作品中，那些落后的细节描写并不会把他塑造的湘西之美瓦解，比如沈从文写一头猪，或者一只小鸡，他的表达方式会让人产生一种美感。但是如果没有看过沈从文的描写，人们就会觉得，不就是很平常的一头猪、一只鸡嘛，有什么可写的呢？可能就不理解。日本学者在这方面做得比较好，他们能领会。

沈从文的这种写作方式，我们还可以追溯到他与周作人的关系，如果我们把他们的作品放在一起进行阅读，就会发现有很多相通的东西。所以，我在湘西看到的很多人事，包括一些落后的景象，我觉得是很正常的，不存在落差，我认为湘西本身就是这样的。

张晓眉：您在湘西认识的那个叫九菊的小姑娘，后来您有没有再见过她？那天晚上，她是不是被她的哥哥打了？面对那种情景，您是否质疑过沈从文先生描写的湘西人性美？

裴春芳：九菊小姑娘肯定是被打了，但是我当时也没有任何办法，不知道怎么才能帮助她。后来我也没有再见到过她。对于这件事情，我倒没有去质疑沈从文笔下的湘西人性美，我当时只是觉得九菊这位小姑娘太可怜了，因为她的父母都不在身边，她的爸爸去世了，妈妈去打工了，我想她的生活一定很艰难……

我第一次去湘西，是在2000年，这个时期应该是南方农民去沿海打工的高峰期，很多孩子因为父母外出打工，没有得到应有的照料。这个问题当时在南方农村非常普遍，也是一个大的社会问题。九菊小姑娘的遭遇肯定不是一个个别现象，那么我亲眼见到那种社会现象，对我的内心震动是很强烈的！因为当时在北方，这种现象还不是很多。

那么在沈从文的作品中，他其实也把湘西人的那种生活重压写出来了，在他的那个时代也有，比如《阿丽思中国游记》中他就写到了湘西人卖儿卖女，那种很残酷的生活，沈从文是写到了的，他没有回避。而在我们这个时代，虽然与沈从文的时代有不一样的地方，但同样存在很残忍的地方。与沈从文相比，现在的很多作家未必有魄力去把这些社会现象真实地记录下来，也许是他们把握不了。从这个层面来讲，又显示出了沈从文的可贵之处。

张晓眉：湘西之行，有收获，也有惊险！如果再给您一次机会，您还会只身前往湘西探秘吗？

裴春芳：我对沈从文研究其实没有结束，我作的硕士论文，也算是取得了一个阶段性成果，其实还有很多都没有展开，需要继续深入研究。所以，如果研究需要，以后还是会去湘西继续做田野调查的。

2000年，我去湘西做田野调查前，清华大学的老师就给我讲过关于费孝通的故事。1935年，费孝通和他的新婚妻子王同惠在大瑶山做田野调查时，因与向导失去联系，他们迷路了。后因费孝通不小心掉到瑶族猎户为猎兽设的陷阱里，王同惠在去找人帮忙的途中，可能是走得太急，掉下了悬崖，付出了生命的代价……

那么我在决定去湘西之前，老师就给我讲到过可能会面临的危险。但是在我看来，不光是做研究，其实我们做任何一件事情都是有风险，都会付出一定代价的。另外还有一个原因，就是我在读研以前，曾经当过记者，所以对社会是有一定了解的，与在校学生相比，应该是比他们多一些社会阅历，有自己的基本判断力。虽然在湘西遇到过一些比较意外的事情，但都有惊无险，收获却是很大的。

张晓眉：您是否知道黄永玉为什么叫沈从文先生的弟弟沈荃为"巴鲁表叔"？"巴鲁"是什么意思？

裴春芳：这个我不知道。我知道沈从文以前用过巴鲁作为笔名，沈从文起这样一个笔名是不是有什么渊源，我也不知道。你可以去问问从事方言研究的学者，或者湘西本地人，听听他们怎么说。如果你能问到黄永玉先生，他对沈从文非常了解，他如果愿意告诉你，肯定是最直接的，我想他可能会告诉你原因。

张晓眉：请您谈谈您对湘西的印象。

裴春芳：湘西是一个很美丽的地方，一块很美丽的土地！

我觉得我们不能用很学术化的语言来描述湘西！

湘西的很多人艺术素养都很高。我在湘西的时候，去过很多地方，看见很多人从事不同艺术工作，比如有的做根雕，有的做染织，有的人打造银饰……那些人在做这些艺术工作时，心态都非常平和、平静，不像那些急于挣钱的商人，来一个顾客订制，就很着急地去完成这个商品……对那些人来说，赚钱可能是一个方面，但是他们在做的过程中，把自我沉浸于其中，自得其乐的状态……这些景象让我想起了沈从文的写作。

湘西人的性格与别的地方，比如大平原或者都市的人的性格真的是不一样的，可能这就是湘西人有自己的自足性吧！

安刚强副教授专访

安刚强副教授近影

写在前面的话：2015年2月14日，安刚强老师给我来信，信中他如是说："我明天回老家乡下过年了，赶在走之前把你交给的任务完成了，不管怎么说，我对沈从文是真有感情，因此对沈从文研究就有一份责任……"安老师信中提及的"任务"即是前段时间我撰写采访他的提纲。安老师随信还附发了洋洋洒洒近七千字的答专访文字和他的照片，未及细读，我的心里已是热乎乎的，为沈从文研究学者的这份热忱和大力支持！

2012年12月，吉首大学联合地方政府在吉首、凤凰、花垣三地联合召开了沈从文诞辰110周年全国学术研讨会，安老师出席了该次会议并在研讨会上发言，给我印象较深。

会后，我因沈从文研究相关事宜与安老师有过几次书信往来，他将自己的沈从文研究成果和相关资料毫无保留地全部发送给我，由此我对他的沈从文研究有了进一步了解。

安老师从20世纪80年代初就开始关注沈从文研究，1986年本科毕业论文就是以沈从文先生的《边城》为研究对象，随后在华东师大钱谷融先生门下读硕士，其硕士论文《沈从文和他的湘西世界》被评为优秀论文，随后他将硕士论文部分内容取名《从"边城"飞出的凤凰——沈从文作为中国现代作家的独特性》发表在《安庆师范学院学报》上，同年被《人大复印资料》复印……安刚强先生参加工作后，开设了沈从文研究课程，向学生介绍沈从文及其文学；翻译过金介甫先生的《边城》序言……

在书信往来过程中，安老师将沈从文研究老专家，也是我的家乡人糜华菱先生介绍给我，于是我得以采访到糜华菱先生。后来我又因糜华菱先生的推荐，先后认识了沈从文先生的次子沈虎雏先生、清华大学解志熙教授、人民日报社李辉先生、日本学者小岛久代女士等。在与这些对沈从文研究有深刻见解的学者们对话过程中，我受益颇多，感受更是深刻！追根溯源，要感谢安老师！

现将安老师的专访呈现如下，他对沈从文研究的独特视角和心得，必将为今后的沈从文研究提供极具参考价值的珍贵文献史料。

张晓眉：您是从什么时候开始阅读沈从文作品的？

安刚强：我是在1982年进入安徽师范大学中文系读本科的时候开始阅读沈从文的作品的，在此之前的中小学阶段，我似乎从没有机会听到沈先生的故事和接触到沈先生的作品。一读到沈先生的作品，就觉得它与自己很相应，非常喜欢。1986年我本科毕业论文做的是《〈边城〉〈果园城记〉〈呼兰河传〉比较论》，成绩为优秀。

张晓眉：1986年至1989年间，您在华东师大钱谷融先生门下读硕士，当时您的学位论文是写《沈从文和他的湘西世界》，在答辩的时候成绩还得了优秀。当时有老师认为应该将您的学位论文推荐到《文学评论》发表，后来发表了吗？可以简要地给我们谈谈您撰写这篇学位论文的过程和主要内容吗？

安刚强：我们1989届硕士论文答辩的时候，包括我自己在内，没有人有心思把一篇论文投稿发表了，不过至今还是很感谢张德林老师当时对我的鼓励。张德林老师对我硕士论文的评语全文如下：

"沈从文这个作家，乡土特色甚浓，写的多是中短篇小说，数量极大，没有长篇小说。正因为这样，论述时如何归类、分析，找出一个发展线索来，从纵向、横向、历史、社会、审美各种视角，加以具体论证，就颇有难度。安刚强这篇《沈从文和他的"湘西世界"》内容极其丰富，对沈从文的全部创作作了全面、深入、细致的分析。从沈从文创作的大的时代和文化背景、荆楚文化和苗文化的特色出发，透视沈从文创作的艺术风格以及它在我国现代文学乃至当代世界文学中的地位。这样的论述，给我的感觉，视野相当开阔，论文的构思颇有深度，质量很高。

"本文的另一个特点是，既有对沈从文创作宏观的总体把握，也有微观的细部分析，两者结合得挺好。比如，论文划分了沈从文创作中的'乐园小说'和'失乐园小说'，对这两类小说各自艺术特点作了很细致切实的分析，从而剖析沈从文创作风格、生活道路和文艺观的逐步发展，就很有说服力。作者有很好的文艺理论和美学素养。对作家的创作能从文艺学的高度来提出自己的观点，而这种观点的阐述又都是渗透在对创作实际的具体感受和分析之中。观点和材料不游离，要做到这点，不容易。

"从论文看，作者驾驭文字语言的功力颇强。笔触通畅、流利、秀美，用词分寸感把握颇好。"

我写作硕士论文的时候，沈研专著基本上只有凌宇老师《从边城走向世界》等不多的几本书，当时主要是看小说叙事学，看楚文化方面的资料，看《沈从文文集》等，边看边做笔记，差不多用去一两年的时间。真正的论文初稿写作和誊清好像只有一两个月吧。论文送导师钱谷融先生审阅后一星期，接到先生的电话，让我去拿回论文，怀着一颗惴惴的心到了先生家，先生把我的论文手稿放到我的手里，赞许地看着我，只说了一句话："写得很好，就这样！"论文就这样送给学校打字员打在蜡纸上，然后油印几十份出来，呵呵，当时还没有电脑呢。

我的硕士论文以大部分篇幅纵向考察了沈从文是怎样逐渐建成他的"湘西世界"的，在考察时，着重把握沈从文的生活处境、精神状态、创作动机（动力）与小说文体相互之间的紧密联系。据此，我把沈从文的创作分为三个阶段：创作初期——初入人情冷漠的都市，沈从文要寻求精神慰藉，因此他怀念湘西故乡，此时沈从文为自己而创作，文中的湘西是"童年的乐园"；创作盛期——沈从文深味了都市人生，城乡生命形态的对比使他觉悟到两种文化精神的相异，因此他"发现"湘西，从湘西提取进行文化批判的精神武器，此时的沈从文"为理想而创作"，极力表现湘西的文化气质，作品中的湘西是"理想的方舟"；创作后期——故乡之行使一向翱翔于理想云空的沈从文，第一次失望地踏足在现实的故乡土地上，因此他直面湘西，此时的他"为故乡而创例作"，作品中的湘西是"沉重的故土"。

论文（代）结语部分相当于沈从文综论的论纲，主要从沈从文与中国现代文学及沈从文与世界现代文学两个方面来谈，提出和论述了沈从文的"文学取向与文学道路"、"文化理想与文学品质"、"双重视角与矛盾心理"、"生命信仰与文学追求"、对"国民性"主题的独特表现，"湘西世界"对我们的意义，及两种文化（城乡文化）、"回归"主题、边疆小说、野性强力等问题。

张晓眉：当年您将《沈从文与他的湘西世界》作为学位论文选题，是因为当年钱谷融先生的指导，还是您自己选定的选题？

安刚强：据我所知，我的导师钱谷融先生从来不给自己的学生指定什么题目（甚至参考书目），他非常尊重学生的个性自由和自主选择，所以我们当年1989届的四位同门师兄弟（妹）都是自选的论文选题，那时也没有撰写论文开题报告一说。我的印象中，研究生进入正式写作前，导师也只是大致和自己谈到写作的主旨与思路，不会像现在的硕士论文开题报告甚至落实到三级小标题的细节上。直率地说，现在貌似计划周密的论文写作流程，在很多情况下其实并未达到提高论文写作质量的初衷，而成了大学官方一种管理模式的冠冕堂皇的演示。

张晓眉：1989年您把硕士论文的一部分内容取名《从"边城"飞出的凤凰——沈从文作为中国现代作家的独特性》发表在《安庆师范学院学报》上，同年被《人大复印资料》复印。从现在来看，您的这篇文章学术价值还是很高，可见写得极有水平，您当时一定费了很多心思，当年您将沈从文比作从边城湘西飞出的凤凰，这么多年过去了，对沈从文这只从边城飞出去的"凤凰"，您又有了哪些新的理解？

安刚强：一个人的问题意识总是会受到诸如历史语境、时代精神的牵引的。当年我的那篇论文，是从"文学取向与文学道路"、"文化理想与文学品质"、"双重视角与矛盾心理"、"生命信仰与文学追求"、对"国民性"主题的独特表现等几个方面，比较阐述沈从文与其他现代作家的特异之处的。时间过去了二十五年，中国社会发展进程和社会思潮已经有了巨大的改变，基于互联网的巨量资讯使我们获得了对现代历史、现代文人的更宏阔、更深入的了解，基于现代生活的重压和内心的焦虑体验使我们对现代作家、现代国民的处境有更贴切、更真实的理解，那么我现在对沈从文作为一个从民国走到新中国的现代作家当然会有一些新的思考，比如：个人及个人抒情文学在历史风暴中的自处之道和自救之途；乡村及乡村精神在社会巨变中的自处之道和自救之途；沈从文的文化守成主义立场及其文学对策之意义；沈从文的乡土抒情文学对疗救历史创痛、抚慰弱势个体的意义等等。

张晓眉：您作为一名高校教师，从20世纪80年代就开始发表沈从文研究方面的学术论文，请您谈谈在您的教学生涯中是否给学生讲授过沈从文文学？您的哪些学生在沈从文研究领域做得比较突出？

安刚强：我自从1989年进入安徽省安庆师范学院从事现代文学教学工作以来，一直以讲座、选修课、现代文学专业基础课的形式，不停地给大学生讲授沈从文文学。《沈从文研究》一直是现代文学课程组的保留专业选修课，也很受学生的喜爱和欢迎。我作为文学院的现代文学教研室主任，一直亲自讲授本课程。我的授课把作家的人生也当作一种重要的文本来研究，注意分析沈从文的人格特点及其成因，其人格精神在历史情境中的表现与意义，其人格精神与文体风格的关联。因为本校现代文学专业研究生刚招收三届，抱歉尚未见到有在沈从文研究领域成绩突出的学生。

张晓眉：2010年，您翻译了金介甫先生的《永远的"希腊小庙"——英译〈边城〉序》，这篇序是金介甫先生邀请您翻译的吗？

安刚强：我和金介甫先生并未直接见过面，虽然蒙赠过他的几种翻译作品。是与金介甫先生相熟、现在安徽省安庆市定居的沈从文研究专家糜华菱老先生推荐，我才得以与金介甫先生以电子邮件联系，翻译了他的英译《边城》序言的。

除此之外，我还翻译过金介甫先生的英译《沈从文小说选》的总序及每篇的点评，翻译了他的长篇论文《沈从文杰作〈边城〉的英语翻译》。每篇翻译都得到金介甫先生的授权和首肯。

张晓眉：在《永远的"希腊小庙"——英译〈边城〉序》这篇序中，金介甫先生称"中国的批评家们重新发现了沈从文。他们称他为唯一的中国战前本土文学或乡土文学流派的代表性作家，也许还是奠基者"。金介甫先生的原著就是如此吗？您怎么看待金介甫先生对沈从文的这个评价？

安刚强：当然是金介甫先生的原著就是这样，上文所引金介甫的英语原文是：Chinese critics rediscovered Shen Congwen. They called him the representative writer, perhaps the founder, of a uniquely Chinese pre-war school of "native-soil" or "rural" literature.

金介甫先生并没有直接说这是他本人对沈从文的评价，而暗示说是新时期的中国文学批评家们这样评价沈从文的。我是认同这一评价的，我认为沈从文的乡土文学在整个现代文学史上最为"本色当行"：写中国乡村的风景风俗，刻画中国乡村的人民，深入中国"乡下人"的思维，表现中国乡村精神，运用中国乡村语言。现代乡土文学的奠基者，舍此其谁？！

张晓眉：金介甫先生评价"《边城》可以被认为是一座'希腊小庙'"。您如何看待这个评价？

安刚强：金介甫先生的这一评价，实际上来自沈从文1936年在著名的《习作选集代序》的自我评价："这世界上或有想在沙基或水面上建造崇楼杰阁的人，那可不是我。我只想造希腊小庙。选山地作基础，用坚硬石头堆砌它。精致，结实，匀称，形体虽小而不纤巧，是我理想的建筑。这神庙供奉的是'人性'。"此处的"希腊小庙""神庙"是对沈从文自己的文学世界的一个比喻，之所以要说"希腊"小庙，是因为希腊神话中的神与人同形同性，既有人的体态美，也有人的七情六欲，没有禁欲主义因素，也很少有神秘主义色彩，体现了作为人类"正常的儿童"时期的一种天真、健朗的人性，古希腊神话的这一特点刚好与沈从文笔下的湘西世界精神相通。

我认为沈从文的这一自我评价是贴切、公允的，它标示了沈从文独特的文学观，提示了其独特的表现角度、题材选择、旨趣偏好和文体形态。

张晓眉：请您谈谈金介甫先生的沈从文研究。

安刚强：金介甫是美国纽约圣约翰大学的历史学家、汉学家，也是在沈从文研究界成果丰硕的知名专家，对沈从文研究贡献有传记、专著、专题论文、选集、译著等。金介甫先生的沈从文研究应该有专文作过探讨，这里我愿意特别指出，金介甫先生是最早的沈从文传记的作者，1980年6月到7月间在北京访问沈从文十余次，同年8月到过湘西；2002年春作为向导带过一批国外汉学家到湘西考察，同年秋又到湘西凤凰参加沈从文百年诞辰国际学术论坛。金介甫先生与沈从文的家人也多有交流。因此作为《边城》的英译者，作为沈从文研究专家，金介甫先生有着别人所不可能同时具备的得天独厚的条件和优长：有着前辈的英译作基础；有着一个湘西亲历者对沈从文笔下人事物景的亲切；有着一个美国汉学家对汉语和英语的敏感；有着一个沈从文传记作者对沈氏生平的熟稔；有着一个历史学家对中国近现代史的了解；有着一个沈从文评论家对沈从文文体特征的体察。金介甫先生对自己的《边城》英译本有一个简洁的自我评价："我可以达到足够程度的优雅，甚至同时最大限度地提高读者的文化'修养'（无论这是不是沈自己的目的）。最重要的是，因为在我的时代可获得的独特的有利条件，我能够提高翻译的准确性和丰富性。"

张晓眉：您与沈从文研究老学者糜华菱先生交往颇深，请您谈谈糜先生的沈从文研究可以吗？

安刚强：糜华菱先生晚年定居安徽省安庆市，与我同在一城，我们的住处相隔不过公交两站路，我们相识相交已经十年。糜华菱先生是湖南沅陵人，退休前是做城市教育管理工作的，退休之后开始从事沈从文先生研究。糜老为人热情诚恳，我们在沈从文研究方面很谈得来，实际上我翻译金介甫先生的论文就是糜老积极建议和牵线而得以成功的。

糜华菱先生虽非文学科班出身，但文字功夫和文学兴趣都很不错，他的沈从文研究并不着眼于沈从文的文学内蕴的开掘及其文体特征的阐发，他主要做的是沈从文的生平传记研究，在史料的发现和史料的考辨方面功力扎实，让人印象深刻，功不可没。其《沈从文生平年表》是1998年为岳麓书社《星斗其文，赤子其人——忆沈从文》一书而写，这是我们所能看到的最早的沈从文生平文学活动纪年资料，天津人民出版社2006年出版的刘洪涛、杨瑞仁编《沈从文研究资料》第一辑，唯一收进的就是糜老的此篇。沈从文先生发表于1944年桂林《新文学》上的《看虹录》《摘星录》两篇小说原文，也是糜老费尽周折，把它们从湮没了将近半个世纪的历史尘封中找出来的。另外值得一提出的是，糜老的《沈从文作品中的方言民俗考释》《沈从文作品中的沅陵（辰州）地名图说》两篇论文中所做的，也是一般学人没有条件或没有耐心去做的扎扎实实的工作。糜华菱先生晚年所进行的沈从文研究，不为评职称，不为加工资，他凭着自己对家乡大作家沈从文先生的热爱、对文化研究的单纯的热情去做，我对糜华菱先生的工作是充满敬意的。

糜华菱先生的沈从文研究成果见于他的论文集《走近沈从文》，知识产权出版社2004年版，2014年再版。

张晓眉：在《从边城飞出的凤凰》这篇作品中，您评价沈从文提出的"生活形式"与"生命形式"是沈从文对"人生"层次的划分，其中后者是较高级的人生境界，请您谈谈沈从文提出的这两种生存形式对我们有哪些启示？

安刚强：其实这种提法也并非沈从文的首创，民国时代京派文人如周作人、朱光潜多有类似的提法，只是沈从文不光是在观念上接受了这种划分，更在作品中实践着此种认识。我们从《边城》一类的作品中看到，沈从文虽然客观地表现了主人公们物质生活的艰窘，如老船夫就谦称（也是实情）翠翠只是"一个光人"，若是出嫁是什么嫁妆也置办不出的，但他们似乎从来就没有为此感到过什么深刻持久的焦虑，而是安分守己、随遇而安，他们的忧虑来自精神方面，也就是说沈从文不大表现主人公"生活"在经济翻身方面的内容，而是表现他们精神情感方面的"生命"内容，这应该是文学之所以为文学的重心所在。这一观念与提法，在这个或"闷声大发财"或"宏声大发财"的今天，意义十分明显，这就是有助于让有心的读者校正自己人生的航向和人生观的重心。

张晓眉：2010年，您申请的国家课题《沈从文小说乡土神话研究》，当初的预期成果是专著，结题时间为2012年12月30日。这部专著现在已经出版了吗？

安刚强："神话"有广义与狭义之分，广义的神话几乎包括一切非实用文体，狭义的神话则专指上古流传下来的人神故事。我申报的课题取神话意义的中间范围，主要考虑沈从文的小说文体达到了天人合一境界。本课题的基本观点为，沈从文的乡土小说因为完整深刻地表现了特定地域特定人民的生态、心态与思维，形成了一个特别丰富生动的文学表意体系，只有以"乡土神话"来定性和研究，恐怕才最为贴近沈从文的创作实际而最具学术阐释力，因而对现实乡土文学创作及创作理论发展真正具有指导意义。本课题想以"乡土神话"来定性沈从文的乡土小说，以"乡土神话研究"来统摄对沈从文乡土小说创作的研究，以"现代九歌"来认识沈从文对中国以楚辞为代表的浪漫文学传统的创造性继承和革新，以求形成沈从文研究的新的学术观察点和学术增长点。

这只是我申报过几次的国家社科课题，从来就没有获批过，我也不再指望申报获批了，专著云云当然就没有出版。我已到五十岁知天命的年龄，我想我只会按自己生命的节奏沉静地干自己喜欢的事，但问耕耘不问收获，不会为外界的风尚所动的。

张晓眉：关于沈从文的乡土神话，您在1989年撰写发表的《从"边城"飞出的凤凰》都已经提出了这个概念，"从某种意义上说，它只是沈从文关于湘西的'神话'"，2010年您申报国家课题，可见您对沈从文的乡土神话已经酝酿了二十余年。请您谈谈，是什么最终触动您去实践这个已经提了二十多年的研究课题？

安刚强：如果从课题是否获批的情况看，其实就谈不上别人眼中的实践啦。只是我对这个问题的考虑倒确是一以贯之的。是我从沈从文作品中强烈感受到的人文精神——主要是沈从文先生对底层人民的无比悲悯、热爱和欣赏，沈从文先生淡薄物欲权欲的人生观，沈从文先生推举真情至性的生命观，沈从文先生讲究天人合一的宇宙观，所有这些深深触动着我、感动着我一直思考探索沈从文独特的小说文体的惊人魅力，使我觉得除了"乡土神话"无以名之，使我感到除了"乡土神话"不足以敬之！

张晓眉：您在《从"边城"飞出的凤凰》一文中认为："'湘西世界'的最大意义在于，它以现代小说的形式，向我们这个历史负累极重的'文明古国'，提供了一个在精神上回复自然人性和活泼童心的文学乐园。"时隔二十余年，您的观点是否有变？

安刚强：我的观点在此基础上有所拓展，沈从文"湘西世界"因其内蕴的丰富肯定有着多方面的意义，比如在一个精明的利己主义盛行的时代，它提示我们赤子童心的纯洁；在一个过分贬斥传统的时代，它提示我们传统的美好；在一个过分强调物欲的时代，它提示我们精神的可贵；在一个日渐疏远乡村的时代，它提示我们乡村的亲切；在一个日益疏离自然的时代，它提示我们自然的可爱……

张晓眉：您撰写的《乡村"神话"与都市"传奇"：沈从文、张爱玲比较论》和《山辉川媚——鲁迅、沈从文对举论略》分别分析了沈从文与张爱玲和鲁迅之间的同与异，我发现您选取的比较视角非常能够触动人心，这说明您把握住了这三位在中国现代文学史上具有举足轻重的作家在文学作品中所呈现的精华。请您谈谈这三位文学家的作品对您产生过哪些影响？

安刚强：鲁迅、沈从文、张爱玲分别成名于20世纪文学史的20年代、30年代、40年代，他们的年龄差不多依次相差二十岁，是三位文学个性相当独特的具有典型代表性的作家。

鲁迅是来自经济文化发达的浙江绍兴城的先觉的"五四"精英知识分子，个性可比"鸱鸮"，观察敏锐，用笔如刀，多揭露批判性视角，是把小说当作社会论文来做的，属思想型作家。沈从文是来自朴野偏远的湘西凤凰小城的自学成才的平民知识分子，个性有如"凤凰"，清高柔和，行文如歌，多欣赏讴歌式视角，是把小说用来"作曲"的，属抒情型作家。张爱玲是来自十里洋场上海的没落贵族女作家，个性堪比"秋蝉"（对乱世有一种强烈的不安全感），体味细腻，用笔如绘，多采用把捉玩味式写法，既揭穿又安抚，是好像把作小说用来炫才艺的，也许可称票友式作家。鲁迅的深刻，沈从文的大度，张爱玲的精致，给了我深刻印象，对我产生了深刻影响。

张晓眉：我现在在做沈从文文学域外传播研究，可否请您谈谈沈从文文学在国外的传播和影响？

安刚强：这方面的情况您可能比我了解得更多，抱歉，我对沈从文文学域外传播的了解泛泛，就我所知，沈从文在国外研究做得比较好的是美国的金介甫，瑞典的马悦然，日本的城谷武男等。我的印象是，欧美比较注意沈从文作品对中国社会和中国文化样态的文学表现，日本则对沈从文作品版本的考证以及对湘西地理形态的考察工作做得很扎实，值得我们很好地学习。

中外沈从文研究学者访谈录

Zhongwai Shencongwen
Yanjiu Xuezhe Fangtan Lu

亲友和助手

雕塑家刘焕章专访

刘焕章先生（右）在黄永玉文学论坛会上接受张晓眉（左）采访

写在前面的话：刘焕章先生是中国著名的雕塑家，1930年生于内蒙古自治区八里罕，1945年考入北京育英中学，1951年考入中央美术学院雕塑系，本科毕业后又考上本校研究生。在刘焕章先生的学生时代，他创作的雕塑作品屡见于报刊，还参加了一些大型雕塑创作活动。1955年他创作的《采茶姑娘》参加了华沙第五届世界青年联欢节美术展览；1956年创作的《刘胡兰胸像》在北京市青年美展获奖；先后为河北省隆化中学创作《董存瑞像》，为工人体育场创作《足球运动员》，为革命历史博物馆创作《北伐军》等作品。1961年刘焕章先生创作的《少女》在展览时，被沈从文先生评价与沈朝慧女士很像。1968年，刘焕章先生与沈朝慧女士喜结连理。

刘焕章先生1981年在中国美术馆举办了首次个展，共展出作品三百七十二件，有《摔跤手》《顽童》《新书》《无题》《儿时的回忆》等作品，中国美术馆选藏了十六件作品。1989年2月，刘焕章先生在中国美术馆举办了他人生中的第二次个展；2000年举办了他人生中的第三次个展。在这次个展上，他的妻子沈朝慧女士作为他生活的参与者和艺术创作历程的见证人，深情地为该次个展写下了《生命不息　雕塑不止》作为前言，道出了刘焕章先生艺术创造的艰辛及其艺术价值：

漫长的十年
寂寞的十年
辛苦的十年
当他在烈日下
北风中
一捶捶
一刀刀
雕琢这些作品时
他让您心疼
当他于不言不语间
搬出一件件新作时
他令你感动
仍然是骑一辆旧车
挎一个破筐
走着一条不合时宜的路
……
年届七十的他
何时"挂捶""歇刀"？
他不愿回答
雕塑既已成为他生命中的一部分——
生命不息　雕塑不止

在妻子沈朝慧的支持下，刘焕章先生先后出版了《刘焕章雕塑选》《刘焕章印纽集》《刘焕章雕塑作品集》等著作。20世纪80年代初，以刘焕章先生和他的家庭为题材的电视报告文学《雕塑家刘焕章》曾经感动过很多人，甚至是影响了一代人……

我决定去采访刘焕章先生，他取得的上述成就自然是一个重要因素，但更重要的因素还是因为他的特殊身份——沈从文先生的女婿。沈从文先生八十岁时，曾专门为刘焕章先生的作品《鱼鹰图》题词，在题词的最后一段，沈从文先生写下了这样一段深刻的人生体悟："今世亦有人嘴曲如钩，善于为主人逐捕水中游鱼，虽一时深得宠幸，而未如此鹰衰老，即在倏忽风雨中致陨灭，转不若此鹰之得终天年。可见世事之无常。"可见沈从文对刘焕章先生艺术创造的认同与肯定。

20世纪60年代，刘焕章先生和沈从文的侄女沈朝慧女士喜结连理，相依相伴、相濡以沫携手走到今天，一路走来，个中艰难是常人难以想象的。沈朝慧女士因其父亲（沈荃，沈从文先生的胞弟）在20世纪50年代初不幸去世，沈从文先生把她接到北京抚养，视如亲生女儿。在采访过程中，刘焕章先生告诉我，沈朝慧女士称呼沈从文先生和张兆和女士为爸爸妈妈，可见其感情的厚度和深度。

从1968年到1988年沈从文先生去世，刘焕章先生和沈从文先生有过二十年的亲情交往，他的讲述以及他讲述的视角无疑均能为我们提供一些不为人知的珍贵沈从文研究史料。

2014年5月17日下午，黄永玉先生在北京798圣之空间艺术中心举办的"故乡：永不枯竭的文学源泉——长篇小说《无愁河的浪荡汉子·朱雀城》暨'九十岁黄永玉的文学行当'专家论坛"会，会上我认识了刘焕章先生和沈朝慧女士。因他们与沈从文先生的特殊关系，当时我给他们介绍了我正在做的这本《访谈录》，又因之前采访了沈虎雏、黄能馥等与沈从文先生关系亲近的人士，所以我想请他们谈谈他们所了解的沈从文先生。刘焕章先生很爽快地答应了我的请求，并给我留了他的地址和联系电话。

说实话，第一次看到雕塑家刘焕章先生时，他不修边幅的样子与他身边高贵、优雅、美丽的沈朝慧女士形成鲜明对比。单从外表看，我想过这样一个问题：刘焕章先生究竟有什么样的魅力能让身边这位美丽、高雅的沈朝慧女士与他同甘共苦，不离不弃，并且共同携手走过了近半个世纪？

会议结束回家后，我抱着这种好奇心，查阅了刘焕章先生的相关资料，当看到电视报告文学《雕塑家刘焕章》《人生在线·雕塑家刘焕章》等纪实影视作品，黄永玉先生写的《刘焕章这个人》、中央美术学院教授钱绍武撰写的《"赏心"论》等文章后，我的好奇心很自然地就得到了一个圆满的答案，于是我心释然……

带着敬佩的心情，2014年7月10日上午，我去刘焕章先生家拜访，当时家里只有八十四岁的刘焕章先生。因天气很热，我走得满头大汗，刘焕章先生拿给我一把古朴的扇子说："我们家没有现代化的东西，风扇也没买，就用扇子扇一扇吧。"经他提示，我四处看了一遍，除了电灯电话，果然没有现代化的东西。古色古香的家中，满满一屋子的雕塑作品，却给人一种井然有序又具审美艺术的视觉享受。从与刘焕章先生的交谈中，我得知这些作品中包括了他三次举办个展时展出的作品。阳台上挂着一个鸟笼子，两只小鸟在吱吱叫唤……

刘焕章先生热情地安顿我坐下后，又准备给我去倒茶，我不敢劳烦他老人家，就告诉他我自己带有水。他看到我把准备好的矿泉水拿出来，才作罢。

刘焕章先生给我说，他们的女儿刘兰在美国，现在女儿的女儿都上高中了，讲到这里时，刘焕章先生的脸上写满了幸福。他站起身来，把外孙女画的一幅画拿给我看，带着自豪的语气给我讲解画意。他指着"我爱你姥爷"几个字说："一开始她就写了这几个字，后来她就随意画，画了很多东西，有小猫头、太极、心形等图案。最后整个画画完了，构图还很匀称，很有美感，很和谐，很灵动，我都做不到这

样……"我接过刘焕章先生手中的画，用相机拍摄了下来，然后又还给刘焕章先生，他小心翼翼地收起，又小心翼翼地放回原处……

转身回来，刘焕章先生告诉我，他和沈朝慧女士经常会去美国探亲。去年二老去美国探亲期间，家里遭遇小偷，被翻得乱七八糟，幸好小偷不懂满屋子雕塑作品的珍贵价值，所以雕塑作品没有太大损失，只是被扔得到处都是……原准备今年再去，刘焕章先生担心家里又遭窃贼，所以决定留在北京看家，沈朝慧女士自己一个人去美国看女儿刘兰一家。

听了刘焕章先生的话，不知为什么，我心里感到酸酸的。望着满满一屋子的雕塑作品，从与刘焕章先生的谈话中，我知道这些作品中包括了他三次展览的作品，其中一些作品还产生过很大的社会反响，比如《少女》《无题》《摔跤手》等，还包括沈从文先生的雕像和沈从文先生生前指导过他雕塑的李白雕像等。

再看白发苍苍、满脸写满沧桑，今年已经八十四岁的刘焕章

刘焕章先生雕塑的沈从文先生头像

刘焕章先生雕塑作品一角

刘焕章先生的雕塑作品一角

刘焕章先生和他的雕塑作品

先生，一屋子的雕塑作品，是他一生辛勤劳作的见证，每个作品都如同他的孩子一般……刘焕章先生告诉我，他曾经试图复制一些他感到满意的作品，但均因材质、心情等原因，每次都失败了……从这个意义上来讲，每件作品都是独一无二、无法复制的。

刘焕章先生的这些讲述，让我感到更难过。人生不过百年，生命是有限度的，这是自然的法则，任何人都不可能例外。由此，我想到了刘焕章先生百年之后，他那一屋子的雕塑作品应该得到怎样合理的保护和传承？这些艺术作品在我看来，它们不仅是我们中华民族的瑰宝，还是我们中华民族独有的文化，刘焕章先生的很多作品，甚至记录了他所走过的时代痕迹，应该让更多的人来了解我们的雕塑艺术……

张晓眉：在认识沈朝慧女士之前，您知道沈从文先生吗？

刘焕章：我知道他是个作家。那时候我在中央美术学院学习雕塑，主要看一些艺术书籍，很少看小说，所以对他也不熟悉。当时他的名气还是很大的。所以只是知道，具体不了解。

张晓眉：您和沈朝慧女士是怎么认识的？

刘焕章：1961年，我做了一个《少女》雕塑作品。1962年，有一个小型雕塑展，沈先生带着沈朝慧去看，看到我的作品《少女》，沈先生就对沈朝慧说："你看这个女孩多像你啊！"其实我觉得造型并不像沈朝慧，主要是气质像，神似。这样他们就对我有了印象。刚好我们单位有一个同事认识沈先生他们一家，说沈先生家的女儿长得很漂亮，后来就请了沈朝慧做模特，给她做个头像。一开始我不在他们那个组，后来我看到沈朝慧形象确实不错，我就也加入到他们一组了。

1963年，我和沈朝慧开始熟悉了。

1966年，"文革"开始，范曾写大字报批判沈先生。其实范曾能进到中国历史博物馆工作，还是沈先生给他帮的忙，当时范曾给沈先生写了很多信请求帮忙，这些信后来都被红卫兵抄走了。虽然最直接的证据没有了，但事实是这样的。

"文革"初期，因为范曾写大字报批判沈先生，给沈先生造成了很多不好的影响和压力，沈朝慧也因范曾的大字报，被红卫兵强迫迁走了北京户口，被遣送回湘西凤凰了。在家乡时，沈朝慧受过很多苦，日子很不好过，她曾经给我讲过一些，但很多时候她都不愿意说。

张晓眉：您第一次见沈从文先生是什么时候？是和沈朝慧女士交往以后吗？

刘焕章：在和沈朝慧交往以前，我就见过沈先生了。当年他经常到我们学校去，有时候也会给我们提一些意见。他来的时候，我经常夹在很多人中间，所以他对我估计也没有印象。但有次他给我说："你的雕塑不错，自己形象也不错，你可以给自己做个像。"因为当时我们也不熟，我也不知道怎么回答他好。

张晓眉：黄永玉先生曾经反对沈朝慧女士和您交往，沈从文先生有没有反对过？

刘焕章：沈先生没有反对我和沈朝慧的交往，他没有明确表过态。"文革"期间，我拿了一盆兰花去看望过他，他们很喜欢，但又怕影响不好，特别是张兆和先生，要我以后别再送了。

张晓眉：当时您追求沈朝慧女士的时候，有没有因为沈从文先生很有名，产生过顾虑？

刘焕章：没有。

张晓眉：第一次看到沈朝慧女士的时候，您是否和沈从文先生一样，觉得她和您的《少女》很像？您追求了沈朝慧女士多久她才答应嫁给您？

刘焕章：有似曾相识的感觉，因为沈朝慧和我的《少女》在造型上并不像，而是神似，气质方面很像，接触之后，这种感觉就更强烈。我追了她大概两年，她才答应。

张晓眉：沈朝慧女士在接受媒体采访时说，您很会做好吃的。您经常在家给她做好吃的吗？

刘焕章：沈朝慧说的是有次我做了烧卖，她拿去给黄永玉吃，黄永玉觉得很好吃。那次我只是随便做的，当时也不是专门为她做的。结婚以后，一般有空的时候我也经常做吃的，后来沈朝慧上班去了，一般都是我做饭，因为我不坐班，时间相对充裕一些。现在年纪大了，都不用上班了，我们经常一起做。

张晓眉：您结婚时，沈从文先生有没有参加您的婚礼？

刘焕章：我们结婚的时候，也没举办什么仪式，就是请了黄永玉一家和沈朝慧的老师一家来吃了一顿饭，当时可能是因为行动不自由，吃饭的时候沈先生没有来，后来他和张先生来看了我们。

张晓眉：您和沈朝慧女士结婚后，沈从文先生是否经常来看你们？

刘焕章：原来我们住在东石槽的时候，他有时会来看我们，一般也就是坐一会儿就走了，有时是他看朋友路过我们住的地方，顺便也进来看我们一下。女儿出生后，他来看看，见到我养的兰花，就给女儿取名刘兰。1985年我们搬到现在住的这个地方，他没来过，因为他身体不好，行动不方便。张先生和她的四妹张充和来看过我们，还在这里吃了一顿饭。我们也经常带着女儿去探望二老，每逢假日都去。

张晓眉：我在《全集·书信卷》中看到一封沈从文先生曾经写给江青的信，信中有一段是请江青帮忙把沈朝慧女士接到北京来。您知道这件事情吗？

刘焕章：知道。

我是在1961年就认识了沈朝慧，此后我们的关系发展得很好。1968年，我们俩结了婚。

你看到的那个电视上播放的《雕塑家刘焕章》有个片段，沈朝慧一边熨衣服一边哭，她就是想到以前的种种不容易。"文革"的时候，街道办事处那些管治安的，天天来我们家赶她回湘西凤凰，有时候房管局也来赶，因为她当时没有北京户口。那时小兰才一两岁，那些人来了，我就跟他们吵，小兰坐在旁边拍巴掌，她太小了，还不知道是怎么回事，看到我们吵，她还以为我们在玩呢，很高兴。本来很可悲的一件事情，在小孩的眼里，就变成了一个乐的事情。记得有天晚上，街道办专门召开会议要赶沈朝慧走，有的人要我说个软话，这事也就完了，我就是不肯松口，反正我不同意，后来会议也就散了。

不久我被下放干校，大半夜坐火车走的，下了火车后，走到磁县那个村子的时候，正是中午，当时我就想，这种日子什么时候才能过到头？什么时候能回去？想到她们母女两个在北京的境况，很担心。

后来我就硬着头皮一趟趟去找军管，开会的时候也不断地说，后来军管就给我们人事科讲了这件事，沈朝慧作为家属，才把户口迁回北京，小兰的户口也跟着上了。后来张兆和先生的一个学生又帮沈朝慧找了一个在工艺美术研究所的工作，小兰也可以上学了，我因为经常有任务，要去外地，家里就她自己照顾孩子，还要工作，那是一段非常艰难的生活……

沈先生给江青写信，就是为了给沈朝慧解决户口，但是没有结果。我们也就那么过，人家来赶，随便人家怎么说，反正就不理他们。好在这种生活状态很快就过去了，这种生活大概持续了一两年的样子。

张晓眉：1982年拍摄《雕塑家刘焕章》的那个家现在拆了吗？现在回过头看那段生活，您是怎么想的？

刘焕章：拆了，早就拆了。房子拆了，沈朝慧很难过，那个房子记录了我们一起走过的最艰难的日子。但一切都过去了，现在的生活很好。

张晓眉：您认为沈从文先生了解您和您的艺术吗？

刘焕章：了解。应该说，沈先生欣赏我。我认为沈先生比较欣赏我的性格，因为我的性格直，我的创作他也比较欣赏的，他在八十岁的时候，还给我的《鱼鹰图》写过题词。

张晓眉：沈从文先生那么有名，他的名气对您有帮助吗？

刘焕章：沈先生对我的影响，主要是在为人和对事业、对工作的态度方面。我向来认为一个真正的艺术家不能靠"拼爹"、拉关系出名，要靠作品说话。对于我的艺术创作，沈先生具体指导不多。在学校也是，当时很有名的老师都去天安门做纪念碑了，教我们学习的多是刚毕业的老师，得到过一些名师的指点，对我影响较大的老师主要是王朝闻。我主要是自己奋斗出来的，走的是自己的一条路。那么这个也有好处，就是自己的特点突出，当年举办首次个展的时候，反响都很好。很多搞音乐的，搞文学的，比如北岛，对我的作品都评价很高。

1981年举办首次个展后，1982年中央电视台外文部准备拍摄《雕塑家刘焕章》，因为导演看到我家房子太破旧，想借吴作人的房子拍，我不同意，我说要拍就拍真实的，就在我家拍，是什么就拍什么，否则就别拍了，就没拍成。

后来李绍武准备拍一个系列，他是一个很有想法的人，那是他的一个创新，准备拍一个艺术家、一个养猪姑娘、一个作家等几个代表性的人物系列篇。美协当时推荐了两个，后来中央电视台选中了我，就拍了《雕塑家刘焕章》这个片子。李绍武当年拍的一系列片子，最后就是我的那个片子影响比较大，还曾被我们国家选送到"第二届中日电视艺术交流活动"，当年我们国家送了九部，《雕塑家刘焕章》就是其中一部，另外还有《泰山》《沙漠散记》《小木屋》等。我还了解到，当年很多人因为看了我这个影视作品开始学习雕塑，有些学生也因为看了这部影视作品，报考雕塑专业。可以说影响了一代人。

2000年5月，我开完第三次个展后，"阳光卫视"在同年8月份也拍摄了一个《雕塑家刘焕章》，后来天津在"阳光卫视"之后，也拍了一个。北京电视台有一个叫《文化之约》的电视节目，买了天津那个版权。

张晓眉：在您做雕塑的时候，沈从文先生有没有指导过您，或者说和您讨论这个应该怎么做等。

刘焕章：有时候沈先生会给我说，但这种时候比较少。我在雕刻李白像的时候，他就给我指导过，比如李白的服饰应该是什么样的，带子是怎么样的，帽子应该是什么样的，等等。后来我把李白雕像做成泥的，沈先生还动手帮我修改过。

张晓眉：您在1981年办了一个展览，展出的作品有三百多件，您说看到这么多的作品，自己也觉得很吃惊，沈从文先生有没有因此说过什么话？

刘焕章：当年举办个展，沈先生和张兆和先生去参加了，他看了之后是什么感觉，我因为没有问过他，所以我也不知道，不过问了他也不会说出来。沈先生当着我的面没有评价过，我也不知道他给别人是否说过。

1981年举办的个展，是"文革"后的第一个雕塑作品个展，主办单位是中国美术馆，引起了轰动，当年还举办了一个座谈会，座谈的发言内容我现在还保存着。

张晓眉：您办了三次个展，沈从文先生和黄永玉先生有没有给您帮忙？

刘焕章：我的第一次个展是沈先生为我题的字，展毕后请亲友、记者们的答谢宴，还是黄永玉埋单，因为他们也知道我们没有钱，请不起客。在我第三次开个展的时候，我请黄永玉帮忙写个前言。他说："我给你写前言干吗？我给你写篇文章吧。"但是他实在是太忙了，后来他给我写了一首诗。《前言》是沈朝慧写的《生命不息，雕塑不止》。（刘焕章自"文革"后期到2000年，历时三十年，办了三次个展，差不多是每隔十年举办一次。在1981年办了第一次个展，在1989年办了第二次个展，再到2000年办了第三次个展）

沈朝慧写的《前言》当时放在展厅前面，很多人抄；黄永玉写的《读刘焕章雕塑》那首诗也有很多人抄：

世界第一件雕塑作品是亚当
人间的雕塑家得到耶和华的真传

雕塑的诗，
诗的雕塑。
没见过那么沉重的轻盈，
没见过那么坚硬的温柔；
无声的愤怒伴着呼号，
不尽的离别和重逢；
希望的眼睛永不闭合，
爱情的拥抱永不分开。
固定了历史的瞬间，
老的，一直老下去，
善的，永远善良，
美的，和人心连成一条线。
人不再理会那些忧郁的岁月，
世界上将有越来越多的
雕塑的欢欣！

张晓眉：看到沈朝慧女士给您写的举办第三次个展《前言》时，您是一种什么样的感觉？

刘焕章：我很感动！有贤妻如此，此生足矣！

张晓眉：沈朝慧女士曾经说："总生活在一个美的环境里面，就不老。"沈朝慧女士现在还如此美丽，和您从事的工作所带来美的享受是不是也有联系？

刘焕章：（笑！）沈朝慧是一个非常注重生活品质的人，因为她的思想比较开阔，凡事都想得开，不纠结，所以就没有那么多的烦恼。我们在一起那么多年，也没有什么让人揪心的事情，年轻的时候偶尔有点拌嘴，那时候我的脾气不太好，现在年龄大了，脾气也没了，所以两个人拌嘴都没有了。因为现在什么事情都想开了。

张晓眉：您曾经说，对雕塑家来说，最重要的是自己的看法。人家要什么你就给什么，这很难创作出好作品。您的这段话和沈从文先生在新中国成立后，转行从事物质文化史研究很相似，您和沈从文先生在艺术上是不是有很多类似的相似观点？

刘焕章：我接触沈先生的时候，他已经不写文学作品了。尤其是在"文革"期间，他被下放咸宁干校，我也被下放磁县干校。从干校回来后，他自己一个人住在东堂子做学问，因为他喜欢小兰，所以每个礼拜我都会带着我的女儿小兰去看他，有时候就把小兰留在他那儿，我就去上班了。他经常拿果酱，或者冲果汁给小兰吃。晚上我下班了，再把小兰接回家去。我后来专门刻过一方图章，取名就叫作"爷爷遗风"，因为小兰就叫沈先生爷爷。

沈先生对我的影响也有，我也不是故意要学他，就是在做一些事情的时候，自然而然的就会在处理类似事情时，和他的处理方式相吻合，可能是我们根本气质是一样的。比如我的作品，都是因为我受到了某种感动而创作的，发自内心的感动，从来也不配合同时代政治号召，所以在过去，我的作品都是"有毒"的，往往不受主流媒体欢迎。这种艺术审美与沈先生的文学创作也有点像。那么在做人方面，我们也有很多相似的地方，就是都不会逢迎、巴结权贵，甘于寂寞，就在自己的小天地里做自己的事情，并且乐在其中。

张晓眉：1982年，您的《雕塑家刘焕章》在中央电视台播出之后，沈从文先生看了之后有没有和您谈过他的感想？

刘焕章：沈先生看了后，刚开始他什么都没跟我说，有次他坐在藤椅上，突然对我说了一句话："如果我写你就好了。"我也不知道他是什么意思，但给我印象很深，一直都没忘记。

张晓眉："文革"前您有很多有影响的作品，由于被人说"有毒"，您都砸掉了。事后想起来，后悔吗？

刘焕章：1964年，我们学校自己搞了一个四清运动，这是一个特别"左"的运动，写了很多大字报，相比之下，"文革"还没有那么多的大字报。当时单位有人说我的那些作品有毒，我一生气，算了，我就全砸了。当时就是生气，没想那么多。

我们年轻一点的被下放到河北邢台，像王朝闻那样老一辈的老师，直接就进"牛棚"了，连家都没回。1965年，我又被叫回来，后来又被下放。反复一直搞到1978年，毛主席纪念堂雕塑完工，我才正式得准回家，可以自由地做自己的事情。从1978年开始，我就在家拼命地创作，到1981年举办了我人生中的第一次个展。

现在想起当年砸掉的很多作品，感到很后悔，因为每个作品都是独一无二的，想重新做是不可能了。因为雕塑作品是一个很独特的艺术，具有不可复制性，它受限于很多因素，比如原材料、创作时的心情等，充满了变数，我曾经尝试过复制我感到比较满意的作品，即便是找到相同材质的原材料，但当年创作时的心情变了，最后都失败了。后来我就把这些作品都拍成照片，出版成书了。王朝闻先生给我写了序言。

张晓眉：我看过《王朝闻全集》，他是一个很了不起的学者，他为什么会给您写那么多文章？您和王朝闻先生是什么关系？

刘焕章：王朝闻先生也是学雕塑的，《刘胡兰》（站像）就是他的作品，产生过很大的社会反响，当年的很多媒体都报道过。当年他经常到我们学校来指导我们学习，虽然不是中央美术学院的老师，但对于我来讲，虽然不是老师，但胜于老师。

张晓眉：王朝文写的《雕刻与诗——刘焕章雕刻外文版序》中写到，他经常和您谈到"欣赏诗词对于培养雕刻家的敏感的重要作用"。丁因在《真善美——刘焕章其人》一文中，谈过您的记忆非常好，能够一字不落地背《滕王阁序》等，可见您的古典文化修养很高。这对您进行雕塑创作有帮助吗？

刘焕章：这是一种综合性的影响。不能说你能背诵一首古诗，你就受了它的影响，只有积累到了一定程度，才可能潜移默化地对你的创作起到灵感的激发，并达到审美的艺术境界等作用。

张晓眉：您的老师金禹民年近八十，右手不能动了，还能用左手借助于其他工具刻凿纤细的朱文，他把这些技艺都传给了您。您能谈谈这位老师对您的影响吗？

刘焕章：金禹民老师是我的中学老师，他主要教我刻图章，当时他才四十多岁，我十几岁，我在他那里学了八个多月，表现很好，他认为我有天赋，要我拜他为师。新中国成立后，我去了南方参加土改。回来后我报考了中央美术学院，改学了雕塑，后来就没跟他学了，一般假期的时候去看看他。

张晓眉：黄永玉先生说他有一个香港朋友想买您的一件作品，但是您不肯卖。您为什么不肯卖呢？是因为价格不合理吗？

刘焕章：是有这么一回事，我记得好像是美国的一个人想要买我的作品，主要不是因为价格不合理，而是我创作的很多东西，我都舍不得卖。有些我卖掉的，现在想起来都很后悔，不应该卖。因为雕塑作品和别的艺术作品不一样。雕塑作品受很多方面的约束，比如材料、创作时的心情等，我也做过实验，有一些我感到满意的作品，有人想买，我尝试过再做一个卖，但是做不出同样的作品，因为没有那种感觉了。这种感觉是很重要的，而这种感觉得以产生，往往又是一种热情所致，如果没有这种热情，就找不到这种感觉，做出来的东西就不一样。另外还有很多偶然性，比如就像烧瓷一样，很多环节很难预见预知，因此每件作品就会不一样。画画也是如此，过去有人说徐悲鸿给人画画，画完了就直接扔到纸篓，告诉人家说画得不好，给人重新画一张，实际上是那张他觉得画得很好，想自己留着，等人走了，他再捡起来。很多艺术品是不可复制的，特别是雕塑，是不可复制的，根据我这么多年的经验，从来没有发生过一次说是第二个比第一个好的。所以黄永玉那个朋友想买我的作品，我不愿意，因为卖了之后，就再也做不出来了。

张晓眉：黄永玉先生有没有对您的艺术创作有过评价？

刘焕章：黄永玉以前在接受媒体采访时，他评价过我是一个杰出的雕塑家，谈不上伟大。他当时讲了这么一句话，因为伟大不伟大那是后人去评价的。

张晓眉：您认同黄永玉先生对您的评价吗？

刘焕章：认同。因为一个人是不是伟大，不可能是一个人随随便便封的，特别是像他那样有影响的人，说话就更得注意分寸。现在很多人自封大师，后人是不是也认同？能不能经得起时间的考验？所以我认为一个人伟不伟大，是应该让后人去评说，大家承认了的才能算。就像很多历史人物，现在才能得到充分的肯定。

就我自己创作的作品《少女》，我就对这个作品很有信心，这个作品应该是永恒的，她的那种神态，是由内而散发出来的，从内在表现一个女性的那种纯净、典雅，这种东西是不可模仿的，我对这个作品有充分的信心，它是可以成为经典的。

张晓眉：您能谈谈您雕塑《少女》时的过程吗？是因为当时受了什么触动吗？

刘焕章：刚开始是因为我观察了很多很可爱的姑娘，还专门去舞蹈学院看，观察了很长时间，再结合自己对中国传统文化的理解，借鉴了传统佛像造型，比如菩萨低眉，菩萨低眉的那种善的感觉，各种因素综合在一起，在雕刻的时候，主要是凭借这样一种感觉，最后把《少女》给完成了。我记得北京电视台在给我拍摄电视片的时候，专门让我讲创作《少女》的过程，当时主持人就给我说，网上有人讲我的《少女》是中国的《蒙娜丽莎》。

张晓眉：您现在是我们中国影响最大的雕塑家之一，创造了一系列对社会影响很大的作品，可以请您谈谈您是如何做到这一点的可以吗？

    刘焕章：不敢这样讲，一个人是否成功，是有待后人去评说的，自己不敢这么说。对于雕塑，我从小就喜欢，我从没有想到过自己会取得今天这样的成就，我只是把它作为一个爱好，就是喜欢。（说到这里时，刘焕章先生站起身来，去卧室给我拿他2000年出版的早年雕塑作品文集，还将他出版的三部精美文集赠送给我。我在他们卧室的书架上，看到了20世纪80年代初黄永玉先生、刘焕章先生、沈朝慧女士三人与阿尔巴尼亚大使馆的一个工作人员在西郊黄永玉先生家的合影照片。刘焕章先生指着黄永玉先生对我说："你看，黄永玉那时候多年轻！岁月不饶人呐！"年轻时的刘焕章先生很帅气，经刘焕章先生指点后，我才找到这张照片与我眼前这位脸上写满沧桑的老人之间的联系，让人感叹岁月的无情……）我上中学的时候，就特别喜欢雕刻，有时候在课堂上也刻图章，有些作品我现在还保存着。因为喜欢，所以不问得失、不计功利，一直坚持，加上从小就养成了吃苦耐劳的习惯，虽然家里不是很穷，但小时候什么都干过，所以能吃苦。能走到今天，早年的这些经历是很重要的。最主要的是，我每在创作一个作品时，我总是把我全部的精力、对美的理解和当时的心情都融入进去，所以我的作品都有一种真性情在里面，往往能够感动自己，也感动别人。王朝闻先生曾经评价我的作品："乍一看不怎么样，但越看越耐看，耐人寻味。"钱绍武以前写过一篇文章《"赏心"论》专门评价我的作品，"婉丽而顿生爱怜，不矫情，不摆架子，不故作凝重，令人望而却步，也不故弄玄虚，搞得谁都看不大懂。他只是我们普通人中的一员，把他日常的所知所感，埋头做出，使美好的感情触入白玉，融入木、石，并且通过这些木石流入每个普通人的心田，使你爱不忍释，流连忘返，使你忘掉些悲观和颓唐，使你充满对生活的热爱和希望。无怪有位充满音乐细胞的同志竟激动得想为这些作品谱曲，有位厌世的朋友说，从此要活下去"。雕刻作品的力量竟能达到如此地步，我想，这总可以证明他的创作效果是好的，是成功的吧？"我觉得钱绍武分析我的作品，是比较到位的。可能正是因为综合了各种因素，无意中获得了很多自己未曾期望的收获。

    张晓眉：您雕刻了那么多的作品，您最满意的是哪件？

    刘焕章：我的作品都是我倾注了自己的全部热情去创作的，每件作品都有它独特的意义，如果说最满意的作品，应该是《少女》，她表达了我所想体现的一个深沉的、内在的情感，不流于形式；另外《顽童》我觉得也很好，把小孩的那种天真活泼表现得很到位、传神。

张晓眉：在北京电视台《人生在线》这个栏目中，有一期您七十岁的专题片，您的学生张诚说："刘焕章老师是一个很容易接近，又很难接近的这么一个人。"您平时的生活是这样的吗？

刘焕章：应该是的。他说的很容易接近可能就是指我性格直爽、平易近人；很难接近可能是我很难与一个人在心灵上达到契合和沟通，因为我不是很会用语言来表达自己的情感的人，也不会逢迎别人。我中学时的老师对我的评价："从来不会说让别人觉得好听的话。"我从小如此，要么不说，要说我就只讲真话，讲真话就容易得罪人。

张晓眉：在《雕塑家刘焕章》电视专题片中，您讲了一副对联："天下事若江湖无定，十年河东十年河西；世上人在风雨之中，一阵风大一阵风小。"您说自己的信道是"守拙安贫"，能请您具体谈谈吗？

刘焕章：这副对联是我上中学时我们的校长讲的。我们校长的父亲是翰林院的进士，和湘西熊希龄是一榜的，我们中学的校名"进修中学"就是熊希龄写的。那副对联是我们校长的父亲写的。我们的校长还曾在香山慈幼院工作过，和熊希龄的关系很好。

我原来对这副对联理解不深，但是校长给我讲的时候，我觉得好，就给记下来了。那么经历了"文革"，早上还好好的，晚上就给揪出来了，感受太深了，人生无常，变化太快，我这才真正认识到这副对联写得真是太深刻了。回过头去看我们所走的路，人生其实就是这样的。

张晓眉：《庄子》说："外重者内拙，朴素者而天下莫能与之争美。"在读了沈从文先生的许多作品后，又拜读了您的一些著作，看了相关专访您的电视节目，觉得您和沈从文先生就如《庄子》中所描写的朴素者一样，沈从文先生在这方面是否对您有过影响？

刘焕章：我和沈先生都很朴素，我们两个在这方面是比较像的，但是美就谈不上了。我的做人风格，应该说受我们中国传统文化影响比较深，我是那种"处世无奇但率真"的性格,从小如此。我记得在我们上中学的时候,八月十五中秋节,大家都想回家去,学校不放假,很多同学就去请假,但都没请下来。其实当时我也没想回家,但是大家都没请下来,我就说我去试试。我就去找老师,正好我们的校长也在,我就说:"老师我要回家。"老师就问:"回家干吗?"我说:"家里过节给我留着肉呢,我想吃。"老师说:"好,那你去吧。"我出来之后,听到老师和校长说:"你看这个小孩多诚实!"我的那些同学都不明白我为什么能够请到假,他们为什么请不到假。有时候虚假的理由太多,并不见得是个好事情。

张晓眉:沈朝慧女士和您的女儿刘兰都那么美丽,您为她们雕塑了多少像?

刘焕章:给沈朝慧雕塑了两个,她年轻的时候我给做了一个,前段时间又给她做了一个。在小兰几岁到十几岁的期间,我给她做了一些。中国美术馆还收藏了小兰三四岁的时候我给她雕的像。

张晓眉:黄永玉先生称沈朝慧女士的父亲沈荃为"巴鲁表叔",巴鲁是什么意思,您知道吗?

刘焕章:我不知道。

张晓眉:我在采访李辉先生的时候,他告诉我在20世纪80年代末,他在凤凰采访过沈朝慧女士的母亲罗兰女士,回北京后写了一篇《破碎的将军梦》,您读过这篇文章吗?

刘焕章:没读过。

张晓眉:您做了这么多的雕塑,有没有给沈从文先生做过?

刘焕章:以前我给沈先生做过,做的过程中他就睡着了,做完了之后,他们说不像。去年我给他做了一个,做完之后,又用铜铸了,放在家做纪念。

张晓眉:沈从文先生在您的眼里是一个什么样的人?请您评价一下他这一生的成就,可以吗?

刘焕章:沈先生是一个甘于寂寞的人,默默地做了那么多了不起的事情,他做的那些事情，无论是他的文学还是物质文化史研究，都是永垂不朽的！我很敬佩他。他也是一个无私奉献的人，对学生他从来都是热情帮助，他所知道的，全部告诉学生，生怕学生学不会；对那些来向他求教的陌生人，有很多珍贵的瓷器，给别人讲这些瓷器的来历不说，还送给别人，我亲眼所见就有这样的事情；他的一些研究成果，有些人来请教，他也是耐心讲解，人家说想要借回去看，他也从不拒绝，很多"借"走的成果，往往还不回来了。换成我，可能会舍不得。他是很无私的。

李之檀研究员专访

2014年11月29日在首都图书馆，李之檀先生（右）
与张晓眉（左）一起合影留念

写在前面的话： 2014年正月初八这天，北京下雪了，这是2013年入冬以来，北京下的第一场雪。早上起来，打开窗户一看，到处是白茫茫的一片，空中飘着雪花，寒风呼啸，空气格外清新。

我顶着寒风，走在去往沈从文先生的助手李之檀先生家的路上，心里想着的却是沈从文先生。

九十多年前，沈从文先生为了梦想来到北京，最初几年由于经济困境，他衣着单薄，也是这样迎着北京的寒风，他不仅度过了最艰难的岁月，而且通过自己的坚持和不懈努力，成长为中国现代著名文学家和物质文化史研究专家……

如今，作为湘西晚辈的我，也同样迎着北京的寒风，与沈从文先生不同的是，我穿着暖和的羽绒服，几乎感受不到寒冷的侵袭，由于茫茫大雪的缘故，还有一种瑞雪兆丰年的吉祥感，心情格外好。

伴着脚下咯吱咯吱的悦耳声音，几经辗转咨询，来到了曾经和沈从文先生一起工作的李之檀先生的家中。

李之檀先生一人在家，老伴已经去世十多年。他给我打开门，带我去客厅。在简短的问候后，李之檀先生告诉我他今年已经八十岁了，干了一辈子的工作，总闲不住，还想干很多事情，所以经常不为人理解："都退休了，不回家好好休息，干那么多事干什么呢？"说到这里时，他有点伤感。听八十岁的人说这样的话，由不得不让人感动！

走进客厅，首先映入眼帘的是一幅挂在墙上的、1987年由李之檀先生主持的、在日本五个城市巡回展出的《中国历代妇女形象服饰展览》招贴画，紧挨着的是一张佛像画，在客厅中央的墙上，挂着郭沫若先生1965年写给李之檀先生的字，内容是毛泽东主席写的《采桑子·重阳》："人生易老天难老，岁岁重阳，今又重阳，战地黄花分外香。一年一度秋风劲，不似春光，胜似春光，寥廓江天万里霜。"

在客厅的中间，摆放着一张大圆桌，桌上摆满了书，有《永远的从文》、《沈从文博古春秋》系列丛书，《中国服饰文化参考文献目录》、《藏族服饰论著目录索引》等，还有两本厚厚的书稿格外引人注目。

李之檀先生请我坐下，他谦虚地对我说，自己不擅于表达，所以他把这些与沈从文先生相关的书拿出来，一是给我看看，二是给我讲讲这些书的由来。

李之檀先生首先将那两本厚厚的书稿翻给我看。

沈从文先生去世后，中国历史博物馆曾经开了一个纪念会，时任馆长在会上作了讲话。参加这次会议的成员部分是中国历史博物馆的同志，还有一部分是外单位的同志。

沈从文先生1948年开始在中国历史博物馆工作，1950年正式调到中国历史博物馆，截止到1978年调离，沈从文先生在历史博物馆前后工作了三十年，做出了很多贡献。缘于此，在沈从文先生去世后，中国历史博物馆计划出版一本纪念沈从文先生的书，书名拟了两个："沈从文在历史博物馆"和"沈从文和历史博物馆"。

出版这本书的报告是由李之檀先生起草的，并呈交给了时任中国历史博物馆的领导。《沈从文在历史博物馆》这本书计划从四个板块来表现沈从文先生在历史博物馆三十年的工作和生活：

一、沈从文先生参与接待国外专家学者和工作、生活照片；

二、中国历史博物馆同仁写的怀念沈从文先生的文章；

三、沈从文先生与中国历史博物馆相关的书信往来和书法手迹；

四、李之檀先生自己对沈从文先生的理解文章。在这部分内容中，李之檀先生还准备将沈从文先生在担任全国政协委员、常委期间提过的二十一个提案内容加入进来。因为这些提案包括了中国历史博物馆如何为科技、教学、艺术等服务，反映了沈从文先生对我们国家、政策的关心，还包括他当时关心了哪些工作，他是怎样思考的，并提出了开展这些工作的办法等等，是沈从文先生关于中国历史博物馆工作非常重要的一部分内容。其中有一个提案周恩来总理还做过批示："这是内行人讲的话。"可见当时沈从文先生的提案是很受重视的。

由于这些提案都被保存在中央档案馆，要把这些原稿和复印件找来，李之檀先生曾经为此努力过，但未成功，至今这部分内容还未能进入到书稿中，很是遗憾。后来又因各种原因，出版这本书的计划就被搁置了。

书稿搁置，但李之檀先生一直精心保存着，希望有朝一日，这部书稿能够公开出版，因主编《中华大典·艺术典·服饰分典》（此书李之檀先生已经做了七年，目前整理、撰写出了三百多万字，估计还要三年多时间才能完成），加上不时还有一些单位来向他咨询关于服饰等方面问题，李之檀先生很忙，没有精力顾及这本书稿。我把吉首大学沈从文研究所计划出版"沈从文研究系列丛书"这个信息给他说了，他慷慨地将这部他花了多年时间收集、整理的《沈从文在历史博物馆》书稿交送给我……

我随后给沈从文研究所相关负责人做了汇报，他们闻知此事，极为高兴……

虽还未细读这部书稿，我从目录和大体翻阅所得印象，也能意识到这部书稿从另一个侧面向人们展示了沈从文先生曾经在他为之奉献了三十年的中国历史博物馆的工作和生活情况，对今后的沈从文研究事业无疑具有重要的参考价值。

当我问及李之檀先生在给沈从文先生担任助手期间的工作和生活，在谈到沈从文先生在"文革"期间的遭遇，李之檀先生如是说："我感到愧疚的是，在'文革'期间，没有好好保护沈先生。"我在专访沈虎雏先生时，提到了李之檀先生讲的这段话。沈虎雏先生说："曾经与我父亲共事过的人，现在很多都不在了，在很多熟人当中，李先生一直都是一个很值得尊敬的人……"

从李之檀先生之前主编的《中国服饰文化参考文献目录》《中国版画全集·佛教版画》和目前正在主编的《中华大典·艺术典·服饰分典》来看，李之檀先生在为人为学方面和古代服饰研究事业方面，都继承了沈从文先生的遗风，令人钦佩。

张晓眉：您是在哪一年认识沈从文先生的？

李之檀：1955年，我从中央美术学院绘画系毕业后，被分配到中国历史博物馆工作，正好和沈先生住在一个院子里。记得当时沈先生家里经常来一些客人，大部分是来向他咨询请教的，他都很热情地帮助别人。因为沈先生年轻的时候得到过很多人的帮助，比如郁达夫、徐志摩、胡适等等，所以他很能体会别人的困难，愿意把自己所知道的一切知识用来帮助人们。从认识沈先生到后来他去世，他一直都是这样做的。他一直强调，他一辈子就记住了毛主席的几句话：一是为人民服务。在我看来，沈先生不是把为人民服务看作一种行动，而是跟学习联系起来，我学习，我研究，就能提高我为人民服务的能力；二是尽一个公民应尽的责任。这是沈先生的思想。

张晓眉：请您讲几件您和沈从文先生在一起工作时感受比较深的事情。

李之檀：感受比较深的事情有一些，比如给沈先生提一个问题，他不仅能回答好问题，而且把相关的知识都讲给你听。沈先生从来不以专家自居，总是把自己放在老百姓的位置，他在历史博物馆的陈列室里给观众做讲解员，回答观众的提问，这一点在我看来，是非常难得的。一般大学毕业的，你让他去做讲解员，他会感到委屈，而沈先生这样大的专家去做讲解员，非但不感到委屈，还很热情。值得声明的是，沈先生做讲解员这个工作，并不是领导安排他去的，是他自愿去的。王予先生就是沈先生在做讲解员时认识的。王予当时是一名抗美援朝志愿军，有次去午门参观，沈先生给他做讲解，引发了他的兴趣，后来他和沈先生成了朋友，退伍后也从事物质文化史研究工作。

其实沈先生做讲解员，也有一个好处，就是他能了解观众都有哪些问题，有的问题当时能够回答，有的问题当时回答不出来，回来查相关史料，然后再告诉别人，慢慢地自己也就变得丰富，学问也长了。这就是教学相长，沈先生是很善于学习的。

沈先生不仅告诉你怎么样做研究，而且还告诉你怎么样做人。一个人一生的追求，不要追求金钱、权利，而是应该开发自己的智慧。智慧是怎么来的呢？主要是通过学习与思考，学习的东西多了，智慧也就得到开发。他的这些观点对我如何去认识我的一生，我应该追求什么东西，都是有很大的教育意义。

张晓眉：请您讲一下《中国古代服饰研究》这部书是在一个什么样的情况下诞生的？

李之檀：1959年中国历史博物馆建馆，要画很多历史事件和历史人物画，比如画像、雕塑等，于是请了很多的艺术家来做这项工作。因为历史是有具体的历史人物、历史事件的。比如唐朝，如果只有文字记载当年的政治、经济、文化，给人的感觉就会比较抽象，不全面。所以当年中国历史博物馆就组织了很多画家来画画。那么沈先生在这方面是专家，馆里就安排他给画家们做指导、提供材料、讲课等，沈先生的知名度因此也变得越来越大，很多人都来找他，像演电影的、唱演的、跳舞的、服装设计的，各个行业的人都来找他。当年拍《红楼梦》《水浒传》时，剧组就要了解相关朝代的服装、建筑风格、室内陈设等，都曾找过沈先生。

后来，因为找沈先生的人越来越多，几乎每天都有。沈先生应接不暇，于是就提议，我们是不是可以编一本书，把基本的材料做出来，以方便各个行业的人使用。如果有特殊情况的，我们可以个别回答。沈先生曾给很多领导同志写信，表达了这个想法。

有一次，周恩来总理在接待外宾时，陪同客人看演出，周总理觉得戏中的服装有点乱，不同朝代的服装都混在一起了。加上周恩来总理经常出国访问，对国外的情况比较了解，当时很多国家都有自己的服饰博物馆、专门的出版物等。周总理就问时任国务院秘书长齐燕铭，中国有谁在研究服饰，我们能不能也出一本这方面的书。齐燕铭就把周总理的这个要求向文化部作了汇报。文化部党组织接到周总理的指示后，就把这个工作任务交到了中国历史博物馆，主要工作由沈先生负责。因为是周总理布置的任务，当时中国历史博物馆的领导很重视，调集人力、配备画家画图。

　　沈先生的这部《中国古代服饰研究》之所以能够产生，一是应社会需求，二是国家领导人周恩来总理的亲自指示。情况大概就是这样的。

　　张晓眉：当时您主要负责哪部分工作？

　　李之檀：当时我在美工部，除了搞展览设计外，还帮忙收集、整理《中国古代服饰研究》这部书的资料，主要工作是图版编辑和具体画图。我记得当时沈先生开了很长的一个单子，经过反复讨论，最后确定了二百多幅图。当年画图的还有陈大章、范曾、边宝华、锺林轩等，大家画得都很认真，又经过制版工人的修整，所以你去看那些画，都很工整，线条流畅，都是当年一笔一笔修出来的。

　　当年我们画得很快，画完之后，送去制版，是用玻璃板制的。后来"文化大革命"开始了，我们做的工作成了突出帝王将相、才子佳人的"大毒草"。沈先生被批判为"反共老手"。因为沈先生和胡适的关系比较密切，被戴了一大串的帽子。所有工作都停了，《中国古代服饰研究》这部书自然也不例外，但那时基本上已经做完了。

　　张晓眉：沈从文先生被批判，有没有波及你们帮忙画画的工作人员？

　　李之檀：在"文革"期间，沈先生没有遭到太大冲击。为什么呢？第一，沈先生没有追求权力的欲望，没有想当领导，或者指责领导这不对那不对，他都没有；第二，沈先生的群众关系特别好。

　　现在想来，我觉得自己没有做好的一点，就是当年我们没有很好地尽到责任去保护沈先生。当时沈先生没有参加批斗会，在批判齐燕铭的时候，沈先生算是陪斗，也没有站在台上，是在一个小会议室里旁听。后来挨批判的被称为"牛鬼蛇神"。军宣队进驻时，全馆同志都住在馆里，睡地铺，搞大批判，沈先生被安排打扫厕所。

张晓眉：沈从文先生在"文革"期间被下放，有人说当时沈从文先生想回北京，但有困难，他把回北京的希望寄托在您的身上，事实是这样的吗？

李之檀：当年下放劳动名单中，没有沈先生的名字。后来因为军宣队觉得这些老专家是一个麻烦事，所以稀里糊涂地都弄到干校去了。当时我是作为留守工作人员，在馆里继续工作。我是普通群众，不可能为他回北京出什么力。沈先生回到北京，我没有给他帮忙过，你看到的消息不属实。

张晓眉：请您谈谈写《沈从文先生在历史博物馆——为纪念沈从文先生诞辰一百周年而作》这篇文章的初衷。

李之檀：当年沈先生研究历史、历史画等，给画家提供资料，比如古人的胡子怎么画等，结果被时任《人民日报》社美术组组长华君武认为沈先生是烦琐考证，画了一幅漫画批评他，当时华君武很权威。

其实社会是有分工的，各行各业都需要有人做，不可能每个人都去搞政治，否则社会就乱了。当时写这篇文章，想要表达这个意思，最主要的还是想把我所了解的沈从文先生在历史博物馆三十年的工作情况做一个梳理。

张晓眉：2012年是沈从文先生诞辰110周年，《中国古代服饰研究》再次印刷，这次印刷有没有内容方面的变化？选择在沈从文先生诞辰110周年再次印刷，是为了纪念沈从文先生吗？

李之檀：这个事情我不清楚。

《中国古代服饰研究》在"文革"期间受批判，就停止了这项工作，拨乱反正之后，又重新启动了这项工作。当时中国历史博物馆关门了整整八年，作为国家博物馆，不能总关门。历史博物馆及早开门，对外服务，这是当时很重要的一项工作，所以在"文革"之前帮忙画图的工作人员，都投入到了如何尽早让中国历史博物馆开门这件事上去了。

沈先生当时也提出了要求，因为这部书还要继续补充，需要配备一些画家，但是馆里的情况特殊，所以没有给他安排。后来沈先生就调到社科院历史所去了。沈先生曾经写文章说，为什么始终不离开历史博物馆，最后还是离开了，为什么离开？就是因为中国历史博物馆没有力量继续支持他做这部书。当年历史所的领导很重视他这项工作，给他提供了很多方便，包括给他配备助手，王㐨、王亚蓉同志做了不少补充工作，所以《中国古代服饰研究》这部书在1981年得以正式出版。

张晓眉：《中国古代服饰研究》这部书在"文革"前的工作您都参加了，"文革"之后您参与过这部书的相关工作吗？

李之檀："文革"前做了一些工作，当时我们画的图都已经送到出版社了。但是"文革"开始了，我们画的图都被贴了大字报。后来出版社的一个工作人员打电话问："沈先生的书、资料都装在麻袋里，你们派人来看看有没有用，有用你们就拿走，你们要是不来，我们就把这些当废品卖了。"后来我和边宝华几个人去了，把沈先生的书和资料都拿回来了。值得庆幸的是，制成玻璃板的那部分，被几位制版老工人给保护起来了，没有让年轻人砸坏，得以幸存下来。拨乱反正之后，我没有再参与这项工作。

张晓眉：2012年，您在首都图书馆作了一场关于沈从文先生的讲座，您主要讲了哪些内容？

李之檀：讲座由我和王亚蓉同志分别主讲，以便互相补充，主要是讲《中国古代服饰研究》这部书是怎么诞生的。因为商务印书馆再版了此书，所以邀请我们去讲。

张晓眉：沈从文先生有没有给您讲过郭沫若先生主动为《中国古代服饰研究》作序这件事情？

李之檀：沈先生写这部书，是周恩来总理布置的任务。那么稿子出来之后，都要经过郭老审查，因为那时郭老是主管领导这块工作的。我想应该是那个时候郭老给他写的序，不是沈先生要求的，是郭老主动写的。

张晓眉：沈从文先生曾经计划要写十本类似《中国古代服饰研究》这样的专著，后来沈从文先生去世了，只出了《中国古代服饰研究》，他计划的十本书具体都是什么内容？能请您谈谈吗？

李之檀：主要是关于服饰方面的，可能是把每个专题再细化一下。比如夏商周、春秋战国、汉、三国、晋、隋、唐、宋、明、清，按照朝代各出一本，大概是这样的。具体情况我也不是很清楚。

这些专题当时因为各种原因没有做成，现在资料丰富，特别是电脑制图很方便，完全有条件去做，关键是要达到像沈先生那样的水平，是比较难的。

现在出版服饰方面的书籍，一般是为了满足教学的需要。更深层的研究服饰，和当年沈先生的研究还是存在一定差距的。不过近几年也出版过一些研究得比较深入的著作。

古代服饰文化的传承，主要是通过以下几个途径：

一是古代文献记载的相关服饰史料。

二是考古发掘。这部分服饰资料是很可靠的，也能够很好地反映当时的文化生活水平。

三是传世文物。比如故宫，保存了大量的明清服装；山东曲阜，孔子的老家，一代一代传下来的衣服，大概有一万件左右；还有一些家庭留下来的传世东西；另外还有辛亥革命以后，清朝官员很多没有了俸禄，但又过惯了奢侈生活，就卖掉家里的一些古董、衣服等来维持生活。当年因为没有文物法律，就被外国人买走了很多，那么传世的很多服饰在国外也保存了很多。有一年，苏联派来一个留学生到中国学习古代服装，他自己就是在博物馆工作的，所以当年他提出了一个问题：断定一件服装是哪一年的，和其真实情况不应相差十年。他要求达到这个水平。这个留学生当年是黄能馥老师给他代课的。这说明一个什么问题呢？就说明这位留学生所在单位的收藏一定很丰富，如果收藏东西很少的话，他就不会要求解决这个问题。这从侧面证明中国古代服饰在国外的保存数量是可观的。

四是古代留下了各种各样的形象材料。比如绘画、壁画、陶俑、版画、器物上的花纹等图像。

这是服饰文化传承的几个途径。沈先生提倡要将几个途径结合起来进行研究、比较，最后得出结果，才能保证其科学性。如果单从文献、考古等某一个领域去研究，是很难得出科学结论的，要多学科交叉，包括民族学、文献学、考古学等，都要懂。

沈先生提出了这样一个研究方法，这也是客观事物发展的结果。沈先生的这种研究方法，目前已经基本得到肯定了。

我们现在要想在服饰研究方面在沈先生的基础上有所突破，就要把上面提到的几个方面进行深入研究。我们国家现正在做的一个项目，就是编一部《中华大典》，系统整理古代文献，包括政治、经济、文化、军事、农业、水利、教育、民俗等等。这部《中华大典·艺术典》里面有一个《服饰分典》，这个任务现在由我负责，我任主编，另外还有东城区图书馆的四位工作人员和我一起来做这个工作。这个工作我们已经做了七年，涉及古书、古文献等约有六百到七百种，最困难的是古书没有标点，要断句、标点、纠正错字、分辨异体字等，工作非常复杂。另外，我们还需要考虑的不单是服饰本身的问题，还涉及服饰的民族交流、中外交流，比如丝绸之路，中国服饰如何传到国外，国外又如何传到中国，彼此之间的影响等都需要关注。

中国古代服饰具备很多特征，因为民族众多，比如中国是农业民族，所以都是宽袍大袖；那么还有很多少数民族的服装，比如游牧民族，它的服装是按照骑马等日常生活所需来设计的……所以服饰怎么交流，如何形成一个多民族的服饰文化，它的发展过程，都要通过将古代文献等史料整理出来，这是一个很艰巨的工作。

张晓眉：您的这部《服饰分典》出版了吗？

李之檀：还没有。现在大概有三百万字，至少还要花三年的工夫才能完成。我的特点是，接触古书多一点，年轻人的特点是电脑很熟悉，因为将来交稿的时候要交电子版，也算是我们之间的相互补充。

文献整理是一个基础工作。因为存在的一些客观情况，从事服饰研究工作的从业人员相互沟通很少，处于一种各自为政的状况。互通信息是很重要的，不然你在这里研究了半天，人家都已经做过了，太耽误时间和耗费精力。凡事都要从一开始，太缺乏传承性，这样不好。

我在互通信息方面做了一点工作，编了一本《中国服饰文化参考文献目录》，这部书主要是把关于服饰文化出版了哪些书、发表了哪些文章、发表的时间、刊物名称分门别类的整理出来，方便大家查找，也能避免大家做重复劳动。但只收到2000年以前的材料，这项工作以后还应该继续深入下去。

张晓眉：您的这部《服饰分典》中配的图，都还要您亲自手绘吗？

李之檀：现在有电脑了，大部分都是用电脑做，但也有一些必须用手画的。

张晓眉：请您谈谈您编的《沈从文博古春秋》系列丛书。

李之檀：沈先生的学历是小学毕业，后来竟然成为大学教授、文学家、物质文化史研究专家，能达到这种水平，是需要很强烈的求知欲和耐力才能做到的。一般认为，沈先生是一个服饰专家，其实他在很多方面做出过贡献，可以分门别类地出版很多书籍。

当年沈先生的条件有限，比如要用一个插图，就得我们去画，一笔一笔地画，然后送去制版，再去印书。现在有电脑了，就很方便，所以后来我就做了这么一个工作，就是把沈先生的一个一个的专题进行分类，出版了两本书，就是《沈从文博古春秋》系列丛书的《螺钿史话》《玻璃史话》，另外还有两本《铜镜史话》《扇子史话》是别人编的。这几本书的主要框架结构就是，前面介绍沈先生在历史博物馆工作，然后把沈先生曾经在他的文章中讲到的一些文物，配上相关图片，以图为主，穿插排版，这样沈先生的文章就看起来更为生动形象。

张晓眉：您当时编这套系列丛书的初衷是什么？

李之檀：最初提出设想的是辽宁万卷出版社，后来选上我的书稿，就是想把沈先生曾经做过的专题，一个一个细化分类做出来。

张晓眉：沈从文先生曾经说要编十部《中国古代服饰研究》这样的书籍，您编的这些书是不是他当时提出来的专题之一？

李之檀：不是，沈先生的那个计划是服饰系列的，和我们编的这个不一样。沈先生当时有这个计划，但是因为各种原因，没有做成。

张晓眉：您出版的这些书中的图片，在《中国古代服饰研究》这部著作中是否也有？

李之檀：我出版的这些书中的图片，不属于服饰，所以不是那里面的东西。

张晓眉：请您谈谈沈从文先生著的、由您编的《玻璃史话》。

李之檀：玻璃不是中国最早发明的，应该是地中海那一带首先发明的，传到中国比较早。外国人做的玻璃和咱们的不一样，所以要区分出哪些是进口的，哪些是中国自己造的东西。像玉璧，这是中国才有的东西，因为外国不会有这种造型。早期中国的玻璃怕开水烫，现在的玻璃不怕开水烫，是经过不断改进的。玻璃在战国时期就有了，那么中国的平板玻璃是从什么时候开始的？比如东汉有一种玻璃器，是放灯用的，可能由于灯容易被风吹灭，所以又加了一个罩，那么这个罩必然是透明的。沈先生断定它应该是用平板玻璃做的，这可能是中国最早的平板玻璃。

张晓眉：《玻璃史话》上的图片是您画的还是您翻拍的照片？

李之檀：拍的照片。

张晓眉：赵连赏先生曾经在沈从文先生诞辰110周年全国学术研讨会上说，历史文化研究所编了一个刊物，名字就叫《形象史学研究》，其目的就是想弘扬沈从文先生的学风和作风，来促进我们的历史研究。这个刊物的创办情况您知道吗？

李之檀：这个事情的具体情况我不清楚。

张晓眉：1994年举办了"纪念沈从文从事物质文化史四十周年汇报展"，展会地点设在郭沫若故居。当时为什么会选择在郭沫若故居举办？是谁提的建议？有特殊寓意吗？

李之檀：我对具体情况了解不多，展览是由社科院历史所王亚蓉等同志主办的。

张晓眉：沈从文先生被提名诺贝尔文学奖后，当时有很多家的媒体和沈从文研究学者前去拜访他。您还记得当时都有哪些媒体和学者吗？沈从文先生有没有接待他们？沈从文先生对诺贝尔文学奖的态度是怎样的？

李之檀：沈先生被提名诺贝尔文学奖这件事，我听说过，具体情况不了解。

张晓眉：在认识沈从文先生之前，您是否知道他以前是从事文学创作的？

李之檀：早就知道。虽然没读过他的小说，但是知道。《全集》出版以后，对沈先生的文学才有了一个全面的了解，以前了解得不太深入。

张晓眉：您和沈从文先生共事这么多年，他经常和您谈文学吗？有没有说起他以前的文学创作？

李之檀：沈先生认为自己过去写的都是过时了的东西。可能是受"左"的思潮影响吧。他很少谈自己的文学。包括中国历史博物馆的领导对沈先生的看法，跟郭沫若先生写的文章都是很有关系的，他们认为沈先生是第三条路线，是主动地站在反革命的一面，历史博物馆，包括文物局的领导，对沈先生不是很重视，特别是讲阶级斗争为纲那段时间，讲中国历史要突出革命，突出主线，那么沈先生他不搞阶级斗争，这可能是和他年轻时所受刺激有关，辛亥革命期间，在他的家乡很多老百姓被当作革命党杀了，所以他既不相信国民党，也不偏向共产党，就被郭沫若划上了第三条路线。当时馆长就讲，沈从文在外面天天搞的什么坛坛罐罐、花花草草，不知道他在外面都干些什么事。

沈先生他很有志气，你说我这个，那我就把这个作为我的书名，他的那本《花花草草 坛坛罐罐》的书名是这么来的。但是沈从文还是得到了党中央和政府的关怀，作为第二届文代会代表，沈从文得到了毛主席的接见，并鼓励他再写小说，后来又担任了全国政协委员及政协常委。所以他的工作自主性比较大，不受馆里具体安排，他为社会做了很多的工作。

张晓眉：凌子风将沈从文先生的著作《边城》改编成电影，这件事情的始末您知道吗？当时沈从文先生是什么态度？

李之檀：知道。大家都会说的。但改编的具体情况不清楚，沈先生也没和我谈过。

张晓眉：您和沈从文先生曾经在一个院子里住，您一定对张兆和先生比较熟悉，可以请您谈谈吗？

李之檀：去沈先生家拜访的时候见过，但对她本人不太了解。感觉她这个人非常好，很慈祥而且热情。

张晓眉：您认识王予先生吗？能请您谈谈王予先生吗？

李之檀：认识。1959年中国历史博物馆建馆时，王予曾经借调到博物馆工作，他主管夏商周那段，当时组长是郭宝钧，我是从那个时候开始认识王予先生，但平时来往不太多。

张晓眉：您知道金介甫先生吗？

李之檀：我们在沈先生诞辰100周年时，在吉首见过。

张晓眉：请您评价一下您所认识的沈从文先生。

李之檀：我曾经和王亚蓉同志讨论过，沈从文先生到底算什么专家。你说他是历史学家吧，他又不是研究历史的；你说他是考古学家吧，他也没参加过考古挖掘。给他定一个什么名呢？后来我们研究来研究去，觉得形象历史学家比较贴切。就是说，研究历史有各种角度，有的人从文献角度，有的人从考古学出发。那么沈先生考虑问题是从形象思维，比如古代的床是什么样的，车是什么样的等，他都是形象思维，所以我们认为沈先生是形象历史学家比较恰当，这也是我的体会。

沈从文先生的贡献，绝不只是学术上的成就，他培养了一大批人才，在多方面是我们的榜样。

黄能馥教授专访

黄能馥老师在家中　　　　　张晓眉　摄

写在前面的话：采访黄能馥老师是在2013年腊月25日进行的。按照中国的传统习俗，这是每家每户忙着筹备过年物品最繁忙的时间，至于如此匆忙赶着去采访黄能馥老师，有以下两个原因。

一是因为黄能馥老师是为数不多的几个与沈从文先生有过几十年交情并一直保持珍贵友谊的老前辈，黄能馥老师曾在《怀念恩师沈从文》一文中讲述过沈从文先生对他的勉励和关心，他和沈从文先生从20世纪50年代初开始认识并交往，学业方面经常得到沈从文先生的指导，他和他的夫人陈娟娟能够结为夫妇，沈从文先生虽未在口头上给予多少撮合之语，但为两人的结合提供了很多客观便利条件。因此，黄能馥老师对沈从文先生格外感恩。

在沈从文先生的影响下，1955年黄能馥老师研究生毕业后留校任教，为清华大学美术学院（原中央工艺美术学院）染织系教授。任教期间，他开创了该校丝绸织花设计、织花工艺制作、中国染织纹样史、基础图案等课程；担任染织专业研究生导师以及《工艺美术论丛》《装饰》杂志编委等职。20世纪60年代初，黄能馥老师的同乡、史学家吴晗主编的《中国历史小丛书》中的《印染史话》是黄能馥老师的著作，本书深受读者欢迎；但在

"文革"中，黄能馥老师也曾因此饱受磨难。20世纪70年代初，黄能馥老师同其夫人陈娟娟合编了《丝绸史话》，该书在1975年获国家级优秀爱国主义通俗历史读物奖。

沈从文先生去世后，黄能馥老师继承沈从文先生开创的服饰研究事业。在20世纪90年代初，由黄能馥老师主编的《中国美术全集·印染织绣》（上、下集）公开出版。该著作于1991年在首届中国优秀美术图书评比中获特别金奖，又在1993年首届国家图书奖评比中获"最高荣誉奖"，他也因此被媒体称为"中国服饰文化研究"三大专家之一。黄能馥老师相继撰写出版的书籍有《中外服装史》《中国龙袍》《中国服饰通史》《珠翠光华》《中国丝绸科技艺术七千年：历代织绣珍品研究》《中国历代服饰艺术》《中国服饰史》《中国历代装饰纹样》等，产生了较大社会影响，为中国服饰研究做出了重大贡献。

二是因为在2013年年底，美国学者金介甫先生给我发来一封关于夏志清先生不幸逝世的消息，当时我正在收集夏先生关于沈从文研究方面的成果资料，准备对他进行专访，得知他不幸逝世，心里很难过。夏先生不幸离世，沈从文研究事业从此少了一位曾经为之做出杰出贡献的学者和老前辈。我为自己做事效率太低，以至于留下一个永远无法弥补的遗憾而自责。

因此，当赵连赏老师在腊月24日通知我，黄能馥老师同意接受我的采访消息时，我立即将之前准备好的采访提纲作进一步完善，做完这一工作已经是晚上六点多钟，我拿着U盘满大街找打字店打印采访提纲。因临近年关，昔日繁华的街上除了来往车辆，店铺基本上关门歇业——过年去了……一路找下来，到了晚上八点还未找到，失望无奈之际，准备回家将采访提纲用手抄在纸上。

路过单位招待所时，看见里面还亮着灯，我抱着试试看的心情走进去问是否有打印机，回答有，并且愿意帮我将采访提纲打印出来，真是意外的惊喜！记得沈从文先生诞辰110周年时，我来北京取《从文学刊》第6辑，当时也遇到很多事先没有预见的麻烦，但每次都在看似做不成的时候，突然有了转机，问题便顺利得到解决。有时候我将这些看似偶然的事情联系起来想，庆幸之余，常冒出一种念头：是沈从文先生在天之灵的保佑……

黄能馥老师今年已经九十高龄，身体看上去很健朗，一个人住在望京小区一栋二十四层的高楼里，周围邻居多不认识，老伴在11年前去世，凡事自己料理，简单的饮食，简单的生活方式，每日作画写书，日子过得充实悠闲。在谈到他的儿子时，黄能馥老师很自豪地指着全家福上当时还只是两岁的儿子黄钢给我说：儿子是画家，他的画在巴黎、伦敦、纽约等世界各地展出，有两千多平方米的工作室……

在回答我的问题时，因为涉及的专业知识很多，九十岁的黄能馥老师一趟趟从书房将相关书籍拿出来，一边指给我看相关图片，一边给我解释，一边介绍当年他在做这些工作时的经历，让人感动！

张晓眉：您是在1953年认识沈从文先生的，对吗？当时听了他的讲课，您觉得沈从文先生讲课讲得怎么样？还记得当时的情景吗？

黄能馥：是的。我原来是在杭州西湖美专，1953年全国院系调整，把全国各地美术学校都并到北京中央美术学院，并过来的目的是要筹建中央工艺美术学院，杭州当时属于全国的美术主力，我来的时候，是在中央工艺美术学院美术系读三年级，算是毕业班。当时还成立了一个工艺美术研究室，协助筹备中央工艺美术学院，我因为还未毕业，一般上午上课，下午就在工艺美术研究室当秘书，当时还有很多东欧留学生。

1953年暑假，我大学毕业并留校攻读研究生，那些东欧留学生则准备回国，但他们的大使馆说，中国是丝绸之国，在回去之前，再学点丝绸历史方面的知识。这样那些留学生又留下来学丝绸历史知识。但是，当时中央美术学院没有这方面的老师，当年沈先生经常在《光明日报》《人民日报》等报刊上发表关于中国织锦历史等方面的文章，所以学校就请他来为留学生做指导、讲课。

因为沈先生是湖南人，他的口音比较重，留学生听不懂，学校就安排我去听课做笔记，然后请沈先生改一改，回来打印出来，再发给留学生。

沈从文先生当时住在东总布胡同中国历史博物馆的宿舍，我们学校在帅府园，相距不远。沈先生讲课很朴实，没有虚言，也不讲什么大道理，都是实实在在的，他的特点就是拿实物给大家看，他认为古代文献和实物对照才可能把事情搞清楚，因为历史文献记载也会有错误的地方，所以他很重视考古出土的实物。那么沈先生当年每次来讲课，都是坐一辆黄包车，拿一车的古代丝绸来，主要用来在讲课的时候一面给学生展示，一面结合实物做讲解。学生们刚开始即使是听不懂沈先生讲话，收获也是很大的。每次沈先生讲完课回去时，因为我们学校门口黄包车少，不好打车，我就抱着讲课材料给他送回去，这样就和沈先生慢慢熟悉了。

沈先生非常谦虚，记得有一次电视台来我们学校采访留学生，想报道他们上课情况，那天正好是沈先生在给留学生上课，电视台就准备拍摄沈先生给留学生上课，沈先生不同意。他当时说："我不是美术学院的正式老师，只是来给留学生讲讲课，不能拍我上课。"电视台坚持要拍，沈先生就发火了，后来没拍成。

沈先生讲了几个月的课，学校财务科让我领了八十块钱，叫我给沈先生送去。我就去他家送，但是沈先生要我退回去，他说："我是有工资的，不能拿讲课费的。"我只好把钱还回了学校。那时我们一个月的伙食费大概是七块钱，能吃得非常丰富，可见当时八十块钱是个不小的数目。记得当年前门外文物市场特别多，文物很多，又很便宜，那种很好的锦片只要五分钱一片，有些两元钱一公斤。沈先生做这方面的研究，经常会去哪儿买一些文物、书籍，他经常会带我一起去。买的那些文物，有些他拿回家去研究，但是很大一部分他都捐给了中央美术学院、北京大学等学校。

礼拜天的时候，在故宫的午门城楼上，会有一些有名的专家教授讲课，中央美术学院的学生当时凭校徽，可以不用买票进故宫参观。一般下午我们没有课，所以有时候我们也会去故宫听课。沈先生有时候也去哪儿讲课，所以对沈先生有了更深一步的认识。

我从小喜欢画画，但是家里经济不宽裕，解放以后，我考上杭州西湖美专，因为有助学金，所以我能一直顺利读到大学毕业。在听沈先生的课之前，古代很多东西都没有见过，听了沈先生的课后，觉得非常新鲜，很感兴趣，特别是他经常带我们去故宫、历史博物馆等地参观，有时候还去文物商店去看各种文物，这样我就慢慢开始喜欢上了文物研究。

张晓眉： 在听沈从文先生讲课之前，您知道他曾经写过很多有影响的文学作品吗？

黄能馥： 不知道，他从来没有和我讲过他的文学作品。因为我特别老实，觉得他很有学问，在老先生面前，不敢造次，什么都不敢问。

张晓眉： 您读过沈从文先生的文学作品吗？

黄能馥： 以前没有读过，也不知道他写过小说。《全集》出版以后，读过一些。

张晓眉： 段晓明先生写的《情系七千年华夏服饰史——记中国历代服饰研究专家黄能馥先生》一文中，说您是通过沈从文先生才认识了您的夫人陈娟娟女士的，您和您的夫人喜结连理，沈从文先生有没有从中帮忙？

黄能馥： 沈先生名义上是在中国历史博物馆工作，但他经常在故宫博物院办公，那里有他专门的办公桌、书架。我以前还以为他是故宫博物院的顾问，沈先生去世以后，当时的故宫博物院的院长还专门为此事问过我关于沈先生原先在故宫博物院的工作情况，后来我们翻了档案，没有这方面的记载。可能是因为沈先生当时影响很大，所以故宫方面对他都很尊敬，因为他经常在学校讲课，要在故宫保管库调出一些文物看，都是可以的。

1956年，我爱人陈娟娟高中毕业，由于她家都是学医的，所以她报考了医学院，虽然考上了，但是体检不合格，因为她小时候得过风湿性心脏病。当年故宫博物院招实习馆员，当时有三十多个女生去参加考试，她通过了考试，所以就去那儿工作了，被分配在织绣组，主要做文物清理、清点、登记、排架、归档等工作。

一般人把工作做完就完了，但是陈娟娟呢，她在工作的时候就很仔细，加上她的记性好，所以她能记得几号文物在什么地方摆放。沈先生有时候需要看某件文物的时候，别人找不到的，她很快就能给他找来，沈先生发现了，觉得她很不错。一般出去都带着她，美术学院就带我。这样我们俩人就经常有机会接触，时间长了，就在一起了。

当时沈先生的两个孩子在上学，都不在家住，张兆和先生工作很忙，平时都是沈先生自己一个人，周末的时候，他和张兆和先生会叫陈娟娟一起去吃饭，基本上每个礼拜我们都去看望沈先生。有时候沈先生出去看文物，也会打电话让我们一起去，这种关系一直持续到沈先生去世。

张晓眉：在《怀念恩师沈从文》这篇回忆文中，您回忆了当时因为看到沈从文先生的生活境况，就和您的夫人说了一些灰心的话。沈从文先生知道后，要您马上去他那儿，"听到门响，沈先生慢慢转过身来，见我靠床沿站着，就又闭上了眼睛，一颗泪水从眼角流下来，面容憔悴。我鼻子发酸，一时说不出话，但心里领会到老师的爱多么深厚，就这样相对无言，沉默了一刻多钟。沈先生终于问了我一句话：'听说你灰心不想干，要改行了？'我不敢回答，但知道自己想法错了。我慢慢扶沈先生坐起来，捧过去一杯热茶，沈先生喝了两口，接着说，'目光要远大一点'，'国家不能没有文化，不能没有传统'。"

从沈从文先生的这些话中，我能想见沈从文先生对您寄予了极大的希望，事实证明，您没有辜负他对您的希望。这些年，您相继撰写出版了《中国美术全集·印染织绣》（上、下集）和《中外服装史》《中国龙袍》《中国服饰通史》《珠翠光华》《中国丝绸科技艺术七千年：历代织绣珍品研究》《中国历代服饰艺术》《中国服饰史》《中国历代装饰纹样》等系列影响很大的著作，为中国的服饰研究做出了重大贡献。现在回想沈从文先生当年的那一番话，是不是感受更为深刻？

黄能馥：1956年，周恩来总理在开会时说，有些国家的历史比我们短，国家也比我们小，但他们却有自己的服饰博物馆和专门出版的服饰历史书籍。我们国家历史那么悠久，也应该出版一部我们自己的服装史。当时是文化部副部长齐燕铭向周恩来总理推荐了沈先生。

从那个时候开始，沈先生就开始写《中国古代服饰研究》这部书。当时中国历史博物馆新成立，我家就住在附近，因为教学需要，我经常去。陈大章、李之檀等当时是中国历史博物馆美术组的主任和副主任，他们知道我和沈先生的关系，我去了，很多东西都让我看、临摹，提供了很多的方便。为我后来出版的书籍打下了坚实基础。

"文革"期间，沈先生被下放到湖北双溪，后来生病回来，一个人住在一间小房子里面，他们家本来有三间房子，但有两间被别人占了。我因为写了一本《印染史话》，很小的一本，才一毛钱一本，这本书是由吴晗主编的，吴晗是浙江义乌人，我也是义乌人，吴晗后来被打成"反革命"，我也被批判，关了三个星期，所以当时心情很灰暗。

那么沈先生回来后，我和陈娟娟去看他，当时他的身体也不好。我看了之后心情很难过，很灰心。回去的路上我就给陈娟娟说："沈先生那么有名望的人，境况都如此糟糕，像我们这些人，还会有什么前途？不画了，也不搞什么理论了。"后来陈娟娟把我说的话告诉了沈先生。沈先生听了之后，就让陈娟娟把我叫到他家去。我就去了，沈先生就给我说了那些话。后来我也想通了，人的一生不可能总是一帆风顺，总是会有挫折的，选择了的事业就要坚持，以后我再没有动摇过。

沈先生写书，他一直都是秉承着一种要别人看得懂的理念，所以他很重视图文对照。沈先生出版了《中国古代服饰研究》以后，当时条件比较差，考古挖掘出土的东西也少，彩色照片都没有，他一直准备再出版一部彩色的图书，但是后来生病去世了，这个工作没有做完，我就继续给他做完。

张晓眉：您和您的夫人在与沈从文先生相处的过程中，应该还有很多类似的经历，可不可以请您具体谈几件您印象最深的事情？

黄能馥：记得我在写《丝绸史话》的时候，我请沈先生给我看一看，改一改。沈先生看了之后，把我写的"据说"这两个字用红笔画了一个很大的问号，旁边写着："据谁说？"写历史要有事实根据，不能随便说。沈先生治学很严谨，这对我的影响很大，这是沈先生留给我最深刻的印象，我记了一辈子。

1959年，文化部、中宣部把全国研究历史的老教授集中起来撰写中国高等艺术院校统一教材，当年还成立了"高等艺术院校统一教材编选组"，组长是张仃院长。当时我负责写中国染织纹样简史，兼编选组秘书。为了让这些专家学者吃住条件好点，编选组把办公地点设在香山饭店。当时香山饭店是招待外宾的，规格很高。吃的方面有香烟、水果糖、水果等，都是定点供应，这些在当时市场都是买不到的。

在全国专家学者来北京之前，中宣部就已经开了会，沈先生负责给这些教材比如《工艺美术史》等写提纲，另外把需要参考的书、图书目录、比较重要的文章都列出来，还把一些书的主要内容写了出来以供专家学者们参考。

沈先生白天黑夜地写，每天只睡四个小时，那年天气特别热，我因为总去他家看他，经常看到他光着膀子，拿着一把扇子，在那间很小的屋子里写。沈先生当时任编选组顾问，多次让他一起去住在香山饭店，他就是不肯去。就在那几个月里，沈先生写了二十多万字。

张晓眉：沈从文先生当时为什么不肯去？

黄能馥：按照我的理解，在沈先生的眼里，物质条件不重要，做好工作才是第一位的。所以跟着沈先生，很自然地就会受到很多教育，他的言传身教对我的影响很大。

张晓眉：您的夫人陈娟娟女士从1956年就进入故宫博物院，一直在文物库房从事丝绸文物的保管和分析研究工作，接触到了很多外界难以见到的珍贵材料。沈从文先生也是在20世纪50年代开始在故宫博物院工作的，她和沈从文先生一定也有过多次的接触。可不可以讲几件她和沈从文先生一起工作时比较难忘的事情？

黄能馥：当年沈先生去看各种文物，总是带着我俩。那么在看的时候，沈先生一边看，陈娟娟就在一边记。有时候沈先生就会问陈娟娟，这个是什么朝代的，陈娟娟就给他说。

张晓眉：2002年，您和您的夫人陈娟娟合著的《中国丝绸科技艺术七千年——历代织绣珍品研究》公开出版，这部著作选择在沈从文先生诞辰100周年出版发行，这是您和您的夫人计划好专门为沈从文先生百年诞辰献礼的吗？这部著作的撰写历时七年之久，收集资料的时间就更长了，能谈谈您和您的夫人撰写和出版这部著作过程中的一些难忘的故事吗？

黄能馥：这完全是巧合。当时我们想的就是要把沈先生没做完的事情把他做完，正好在2002年做完，所以就出版了，也算是给沈先生诞辰100周年献礼，也许这也是师生之情的天意吧！

沈先生在世的时候，我有些东西看不懂，就去找沈先生，比如在写明朝时腰带上镶的玉，有一种叫作"药玉"，这是什么意思？怎么也不明白，我就去问沈先生，他告诉我其实就是玻璃，以前叫琉璃，在古代叫药玉。类似情况，我经常去问沈先生。

沈先生去世以后，碰到难题就无从可问了，再没有第二个人能给我答疑解惑了！沈先生要在，该多好！

张晓眉：我们知道沈从文先生撰写的《中国古代服饰研究》涉及中国三千多年的历史，沈从文先生曾经在书信中说，他撰写的《中国古代服饰研究》这部专著在20世纪60年代就已经基本完成，因为各种因素的影响，直到1981年才得以出版，他原本计划要写十几本类似的著作。《中国丝绸科技艺术七千年：历代织绣珍品研究》一书是您和您的夫人从20世纪70年代就开始研究出土和珍藏丝绸文物，花费了四十余年心血潜心研究和积累的宝贵资料，经过七年多的时间整理、修改才完成的力作。有报道说这部专著和您撰写的系列专著如《丝绸史话》《中国服装史》等是为了继承沈从文先生的遗愿，是这样的吗？怎么用了这么长的时间？

黄能馥：是的。我们一直就想完成沈先生未完成的事业。用了这么长的时间，主要是因为条件有限，靠长期的被动积累，没有条件到全国各地去看、去收集资料。

1964年，我们国家组织丝绸出国展览，第一站是日本。马王堆当时出土的丝绸也要拿去。当年我被下放到部队，因为马王堆的一些丝绸需要做分析，就把我提前调回来了，在故宫帮忙做分析。当时全国各地都有一些文物需要参展，也派有人来，这样他们都知道我会做分析，回去以后，比如新疆和湖南左家塘出土了战国时期的东西，他们将标本寄到我家，让我帮忙做分析，我分析完了就给他们寄回去。

那么他们寄给有些人的标本，人家分析完了，就自己写文章发表了，我从来没有这么干过。我都是把标本原件和分析结果给他们寄回去，让他们自己去写文章发表。因为出土文物很珍贵，你要抢先把人家的东西发表了，人家肯定会有想法的。所以后来我在出版我的那些书时，需要用一些图片，问别人要，人家都很痛快答应，想要什么，只要有的，都给我用。

当年南宋王昇墓地出土了几十件服装、文物。我去了以后，他们就把仓库打开，里面装激光灯，文物档案都交给我，让我一件件去看。当时中国历史博物馆也去了三个人，想要看，工作人员告诉他们说，他们的仓库是封闭的，很潮湿，不让进人，结果只拿了三块小的样片给他们看，请他们做了一个报告，他们就高高兴兴走了。我呢，天天在里面看，所有的东西都给我看。

后来我总结了一下，之所以得到别人的信任，主要是我以前在给别人做鉴定的时候，我就是帮人家做分析，然后把我的分析结果寄还给别人，从来不把别人的劳动成果据为己有，或者侵犯别人的权利，所以人家相信我。

张晓眉：您的《中国丝绸科技艺术七千年：历代织绣珍品研究》这部著作，有的报道说您用了七年的时间完成的，有的报道说是八年。那一个是准确的？

黄能馥：七年和八年都不准确，我把稿子写完交到出版社以后，出版社用了八年时间才最后出版。我写这部书，是我从认识沈先生以后，几十年的积累。我记得第一次骑着自行车把稿子给出版社送去，他们看我拿了那么多，不要，后来给我退回来了。又过了几年，有一个编辑来找我，因为专业性比较强，一般人审不了稿。刚开始的时候出版社没有下决心，搁了几年，才开始审稿，从送去到最后出版，一共花了八年的时间。

张晓眉：沈从文先生曾经给1987版《红楼梦》电视剧提供过相关咨询，您知道这件事吗？

黄能馥：这件事我不清楚。倒是前几年《红楼梦》再拍的时候，拿了一件绣了麒麟的衣服给我看，我一看绣得不错，就如实说不错。结果他们回去之后就宣传，说我说了他们的服装怎么怎么好，结果很多网民都骂我。有一位网民还说，本来是要买一本我写的书，但是因为我说了《红楼梦》的服装多么多么好之后，就决定不买了。其实我只说了那一件，其他的我都没看到过。后来《中国青年报》来采访我时，还问到了这个问题，大家才知道真实情况，有的网民觉得对不起我，要给我道歉。

张晓眉：您和您的夫人合著了《中国丝绸科技艺术七千年：历代织绣珍品研究》这部著作，张仃先生曾以"刻苦、认真、虚心、好学"八个字来评价你们的学术成就。我们知道，沈从文先生一生践行着"从文让人"理念，从只有高小学历到文学家再到物质文化史研究专家，其实也是可以用这个几个字来形容他的。您觉得沈从文先生在这方面对有您和您的夫人有过影响吗？

黄能馥：张仃先生在这本书的出版座谈会上，讲过一段话，你提的那八个字是不是从那个讲话中总结出来的，我还不知道。

沈先生一直都很谦虚，从来没有说过谁不好。沈先生去世以后，有一个杂志去采访沈师母，沈师母就让那个杂志社的工作人员来找我和陈娟娟。在和杂志社的工作人员谈话时，我谈到我这一生只见过沈先生两次发火，一次是20世纪50年代他在我们学校给留学生讲课，电视台要给他录像他不同意；还有一次大概是1968年12月，我记得那天下着小雪，当时我住在鼓楼那一带，沈先生住东单。有天晚上，沈先生一个人到我家里来，气呼呼的，他给我说，他要给我说一说，不然要气生病了。这件事情是关于××的。沈先生从江西回来，那时候历史博物馆在画一些历史画，××画了一幅商鞅佩剑上殿的画，沈先生给他说，秦朝的规章制度非常严，去见秦始皇的时候，是不可能带剑上殿的。他指着沈先生的鼻子骂沈先生，说沈先生的那一套过时了，让沈先生靠边站。沈先生还说在"文革"初期，他还写大字报说沈先生写黄色小说，在家里组织跳舞，骂沈先生头顶长疮，脚底流脓，烂透了。当年××在天津工作时，他给沈先生写了很多信，后来沈先生把他调到了历史博物馆，也算是有恩于他，他这样做，沈先生很生气。沈先生那天都给我说了。

我把这些事情都给那家杂志社说了，后来记者在《中国读书报》就把我说的话发表了。××看到之后，气得不得了，组织了一批人写文章攻击我和陈娟娟，还说沈先生在"文化大革命"期间，是他保护下来的，说我和陈娟娟造谣。我们没有理他。当然，这是在"文革"初期那种极"左"的政治气候中发生的特殊事件。

张晓眉：有新闻报道说《中国丝绸科技艺术七千年：历代织绣珍品研究》"凝聚了两代学者、三对夫妇，积累半个世纪，出版历时七年，内容跨度长达七千年的鸿篇巨制，获得到场政府官员、行业领导和专家学者的一致高度赞誉"。"两代学者、三对夫妇"分别是谁？

黄能馥：因为这部书比较大，一般出版社都不会接这样的书。那么纺织出版社的副社长王文浩和编审范森是夫妇，这对夫妇当时负责我这部书的审稿，是很不容易的，一趟趟来到我家，大概上百次，因为有些技术问题需要问清楚，他俩特别认真、负责。这部书出版以后，获得了国家图书奖和全国科技一等奖，他们俩花了很大的精力，大概是指他们两人。这些是新闻报道的，我具体也不知道。

两代学者应该就是指沈先生与我和陈娟娟。

张晓眉：您的夫人陈娟娟女士十八岁就进入故宫博物院工作，尽管身体健康欠佳，但为了取得研究的科学数据，她长年累月拖着病体在立体显微镜下用细针一丝一层地拨动实样，观察、记录纹样组织结构，她是世界上唯一长期坚持这项工作的研究人员。您夫人的这种敬业精神与沈从文先生的那种耐烦精神很相似，您觉得呢？

黄能馥：是的。陈娟娟在做这些工作的时候，确实很辛苦。拿着一块丝绸，用放大镜、显微镜看，看这个丝绸是怎么织出来的，把各种品种分析出来，很花时间，长年累月地做，一做就是几十年，而且做出来的结果又不能马上见效益，也很少有人认识这项工作的价值。曾经有国外的学者问陈娟娟，你知道你做的这项工作的价值吗？当然知道。如果不知道，怎么会花几十年的时间来做这个工作？人家问她为什么不把自己做的那些成果拿去发表，陈娟娟说："需要积累多一些，然后再发表。"其实发表也存在困难，因为一般出版社看不懂。有一次天津出版社来人看了我们写的书，那位工作人员告诉我们说，他们一年出版别的书至少几十本，而我们这本书至少要花好几年的时间才能审完稿。所以刚才说那三对夫妻投入了八年时间才把我们写的《中国丝绸科技艺术七千年：历代织绣珍品研究》出版出来，这是很需要耐力的。

你说丝绸为什么会有那么多的品种呢？因为中国是丝绸之国，陈娟娟每天就是研究这个。在《中国丝绸科技艺术七千年：历代织绣珍品研究》这部书里面，都画有很多丝绸的组织结构图片，这些图都是陈娟娟分析出来的。

张晓眉：您在《创业者的乐与泪——苏州丝绸博物馆开馆两周年感》一文中，提到沈从文先生曾经在20世纪60年代对您说起过周恩来总理已经同意在我们国家建立一所具有中国特色的丝绸博物馆，馆址不在北京，而是在丝绸集中地江南。您后来把这个信息告诉了钱小萍同志，才有了今天的苏州丝绸博物馆的诞生，给中国的丝绸事业做出了重大贡献。能请您谈谈沈从文先生对我们今后的丝绸事业发展有过其他类似的谈话或者展望吗？

黄能馥：周总理同意建立丝绸博物馆这件事，沈先生对我说过，当时原准备建在苏州，钱小萍在苏州是专门研究丝绸的，因为苏州有很多传统的丝绸。那么我跟她讲了这个信息，她就准备筹建丝绸博物馆各项工作。正在这个时候，杭州也准备筹建，因为杭州和国家旅游局有关系，国家旅游局把钱拨给杭州，结果杭州先办起来了。现在中国丝绸博物馆在杭州，办得很出色。

当年我编完《中国美术全集·印染织绣》后，北京准备筹建服装博物馆，我就跟文物出版社联系，准备将我编的这部书中的几百张图片赠送给他们。当时文物出版社给我说，如果我要，就八十块钱一张底片卖给我。因为实物很难找，用图片代替也是一个办法，我就把这个信息给准备筹建服装博物馆的负责人说了，但他们没有买。后来服装博物馆也没有建立起来。

服装博物馆没有办起来，我想总有一天会建起来的。今后如果要建服装博物馆，我编的书应该是可以参考的，所以下决心要把《中国丝绸科技艺术七千年：历代织绣珍品研究》等书出版出来，也算是完成沈先生的遗愿。

张晓眉：您和您的夫人合著的《中国丝绸科技艺术七千年：历代织绣珍品研究》被冯其庸先生称为"前无古人"的划时代巨著，冯其庸先生还写了一首诗："两命相依复相嘘，艰难困厄病灾余。寒灯共对研经纬，风雪沈门托付初。万里关河寻旧迹，几间陋室写新图。从今不负丝绸国，照耀寰瀛有巨书。""风雪沈门托付初"指的是沈从文先生的嘱托吗？沈从文先生生前对您有过怎样的嘱托？能请您具体谈谈吗？

黄能馥：沈先生肯定是希望我能把服饰研究做下去，不要脱离这个专业，具体怎么做，沈先生是不会安排我的，也不会干涉我。但是他给我留下了很多的资料，提供了研究方法，等于是他给我们把路开出来了，至于怎么走，走不走，就完全是个人自愿的。

我是在退休以后才把全部精力都投入进来的。在职的时候，因为工作原因，存在很多局限，加上陈娟娟重病，我还得照顾家，只有根据现有条件，做了一点很零碎的工作，没有很完整的体系。其实这项研究除了古代服饰，少数民族的服装也是很了不起的，这个工作现在国内做的比较少。倒是外国人，比如日本人做了一些，到处花钱买了一些少数民族的服装。现在要想买，都比较困难了，有些都买不到了。很可惜！沈先生原来计划做一个系列，说是做二十部，其实都要做下来，二十部都不够。

张晓眉：请您谈谈您主编《中国美术全集·印染织绣》（上、下集）的过程。

黄能馥：《中国美术全集》共六十本，其中有两本是关于印染织绣，是我主编的。这部丛书是由国务院、出版局、中宣部、文化部联合组织出版的。可能是因为当时很多老先生都还在，如果不抓紧出版，等老先生都去世了，很多东西就没了。现在看来，这个工作是很有意义的。

我记得接到编这部书的通知时，我正在家里吃午饭，有个人来通知我赶紧去开会，我就放下饭碗跟着他下了楼，一部小汽车在路边等着，到了中南海，我才知道会议内容就是编这部《中国美术全集》。当时美术学院都还没有得到通知，先通知的我。我到现在也不知道是谁推荐我当印染织绣主编的。

张晓眉：《中国服装史·编后记》是您写的吗？文中有这样一段文字："关于我国服饰艺术史的科研项目，自沈从文先生1964年受周恩来总理嘱托，担任《中国古代服饰研究》这部巨著的编写工作，沈先生用了十余年的工夫写完了这部力作，使服饰史的研究与考古科学相结合，从而开拓了中国服饰文化史研究的正确道路。"沈从文先生的《中国古代服饰研究》是1981年公开出版的，距今也有三十多年了，在这三十多年里，我们中国的服饰研究事业有了哪些新的进展？您觉得自己已经实现了当年沈从文先生对中国服饰研究事业的希望了吗？

黄能馥：《编后记》是我写的。

李之檀先生现在主编《中华大典·艺术典·服饰典》，这部著作是关于古代服饰研究方面的著作，现在还没有出版。李之檀先生之前是在中国历史博物馆工作，20世纪50年代沈先生在撰写《中国古代服饰研究》这部书时，他也是助手之一。

张晓眉：四川三星堆遗址2号坑出土的高二点六一米，重一百八十多公斤的青铜立人像，把蜀绣的历史上推到商代！您提建议将青铜立人像的礼服进行复原，并得到了京都丽人公司张润香董事长的支持。据说这是一件商代鱼凫王的龙袍，是目前发现的中国历史上第一件龙袍，这件龙袍共用了多长时间复原成功的？复原的过程中是否发生过一些难忘的事情？请您谈谈可以吗？

黄能馥：这是有次我去四川成都出差，到三星博物馆参观，发现四川三星堆遗址2号坑出土的高二点六一米，重一百八十多公斤的青铜立人像穿的衣服上的花纹是龙的图案，特别清楚，刻得特别仔细。这是三千二百年前商代晚期的东西。后来我建议把这个铜人身上的衣服复制出来，其意义在于让更多的人知道，在三千二百年前，我们国家已经有了龙袍，虽然没有具体的衣服，但从这铜人身上的龙袍来看，当时我们国家已经可以做这样的衣服了，如果当时不存在这样的衣服，就不可能有这个铜像。我的建议被采纳。后来在复制的时候，我们将这件衣服定为红色，花纹则用刺绣，因铜人身上的衣服没有颜色。根据考证，当时四川盛产丹砂，全国的丹砂都是从那儿运出去的。刺绣也是根据铜像的花纹绣的。这件龙袍复制完成后，在人民大会堂开了一个发布会，后来我们捐给了成都蜀江锦园。还有几十个小铜人的衣服，其实也可以复制下来，和这件龙袍一起，陈列一个专门馆藏，是很好的。

张晓眉：李当岐先生说您是"中国龙文化的护卫者"，1988年是阴历的龙年，中国对外文化交流协会约请您撰写论文《龙年说龙》，您的这篇论文以十六种文字发表在该会主办的《文化交流》总第一期第一篇，能不能请您谈谈整件事情的经过？都是哪十六个国家的文字？

黄能馥：在"文化大革命"时期，说龙是封建文化，是皇帝的象征，如果工艺品上有龙，那设计这个工艺品的人是要坐牢的，性质很严重。到了"文化大革命"后期，我们国家出口的工艺品都不敢设计龙。我就写了一篇文章，开始是在《故宫博物院院刊》上发表，标题名字叫《谈龙说凤》。在这篇文中，我说龙在中国已经有了八千年的历史，阶级社会是从夏商周开始的，到现在不过四千多年，前面有四千多年是和阶级没有关系的。我的结论是龙文化不是阶级的产物。当年《文化交流》这个杂志是面向全世界十六个国家发行，他们看到我的那篇文章后，就来找我写一篇关于龙的文章。我后来就写了一篇《龙年说龙》。后来龙就可以随便用了。

张晓眉：您从1953年就认识了沈从文先生，后来还成为沈从文先生寄托很大希望的学生，您和沈从文先生的夫人张兆和一定有过多次接触，能请您谈谈您眼中的张兆和先生吗？

黄能馥：沈师母是非常实在、艰苦朴素的一个人。我第一次给沈先生送资料回去，看到沈师母时，沈先生也没给我介绍，我看到她那么年轻漂亮，还以为是沈先生的女儿。我评教授时，需要有人写推荐书，当时沈先生已经不能写字了，我的推荐书是沈师母帮忙写的。

我和沈师母没有太多的谈话，都是很简单的交流，以前我去沈先生家和他谈工作，沈师母一般都不干预，也不过问。平时也是平平淡淡的，但是在我需要帮助时，他们都是很热情帮忙的。

陈娟娟得了乳腺癌以后，有次拍片子，她的胳膊挡住了，医生以为是骨转移。沈先生很关心，问我病情怎么样了，我给他说可能是骨转移，活不了多久。沈先生听了很难过，从抽屉里拿出了两包白木耳，让我带回去给陈娟娟吃。都很平淡的样子，但是感觉上是很亲的。

沈先生病重时，我和陈娟娟去看他，看到他家门口贴了一张条子，大概意思是沈先生病重，请亲友不要打扰，请谅解。我们就不敢进去，在门口站了大概有半个小时，最后没有进去，我们就回家了。回到家以后，沈师母就来电话，说沈先生想你们了，你们来看看沈先生吧。我们立马又去看沈先生。去了以后，沈先生也没有特别说什么，只是想看看我们。

张晓眉：沈从文先生去世后，您参加他的告别仪式了吗？

黄能馥：我们得知沈先生去世，都很难过。沈先生去世后，沈师母给我写了一封信，告诉我沈先生去世了，很平静。我们没有去参加他的告别仪式。

张晓眉：您怎么理解服装界用"中国是衣冠王国"或"中国是衣冠古国"来形容中国服饰的渊源历史的？请您谈谈您是怎样理解中国服饰和中国服饰研究事业的。

黄能馥：在中国，王是次一等的，帝才是最高等的。不能称之为"衣冠王国"，因为这样叫就会把中国降低了一个等次，如果称之为"衣冠帝国"，感觉有点歧义。那么中国服饰前后有七千年的历史，所以我将中国称之为"衣冠古国"。

服饰的发展规律，总是朝着适合人体供需的科学化走的。那么以前帝王、官员穿的衣服都是很复杂的，穿着不方便，劳动起来也不方便，慢慢的，服饰从宽松脱体走到了紧身合体，穿着更方便，劳动更方便，这是很科学的。所以，服装的发展一是更科学化，二是时代化，三是大众化，四是实用化。

从服饰发展的贡献来看，少数民族的贡献是很大的，特别是实用化这个特征表现得最为明显。

另外，我们的服装也日趋简化，汉代的服装很复杂，唐代有了一些改进，到了辽宋元时期，出现了短装、裤子，越来越接近现代的服装。现在有人提倡汉服，我认为这个自己有兴趣做起来是可以，但是要进行推广，群众是不会接受的。群众能够接受的服装就是刚才我们讲的：一是科学化，二是时代化，三是大众化，四是实用化。只有走这条路才可能有所发展。服装历史不会走回头路。

赵连赏研究员专访

赵连赏研究员（左）与张晓眉（右）在沈从文纪念
馆合影留念　　　　　　　　　孙立青　摄

写在前面的话：认识赵连赏老师是在沈从文先生诞辰110周年全国学术研究讨论会上，当时《吉首大学报》和《民族文学研究》让我负责采写新闻报道。缘于此，我在会上聆听每位专家学者的发言时就显得格外用心。记得当时赵连赏老师在学术讨论会第二组，他的发言是关于沈从文先生的物质文化史和学术思想研究。

在讨论会中途休息期间，作为发言点评人的向成国老师把我叫到身边，告诉我赵连赏老师的发言水平很高，他所研究的沈从文物质文化史和学术思想是当下沈从文研究领域较少有学者涉及的，很多方面都还处于待开垦状态，而这一领域又最能体现沈从文先生在文学和物质文化史研究方面做出的重大贡献。此外，赵连赏老师从1981年开始给沈从文先生当助手，直到沈从文先生逝世，可以说，他是沈从文先生晚年工作和生活的见证人之一。向成国老师督促我如有机会，应当向赵连赏老师好好请教。

讨论会中场休息时，我专门找到赵连赏老师要了他的联系方式。因为我是刚涉入沈从文研究领域不久，对沈从文研究领域的专家学者的研究方向和信息知之甚少。除了聆听了在凤凰县召开的研讨会上和沈从文纪念馆研讨会上赵连赏老师的两次发言外，在整个会议结束以后，也未找到适当机会向赵连赏老师专门请教。

2013年年底，我的导师李端生老师通知我，2014年是沈从文先生文学创作90周年，《边城》发表80周年，吉首大学沈从文研究所计划出版"沈从文学术研究"系列丛书，鉴于我在2012年沈从文先生诞辰110周年全国学术研讨会议期间专访了凌宇、王继志、向成国等沈从文研究专家，会后由我整理的专家发言和专访文字等（共计约二十万字）资料，吉首大学沈从文研究所和文学院的相关老师们审阅后，认为这些资料对今后的沈从文研究有一定的价值，因此安排我选择一部分国内外在沈从文研究领域有影响的沈从文研究专家进行专访，并以《中外沈从文研究学者访谈录》作为这个丛书之一出版。

在开列专家学者专访名单时，除了请向成国、李端生、糜华菱等沈从文研究老专家帮忙推荐外，我将在沈从文先生诞辰110周年会议期间，因为各种原因未能专访到的部分学术研究成果突出的学者也纳入进来，赵连赏老师自然也在名单之列。

在拜读了赵连赏老师的相关沈从文研究成果后，我和赵连赏老师取得了联系。赵连赏老师听明白我的来意，他谦虚地说自己其实没做什么工作，只是帮助沈先生干了几年杂事。此外他还一再强调，沈老一生低调为人，不事张扬，自己有幸与沈老一起工作过几年，深受其影响。作为晚辈，虽然沈老已经故去，但还是应该遵从沈老的遗愿遗风的。

在我的坚持下，赵连赏老师最后答应接受我的采访，但在接受专访前，他建议我先去采访那些现在年纪较大的、与沈从文先生关系密切的学者，比如沈从文先生的儿子沈虎雏先生、沈从文先生的助手李之檀先生、沈从文先生的学生黄能馥老师等。

在赵连赏老师的引荐下，我对上述几位学者进行了逐一拜访，有许多意外收获，沈虎雏先生和他的夫人张之佩女士就我提出的八十六个问题，进行了耐心解答；李之檀先生还将他多年搜集、整理的书稿《沈从文在历史博物馆》交给我处理，并将他主编沈从文先生撰写的《玻璃史话》和《螺钿史话》赠送给我……

　　在与这些曾经和沈从文先生有过密切交往的老人交谈后，我感觉自己进一步地走近了沈从文先生，特别是在叨扰九十岁高龄的黄能馥老师三个多小时之后，黄老师送我到门口，他的神情如同我在做一件世界上最神圣的事业，让我心生感动，又很惭愧！唯恐自己能力有限，不能完成他们寄予在我身上的希望。

　　当我将采访上述几位学者的经历告诉赵连赏老师时，他很欣慰，面对我的真诚致谢，赵连赏老师谦虚地说是我自己努力的结果，其实我心里明白，没有赵连赏老师的帮助，沈虎雏先生和他的夫人张之佩女士怎么可能接受我的采访？李之檀先生如何放心将他多年搜集的书稿交给我这个陌生人？

　　赵连赏老师的专访是在中国社会科学院进行的，尽管他健康欠佳，工作也很繁忙，但他还是抽出了四个多小时的宝贵时间，给我回忆了他在沈从文先生身边工作和学习的经历，谈到了他的沈从文研究和他目前正在为沈从文先生立传等事宜。

　　赵连赏老师目前正在撰写的这部《沈从文传》，已经写了三万多字。作为陪同沈从文先生度过晚年的赵连赏老师，我们有理由期待，他所撰写的《沈从文传》将为今后的沈从文研究事业留下宝贵史料，并将产生重要价值。

张晓眉：您是在哪一年认识沈从文先生的？

赵连赏：1981年，当时我二十四岁，在历史所工作。当时沈先生那里缺一个人，有好几个人选准备安排去沈先生那儿工作，我记得一个是文物局局长的儿子，一个是郑振铎的孙女，一个是邓拓的儿子，还有几个不记得了，当然我也是其中一个。当时我并不知道沈先生有多大的名气，让我去我就去了。

　　见了沈先生之后，感觉他就是一个很普通的人。当时在我们单位有名气的人很多，有的人会有一些老学究的架势，沈先生没有，或者是不明显，所以我觉得他很普通，很平易近人，也没有那种大学者的强势感觉。可能是我当时不懂事，没有意识到他伟大的一面。现在回想起沈先生当年讲的一些话，真是字字如金，觉得自己当时真是幼稚无知，他讲的很多话，当时我都没能好好理解。

现在回过头来看沈先生生前的言行，我觉得平凡并伟大这句话用在沈先生的身上，是再恰当不过的，非常贴切。以前我并不理解平凡怎么还能同时伟大，以为这两个词是一对矛盾体，很长时间我不理解，但是沈先生的工作和为人让我明白，平凡与伟大是可以并列的。能够陪同沈先生一起走过他的晚年，我觉得自己很幸运，又感到很遗憾，因为当时我太年轻，不懂事，在这么一位大学者和好老师身边，我却没有好好学习他的为人为学之道，没有好好珍惜宝贵的学习机会。现在想来，也不是我不主动珍惜，而是当年真不懂事，这些年让我感到后悔的事有那么一两件，这是其中之一。这是我一直都感到遗憾的事情。

张晓眉：您给沈从文先生当助手，主要是做哪些工作？

赵连赏：实事求是地说，我不够资格称为沈先生的助手，我是给沈先生打杂的，当时沈先生的所有杂务都是我干。另外，就是帮沈先生查一些文献。因为当年我去沈先生那儿工作时，《中国古代服饰研究》这部著作的定稿已经交给了我国香港商务印书馆了。

内地在20世纪80年代初，对出版方面的要求不是很规范，但香港商务印书馆当年提出了一些要求，比如沈先生引用的一些资料出处需要注明。因为他引用的文献资料很多，所以有些地方需要完善，这部分的工作我做了一些。

沈先生和王㐨先生派我去查一些文献资料，后来我才知道，沈先生和王㐨先生当时并不都是真的要我去查什么资料，实际上很多的时候是在指导我学习，是在锻炼我的能力。当时我的学识太浅，和沈先生相比，犹如高山与洼地区别。我记得当时我用的是一个小本子，需要查找的文献内容都记在上面，有些文献很难找，有时候一个星期都查不到一条，觉得这个工作很难做。

类似的工作断断续续至少做了两三年，现在看来，就是在那两三年的时间里，我查阅文献的能力得到提高，文献知识的积累主要是在那段时间完成的。沈先生的记忆力非常好，不像我们现在很多人做学问，需要引用比如《十三经》《三才图会》《会典》《文献通考》等一些文献出处，必须去查这些书籍。沈先生不需要，他大多都记在脑子里，知识储存量是很大的，虽然有的有些出入，但基本是准确的。我们现在引用一个文献资料都需要注明到页码，这种形式看似准确具体，其实我觉得学识扎实程度与知识量和沈先生相差十万八千里，根本不能相提并论。当时做的工作主要就是这些，所以我说我不够资格给沈先生当助手。

张晓眉：沈从文先生平时是怎样工作的？能不能给我们具体谈谈？

赵连赏：沈先生与其他老先生的工作相差不大，在我看来，主要是比别人更投入，用时更多。我印象比较深的就是，无论我什么时候到沈先生那儿，沈先生都已经在写或者是看书了。我进屋以后，如果我不说话，沈先生基本上不知道我已经来了，可以说已经到了忘我的程度。有时候张兆和先生开门看到我来了，有些事情我就直接给张先生说。张先生曾经跟我说，沈先生每天至少工作十个小时以上。

张晓眉：我看到相关文献介绍说，沈从文先生在七十多岁时，手就开始发抖不能书写了，记性也不大好了，当时您看的情景是这样的吗？

赵连赏：这是相对的。在我看来，他的记忆非常好，当时他用毛笔写字，写得非常漂亮。写字是否发抖我还真没注意过。说他记忆不好，我觉得是沈先生谦虚，我当时才二十多岁，我觉得他的记忆力要比我好很多。我常对他说："您的记忆力真好，我都不如您呢。"沈先生就呵呵地笑。

张晓眉：当年您经常问沈从文先生问题吗？在给沈从文先生当助手的这些年里，能不能请您讲几件您印象深刻的关于沈从文先生的故事？

赵连赏：刚开始的时候，大约有半年的时间，我基本上没和沈先生对话，主要是因为沈先生说话口音比较重，我听不大懂。

后来慢慢熟悉了，感觉很好奇，觉得自己能够和沈先生对话了，能够跟他请教问题，感到很高兴，开始给他提问题，他也很乐意讲。但是时间长了，我发现总给沈先生提问不行，因为沈先生在给我讲的时候，中间经常水也不喝，一说就是很长时间，体力消耗很大，加上他血压高，心脏也不好，很累。一般他讲完了之后，很长时间都不说话。这样我就注意了，不是特别憋不住的问题，一般都尽量不麻烦他。但是有时候说到那儿了，比如说查一个什么东西，我记得有一次为查一个头饰，查不到，我就给他说我找不到。沈先生告诉我在《说郛》这部书里，是在哪一卷，这部书有几个版本，哪个版本比较好，出处在哪儿，最早从什么年代开始出现的，等等，他还提醒要多找点材料，几个版本都看看……对待诸如此类的问题，沈先生一般自己都有结论，但是他多数先不说，让你自己去发现，完全是启发式。他经常说自己记不清了，总让你自己找出来看看，其实按照他讲的去做，基本上都是对的，根本没有偏差。张兆和先生就非常佩服沈先生的记忆力，她在家有时候记不起某个人名或者某些事情，都要问沈先生。

现在想来，沈先生当时其实是在教我做学问的方法，他主要告诉我做事情先需要考虑的地方是什么，事情的根本（关键）在哪儿，这一点是非常厉害的。你想，他给我讲的都是这样，那他自己做学问，也一定会按照这个逻辑步骤进行，而且会比这严谨得多……类似这样的事情很多。我记得他不光是告诉我某个资料的出处，同时还给我讲版本学、目录学、古籍整理等知识，当时我并不都能理解他讲的那些内容，后来工作中陆续出现了类似的问题，解决的过程中才领悟到这些要点原来沈先生曾经讲到过。你看，沈先生给我普及的知识有多全面！

印象比较深刻的故事，上面讲的算一个。其实有很多，比如沈先生给我讲某些问题的时候，他经常是启发式的教育，常常讲得上气不接下气，累得不得了。一般上午给我讲，我一般待到中午，因为有上班时间，这个上班时间主要是针对我而言的。沈先生是没有上班时间的，他的工作时间拉得很长，他经常是从早上七点开始，到晚上九十点才休息，沈先生工作时间特别长给我的印象比较深。

再有，就是沈先生从来不会郑重其事地对我说，小赵，我们今天讲讲这个或者讲讲那个，从来没有。都是在工作当中，我说出来一个什么事情，问到他，或者是有些事情他觉得我做得不对，他也不会指责你不对，他只是给你讲正确的，举上很多例子。他的联想能力很强，他联想到哪儿，你就得跟在哪儿，如果跟不上趟，就听不懂了。我当年经常跟不上趟，听不懂，因为他讲的时候很投入，加上年纪大了，很容易累，我常常觉得过意不去，很不好意思，他有时候就一个问题甚至能讲一个多小时。沈先生当年没有带研究生，我觉得很可惜。在我看来，如果当年谁能把他的那一套学识、逻辑思维、做事方法等多学一点继承下来，必然是要受益终生的。

当年沈先生讲的东西，我虽然经常听不懂，但还是硬着头皮听，慢慢地就开始懂了，特别是在沈先生去世以后，在我大约四十多岁左右，再回过头来想想当年沈先生给我讲的哪些知识，我常想，当时要是我的基础再好一点，或者沈先生再晚去世几年，或者当年我上进学习的心思多一点，那么沈先生对我的教益所起的效果会更多、更好。回想当年沈先生费那么大的精力给我讲，可很多我并不懂，因而常常感到很歉疚。即便如此，就我现在能回想起来沈先生给我传授的知识而言，还是有很大的实际作用的。

我从来不敢自称是沈先生的学生，但是作为曾经被他教育过的晚辈，我真正体会过他毫无保留、无私奉献的精神，他就希望你能学好（知识），唯恐他自己讲得不全面，最后你学不会。他的知识非常渊博，你提问，他就给你讲，提到好的问题，他高兴。在给你讲解问题的时候，辐射面也非常宽，当时你听进去了或者没听进去，都没关系，若干年以后，你接触到他讲过的那些问题，一回想当时他的话，就不由得惊叹：沈先生真厉害！

现在想想，跟沈先生在一起工作的那段时间是非常有意义的。

张晓眉：如果您在问沈从文先生问题的时候，有些问题问得不对，他会不会生气？

赵连赏：不会生气，他只会呵呵一笑，或者是不作声。从时间上算，我和沈先生相处的时间大约七年多，我见到沈先生生气的次数最多就有两三次，有些也不能完全算是生气。一般不是重大的原则性事情，沈先生不会生气。相反的，遇有特别高兴的事，他也会比较平静，比如当时大家说的关于诺贝尔文学奖那些事情，他根本都不在乎，可以说他已经荣辱不惊了。

张晓眉：当时您有没有问过沈从文先生不愿意回答的问题？

赵连赏：有过。我曾经问过他和丁玲的事情，沈先生当时听我问他这个问题，刚开始他非常吃惊，他看着我大概迟疑了几秒钟，然后他就笑了，但是他没有回答我。

张晓眉：您为什么会问沈从文先生这个问题？当时是怎么问的？

赵连赏：当时我在读中文系，涉及文学史上关于丁玲的事情，我就问他："沈先生，您和丁玲的关系还挺好，是吗？"沈先生知道我在学习，但是他没想到我会突然蹦出这么一个问题，他当时特别诧异了几秒钟之后，他就笑了，但他什么也没说。

张晓眉：当时您在中文系学习，您是否经常会问沈从文先生一些关于文学方面的事情？

赵连赏：会问，他一般都说给我。记得当时我问他的主要问题就是他在文学方面是怎么成功的，比如："您写了那么多的文学作品，您是怎么写的？"因为当时问得很多，时间也很长了，我只记得沈先生回答我的大概意思是：一，要写作，你得有生活经历；二，要多写。我记得沈先生给我说过一句特别经典的话，他说："文学要多动笔，文物要多动手。"

张晓眉：我采访过一些学者，也看过一些文献资料，给我的整体印象是新中国成立以后，沈从文先生基本不谈自己的文学创作了，当时他为什么愿意给您说他的文学创作方面的事情？

赵连赏：我也不是很清楚，可能是因为情况和环境比较特殊吧。我问他文学方面的事情主要是在医院，当时他生病住院，白天一整天我在医院陪他，晚上一般是沈虎雏或者沈龙朱陪他，他们晚上来接我的班，我早上接他们的班。

当时医生说不能让沈先生老睡觉，要多和他说话，所以在医院的时候，我就有意识地找些话和他说，可能是因为我是一个直来直去，没有心计的人，平时也没有什么特别的想法，加上我是一个玩心很重的人，在他的眼里，我就是一个孩子，所以当时问沈先生什么问题，他都愿意和我说。

还有一点是，我当时问沈先生文学方面的问题，主要是因为我在写毕业论文，想多了解一些文学史方面的事情，所以那段时间沈先生和我谈文学方面的事情谈得比较多，那段时间也是我和沈先生交流最多的，而且交谈的氛围很轻松，没有之前的那种拘谨感。因为有很长一段时间，沈先生特别客气，随便给他做点小事，他都要说谢谢。有时我就会对他说，沈先生谢什么呀。他就会说，下次注意。下次我再给他递个什么东西，他还照样谢谢。所以经常感到有点拘谨。

在我小的时候，我的姥爷经常教我背《三字经》《百家姓》《古文观止》等古文，一边走一边背，当时老人可能只是为了哄着我玩，但对我很有用。"文革"期间上学的时候，天天学习《毛主席语录》，老三篇《为人民服务》《愚公移山》《纪念白求恩》我基本上都能背，你说背这些有用吗？当然有用，在沈先生这儿就用。因为，这些篇章中集中体现了毛泽东的马克思辩证唯物主义和面向实际、学以致用的思想，文章深入浅出，意义突出。沈先生非常重视毛泽东的这些朴素的哲学理论。

我有这么一个体会：没有学习的不是。无论你学什么，都有用，只要你学了，将来就可能有用。有时和沈先生谈话，我会蹦出一些《古文观止》《三字经》里面的内容，沈先生听了很吃惊，也很高兴。他说："你懂得还不少啊。"我就告诉他其实我也就是背下来了，并没有完全理解。他说能先背下来就好。

张晓眉：当时您都读了沈从文先生的哪些文学作品？

赵连赏：最早我读了他的《边城》，目的说来也可笑，主要是因为那一段时间了解学习物质文化史太难了，当时根本找不到个头绪，觉得文学相对比较容易点，自己现在就守着《边城》的作者，如果写篇小文，请沈先生帮个忙，兴许可以发表，是抱着一种投机的心态写的。写得很糟糕，但沈先生还是帮我修改了，用毛笔改的，大概有两三百字的样子，他有些字写得比较草，我不认识，就问他，沈先生就告诉我。这篇小文就是后来我的毕业论文。底稿因为我搬了几次家，遗失了，很可惜。

后来，沈先生在医院时，我还好奇地问他："翠翠这个人现实生活中有吗？"沈先生告诉说，是把几个人物综合起来写的。当时除了《边城》，沈先生的其他文学作品我没有读。当时我的玩心很重，沈先生也发现了。为此，他还曾语重心长地对我说过这样的话："小赵，你得长大了，再不长大就长不大了。"他可能是觉得我是一个太没有心计的人，做事情都是直来直去，所以他有时候也点（批评）我。

张晓眉：您在医院陪了沈从文先生多久？除了聊文学，还聊哪些话题？

赵连赏：至少两个月吧。我们聊文学的时候比较多。也聊一些其他的人事。比如黎元洪、熊希龄、黄永玉的父亲等，有时候他也给我讲讲北大的事情，北京的天气等，很杂。

张晓眉：沈从文先生有没有和您谈起过郁达夫？

赵连赏：时间太久了，记不清楚了。但是我记得张兆和先生曾经给我说起过，沈先生还保留着郁达夫赠送给他的围巾。

张晓眉：沈从文先生是一个很懂得感恩的人。他在困难的时候得到别人的帮助，在他条件允许的时候，他又极力帮助那些困难的青年人。

赵连赏：是的。最典型的就是巴金，当时巴金没地方住，住在沈先生的家里，还把书房给他用，沈先生自己就在院子里的树下写作。还有萧乾、卞之琳、刘祖春等，沈先生都帮助过他们。我在沈先生身边工作那段时间，中午饭基本上都是在他家吃的。开始觉得很不好意思，但是他们都很好，给我的感觉就像一家人一样，后来就习惯了。

沈先生在我印象中，他从来就没把钱财看得很重。给你举一个很典型的例子，当时我国香港的商务印书馆将《中国古代服饰研究》稿费寄给他，大概是合八千多元人民币，沈先生就给张兆和先生说，凑足一万元整数捐给凤凰县文昌阁小学。张兆和先生人也很好，全力支持他，取出积蓄就把钱给凤凰县寄去了。20世纪80年代初还没有"万元户"这个概念，"万元户"是20世纪80年代末才提出来的，是形容人有钱的标志，沈先生当时捐的一万块钱，是相当多的。太慷慨了！这不是什么人都能做到的，即便是有钱人都很难做到，何况沈先生自己根本就没有什么钱！现在回过头来想想，沈先生真是了不起，张兆和先生也很了不起。

张晓眉：我在《沈从文家书》中看到沈从文先生给张兆和先生写的书信称呼很多，他们在家的时候一般是怎么互相称呼的？

赵连赏：沈先生叫张先生"妈妈""奶奶"的时候比较多，张先生叫沈先生"爷爷"的时候比较多，他们的称呼都比较随意、亲切，很严肃的称呼几乎没有听到过。

张晓眉：沈从文先生在文学和物质文化史研究等方面均造诣很深，这么一个大学者，为什么他的两个儿子选择的事业与他相差甚远？

赵连赏：这个可能与当时社会大环境有关。这个问题我没有与沈从文先生交流过，也没问过沈虎雏和沈龙朱两位先生。因为我准备写《沈从文传》，所以我对沈从文先生在解放前后这段经历有所了解，在我想来，两位先生之所以没有继承父业，可能是因为是沈从文先生那段最灰暗人生对他们的影响，可能影响到了他们对未来职业的选择，还有大的社会环境对当时学生们的影响也是因素之一。

张晓眉：请您具体谈谈您的《沈从文传》撰写计划，可以吗？

赵连赏：我主要是从沈先生1946年从西南联大回到北京以后写起，重点在沈先生物质文化史的研究历程方面。现在断断续续地写了一些，大概有三万字左右。当我写了那些文字后，逐渐发现，要写的这部《沈从文传》至少有两个方面问题不能回避，一是当时的政治背景和与历史相关的事件；二是沈先生的学术主张和研究方法都是什么。只有弄清楚了这些之后才能做到下笔比较顺畅，所以，现在还在就上述的一些学术问题进行准备。另外，我在历史研究所工作了这么些年，对写好历史的一些常识还是比较清楚的，基本标准就是要客观，实事求是，既不能人为拔高沈先生，也不能因为自己尊敬沈先生就回避某些客观事实。就我个人来讲，沈先生不用拔高就已经很伟大了，我希望我写的这部《沈从文传》在若干年以后，人们看到的依然是一个清清爽爽的沈从文，不加任何修饰的沈从文。在我看来，如果用过分颂扬的手法写沈先生，其结果有二：一有损沈先生的形象，二不能实现我为沈先生立传的初衷，为此，需要更多地收集材料。因为以上原因，目前这部传记进展缓慢。

张晓眉：您的这部《沈从文传》预计多长时间可以撰写完成并公开出版？

赵连赏：多长时间不好说。因为沈先生有那么多东西，我想将他那些研究的东西都归纳总结一下，提出一个观点和他的研究方法问题，就是他当年为什么要做这些事情，要说明什么，要解决什么问题。遗憾的是，沈先生恰恰没在这方面给自己做过任何的归纳和总结。我现在计划把他的学术思想提炼出来，进行总结，所以，就得把与沈从文物质文化研究相关的东西都要串起来，这是一个浩大的工程，这些年我一直在做这个事情，只有把这些问题弄清了，才能把《沈从文传》写好。

张晓眉：您和沈从文先生的家人都很熟悉，现在还有来往，在您的《沈从文传》中，是否会涉及沈从文先生的家人？会不会请沈虎雏先生等给您做一些口述资料？

赵连赏：会涉及，也必须请他们帮助。比如我现在给北大帮忙整理沈先生捐给北大博物馆的一些文物，那么我在做这些工作的时候，我都会问到沈龙朱和沈虎雏先生，他们就把他们所知道的一些情况介绍给我，在写《沈从文传》的时候会涉及这些。

张晓眉：据我所知，目前有凌宇、金介甫、聂华苓、吴立昌、王保生、东方圣碟、黄国秋等学者撰写并公开出版过《沈从文传》和《沈从文评传》，这些学者撰写的《沈从文传》您是否读过？

赵连赏：你提的这些学者写的《沈从文传》，有些我看过，有些没看。凌宇、金介甫、吴立昌的我读过，他们是从文学的角度为沈先生立传和进行研究。但关于沈从文物质文化史研究这一领域的（传）目前好像还没看见有人写过。

我这些年一直在从事物质文化史研究，所以对这一领域的知识还略微知道一点点，因此，我计划从这个角度来写《沈从文传》，弥补这个空缺。但这个工程浩大，涉及的面也很宽，比如青铜器、漆器、琉璃、玉器、家具、纺织、服装、纹案、舞蹈等等，光把这些领域的名字和发展历史弄明白都是一个很浩大的工程，何况要研究？工作量很大。我这些年一直在读沈先生的著作，特别是物质文化史研究这一块，光读了也不行，还得实践、琢磨。有些比较大的问题现在我基本上搞明白了，比如他的物质文化史研究的学术思想体系等问题。

沈先生做事情的指导思想是什么？我认为就是辩证唯物主义的思想，主要矛盾和次要矛盾，一般矛盾和特殊矛盾的关系。比如沈先生鉴定服装上的纹饰，他究竟怎么区分它是宋代的还是唐代的？按照一般方法来讲，好像也能讲得通，但有时候显得非常勉强。沈先生用辩证法的思想指导他的研究，不按照一般的方法来走，而是将眼光放宽到玉器、家具、瓷器等其他与之有联系的方面上，问题往往就比较容易解决了。因为同一个时代的人们审美和思想大体上是一致的，如同现在我们流行的某种纹饰，它在很多的物品上也会有所反映一样。沈先生就利用这种普遍的现象来鉴定说明某个服饰的纹饰为什么是唐代的而不是宋代的问题。只有找到了沈先生解决问题的指导思想根本在那儿，我们才可能了解为什么沈先生的学术研究面会拓展得那么宽泛。

张晓眉：请您谈谈您研究的沈从文的学术思想体系，主要包括哪些方面？

赵连赏：沈先生的学术思想，简单地说，一是唯物辩证法指导思想，二是实践，三是研究方法，四是学以致用。沈先生特别注重理论联系实践，他在物质文化史研究进程中，所经手的文物，他曾经给我说至少有上百万件。这是非常了不得的，别说是你经手，就是看，都很不容易。"想要知道梨子的味道，就得先尝一尝梨子。"沈先生正是尝过多种"梨子"滋味的人，所以他有资格发言，说了就有道理。

沈先生的研究方法，在我看来，我比较倾向于他在王国维的"二重证据法"基础上的再发展。说他用的是形象史学研究方法现在还只是一个比较初级的提法，是否得到了学术界的认可目前还不知道。用形象史学来概括他的学术成就，这是我们研究室提出来的，当时我想了想，觉得也行，但有些复杂化。就像《十三经注疏》一样，真正的原文没有多少，可是经过一千多年不同时代学者的"注"和"疏"，成为现在密密麻麻的两大厚本，有的内容读起来真是有些让人发憷。

沈先生的研究方法，我个人比较倾向用"继承发展了二重证据法的学术研究方法"，即"文物与文献互证的方法"比较科学。因为，王国维先生当时提出"二重证据法"研究方法时，只提出来了用"传统文献"结合"出土文物"解决问题模式，当中并不包含对其他文物的利用。但是沈先生在王国维提出的"二重证据法"基础上又拓展到了全部的"文物"，包括出土文献，他把广义的"文物"和传统的"文献"结合起来了，覆盖了所有的文物。比如文献"深衣"和文物"深衣"、文献"蟒服"和文物"蟒服"等等，如果这两种名物，只是用传统文献和出土文献的文字来描述，很难让人想象它究竟是什么样子，对错往往不容易判断，如果再加上一个出土文物实物对照着看，多数时候就可以一目了然了。沈先生认为很多人在文学作品中解释名物，实际上就是望文生义，与实物根本就是两回事，他广泛利用文物结合文献方法来进行研究，说服力很强，也更准确。还有，在书画鉴定中，有人提出多注重"题"和"跋"内容就可以了，特别是有乾隆等要人对此类书画作品的题和跋就更是权威了。沈先生就不迷信这个，他认为，对一个朝代的作品鉴定，乾隆等人的题跋也可能会出错。沈先生不迷信任何历史人物对问题的结论，他只相信大量对文献结合文物的研究实践，参考各种历史说法，相信科学，这其实就是沈先生的研究方法。

沈先生的学术研究还非常注重学以致用，这和他的人品结合得比较紧，比如他的无私奉献精神，他经常想的是如何把他所做的学术研究转化到为人民服务层面去，如何让社会受益。沈先生将自己的学识无偿为社会提供服务的事迹可以说是比比皆是，比如他用自己的研究成果亲自为教科书写相关内容；给工厂的设计者无偿提供各种指导服务，如设计图案等；给影视剧组提供历史服装支持；他经常去北大、辅仁等学校给学生义务讲课，为学生普及文物知识和历史知识……

我现在总结出来的沈先生的思想，主要表现在上述提到的四个部分，这是我这么多年接触沈从文和阅读沈先生的文本总结出来的，当然可能还会有第五、第六部分……但是我目前发现和想到的就是这些，我写的《沈从文传》主要也是围绕这几部分来进行，能不能把我以上研究的内容写透、表述准确，达到让社会基本了解的程度，我没有一点把握，但我会尽自己最大能力去努力。

张晓眉：沈从文先生有没有在您面前评价过凌宇和金介甫撰写的《沈从文传》？

赵连赏：沈先生没在我面前评价过。我记得当时凌宇写的这部《沈从文传》首先是在刊物上连载的，对有些关于沈先生和张兆和先生谈恋爱等事情，我看到之后，就拿去问张兆和先生。张先生不好意思地满口否认，说没有的事。这算不算张先生的"评价"？但总体来讲，她觉得凌宇先生的研究还是不错的。金介甫的研究，我没听她评价过。

张晓眉：沈从文先生是否经常给您提起过凌宇？有没有在您面前评价过凌宇的沈从文研究？

赵连赏：我经常听到沈先生提起凌宇，凌宇这个名字应该是我听到他提起的人名中最多的名字之一，主要是在和张兆和先生的对话中经常提起凌宇，但我没有听到过沈先生评价过凌宇的沈从文研究。他说到凌宇的时候，一般是什么事情凌宇知道，几天前他来过等。

张晓眉：当年您见到过凌宇吗？

赵连赏：一次都没见到过，他的名字倒是很熟悉，当年还以为他是北大的老师，后来才知道他是在那儿上学。凌宇应该一般是周末去，但周末我一般不去。在2012年沈先生诞辰110周年全国研讨会上，我是第一次见到他。

张晓眉：请您谈谈沈从文先生"为而不争"的思想境界具体表现在哪些方面？

赵连赏：沈先生去世多年以后，《文物天地》有一位编辑是我们卜所长的学生，他约我写一篇关于沈从文先生的纪念文章，那段时间我经常看诸子百家著作，当看到《老子》最后一篇"圣人之道，为而不争"的时候，我就想到了沈先生。沈先生是真正做到了"为而不争"，他做任何事情，首先想到的都是如何把所要研究的问题搞清楚，怎样能够更好地服务社会，而没有其他别的东西。我记得当时经常听别人和沈先生说：您做的事情如何如何有意义。沈先生经常回答："我只是给各方面打打杂。"在我看来，他确实是为各方面做事情，沈先生说"打杂"是谦虚，为人民服务是实实在在的。他只做事，不求回报。这在我们看来，会认为沈先生很高尚，但他在做这些工作的时候都是非常自然的。

以前我看到沈先生做这些工作时，一点都没觉得沈先生有多了不起，只是觉得沈先生是个好人。但是随着年龄的增加，对社会上的人有所认识，比如有些做慈善的，但凡做点好事，就大肆宣传，唯恐别人不知道。沈先生可不是这样，他做好事，从来不宣扬，最好谁都别知道，他是打从心底里就认为那是他应该做的。

稍作比较，就会发现沈先生与那些人的差距，尤其是到了我这个年龄，很多事情都会联起来想，越想就越觉得沈先生实在是太伟大了。刚开始计划写《沈从文传》的时候，觉得很快就能写出来，现在想想，还得慢慢来。快了肯定会遗落很多东西，那样会留下遗憾。

张晓眉：是什么触动了您要写一部《沈从文传》？

赵连赏：首先是和沈从文先生一起工作了七年多，有很多的感触。另外就是1999年，我在日本东京大学做访问学者时，我看了吴立昌先生撰写的《人性的治疗者——沈从文传》，他谈到沈先生的文学境界，我觉得他讲得有点抽象，触动了我从物质文化史研究方面来为沈先生立传的想法。我所接触到的沈先生，他做的很多事情都是实实在在的，我觉得应该把他在文物研究方面的贡献写出来。再有就是，沈先生文学的成功得到了社会的充分肯定，研究者发表了不少他的传记，对于他同样成功的物质文化史研究方面的历程却没有人来写，这对客观的评价沈从文一生会有影响。主要是因为以上几点的考虑促使我有了这个写《沈从文传》的想法。

张晓眉：您在日本访问期间，是否了解到日本有一些关注沈从文先生的学者？

赵连赏：太知道了！沈先生在日本的影响是很大的。日本学者对沈先生的尊重，大大超乎了我的预料。有次我在日本做一个学术讲座，很多日本学者从各地赶来，有位好像是从奈良（还是京都？记不清了）赶来的，已经是满头白发，给我深深地鞠了一躬。我虽然知道日本人很讲究礼节，但他给我鞠的躬超出了礼节深度，当时我就觉得有点诧异。接着他同我交谈了才知道，我记得当时他说："很荣幸见到您，因为您有幸能和沈从文先生一起工作，而且您肯定握过沈从文先生的手，我必须得和您握个手。"我才理解原来他给我鞠的那个躬，大概不是给我鞠的，而是给沈先生鞠的。因为当时马上就要开讲了，我没来得及问那位学者的名字，很遗憾。

张晓眉：当时您讲的是什么主题？来听您的讲座的学者都知道您是沈从文先生的学生吗？有学者向您提问了吗？

赵连赏：我的身份他们应该都知道。因为那是一个国际服饰研究会主办的讲座，主办方把我的情况背景都做了介绍，当时我讲的题目是《中国古代服饰主要等级标识》，这次讲座内容有一部分发表在了《文史知识》上。有很多学者提问，但是和沈先生相关的不多，主要是服装方面的问题。

张晓眉：《中国古代服饰研究》这部著作当年日本好像计划出版，但因沈从文先生不同意未果。您了解这个情况吗？

赵连赏：听说过一些，当时很多国家和地区都想出版，日本和我国香港等都有这方面的意向。当时沈先生在国外的名气比较大，而且国外的印刷技术也很不错，比国内的要好一些。但是沈先生不同意，他的意思是我们自己研究的第一本这样的书，我们要自己出版。当年我听说了这个情况后也不理解，看到人家寄过来的那些杂志多漂亮啊，国内印的根本没法比。我就想，为什么不让别人印啊？为此我还问过沈先生，我说人家不是印得更好吗？沈先生没理我。后来我才明白沈先生的真正想法。沈先生的国格很强，我们自己研究的，印刷技术即便不如别人，那我们也自己印。

张晓眉：《中国古代服饰研究》出版后，曾经还被列入国礼赠送给外国元首。

赵连赏：是的，送给过日本首相。后来的日本继任首相来访时，在人民大会堂举办国宴，当时好像还以访问首相的名义邀请了三四个中国专家学者，沈先生就是其中一位。因为出了一点技术上的差错，单位没有通知到他，沈先生没有去。外交部为此还要求写说明。

张晓眉：当时沈从文先生的名气很大，是吗？

赵连赏：应该是的。当年《中国古代服饰研究》一出版，就引起了轰动，开山之作嘛！沈先生的文学影响在国外也是很有影响的，在西方文学史教材中写得很清楚。如果我没记错的话，鲁迅排在第一位，第二位是郁达夫，沈先生是排在第三位的，这个事情是日本学者专门给我说的，因为我的外文不好，也没有专门考证过。

我记得我在中文系学习时，当年给我们讲外国文学的那位老师，慷慨激昂地给我们说，很多老师对沈先生的文学成就有争论，而他认为沈先生的文学造诣很高，中国文学史对沈先生太不公平。下课时，我们的班长就问他："您认识沈从文吗？"那位老师说不认识，然后班长就给他介绍我，说我就在沈先生身边工作。这位老师听了之后特别高兴，还和我握了手。我回去后和王予先生聊到了这位老师对沈先生的评价，当时沈先生在我们前面的藤椅上看报纸，我不知道他听没听到。后来王予先生问他听到我说的话没有，沈先生没说话，只是呵呵一笑。

张晓眉：沈从文先生随王震团出访日本，是谁安排的这次行程？在日本的时候，沈从文先生是否有过专题演讲？沈从文先生回来后，是否与您谈过这次出访的见闻和收获？

赵连赏：时间久了，记不清了。

张晓眉：20世纪80年代沈从文先生去美国讲学三个多月，这个事情您了解吗？

赵连赏：沈先生很少和我提起这个事情。

张晓眉：您在《形象史学的先行者和奠基人——记沈从文的学术研究方法》

一文的结尾部分这样写道：　"沈从文直到最后，也没有来得及将他辛苦实践付出大半生、并获得巨大学术成功的文物形象研究结合文献解决历史问题的方法总结成理论，形象史学研究方法理论的提法也不是由他提出来的，这已是一个无法弥补的现实，也是一个遗憾。"您认为沈从文先生没有将他的研究方法上升到理论层面是一个遗憾，为什么？

赵连赏：是的，如果形象史学今后能够作为一种研究方法成立，无疑沈从文先生就是这种方法的先行者和奠基人。为什么遗憾？一个学者利用一种他自己创造的理论方法成功地解决了很多的学术难题，而他自己却没有将这个伟大的学术贡献归纳总结，还需要后人去为他总结归纳，这难道还不是一件很遗憾事情吗？沈先生当时因为没有带学生，他写文章做事情，虽然处处都用到了这种方法，但是他没有把它总结出来，上升到了理论层面。他真应该自己把这套理论总结整理出来，很遗憾，他没有。如果他整理出来，他就是一个完美的大学者。

张晓眉：现在由您来将沈从文先生的学术成果总结整理出来，就好比孔子作为一名伟大的教育家，他的德行也是由他的弟子们整理成为我们今天读到的《论语》，在我们看来，由您来整理，其性质也是一样的。从某种意义上来讲，也是完美的。同时体现了刚才您说的沈从文先生的"为而不争"的思想。

赵连赏：是的，一个人自己已经做成功的一件大事没来得及说，并不代表他不成功，沈先生那么多的成功研究事实，早就胜于雄辩了，他就是一位中国物质文化史研究的成功者。我没资格、也不敢称是沈先生的学生，我现在进行的工作只是帮助沈先生做了点摘桃的工作，如果将来成功了，也是因为巨人成就了我。

张晓眉：您是否参与过《全集》的编辑出版工作？

赵连赏：我没参与。但我听张兆和先生给我说过。当年陪我们研究所的一个韩国访问学者朴英顺去拜访张兆和先生，他很崇拜沈先生。我告诉他沈先生已经不在了。他就问我沈先生的夫人在不在。我告诉他在。我们一位副所长请我帮忙联系一下张兆和先生，张先生很爽快地答应了，我记得是那一次张先生给我说了一些编《全集》的事情。

张晓眉：据说《中国古代服饰研究》只是沈从文先生庞大计划的一部分，沈从文先生的其他计划具体是哪些，能请您谈谈吗？

赵连赏：沈先生当年想做十个服饰断代史研究，取名"中国古代服饰研究大系"，后来因为种种原因，没有做出来。我现在做的明代服饰研究，也是按照沈先生当年的研究思路进行的。明代是中国古代文化集大成的时代，明代的服饰也是如此。古代的服饰不像我们现在的服饰，不仅关乎政治、等级等，有"望其章，知其势"的身份象征，既是一种礼仪，也是一种文化。服饰在正史当中是有一席之地的，很多朝代都有《舆服志》，可见服装很重要，服饰与政治、经济、文化等发展也密切相关，所以，我们研究服饰的沿革很重要。不是说今天的服饰与之前的就没有关系，是有关系的，而且传统的因素很重要。现在有些学者在做服饰研究的时候，不讲传统，也不讲沿革，直接讲这个东西本身，那样往往就变成了资料的罗列。如果不讲这个东西怎么来的，以后怎么发展，怎么能体现它的学术价值？沈先生在研究服饰的时候，可以说树立了典范，每一个东西的来龙去脉都说得很清楚，包括它的影响范围。所以，我在做明代服饰研究的时候，基本都是按照当年沈先生的思路来做的。把他想做但未做成的事情，尽自己最大能力做出来；把他未做完的，给补充做完。踏踏实实把这些做好了，就很不错了，也算对得起沈先生当年对我的指导，也对得起国家给我资金来做这些事情。

张晓眉：明代做完了之后，其他朝代您会继续做吗？

赵连赏：有这个想法，但我个人可能没有这个能力了，因为再过五年我就退休了。现在我主要把精力集中在明代服饰研究上面，按照沈先生的思想脉络逐步把它做出来，要做好了，基本上就完成任务了。

张晓眉：现在您是否在培养做这方面研究的学生？

赵连赏：服饰研究是一个跨学科的领域，要想做好服饰研究，你首先要懂通史、政治史、野史、世界史、染织史以及剪裁、艺术、笔记、考古、纺织、地理环境等等，这本身就是一个繁杂的工程，因为中华民族的服饰是多元的，服饰是从哪儿来的？要弄懂的东西很多，需要吃苦。我有过几个学生，但是要求他们一直做下去，很难，而且具有比较综合素质的学生也很难招。

张晓眉：您评价沈从文先生是两栖大师，请您谈谈您这么评价的根据是什么。

赵连赏：我称沈先生为两栖大师。其实我不太愿意用大师这个名字来称呼沈先生，称他为大学者我觉得比较合适；但在2006年，我们院里有一个为了建院三十周年而编写书的项目，项目的书名是早就定好了的，就叫"学问人生——记一百位学术大师"，沈从文先生也在其中，所以我也就在文章的开头这样称呼沈先生了。

为什么我称沈先生为两栖大师呢？是因为沈先生不光在文学上取得了卓越的成就，物质文化史研究的成就也很卓越，研究领域不仅宽泛，而且研究的水准很高，特别在中国古代服饰研究方面为世界所公认。

张晓眉：《中国古代服饰研究》这部专著在1981年就已经出版了，这之后沈从文先生主要是做哪些研究工作？

赵连赏：刚才我们说了，沈先生计划做"中国古代服饰研究大系"，有很多的专题要做。沈先生的屋子里面，你没看见过，所以很难想象是个什么样子，所有的书都夹有纸条，用毛笔字写的。这些字条只有他自己知道，主要是起到一种提示的作用。服饰研究只是一个点，是他做得比较成熟、丰富的一个专题，这只是他全部物质文化史研究的一部分，其实还有很多的专题研究。比如马的专题，他把中国很多马的形象，收集了起来。还有剪纸、丝织品、琉璃、舞蹈等专题，这些东西看似不相关，其实很多都是相通的。比如剪纸，在明代就有一些少数民族服饰就用的是剪纸图案，那么根据这些图案，再和其他的一些元素综合起来，就能鉴别这个服饰的朝代，民俗等等，所以说沈先生研究出来的东西是很有价值的，也是扎实可靠的。沈先生一辈子做研究，就是遵循文物和文献相互对照、印证立论来说明问题。

张晓眉：在沈从文先生辞世十五年那年，您撰写了《沈从文的文物情怀》一文，文中附有郭沫若先生为《中国古代服饰研究》手书的《序》，沈从文先生有没有给您讲过郭沫若先生主动为《中国古代服饰研究》作序这件事情？

赵连赏：因为当年我也不知道沈先生与郭沫若先生之间的一些过节，看了郭沫若先生给《中国古代服饰研究》写序，我还曾问过沈先生，我记得当时沈先生好像没有说话，时间久了，记不清了。

张晓眉：沈从文先生的《中国古代服饰研究》再版过几次？有没有内容方面的变化？2012年是沈从文先生诞辰110周年，《中国古代服饰研究》再一次刊印，这次刊印有没有内容方面的变化？选择在沈从文先生诞辰110周年再次刊印，是为了纪念沈从文先生吗？这部著作到目前为止，共重新刊印了几次？每次刊印是否都有内容的调整？

赵连赏：有过一次变化，大概是20世纪90年代再版的那个版本。由于新发现了一些史料，如马山战国墓新出土的史料等，王予先生后来按沈先生的口述，新增加了一些内容。后来沈先生去世了，王予先生也因为各种其他因素，不可能再对其中的内容进行修改了。后来又出了各种不同的版本，具体情况我不太清楚。

据我所知，得到沈先生和王予先生授权的只有两次。第一次是香港商务印书馆，这个印刷了两个版本。一个是豪华版本，锦缎面的，大概有三百册，书中夹有沈先生的亲笔签名。这三百个签名，沈先生写了很长时间，那时候天很热。还有一个是简装本，但都是彩色版的；第二次是中国书店出版的，王予先生以沈先生的名义授权印发的，这个是黑白版，内容增加了一部分，大概是1993年出版的。后来由其他出版社具体重印了多少次，我也不清楚。

张晓眉：沈从文先生被提名诺贝尔文学奖后，当时有很多家的媒体和沈从文研究学者前去拜访他，您还记得当时都有哪些媒体和学者吗？沈从文先生有没有接待他们？沈从文先生对诺贝尔文学奖的态度是怎样的？

赵连赏：我知道一点。我最早是从《参考消息》上看到的，看到之后我问过沈先生，当时沈先生的反应，给我的印象是他并不把这件事情当真，他到底是不是这样我不知道，这是我个人的感觉。后来说得多一些了，沈先生多数都不表态。

张晓眉：凌子风将沈从文先生的著作《边城》改编成电影，这件事情的始末您知道吗？当时沈从文先生是什么态度？

赵连赏：我记得当时凌子风去了两趟。有一次凌子风去了，拿着一个小的电影放映机到沈先生家放给沈先生看。因为当时我还有点别的事情，只看了一点就先走了。我办完事回来后，专门问过沈先生："沈先生，您觉得《边城》拍得怎么样？"沈先生的意思好像不是很满意，觉得他在《边城》中所要表达的主要思想在电影中表现得不到位。后来我把《边城》看了好几遍，觉得还不错。有一次我问他："湘西真的就像您写的那么美吗？"他当时回答我说："是啊！是啊！你去了之后，你也会那么写。"

张晓眉：沈从文先生的文学作品《丈夫》《萧萧》被改编成电影，您对这些事情是否有了解？

赵连赏：《湘女萧萧》是在北影放完了之后才知道的。具体改编拍摄情况不清楚。

张晓眉：请您谈谈您撰写、编辑出版的《服饰智道》《服饰史话》《中国古代服饰图典》《中国通史图说》《中国古代文化图典》《中国历代荒政史料》《中国古代府州县舆图集成》《中国古代祭祀礼仪集成》等学术专著在撰写和编辑过程，是否受过沈从文先生的影响？

赵连赏：是的。用一句话来概括，就是我完全是按照沈先生的研究思路走的。我和他在一起工作了多年，像刚才我给你说的，最初的工作就是查找资料，沈先生当年给我讲授了很多史料的搜集、整理、分类等知识，根据沈先生当年给我讲的这些东西，比如当年是哪些地方产的丝绸，地理环境是什么？地名有无变化，？它的影响是什么，什么边界派什么级别的官员，穿什么样的衣服等等，如果自己研究的话，总得翻字典，而且还很困难。我想，其他的学者，特别是年轻学者们，也一定会遇到和我当年一样的困难，若再没有老师的及时指导就更困难了。按照这个思路，根据沈先生讲的一些内容编了一个《中国古代府州县舆图集成》，供大家参考用，类似的编辑出版物还有几部。我在做这些事情时，实际上也是在巩固当年沈先生给我讲的文化史知识，扩大了一部分，陆续将它们做了出版。后来还有朋友问我，你写的文章怎么都进入到高中考题了？我在网上一搜，还真发现了一些。我分析了一下，可能是我研究的这个东西被中学作为考查学生综合素质，比如对考察学生的文物、历史、政治水平等等比较有用吧，也与沈先生学以致用的学术研究理念相符合。

张晓眉：沈从文先生撰写的《中国古代服饰研究》从1981年出版至今，已经有三十多年的历史了，在这三十多年的时间里，这项事业到目前为止，都取得了哪些进展？目前在这方面比较有影响的学者都有哪些？

赵连赏：沈先生为我们打下了一个很好的基础和继续工作的平台，因此，我们现在做这方面的研究，就不那么费劲了，在他研究的基础上进行完善，就很容易有所成就。比如在服饰各种名物的考证方面、服饰制度的研究方面以及服饰断代史的研究方面都取得了一些不错的成就。当然，这些成就与服饰研究领域需要研究的问题相比，那还是很小的一部分，还有很多的问题需要在今后的研究中去解决。但是，特别需要指出的问题并不在今后有多少问题需要研究解决，而是研究队伍的老化和研究人才严重短缺的问题。目前，服饰研究学科比较有影响力，并且能够全面担任重大学术项目研究的学者少之又少，主要有国家博物馆的孙机先生、清华大学的黄能馥先生等，而且他们的年龄也比较大了，高端学者后继乏人是服饰研究领域的最大问题。

张晓眉：您的明代服饰研究已经立为国家社科基金项目，您的这个项目是否计划将明代的服饰史全面研究出来？

赵连赏：力争全面吧。像我们国家已经研究的服饰通史，我粗略统计了一下，不少于五十种，可能更多。服饰通史要求的是连贯性，呈现出主要脉络、沿革等。但是据我了解，目前服饰通史存在的一个普遍问题就是没有"换挡"，而是直接跳跃。但是要写断代史，就要把前面的服饰历史交代清楚，把要写的那个年代写全，那么就必须要把当时的政治、经济、文化的表现力、宗教、习俗、地理环境等都要联系起来进行研究，同时，还要把这些因素对服饰的影响一一说清楚。不仅如此，更必须将这一段时间服饰的特色，以及对下一朝代的影响，承上启下的作用都要说清楚。如果没有一个全面的基础，要做好这个工作是比较难的。我们现在有些断代史就存在这类问题，往前说，不懂；往后说，也没有，都说不清楚。说不清楚，怎么能叫断代史服饰研究？充其量只能说是材料的堆砌。

张晓眉：能请您谈谈张兆和先生吗？

赵连赏：张先生是一个典型的大家闺秀，很朴素、温和的一个人。她们姐妹几个曾经办了一个刊物叫《水》，有次我看到张先生复印新的《水》，还向她要了一本。

张晓眉：请您谈谈王予与沈从文先生之间的友谊。

赵连赏：王予先生人很不错，他为人也很低调，在继承沈先生的品德学风方面，王予先生是做得最好的，仅凭为人和做事方面来讲，王予先生是一个值得尊重的人。

我记得有次我们去民族博物馆，我们一起坐10路公交车去的。去了之后博物馆的工作人员说，沈先生来了，那得给我们签个名。沈先生签完了，就让王予签，王予推脱几次说，我就不签了。沈先生说：来来来，你可以签一个。王予后来就签了自己的名字。当时我们五个人，另外还有张兆和先生和王亚蓉女士。当时就他们俩签了名。从这件小事可以看得出，王予先生在沈先生心中的地位。

王予先生对沈先生非常尊重，从来不和沈先生开玩笑。我因为年纪轻，也不太懂事，说话不加思考，有时候还会和沈先生开玩笑。沈先生对王予先生也很好，非常信任他，也很看重他。有次我和王予先生去给沈先生送一个文物，我记得那天天气很冷，沈先生坐在一把藤椅上，当时他行动不便，很怕冷，经常手脚冰凉。张兆和先生就给他弄了一个毯子围着，像我们在理发店理发的那个样子，底下就用几个烧饭的锅盛着热水，放在沈先生的四周。当时我看到那种情景，忍不住笑出声来。沈先生就问我："你看出什么来了？"我说："您就像一个核反应堆。"沈先生没听清，就问我："像什么？"王予先生拉了我一下，告诉他："小赵说您像反应堆。"沈先生听了，笑得可开心了。我和王予先生回去时，王予先生就对我说："小赵，你真厉害！我跟了沈先生这么些年，也不敢开这种玩笑。"

在沈先生的印象中，我就是一个顽皮的孩子，掌握知识也很慢，有时候沈先生指导我写文章，总写不好，我就会着急。沈先生就安慰我说："不要着急，慢慢来。是鸭子过河，是鸡不过河。"

因时间原因未及问到的问题：

1. 沈从文先生提出的"文物结合文献研究历史问题"对我们今后的历

史研究具有哪些指导作用？

2. 您曾专门为沈从文先生的"形象史学研究方法的科学性"撰写过《形象史学的先行者和奠基人——记沈从文的学术研究方法》一文，沈从文先生的这一研究方法现在是否已经成为与"以文献证文献""二重证据法"之后第三种并立使用的历史研究方法？

3. 您在《沈从文的文物情怀》一文中提到了很多关于沈从文先生的往事，其中提到他对文物有很深的感情，能谈谈文物在沈从文生活中占有多大比重吗？

4. 1994年举办了"纪念沈从文从事物质文化史四十周年汇报展"，展会地点设在郭沫若故居，当时为什么会选择在郭沫若故居举办？是谁提的建议？有特殊寓意吗？

5. 《中国古代服饰研究》这部专著的出版颇费周折，能不能请您谈谈这部专著的出版过程？

6. 沈从文先生有没有说过他为什么不愿意让日本、美国等国家出版《中国古代服饰研究》一书？

7. 当沈从文先生得知《中国古代服饰研究》被龙田盗版一事时，他对这件事所持的态度是怎样的？

8. 沈从文先生曾经计划要写十本类似《中国古代服饰研究》的专著，由于沈从文先生不幸故去，所以只出了《中国古代服饰研究》，他计划的十专著具体都是什么内容？能请您谈谈吗？

9. 韩立群学者在《沈从文论：中国现代文化的反思》这部著作的引言中说，20世纪80年代有很多的国外学者访问沈从文先生。您还记得都是那些国家的学者吗？

10. 20世纪80年代，美国学者金介甫先生为研究沈从文，曾几次漂洋过海来到中国实地考察、采访沈从文。据有些学者写文章回忆说，金介甫仅单独采访沈从文先生本人就达十二次。金介甫先生采访沈从文先生，您是否参与过？还记得当时的情景吗？

11. 20世纪80年代，国内"沈从文研究"开始复苏并持续升温，沈从文先生是否会在与你们交谈时提起？他当时对国内外的"沈从文研究"的态度是什么样的？

12. 您在《从张居正蟒服像看明代赐服现象》一书中写有这样一段话："曾广泛流行于明代社会政治生活中的赐服，虽然是以一种服饰的形式出现于社会之中，但它又不属于国家的服饰制度，并且在很大程度上还高于服饰制度。这种特殊的服饰现象，在构成一道明代特殊风景的同时，赐服还在某种程度上实际起着维护国家统治秩序的作用。"可见服饰研究所涉及面之广，沈从文先生对此一定有很深刻的理解，所以才提出"凡事不孤立存在，而彼此间又必有一定联系"这样的观点，我这样理解对吗？

国外学者

金介甫先生专访

写在前面的话：采访金介甫先生，是借助网络电子邮件之便进行的。

金介甫先生在沈从文研究领域取得的成就，被哈佛大学王德威教授评价为"英语世界迄今为止最好的对沈从文其人其作的研究"。金介甫先生的博士论文（哈佛大学）《沈从文笔下的中国》1977由美国哈佛大学出版；1994年虞建华、邵华强将该著作翻译成中文，取名《沈从文笔下的中国社会与文化》，并由华东师范大学出版社出版。

1987年，金介甫撰写出版了 *The Odyssey of Shen Congwen*（《沈从文史诗》）。1990年，此书第一个中文版本由中国著名翻译家符家钦翻译，由时事出版社出版，该版删去了原著中的注释；1992年，湖南文艺出版社以《沈从文传（全译本）》为名出版，译者（同上）补译了原著中的六百四十六条注释；1995年，台北幼狮文化事业公司以《沈从文史诗》为名出版了第三个中译本；2000年，中国友谊出版公司以《凤凰之子：沈从文传》为名出版了第四个中译本；2005年，国际文化出版公司出版了《沈从文传（全译本）》。

金介甫先生从1972年开始研究沈从文，陆续发表了多部（篇）关于沈从文、沈从文与湘西文化的著作、研究论文及评论等，其中最著名的有《沈从文传》《沈从文笔下的中国》等，他写的研究论文，从历史、文化、具体文本分析等视角对沈从文进行了全方位分析和研究，如《沈从文谈民主》《沈从文和他的

"家乡问题"》《沈从文与中国现代文学的地域色彩》《东亚两种田园诗——沈从文的〈边城〉与三岛由纪夫的〈潮骚〉》《沈从文的〈边城〉》《沈从文与三种现代主义》《屈原、沈从文、高行健比较研究》《一九四九年后的沈从文》《沈从文和鲁迅》《有缺陷的天堂——沈从文小说集》《对沈从文研究的一点新理解》《从文学到艺术:沈从文的一生》《中国文学(1949–1999)的英译本出版情况述评》等。

作为沈从文研究专家,金介甫先生对沈从文作品的翻译成果也是独树一帜,做出了很大贡献。1995年,由金介甫先生编辑和与其他译者合译的《不完美的天堂》(*Imperfect Paradise*)是迄今为止"涵盖范围最全、最具权威性的"(此书封底语)沈从文小说英译文本专集。所收录的二十六篇作品,金介甫先生独立翻译了十二篇,与他人合译一篇,占全书的一半。2009年,金介甫先生又翻译出版了沈从文的代表作《边城》,这是沈从文作品英译文本的第一个单行本。

金介甫先生注重搜集原始材料、实地考察取证、采访被研究者和与之相关的人士来了解特殊时代意识形态下对一个作家的人格、作品、人生命运的影响,金介甫先生把沈从文的命运和写作与湘西传统社会走向衰落的背景联系起来进行深入考察,这种多视角的历史学研究方法不仅给沈从文研究带来了新的突破,而且对于研究中国现当代其他作家同样有借鉴的方法论意义。金介甫先生的沈从文研究之影响,不仅在中国备受关注,即便是在世界的相关研究领域也占有着一席之地,因此被誉为国外研究沈从文第一人。

金介甫先生评价沈从文"不管是在卓越的艺术才华上,还是在把握二十世纪中国社会本质的能力上,沈从文都接近了鲁迅的水准","沈从文虽然不能与莎士比亚、巴尔扎克和乔伊斯并列,但超过了都德和法朗士,不满足跟莫泊桑、纪德这些二等名家相提并论,沈从文的杰作可以同契诃夫的名著媲美"。

金介甫先生坚信包括中国在内的非西方的评论家总有一天会对沈从文做出公正评价:"把沈从文、福楼拜、斯特恩、普罗斯特看成成就相等的作家。"

　　金介甫先生的这些观点和评价基本上都体现在他的《沈从文传》里，该著作也是金介甫先生研究沈从文取得的最显著成果。中国学者古大勇在《沈从文的"被发现"与"美国汉学"——以夏志清和金介甫的沈从文研究为中心》一文中评价"金介甫的沈从文研究，其意义在于以宏大的专著篇幅来专门研究沈从文，当夏志清以两万字左右的篇幅来介绍沈从文时，金介甫却以数十万字的篇幅更加隆重推出沈从文，确立沈从文文学大家的地位，后者对于扩大沈从文的影响，当显得更为重要。尤令人惊叹的是，金介甫不是一个中国人，也不是像夏志清、聂华苓一样的美籍华人，他是一个土生土长的美国人，在中美两国文化交流几乎隔绝的时期，在中国国内沈从文研究处于一片空白之时，他在遥远的大洋彼岸，仿佛拥有一双'火眼金睛'，发现并确信沈从文的价值，潜心研究，在1977年以《沈从文笔下的中国》获得哈佛大学博士学位，并出版成专著，真是匪夷所思。"

　　为研究沈从文，金介甫先生几次漂洋过海来到中国实地考察、采访沈从文先生，他曾七下湖南，走访了沈从文作品中提到的地点，特别是湘西各地，访问了沈从文先生的许多亲朋好友以及了解沈从文先生的相关人士，仅单独采访沈从文先生本人就达十二次之多，为沈从文研究保存了大量的第一手资料。难能可贵的是，他的沈从文研究得到了沈从文本人的关注和支持。

　　1980年，沈从文先生去美国讲学，金介甫先生做了大量的接待、陪同等工作，并三次联合夏志清推荐沈从文先生参评诺贝尔文学奖。1988年，因不幸辞世，沈从文先生与诺贝尔文学奖失之交臂。

　　金介甫先生在沈从文研究领域所取得的杰出成就，与中国以凌宇为代表的沈从文研究一起所产生的影响，在学术界甚至形成了普遍研究常识，即做沈从文研究，如果绕开凌宇和金介甫的研究，其沈从文研究在某种程度上说是不全面的，至少是不彻底的。从某种程度上讲，金介甫先生的沈从文研究与国内以凌宇为代表的沈从文研究一起，把沈从文推向了世界，让沈从文的文学价值和意义为更多的人所认识。

鉴于金介甫先生在沈从文研究领域之影响，当吉首大学沈从文研究所安排我专访中外沈从文研究学者时，毫无疑问，金介甫先生就排在了我计划专访学者名单的第一位。

能够顺利专访到金介甫先生，向成国老师给予了很大帮助和支持。他把金介甫先生和国外其他沈从文研究学者的联系方式提供给了我。

按照向成国老师提供的电子邮箱，我给金介甫先生写了一封信，在信中将专访前因后果说得较为明白，并将采访提纲一并随信发送给他。但金介甫先生在第一次回信时拒绝了我的专访请求。

随后不久，金介甫先生又主动给我写信，并回答了我所提出的问题。此后我们经常通信，在书信来往过程中，金介甫先生给我提供了很多宝贵的学术信息和国外沈从文研究学者的联系方式，介绍了他们的研究成果，并就我对国外沈从文研究者采访时所应注意的事项给予了善意提示和指导。他更换住址、电子邮箱等信息也及时给我写信告知……2013年12月30日，沈从文研究老专家夏志清先生不幸离世，金介甫先生第一时间把这个信息告诉了我……

以下是金介甫先生通过电子邮件回答的我的提问。现刊登如下，供广大学者和读者参阅，并为沈从文研究事业保留珍贵史料。

张晓眉：您是什么时候开始从事沈从文研究的？

金介甫：1972年。

张晓眉：您最初做沈从文研究的动机是什么？是在前辈学者的介绍、影响下从事沈从文研究的，还是自己发现了沈从文文学价值从而进行相关研究的？

金介甫：我的一个哈佛大学历史系教授，即Alexander Woodside，看了王瑶的《中国新文学史稿》，再看了《边城》，一则觉得两个人的中国现代文学的概念不相结合，再则觉得沈从文所描写的民国初年的社会不太像军阀横行的那个社会。他推荐我看沈从文的作品，进行研究。之后，夏志清教授、许介煜教授等人给我很多启发。

张晓眉：请谈谈您的沈从文研究主要侧重哪些方面？截至2013年，您共撰写了多少沈从文研究著作和论文？共翻译了多少沈从文的作品？

金介甫：我最早的沈从文研究是把他的著作作为进一步了解中国现代文学史和民国时代的地方史。

张晓眉：请您介绍一下在从事沈从文研究过程中所涉及的沈从文文学作品和版本。

金介甫：最初，我去美国大型的中文图书馆，寻找沈从文作品的单行本，20世纪20至40年代的报纸副刊（如《晨报》《大公报》《益世报》）和20世纪30至40年代的杂志（如《国闻周报》《文学季刊》）查找沈从文所用过的笔名和发表的作品，复制了，慢慢看。

张晓眉：请谈谈您的沈从文研究和对沈从文作品的评价。

金介甫：我觉得他是20世纪中国文学最好的作家之一。他还在的时候，他应该得到诺贝尔文学奖。

张晓眉：请谈谈沈从文研究在贵国的起源、发展、被研究情况及其影响。

金介甫：可惜，除了大学界以外，一般的美国人不知道沈从文。

张晓眉：请评估沈从文研究在贵国今后的发展与影响。

金介甫：如上。

张晓眉：请您评价一下中国及其他国家的沈从文研究。

金介甫：中国、美国、日本以及西欧大学界的沈从文研究比较发达。

张晓眉：有中国学者评价您的沈从文研究"恐怕不仅仅是在英语世界，就是在全世界，金介甫的沈从文研究也算得上深刻而独特"。您认为这种评价中肯吗？您认为您的沈从文研究已经达到了一个什么样的程度？

金介甫：不敢当。中国国内的学者，包括湘西的学者，早就超过了我的研究，而且帮忙修改了拙作《沈从文史诗》中的不少错误。（至于我那本书，英文版还是比较全。）

张晓眉：从1982年开始，您与夏志清一起连续三次向瑞典文学院提名推荐沈从文为诺贝尔文学奖候选人，因为你们的力荐，沈从文受到了诺贝尔文学奖评委马悦然的高度评价，两度入围诺贝尔文学奖的终审名单，但终因1988年沈从文不幸离世而与诺贝尔文学奖失之交臂。可否请您谈谈从筹备提名开始到得知因为沈从文离世而与诺贝尔文学奖失之交臂，你们所做工作的具体过程？

金介甫：这个问题，已经有人写了文章。是不是糜华菱老师？最了解这些事情，恐怕还是马悦然教授。

张晓眉：作为最早的沈从文传记作者，20世纪80年代您亲自来中国北京访问沈从文十余次，且于同年到过湘西。2002年春您作为向导带过一批国外汉学家到湘西考察，同年又到湘西凤凰参加沈从文百年诞辰国际学术论坛等活动，可否请您谈谈这些年来在中国经历的一些有趣、值得纪念、记忆深刻的事件？

金介甫：湘西人给我热烈的欢迎。记得1980年，凤凰县还有一个革委会，主任是北方人，不懂苗语。晚上凤凰城黑黑的，好像只有一个十字路口有一个简单的电灯！2002年的凤凰已经很发达了。

张晓眉：您是通过什么途径和沈从文取得联系的？可否请您谈谈您访问沈从文的过程。比如他对您研究他文学作品的态度等等，包括张兆和先生的态度也请您谈谈。

金介甫：20世纪70年代我从路易·艾黎处得知沈老还在。1973年，许介煜教授也曾访问沈老。之后，我写了一封信给沈从文。他在中国社会科学院历史研究所做事。沈老回了一封信给我。1980年夏，我每次访问沈老，张兆和，沈老的助理王亚蓉女士和社科院的相关工作人员等人都在旁听，帮我听懂沈老解释的文学和历史资料。我常常请他写人名，地名等。

张晓眉：我在您的《沈从文传·序言》看到您将六千多张收集资料的卡片送给凌宇和邵华强的文字。我在采访凌宇的时候，就卡片一事专门问了凌宇，他说现有的沈从文创作目录主要是您和凌宇、邵华强三个人收集的三份目录共同综合而成的，您的六千多张资料卡片主要包括了哪些内容？

金介甫：可能是六百张，并不是六千张！卡片写有作品的标题、沈老用的是什么笔名、是什么杂志先出版的。如作品后面加上是哪年哪月哪日写的，等等，我都抄写了。还有再版的资料。

张晓眉：您在《沈从文传·序言》中谈到收集资料碰到了诸多困难，可否请您具体谈谈您收集资料的过程？您是如何克服这些困难，收集到了如此丰富的资料的？是否得到了沈从文先生的帮助？如有，具体都体现在哪些方面？

金介甫：那个时候，我还不认识沈从文。我用一年多的时间，去美国很多大学的中文图书馆，翻了所有20世纪30年代的文学杂志，察看目录，找沈从文的笔名。

张晓眉：我在采访凌宇时，问过他的沈从文研究是否受到过您的影响。他说没有。而我在采访刘洪涛老师时，他给了我一个不同的答案。您认为自己的沈从文研究影响过中国的沈从文研究学者吗？特别是像凌宇这样的学者。如果有，主要表现在哪些方面？

金介甫：凌宇教授也是20世纪70年代末或80年代初认识沈从文的，是他的好友，他自己访问了沈老，访问了很多次。我1980年在北京访问沈老，好像有一两次凌宇也参加。凌宇教授有他自己的观点，找到了自己的资料。2002年，一批德国、以色列、捷克学生去湘西旅游，也可以说导游是凌宇和德国的Hans Kuehner教授，我只是陪他们，在旁边观光，问问题。我想，因为我、凌宇、龙海清曾访问沈从文，所以他"解冻了"，开始谈谈他以前的文学生活。而且，因为我们，中国国内才重视沈从文的文学成就。其实，还有朱光潜早一点时候也写过沈老，他还是沈老的老朋友。还有夏志清。可是，因为夏教授的政治立场，所以国内人不愿意相信他的文学批评。

张晓眉：符家钦老师翻译过您的《沈从文传》，您曾经说中国台湾出版的

《沈从文史诗》最让您满意，这是为什么？是因为不同的出版社出版的《沈从文传》内容都不一样吗？在这几个版本的翻译过程中，您的原著是否有内容方面的完善和补充？

金介甫：只有英文版可靠，而且只有英文版才印了我的照片（沈从文和湘西的照片）。（原文也有一些错误，那是另外一个问题，沈从文研究在这二十多年中有很大的进步。）台湾版好像文字最全，我没有彻底地做比较，我不敢，太可怕了。

张晓眉：有中国的学者将您的《沈从文传》与凌宇的《沈从文传》进行比较，认为您采取的是"平视"的视角，凌宇则是"仰视"的视角。您怎么看待这类评价？请您评价一下您的沈从文研究是持的什么视角。

金介甫：我希望我们的两部作品都有贡献。我从一个历史学者的态度，一个国外人的立场看问题。

张晓眉：我最近看了《从文家书》，发现张兆和是一个非常了不起的女性，我是从她写给沈从文的信的字里行间里感受到这一点的。您在北京访问沈从文先生时，与张兆和先生有过接触，当时是张兆和先生给您当翻译吗？能不能请您谈谈张兆和先生？

金介甫：张兆和先生真的了不起。是的，她常常帮我听懂沈老的口音。有时候我们都没办法，要把沈老提供的资料，如人名写下来。至于湘西20世纪20年代的军阀的姓名，因张兆和先生的帮忙，我才能把资料写下来！

张晓眉：您在《永远的"希腊小庙"——〈边城·序〉》一文将沈从文的《边城》与赛珍珠的《大地》进行比较，但没有深入论述，可否请您谈谈这两部作品中的共同点和差异，以及产生的原因。

金介甫：两部作品都世界有名，而且写"湘西人"，很多人认为书中的人物能代表中国乡下人。

张晓眉：有一种观点说：沈从文和鲁迅分别是从爱和恨两种截然不同的文学样式来表现中国，您怎么看这种观点？

金介甫：我不同意。他们的共同点之一是，他们都爱国，可是他们都不是极端的民族主义的宣传者。

张晓眉：可否请您谈谈沈从文研究今后的发展和走向？特别是对像我们这些致力于沈从文研究的后来者，我们应该怎样才能把沈从文研究更好地继续下去？

金介甫：我想我们现在应该更深一步地研究沈从文作品中的情绪和理论。

张晓眉：随着沈从文研究的不断深入，沈从文研究已经涉及了几乎每一个领域，比如生态、精神病理等，作为沈从文研究专家，您对当前沈从文研究肯定有很深的见解，您觉得当前沈从文研究的这种多元化是否是一种学术疲劳现象？

金介甫：没有。我觉得我们的缺点如下：我们研究沈老作品的表面上的东西，研究得很丰富、深刻的地方，还是不及格。精神病我觉得跟沈老没有关系。最近有人谈精神分裂症，莫名其妙，我们都不是医生。

张晓眉：您怎样看待当前的沈从文研究队伍，是继续勃发，还是出现了后继乏人、学术研究断层这么一种现状？

金介甫：可惜，我跟他们没有多少联系，特别是年轻一代。我自己研究别的文学题目。可惜的是，"沈从文热"已经过了。

张晓眉：您对当下沈从文研究有哪些见解和思考？比如有的学者研究沈从文文学和物质文化研究以外的私事，如他的婚外情等，请您就这一现象谈谈自己的看法。

金介甫：我没有深入这些问题。听说中国国内有一些新的发现。美国和中国的观点不一样：写一个伟大的人的生活，就是因为他或她伟大，所以不应该有任何忌讳。

张晓眉：在您看来，我们今后沈从文的研究范围、研究视野、研究深度和广度还有哪些新的开掘？

金介甫：对不起，我没有资格回答。

张晓眉：这么多年的沈从文研究，您认为沈从文先生最让人感动、最值得人们研究、最值得我们传承且给人类最大的思想启示是什么？

金介甫：沈从文对"人性"的崇拜。

张晓眉：在您的学生中，是否也有从事沈从文研究的？如果有，请您介绍一下他们的姓名和研究的相关内容，以及目前所处的研究现状。

金介甫：可惜，没有。

张晓眉：我现在在做沈从文的文学域外传播研究，可否请您谈谈沈从文在世界各国的传播和影响？特别是介绍一下各国研究成就比较大的学者和他们的专著。

金介甫：这个问题，别人比我还了解。你可以参看以下网址：http：//repository.lib.polyu.edu.hk/jspui/bitstream/10397/4305/2/b24415789_ir.pdf。

齐藤大纪先生专访

写在前面的话：采访齐藤大纪先生，是通过网络之便进行的。齐藤先生曾经师从日本著名沈从文研究学者城谷武男先生，对沈从文研究颇有见地，撰写过一批颇有影响的沈从文研究学术论文，如：《日本沈从文研究的昨天、今天、明天》《〈边城〉论——沈从文的空间意识》《〈还乡〉论——沈从文的壶中天》《遥夜的电车——1924年北京电车开业与知识分子》《究竟哪一篇是沈从文之作》《徐志摩的细语——徐志摩与沈从文"湘西小说"》《胡也频去湖南——1925年6月沈从文与胡也频》《沈从文〈乡间的夏〉》《叫呀！北京的鸡——五卅运动、出版媒介与沈从文》《民国北京，年轻诗人的肖像——刘梦苇与沈从文》《涂成黑色房间的诗人们——闻一多〈死水〉与沈从文〈还原〉》《漂泊的自宽君——沈从文〈老实人〉论》《于赓虞的诗——围绕三·一八事件、〈晨报〉·诗镌》《沈从文与徐志摩——"文学的魔术家"与"自卑的魔术家"》等；翻译了沈从文先生的作品《更夫阿韩》《老实人》《张大相》《〈筸人谣曲〉前文》等；写有与沈从文先生相关的书评：《名字有"两条腿"的女儿们——评张允和〈张家旧事〉》（上、下）等。

记得齐藤先生在回我的第一封信上用《论语》的语气写道："首次收到了您的来信，有朋自远方来信，我非常高兴！"的字样，颇让我感到吃惊。后来从向成国老师处才知道，原来齐藤先生曾经在中国武汉大学留学，中文水平很高，而且能用中文写作。

给齐藤先生写第一封信的时候，我的学位论文选题还是"沈从文文学域外传播研究"。齐藤先生得知我在从事这方面的研究，主动给我提供了很多日本学者的相关研究史料，还给我介绍了日本的沈从文研究沿革历史，随信又给我发送了一份近两万字的《沈从文研究在日本·研究论文目录》（《日本における沈従文紹介·研究論文目録》），后来得知我的学位论文因搜集的资料不足以形成一篇学位论文而改换选题时，齐藤先生为自己未及时将其他资料发送给我而自责，让我觉得挺不好意思的。

后来，我将采访齐藤先生的采访提纲发送给他，没过多久，齐藤先生就给我回信并将我的采访问题一一用中文详细解答，让我深受感动。

现将齐藤先生就我所提问题的答复刊登如下，期望能为今后的沈从文研究事业留存宝贵史料。

张晓眉：您是什么时候开始从事沈从文研究的？

齐藤大纪：我的本科毕业论文的主题是七月派作家的路翎。上了硕士课程之后，重新找了研究题目，决定以沈从文为硕士论文题目。那是1994年的事。

张晓眉：您最初做沈从文研究的动机是什么？是在前辈学者的介绍、影响下从事沈从文研究的？还是自己发现了沈从文文学价值从而进行相关研究的？

齐藤大纪：我在北海道大学读二年级（1987年）时，城谷武男老师教我们汉语（先生当时是北海学园大学的教授），在老师的影响之下，我初次知道了沈从文这个伟大作家的名字了。之后我去了贵国武汉大学留学，留学期间上课之余，喜欢看路翎和沈从文的作品，回国之后就选了路翎为毕业论文的题目。上了硕士之后重新要找硕士论文题目（我毕业的北海道大学有习惯，硕士论文的题目最好不要沿袭本科毕业论文的题目），所以我选了原来喜欢看的沈从文先生的作品。另外一个原因就是1994年拜访了贵国湘西，我为湘西的美丽风景和淳朴人情所着迷。

张晓眉：请谈谈您的沈从文研究主要侧重哪些方面？截至2013年，您共撰写了多少沈从文研究著作或论文？

齐藤大纪：我的硕士论文题目是"边城"。但是，之后我觉得沈从文初期的都市题材的作品被评价过于低，而且认为要研究这位作家的足迹，沈从文创作初期作品的文体以及根据这些文体的语言世界是值得研究的。这以来，我侧重沈从文初期作品的研究。

张晓眉：截至到目前，贵国共翻译过多少部沈从文的文学作品？一般在哪些书店有售？

齐藤大纪：请参看我发给你的附件：《沈从文研究在日本》。

张晓眉：贵国是否曾将沈从文的文学作品改编成影视作品（如电视剧、电影、动画等）？

齐藤大纪：很遗憾，这都没有。但日本放送协会（NHK）播送过介绍凤凰县的《游逛世界：中国凤凰》。

张晓眉：沈从文的文学作品是否进入贵国的小学、中学和大学等教育机构的学习课程？比如以选修课等形式。（例如您在《日本沈从文研究的昨天、今天、明天》中提到的由今泉秀人、城谷武男合编的《雨后导读——中国现代文学指南》这一类的课本选编有沈从文的文学作品。）

齐藤大纪：中国现代文学作品进入我国小学、中学学习课程的只有鲁迅的《故乡》和《藤野先生》。但是大学汉语课本有沈从文的《萧萧》。中国文艺研究会编的课本《图说中国20世纪文学》《巨龙解剖学》当中有介绍沈从文的一节。

张晓眉：请您谈谈贵国都有哪些出版机构、学术刊物、文学杂志、电视、电影等对沈从文文学作品有过介绍？

齐藤大纪：这几年出版过有关沈从文的著作的出版社有出版小岛久代老师著作的汲古书院，出版刊物《湘西》的白帝社，出版小岛老师翻译集的好文出版，这些出版社均是专门出版有关中国和朝鲜专著的特殊出版社。出版城谷武男老师一系列著作的札幌堂书店是地方性出版社（因为城谷老师住在北海道，老师和那家书店的老板是朋友）。所以，这些出版社都不是一般的书店，读者也不是一般的读者，而是中国文学研究者。另外，介绍研究沈从文的刊物的有中国文艺研究会的《野草》、中国人文学会的《饕餮》、火轮发行会的《火轮》。《野草》是基本上住在日本关西地区（以大阪为中心）的中国现代文学研究者所办的同人性刊物，《火轮》是北海道大学中国文化论研究室的学生们所办的同人性刊物，《饕餮》是北海道大学中国文化论研究室的机关杂志。这些杂志并不能算是一般刊物。

这也很遗憾，一般的文学杂志、电视、电影等至今没有沈从文作品的介绍。

张晓眉：沈从文的作品在日本学术界和普通读者群中产生过哪些影响？

齐藤大纪：沈从文的作品在我国普通读者当中，几乎没有产生过什么影响。日本现代文学作家当中，武田泰淳翻译过《从文自传》，沈从文作品的影响具体情况还没有人研究过。

日本学术界，要是限于中国文学研究界的话，沈从文专家比较多，老一辈的小岛久代、城谷武男老师，年纪五六十岁的福家道信、今泉秀人、黄媛玲老师，四十多岁的中野知洋先生和我，三十多岁的津守阳和中野彻先生，再加年轻研究生，专家总共有十多位，另外写过有关沈从文文学的论文的研究者，应该不少于二十多位吧。人数仅次于鲁迅研究者，可能多于张爱玲研究者，明显多于郭沫若、茅盾、老舍、巴金等作家的研究者。

张晓眉：贵国是否举办过相关沈从文的学术研讨会、纪念会等会议？

齐藤大纪：这也遗憾，没有举办过。

张晓眉：截至2013年，有多少日本硕士、博士是以沈从文为论文选题的？

齐藤大纪：以沈从文为论文选题写博士论文的有中野知洋先生、津守阳女士和我。写硕士论文的，一定很多，可是因为现在我国没有查硕士论文题目的网页等，具体情况就查不到了。

张晓眉：上述资料对我的硕士学位论文写作和中国对今后沈从文文学在日本的传播研究极其宝贵，不知齐藤先生是否可以给我提供这些相关资料的原件或者复印件，所需费用我随后给您寄来！

齐藤大纪：这数量太多了！但是小岛、城谷老师的著作以及《湘西》等应该都寄到贵校了。我看，在贵国，吉首大学是收藏日本研究沈从文论文最多的研究机关。请首先在贵校查一下。如果有贵校没有收藏的论文，当然我可以寄给您！

张晓眉：2014年是沈从文先生代表作《边城》发表80周年和沈从文先生从事文学创作90周年，吉首大学沈从文研究所正在筹办"《边城》发表80周年暨沈从文文学创作90周年学术研讨会"，会议预计在2014年内举行，会议地点定在《边城》故事发生地湘西茶峒。不知先生可否写一些相关主题文章，届时可否安排行程前来参加会议？

齐藤大纪：我很想参加！我打算参加学术研讨会，如果不能参加了，到时告诉您！

张晓眉：请您介绍一下在从事沈从文研究过程中所涉及的沈从文文学作品和版本。

齐藤大纪：《边城》《还乡》《遥夜》《乡间的夏》《到坟墓去》《陀螺》《还愿》《我的教育》《老实人》《北京之文艺刊物及作者》《长河》《在别一个国度里》等。

张晓眉：请谈谈您的沈从文研究和对沈从文研究及作品评价。

齐藤大纪：这太难回答了！

张晓眉：请谈谈沈从文研究在贵国的起源、发展、被研究情况及其影响。

齐藤大纪：请参看《日本沈从文研究的昨天、今天、明天》。

张晓眉：请评估沈从文研究在贵国今后的发展与影响。

齐藤大纪：1. 城谷武男先生20世纪90年代开始的沈从文作品版本研究，这是值得重视的基本研究。《从文自传》等其他重要作品也需要版本研究。

2. 听说小岛久代先生快要出版《边城》的日文翻译。

3. 今泉秀人先生等几位研究者最近对沈从文20世纪40年代的作品有关心，这方面也快要有成就了吧。

4. 沈从文早期作品论，我应该出版。

5. 城谷武男老师等最近关心于沈从文解放后的书信。

6. 很多人关心于沈从文编辑的课本。

张晓眉：请您评价一下中国及其他国家的沈从文研究。

齐藤大纪：这也太难了。

张晓眉：《湘西》杂志共出版了十期，向成国老师都借我复印了，上面有停刊说明，我现在正在学日语，因为我笨的缘故，所以进度不快，阅读日语还是相当吃力，我一直想知道《湘西》杂志停刊的缘故，不知先生可否给我大概谈一下？

齐藤大纪：《湘西》杂志是城谷武男老师开始提出创办的。之后，1998年在贵校召开沈从文国际研讨会时，城谷老师、小岛老师、福家老师、中野知洋先生、中野彻先生和我等参加了研讨会，我们在吉首讨论了《湘西》杂志的创办，然后决定了创办。经费是由城谷老师、小岛老师、福家老师、黄老师、今泉老师负担，大部分编辑工作是中野彻先生和我做。停刊的原因：1. 创办时，决定要继续十年；2. 城谷老师和小岛老师退休（就是发生了经费问题了）；3. 中野彻先生和我每年暑假期间都要做编辑工作，前五年我在北海道做研究员，还有点时间，后五年因我的工作越来越忙，没有时间再做编辑工作了（这就是工作人员的问题）。《湘西》杂志停刊，大概就是这些原因。

王德威教授专访

写在前面的话： 采访王德威教授，是通过网络之便进行的。

2014年4月8日，我给王德威教授写了一封书信。

当时由我专访整理的《中外沈从文研究学者访谈录》书稿文字大概只有十余万字。

因读了相关文献，发现学者们对王德威教授的沈从文研究和王德威教授自己对沈从文的评价都较高：

比如吕周聚先生在《美国现代中国文学研究的现状与展望——王德威教授访谈》一文的摘要中曾如此评价："美国的现代中国文学研究始于20世纪50年代，至今已有半个多世纪的历史，期间出现了夏志清、李欧梵、王德威三个领军人物。"

又如王德威教授自己对沈从文的评价："在中国的所有作家里面，如果真的谈到我是谁的粉丝，或谁是我的偶像的话，那么沈从文我觉得是最伟大的作家了。"

2013年年底，我在与金介甫先生、周刚女士的书信往来中，意外得知王德威教授正在筹划在哈佛大学召开一个沈从文研究学术会议，我及时将这一消息转告吉首大学沈从文研究所的相关老师们，我们都为此感到由衷的高兴！我们很想了解王德威教授筹划这次学术会议的进程情况。

鉴于上述缘由，我按照向成国老师提供给我的王德威教授的电子邮箱，抱着试试看的心态，给王德威教授写了一封信。在信中，我将专访的目的和前因后果说得较为明白。不想王德威教授很快就给我回信，愿意接受采访，并表示很愿意支持我们的沈从文研究工作，只是目前较忙，得等到夏天或者秋天，到时可能会有空隙。

收到王德威教授的回信，我欣喜万分！

于是，我尽最大能力，将王德威教授撰写的关于沈从文研究方面的著作找来拜读，因找到的资料不多，所以我只拜读了王德威教授的部分相关论著，但所受启发还是很多的。

王德威教授的沈从文研究运用了西方文学理论如"戏剧性的独白倾诉""哥特式的恐怖""迭代语气"等来分析沈从文作品，并把他的作品纳入到西方文学批评的视野中。在王德威教授的《从头说起——鲁迅、沈从文与砍头》一文中，他分析了沈从文的《我的教育》《三个男人与一个女人》《黔小景》《新与旧》《黄昏》《从文自传》《湘西》等作品以不同方式所书写的有关"砍头"情节。

从人性视角来关照沈从文的作品，王德威教授继承了夏志清先生的观点。

王德威教授对沈从文作品中的"文学性"也提出了"批判的抒情""写实主义的抒情模式"等令人耳目一新的观点。

2014年10月28日，我再次给王德威教授写信，并随信发送了我写的采访提纲。11月7日午夜，我收到了王德威教授发来的就我所提问题的回复。虽然每个问题回复较为简洁，但考虑到王德威教授公务繁忙，能在百忙之中抽出时间就我所提问题做出回应，仅从这一点看，就显得弥足珍贵。特别是王德威教授随信一起发送给我由他撰写并于2008年发表在《中国文哲研究集刊》第33期上的《"有情"的历史——抒情传统与中国文学现代性》一文，将沈从文的抒情性写作与古今中外与之相关的抒情联系起来进行论述，给人以深刻启示。

现将王德威教授接受专访解答刊登如下，期望为今后的沈从文研究事业留下宝贵史料。

张晓眉：您是从什么时候开始关注沈从文研究的？

王德威：1980年。

张晓眉：您一般是用中文写作还是用英文？
王德威：中、英文。

张晓眉：夏志清先生20世纪60年代撰写出版的《中国现代小说史》对沈从文评价很高，您在哥伦比亚大学与夏志清教授有过十五年的共事经历，您对沈从文评价也很高，您对沈从文的理解和研究是否受到过夏志清先生的影响？
王德威：夏先生的影响不可讳言，但沈从文其人其文的魅力，对任何文学研究者都有直接影响。

张晓眉：您在《海外中国现代文学研究的历史、现状与未来——"海外中国现代文学译丛"总序》评价夏志清的"《中国现代小说史》（ *A History of Modern Chinese Fiction* ）堪称是欧美现代中国文学研究的开山之作，至今仍为典范"。在这本书中，夏志清用一章的篇幅来介绍沈从文，给了他很高的评价。请您谈谈夏志清先生的沈从文研究。
王德威：夏志清是英美文学界第一位全面而又系统评价沈从文的学者，对沈的人文精神、乡土情怀有深刻分析。

张晓眉：您在接受李凤亮的采访时说："在中国的所有作家里面，如果真的谈到我是谁的粉丝，或谁是我的偶像的话，那么沈从文我觉得是最伟大的作家了。"请您具体谈谈沈从文伟大在何处，可以吗？
王德威：请看拙作复旦大学版《写实主义的虚构：茅盾，老舍，沈从文》专章，批判的抒情，想象的乡愁。

张晓眉：您曾经评价金介甫先生的《沈从文传》是"英语世界迄今为止最好的对沈从文其人其作的研究"。请您谈谈您当下对这部著作的评价，可以吗？
王德威：仍然是唯一一部。

张晓眉：您专门论述过沈从文的《我的教育》《黄昏》《新与旧》《黔小

景》《三个男人与一个女人》《从文自传》和《湘西》等作品中的砍头现象，并就沈从文笔下的砍头与鲁迅等作家作品中的砍头一起进行比较阐释。当时是什么触动您会以作家笔下的"砍头"来写一篇作品？

王德威：沈从文的眼光独到，早已超出感时忧国的情怀。

张晓眉：很喜欢您写的《北大识小》一文。在您的讲座中，我发现您经常会提到沈从文及其作品，通常都是褒义的，有没有学生在听您的讲座时，给您提不同意见的？

王德威：似乎没有。

张晓眉：李欧梵先生曾经师承夏济安先生（夏志清的哥哥），在他的研究领域里，也涉及过沈从文研究，可否请您谈谈夏济安先生对沈从文的相关评价和李欧梵先生的沈从文研究？

王德威：抱歉。所知实在不多。

张晓眉：吕周聚在《美国现代中国文学研究的现状与展望——王德威教授访谈》一文的摘要中说："美国的现代中国文学研究始于20世纪50年代，至今已有半个多世纪的历史，期间出现了夏志清、李欧梵、王德威三个领军人物。"夏志清、李欧梵和您都曾对沈从文做出过很高的评价，您最喜欢沈从文的哪部作品？你们对沈从文评价如此之高主要是基于他哪方面的成就？

王德威：吕先生的溢美之词，我很惭愧。近期对沈的评价，请看附件论沈的部分。

张晓眉：请您谈谈当下美国的沈从文研究现状。

王德威：仍然非常有限，注意力多半集中于鲁迅。希望不久在哈佛举办沈从文国际研讨会。

焦石教授专访①

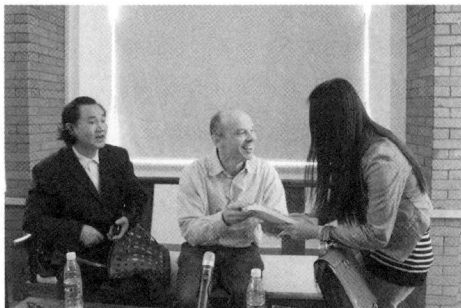

焦石先生（中）应吉首大学学生之请在《轻盈地掠过现代性的泥淖——沈从文小说中的反讽意象和异域情调》一书上签名

孙立青　摄

写在前面的话：决定去采访焦石先生，还得从2014年6月吉首大学文学院、沈从文研究所联合怀化学院、吉首大学张家界学院、吉首大学师范学院在湘西边城茶峒召开的"沈从文文学创作90周年暨《边城》发表80周年学术研讨会"说起……

在研讨会休息间隙，会务组向与会学者推荐最新沈从文研究学术成果，其中就有焦石先生研究撰写、杨子琴女士翻译的《轻盈地掠过现代性的泥淖——沈从文小说中的反讽意象和异域情调》（以下简称《轻盈地掠过现代性的泥淖》）学术著作。因杨子琴女士系杨瑞仁先生的女儿，我因采访杨瑞仁先生之故，兼杨瑞仁先生与焦石先生交谊甚厚，杨先生在该书还未正式出版时，就已承诺赠我一本。在研讨会召开前夕，杨瑞仁先生果然不失前诺，慷慨赠予了我一本，并亲自题词。在该次学术研讨会收集的论文集中，我还发现覃新菊教授、何小平博士等学者专门撰文评论这部由异域学者焦石先生推出的最新力作。

会后，我先后拜读了杨瑞仁先生赠送的《轻盈地掠过现代性的泥淖》和相关评论文章，感受很深。于是，按照杨瑞仁先生提

---

① 因版权原因，焦石教授的专访采用英文原文。

供的焦石先生的电子邮箱，给焦石先生写了一封书信，信中谈了我的阅读感受和当下正在进行的《访谈录》采访以及准备采访他等相关事宜。焦石先生很快给我回信，信中谦虚地说，自己的沈从文研究并不值得我去采访。在信的末尾，他还给我附了金介甫等国外沈从文研究专家的联系方式，并就他所了解的那些学者的研究方向和成果作了简要介绍……

后来，我们又有过几次书信往来，期间我将写好的专访提纲发送给焦石先生审阅，他在回信中告诉我，他会在2014年11月访问中国，北京可能是他中国行程地点之一。得知这一信息，我兴奋异常，因为这意味着我们可以面对面地交流沈从文研究，我也有幸能够聆听一位异国学者阐述他的沈从文研究历程，这自然比通过网络进行专访会有更多优势和收获。

2014年10月中旬，我刚从吉首回到北京，就收到杨瑞仁先生的来信，告诉我焦石先生已经到了湖南长沙。我赶紧将焦石先生之前写给我的书信找来，发现焦石先生在信中所写的日期确实是November（11月）而非October（10月），想必是焦石先生的中国之行提前了。于是我赶紧给焦石先生写了一封书信。焦石先生很快给我回信，信中告诉我，他行程的下一站是湘西，北京可能是他携夫人回国前的最后一站，但还不能确定，如果情况有变，他会及时告诉我……

我因刚从吉首回到北京，旅途劳累，兼家里还有一些事情需要处理，又想到焦石先生可能会来北京，于是就决定在北京恭候焦石先生携夫人到来。10月15日，焦石先生在吉首大学作了一场"从文大讲堂"，我的师弟孙立青将他拍摄的照片发送给我，让我得以一睹焦石先生的风采。

期间我和焦石先生有过几次书信往来，对他的行程了解也比较清楚。所以也就比较安心地在北京恭候他的到来了。

2014年11月6日，焦石先生给我来信：I'm leaving now（我现在离开了）！因为临时事务安排，他不能来北京了，且已从上海回国。可想而知当时我的遗憾心情！我甚至开始责备自己，焦

石先生在吉首期间，我应该回吉首大学去拜见他的。好在焦石先
生在信中向我承诺，他一定会找时间回答我提出的专访问题，事
已至此，也只好如此，但是遗憾还是困扰了我好些天……

2015年2月23日，焦石先生给我来信，且兑现了他之前的承
诺：答复了我提出的所有问题！在年味尚在，春意开始仰头的时
刻，有朋自远方问候，不亦乐乎！

现将焦石先生专访刊登如下，感谢这位异国同仁对沈从文研
究事业的大力支持！同时焦石先生自身具备的异域文化背景和他
从一个迥异的文化视角研究沈从文文学，他的研究必将为今后的
沈从文研究事业提供新的启示、研究方向和研究视角，进而促进
沈从文研究事业不断向前发展……

张晓眉：您最初读沈从文的作品是在什么时候？是别人介绍您读的还是您自
己无意发现的？

焦　石：The first work by Shen Congwen I read was *The Border Town*（《边城》），
in 1988. A Chinese friend of mine encouraged me to read it.

张晓眉：您是从什么时候开始正式从事沈从文研究的？

焦　石：In 1994.

张晓眉：请您谈谈您的中文名字可以吗？为什么取名焦石？有什么特别意义
吗？

焦　石：That's very simple: My family name is Giordan, so I chose 焦（Jiao）
because it is a Chinese family name phonetically similar to the first letters of mine, Gio.
My first name is Pietro, and Pietro means "stone（石）".

张晓眉：您的博士论文（蒙特利尔大学）选择研究沈从文，是您自己选择
的，还是您的导师在这方面有研究，指导您选择研究沈从文的？

焦　石：That was my choice. My supervisor agreed with that.

张晓眉：在贵校，知道沈从文研究的学者多吗？

焦　石：No. Not many.

张晓眉：据您所知，贵国都有哪些人在读沈从文的作品？

焦　石：Unfortunately not many. Mostly people who have a professional interest in Chinese literature.

张晓眉：请您谈谈沈从文研究在贵国的情况。

焦　石：In Canada not many academic researchers have been carried out on Shen Congwen.

张晓眉：您在《轻盈地掠过现代性的泥淖》的自序中评价"沈从文的作品是重新定义中国文学现代性的一座里程碑"，您对沈从文文学成就评价如此之高，在您了解的西方沈从文研究中，是否还有其他学者也持类似观点？

焦　石：I think that similar views had been expressed by Professor C.T. Xia（夏志清）, Professor Kinkley（金介甫）, Professor Wang Dewei（王德威）and Professor Rabut.

张晓眉：请您谈谈沈从文作品在西方被翻译的情况。其中哪些翻译作品是您比较欣赏的？

焦　石：I think that the best translations in English are those edited by Professor Kinkley in the volume *Imperfect Paradise* and, in French, the translation of Shen Congwen's autobiography by Professor Rabut.

张晓眉：请您谈谈您在中国游学的经历，这些经历是否对您理解沈从文的作品产生过影响？

焦　石：I spent a few years of my life in China first as a student, then as a translator and interpreter, and finally as a researcher. For sure, for me, Shen Congwen is one of the most important moral and intellectual references to understand China.

张晓眉：您共去过湘西几次？您印象中的湘西与沈从文笔下的湘西有哪些契合和差异？

焦　石：I visited Xiangxi（湘西）three times（in 2006, 2009 and 2014）. I have noticed that many changes have taken place there. The Xiangxi described by Shen Congwen belongs to a different historical era and is of course very different from what I have seen. In a sense, it was a much smaller world. On the other hand, even if I have a very limited understanding of that area, I can see that regionalism, as masterfully described by Shen Congwen, is still very strong.

焦石先生（左四）在吉首大学沈从文纪念馆与何小平博士、杨瑞仁教授、向成国教授、刘一友教授和李端生副馆长合影留念

张晓眉：您曾经在北京大学访学两年，我们知道，北京大学是我们中国顶尖级高校，人才济济，要找一个中英文水平都很高的翻译学者是很容易的，您为什么会选择与吉首大学合作？

焦　石：In Jishou（吉首）there is a Research Centre（研究所）devoted to Shen Congwen. This kind of institutional support and the passion for this great writer are unique. These are probably the most important factors.

张晓眉：杨瑞仁老师给我介绍您时，评价您的中文修养非常高，您为什么不自己直接翻译？

焦　石：Professor Yang（杨瑞仁老师）is very kind and generous in his evaluation. The fact is that at the beginning I translated some parts of my work but I soon realized that the whole thing would have taken too long. Also, the result could not possibly be as good as the work by a professional translator.

张晓眉：杨子琴女士在给您翻译这部《轻盈地掠过现代性的泥淖》过程中，你们是否会经常交流意见？

焦　石：Yes. Of course. We were constantly in touch. She is an excellent translator!

张晓眉：您的著作《轻盈地掠过现代性的泥淖》被翻译成中文，出版之前是由您审过稿的吗？请谈谈您读了这部翻译著作的感受。您认为这部翻译著作与您的原著还存在哪些差距？

焦　石：I revised and checked the translation. The Publisher（云南大学出版社）, being high-quality, did that too, and very meticulously! I am very thankful to the Publisher! It is interesting to see how my thoughts and ideas are expressed in another language. My impression is that everything is everything I wanted to say is there, just differently expressed. Also, I think since I had to clarify a few points for the translator, in the end something is perhaps even more clearly presented in the translation than in the original.

张晓眉：我看到杨子琴女士在这部《轻盈地掠过现代性的泥淖》译著中，引用了很多庄子的话，您的原著就是如此吗？

焦　石：Yes. Of course!

张晓眉：据杨瑞仁老师说，您的这部著作原名为"从沈从文的作品的反讽和异乡情调看沈从文的现代性"，后来您改成了现在的"轻盈地掠过现代性的泥淖——沈从文小说中的反讽意象和异域情调"，您觉得后面这个好在哪里？

焦　石：I think that the title of the book makes clear in a more vivid way how Shen Congwen approaches modernity and how his writing deal with the complexity of modernity.

张晓眉：吉首大学覃新菊教授解读您的著作标题："'轻盈地掠过现代性的泥淖（*Drifting Lightly Over the Troubled Waters of Modernity*）'，'现代性的泥淖'，既是一个陷阱，也是一道历险，中国现代文学中有几个作家能够'掠过'和穿越，从而完成真正意义上的现代叙事？'轻盈地'一词，形容姿态的轻柔优美，而作者将这一形容词慷慨地赠予了沈从文，无疑，是指向其叙事的驾轻就熟与现代性意味的充足。"您是否认同她的这种解读？

焦　石：I would like to thank Professor Tan Xinju（覃新菊） for summarizing in very precise terms the meaning of the expression *Drifting Lightly over the troubled waters of modernity*（《轻盈地掠过现代性的泥淖现代性的泥淖》） as I applied to Shen Congwen's fiction. I would like to add that, like Calvino（卡尔维诺） said once, lightness（轻盈地） is a positive value in literature. Lightness is also the ability of reading the world（of modernity）. I think many people, especially in the past, considered Shen's literature as shallow just because their thoughts were perhaps too heavy! I might be wrong, but that's probably why most of their works simply sunk in the "troubled waters of modernity".

张晓眉：您在《〈凤子〉中反讽的各个侧面（上）》中提到了两个反讽定义：苏格拉底式的反讽和浪漫的反讽，您在《轻盈地掠过现代性的泥淖——沈从文小说中的反讽意象和异域情调》一书中的反讽，在您看来，是属于苏格拉底式的反讽还是浪漫的反讽？

焦　石：That's a very interesting and complex question. Shen Congwen is not a philosopher, like Socrates, who claims that all that he knows is that he doesn't know. But Shen is not like the romantic poets who write to express ideas that are characterized by a fundamental ambiguity. Shen Congwen is an artist who sometimes writes fiction like poetry. He is very close to the world and the tragic experiences of the people he describes. At the same time, he seldom creates one-sided, pathetic narratives. In his writing, in general, irony is the result of the coexistence of contrasting feelings（sadness and joy, for instance）. Perhaps, we could borrow the expression used the French philosopher Jankelevitch（弗拉基米尔·扬科列维奇） and suggest that irony in Shen Congwen's fiction can be compared to the experience of taking a shower that is both cold and hot at the same time!

张晓眉：您在《轻盈地掠过现代性的泥淖》一书中，给《凤子》一文很大的篇幅，您的解释是"选择《凤子》作为分析对象是因为它之前一直没有得到应有的关注"，"《凤子》可以看作是沈从文写作特征基本思想的一种综合"，沈从文还有很多作品没有受到应有的关注，比如他早期的作品。在您看来，沈从文的写作特征基本思想主要表现在哪些方面？

焦　石：*Feng zi*（《凤子》）is very important work, especially in order to understand many of the most fundamental aspects in Shen Conwen's poetics, as well as many of its contradictions. I believe that this work did not attract much critical attention because many people thought that since the work was left unfinished it did not deserve to be studied; or could not be studied. But, I am of the opinion that, very often, it is by looking at what has not been completed that we can see all the possibilities and directions taken into consideration by a writer. As for the question （沈从文的写作特征基本思想主要表现在哪些方面）I think the answer can be articulated in a few sentences. In my humble opinion, the interaction between the special kind of Shen's irony and exoticism is the key issue.

张晓眉：在《轻盈地掠过现代性的泥淖》一书中，您写道："我们认为沈从文的小说是中国文学史上最现代、最富于异域情调的，其原因在于它的相异性的文学表现形式是中国文学史上最丰富多样的。"您做出这样的判断主要是基于沈从文的哪些作品？

焦　石：As I have tried to explain in my book, the concept of exoticism and difference are fundamental features of modernity. These concepts, in different ways and to different degrees, characterize, all of Shen Congwen's fiction.

张晓眉：在《轻盈地掠过现代性的泥淖》一书中，您写道："他（宗泽）有力地证明了自己的观点：人如果单纯一点儿，做人也就更加方便。这里隐含着对那些总是思考着怎样做人的人的批判。"您是否认为这其实就是沈从文自己的观点？您是否认同这个观点？在贵国，人们对做人的方式是怎样理解的？

焦　石：I am of the opinion that we should not directly identify what a character says with what a writer thinks. Let's say that simplicity can be a natural condition. But culture makes things more complicated and simplicity becomes an ideal to be re-achieved. That's a Taoist view. Shen Congwen was very familiar with this view. I do appreciate simplicity. Every country has different social codes and it is difficult to generalize. But let's say that in North America, a certain kind of simplicity seems to be more widespread than, let's say in Southern Europe or in China.

张晓眉：您在《轻盈地掠过现代性的泥淖》的《后记》中引用了卡尔维诺的话："原著告诉我们的东西永远是最多的。"这话好像有一语双关的作用：研究沈从文需要读他的原著，关注一个国外学者的沈从文研究，阅读该学者的原著也是很关键的。我这样理解对吗？

焦　石：What Calvino means is that literary criticism can't say more than what is expressed by literary works . On the other hand, literary criticism can encourage people to read（or re-read）literary works.

张晓眉：《全集》您都读完了吗？在沈从文先生的二百多部（篇）文学作品中，您最喜欢的是哪一部？为什么？

焦　石：I have focused my attention on Shen's fiction and essays. But, I just have a very basic understanding of his work on material culture. It is difficult to say what literary work I prefer. Let's say that when I started my research on Shen Congwen I became very fond of the short-story *Huiming*（《会明》）.

张晓眉：我在您的《轻盈地掠过现代性的泥淖》这部著作中看到您引用了一些金介甫对沈从文作品的评价，请您评价一下金介甫的沈从文研究在西方的影响。

焦　石：Professor Kinkley's research was ground-breaking, not only in the West. His influence was huge.

张晓眉：您是否读过金介甫和凌宇分别撰写的《沈从文传》？请您评价一下这两部传记对您的沈从文研究的影响，可以吗？

焦　石：Professor Kinkley's approach is primarily, even though not exclusively, historical. The work by Professor Lin Yu（凌宇）is a very detailed biography written by an insider. Both works are hugely important.

张晓眉：在诸多的沈从文研究成果中，对您影响比较大的是哪位学者？

焦　石：I learnt a lot from all the scholars I mention in my book.

张晓眉：沈从文先生的《边城》已经成了世界经典，莎士比亚也有一部经典著作《威尼斯商人》，湘西与威尼斯均为真实的地名，因两部经典文学作品影响的缘故，给人以无尽的想象。您曾经去过沈从文先生的故乡湘西，您的故乡是威尼斯，请您谈谈这两个文学地域曾经对您产生过哪些影响？

焦　石：I think that Xiangxi and Venice are two wonderful, unforgettable places. They have many things in common and they both have become literary themes, or literary places. For instance, as you say, there is Shakespeare's Venice, but there is also Calvino's Venice (Calvino's novel *Invisible Cities*). And there is Shen Congwen's Xiangxi. Xiangxi "followed" Shen wherever he went. I can say that Venice is always on my mind. But, this is normal. What is unique is the fact that people who visited and spent some time in Venice and Xiangxi, very often might feel the same way.

张晓眉：您通过文本细读的方法来阐述沈从文的文学，这种研究方式在西方学界多吗？

焦　石：Many scholars put more emphasis on theory. Other scholars, a minority, take more stylistic and philological approach. Let's say that my approach is not the most common. I try to bring together theory and close reading.

张晓眉：杨瑞仁先生在介绍您的时候，提到了您精通意、法、英、汉四国语言，懂这么多语言是因为您有语言天赋还是因为您勤奋学习的缘故？它们对您的学术研究带来过哪些便利？

焦　石：I think that I might have a little bit of talent but that the most important think is studying using a good method. Also, being born in Italy, it was easy for me to become aware of linguistic diversity because there are so many languages in Europe and it is relatively easy to become interested in language study. As for the advantages knowing different languages can bring to my scholarly research, I think that they are quite obvious: You can read texts in the original language; you can read texts that have never been translated; also you can discuss directly with colleagues from different countries and cultural background. But I would like to stress that studying and learning a foreign language gives me a strong intellectual pleasure and can hugely facilitate human relationships.

张晓眉：您是从什么时候开始学习汉语的？与其他几门语言相比较，哪门语言比较难学一些？

焦　石：I started in 1984, At Venice University. Chinese is by far the more difficult language I am familiar with.

张晓眉：在您从事沈从文研究的过程中，您阅读的是沈从文的原著还是翻译作品？您能读懂沈从文作品中大量的湘西方言词语吗？这些方言词语有没有对您的沈从文研究造成过困扰？

焦　石：I read the original versions, of course. But I also read various different translations. I did meet with some linguistic difficulties that slowed down my research.

张晓眉：您的著作《轻盈地掠过现代性的泥淖》参考文献涉及中文资料二十二部、外文资料八十部，您实际阅读的资料估计不止这么多，可见您的视野之广，知识面之丰富，您将这么多的史料融入到一部书中，一定费了不少心思。请谈谈您在写作这部著作过程中的一些感受。

焦　石：Of course there are many more books, not included in the bibliography that inspired me in a more indirect way. On the other hand, the issue is not only about how many books you read, but also on how you understand what you read, and the connections you can make in order to make a strong, original and persuasive argument. I had some intuitions about Shen Congwen's fiction and I followed and developed them to the best of my ability. The writing process was relatively quick but what came before was very time-consuming. On the other hand, I think that my knowledge is still quite shallow and there are many more things I have to learn.

张晓眉：我在拜读您的这部著作时，发现您对中国的经典著作如《老子》《庄子》《文心雕龙》《红楼梦》《老残游记》等均有涉猎，对古代诗人如沈约、陶渊明等都有研究，这些知识的具备对您理解沈从文有哪些帮助？

焦 石：I think that we can't really appreciate the value and the originality of Shen Congwen's work, without a basic understanding of the texts and writings you mention （but also of other classical material）.

张晓眉：您的主要研究方向是中国现代小说、华侨文学、比较戏剧学和比较美学。除了沈从文研究外，您是否还研究了中国其他现代作家与作品？请您谈谈您对中国现代小说的理解？

焦　石：As a Master student I worked on Mao Dun （茅盾） and translated into Italian one of his novels *Hesitation* （《动摇》）. I also did some research on his work on mythology . I spent some time on the Chinese League of Leftist Writers （中国左翼作家联盟）. More recently, I have been working on Cao Yu （曹禺） and Modern and Contemporary Chinese drama. I think that the best modern Chinese fictional works are those by Shen Congwen, Lao She（老舍） and Lu Xun（鲁迅）. In general, with a few exceptions, modern Chinese writers were more successful with short-story than longer narratives. A thorough re-evaluation of the May Fourth literature （五四文学） tradition, as well as of the notion of modernity and modern Chinese literature has been going on for quite a few years. But I think that there is still lot of work that needs to be done.

小岛久代女士专访

2013年7月19日，在巴黎国际比较文学年会上参加沈从文的圆桌会议的成员合影。从左至右：周刚女士（美国路易斯安那州立大学教授）、Isabelle Raubut（法国沈从文研究学者）、欧阳桢先生（美国印地安纳大学名誉教授、比较文学研究者）、金介甫先生和小岛久代女士

写在前面的话：小岛久代女士20世纪30年代出生于中国大连，并在中国接受了中、小学教育。20世纪60年代初次接触到沈从文文学作品，20世纪70年代正式从事沈从文研究，先后撰写沈从文研究学术论文《沈从文研究在日本》《日本近期的沈从文研究》《〈月下小景〉考》《〈边城〉试论——沈从文关于沈从文的爱和美》等二十余篇，著有专著《沈从文——人与作品》《鲁迅与同时代人》《在转换期的中国知识人》《中国、朝鲜文学的魅力》等著作，翻译沈从文的著作有《沈从文小说翻译选》《湘行散记》《来自边城的爱情故事》等。

值得一提的是，为研究沈从文，小岛久代女士曾多次来中国湘西实地考察、采风，撰写过《湘西旅游记》等，参加过相关沈从文学术研讨会.她与日本学者城谷武男、齐藤大纪、中野彻、福家道信、今泉秀人等学者创办沈从文研究学术期刊《湘西——沈从文研究》，历时十年，发表了研究沈从文的诸多作品，读者面涉及日本大学的研究生、大学教师以及中国的沈从文研究学者等，成为日本的一个沈从文研究重要基地。

即使退休以后，小岛久代女士依然密切关注沈从文研究，并于2013年11月出版了沈从文翻译著作《来自边城的爱情故事》（《辺境から訪れる愛の物語》），且在日本的大学举办相关学术报告和讲座……

从20世纪70年代正式开始从事沈从文研究至今，小岛久代女士为沈从文研究做出了杰出贡献。鉴于此，当我在拟定采访名单时，很自然地就将小岛久代女士列入到了采访名单上，并在向成国老师的帮助下，于2013年12月20日给小岛久代写了第一封书信，随信附有我撰写的采访小岛久代女士的提纲。因为小岛久代女士工作非常繁忙，她回信告诉我她正忙于翻译俞平伯的《陶然亭的雪》和协助日本中国三十年代文学研究会出版《中国现代散文选》等事宜，她会抽时间回答我的问题，只是需要给她多点时间。她的书信写得非常亲切诚恳，让我非常感动。

2015年3月25日，七十七岁的小岛久代女士将我所提的三十多个问题一一做了详细解答并发送给我。细读近万字的精彩解答，字里行间充满了智慧和深刻见解，让人心生敬意！感谢这位异国学者对沈从文研究事业的大力支持！让我们记住这位在沈从文研究领域做出重大贡献的杰出学者！

张晓眉：我从相关资料了解到，您出生在中国，并在中国接受了早期教育，这段经历对您研究和理解沈从文的作品内涵和价值是否有帮助？

小岛久代：虽然1938年我出生于中国，但是这并没有直接影响我的沈从文研究。我七岁的那年夏天，日本战败了。当时我父亲是一名化学工程师，他在一座化学工厂（现在的大连化学工厂）当厂长。日本战败后，我的父亲本来打算马上带家眷回日本的，但是因为苏联从东北撤退后，中国政府重建化学工厂，亟须技术人员，希望他能留在中国参加重建工作，经过权衡，我的父亲决心留在中国大连继续工作。

当年，正好有几位有资格教小学的日本人组建了一所大连甘井子日侨小学校，我从三年级开始，就进了这所小学念了三年高小。我从小喜欢看书，无论是儿童文学作品还是其他小说，比如《罪与罚》《白痴》等俄国翻译小说，我都喜欢读。小学毕业后，我在大连日侨中学学习，这期间，我又读了夏目漱石的《心》、吉野源三郎的《你们应该怎样生活》等日本近代小说。

1953年11月，居住在大连的日本人突然被分派到中国各地去工作，我的父亲也被派到了南京永利宁厂（公私合营的化学工厂）工作，于是我们一家就随父亲一起搬到了南京。与我们同行的还有其他八位日本工作人员和他们的家属，我也转学进了南京师范学院附属中学学习。这样我们日本的学生就有了更多的机会与中国学生接触。那段时间，我们与中国学生同吃、同住、同玩，度过了一段难忘的时光。那时，我还读了当时同学们爱读的《牛虻》《钢铁是怎样炼成的》等翻译小说，虽然当时我的中文水平还不太高，但是我跟同学们一起读这些俄罗斯小说，基本上也是能读懂的，觉得很有趣。

张晓眉：您是在中国的"文化大革命"时期开始关注沈从文的，那是沈从文最不如意的一段时间，您是在一种什么样的情况下开始沈从文研究的？具体时间是哪一年？

小岛久代：1961年，我从御茶之水女子大学中文系毕业。毕业后不久，我就结婚了，并跟随我的先生到了中国香港。我的先生在亚细亚经济研究所研究中国经济，所以被派到香港大学（因为当时日中之间还没有邦交）学了两年汉语。在港期间，我去了一所日本贸易公司工作。我们的房东太太是位中国北方人，她的先生曾做过香港《大公报》的记者，但后来流亡去了英国。这位留守在香港的太太只能靠房租和在香港大学教外国人汉语来维持生活和抚养她的两个儿子。她爱请客，我们一家也常常受她邀请，于是大家有很多机会经常一起吃饭聊天，认识各种人。有一次，客人中有一位四川人，送了我一本香港复印的《萧萧》，我只记得封面上画着的是一个梳着两条辫子的少女。在此之前，我根本不知道中国现代文学里还有一位叫沈从文的作家，因为我在南京师范学院附属中学学习时，没听说过这个作家的名字，在御茶之水女子大学也没学过，我只知道鲁迅、老舍、冰心等作家。当那位四川客人特意送给我那本《萧萧》后，我也没在意，也没有仔细去读。

1972年，我考进了东京大学人文科学研究科攻读硕士课程时，当我读了松枝茂夫1938年翻译的《边城》（一共有八篇作品），才知道中国还有这么一位类似俄国屠格涅夫（ツルゲーネフ）式的描写自然美、人情美的作家，立即就喜欢上了，我当时根本不去考虑政治上的问题，只认准自己喜欢的小说才值得研究，就这样，我选择了沈从文作为研究对象，写下了我的第一篇关于沈从文研究作品《关于沈从文》。

张晓眉：您在东京大学就读硕、博士，您的硕士学位论文是《关于沈从文》，请问您的博士学位选题也是沈从文研究吗？

小岛久代：硕士毕业后，我虽然继续攻读博士课程，但是因为当时日本大学没有硬性规定一定要提交博士论文，我也并不热心于写博士论文，所以只是选修完成了博士课程，随后就开始做大学非常勤讲师教汉语了。（非常勤讲师：即不是有固定身份的专任讲师，是临时性的讲师。其实日本大学里这样没有固定身份的讲师占教员的大多数。）

张晓眉：您最初做沈从文研究的动机是什么？是在前辈学者的介绍、影响下从事沈从文研究的？还是自己发现了沈从文文学价值从而进行相关研究的？

小岛久代：关于我做沈从文研究的动机，前面已经回答了，就是我喜欢沈从文的写作风格。我没有前辈学者的介绍，只是凭自己喜欢就开始了沈从文研究。

张晓眉：我在采访中国学者凌宇、向成国、王继志等和阅读金介甫的《沈从文传》等相关沈从文研究著作的时候，发现他们都碰到了一个相同的问题：即收集沈从文的资料很困难。您的沈从文研究是否也碰到过类似的情况？您的沈从文资料一般是通过什么渠道获得的？

小岛久代：当然，我也碰到过同样的困难。不过，1961年5月到1963年3月我逗留在中国香港时，我在那里的摊子上可以收集到很多在大陆买不到的由开明书店出版的沈从文小说，也有香港出版的复印本。但在我刚开始研究时，原始资料只得托中国朋友到各个图书馆去复印，或者我自己带学生去中国时，到图书馆或中国现代文学馆去复印。

张晓眉：您在大学期间的学位论文选题是沈从文研究。您的专著《沈从文——人与作品》是否就是在您的学位论文的基础上完善而成？还是全新的研究成果？当时为什么会选择这样一个视角来研究沈从文？

小岛久代：我的《沈从文——人与作品》是根据1985年到1996年在大学刊物上发表过的几篇论文改写而成的。

张晓眉：您的专著《沈从文——人与作品》目前我还未发现有中文译本，只看到赵汉斌先生翻译的目录，您在书中就沈从文的初期作品（1924—1927）、鲁迅与沈从文等都进行了专章论述，可否请您谈谈您的这本专著的创作宗旨和具体内容？

小岛久代：《沈从文——人与作品》里《鲁迅与沈从文》已经翻成中文并被收录在《左翼文学的时代》里。我把鲁迅与沈从文三次争论（"京派"和"海派"争论、《禁书问题》、《谈谈上海的刊物》）分三章根据原始资料详细客观地做了分析，记述如下："沈从文对于文学争论的意思和意义，可以说完全不理解也不加以评论。沈从文主张文学的正道是创造小说、新诗、戏剧，并不是写滑稽、幽默、讽刺的小品文，也不是"私骂"的文学争论……沈从文一直坚持五四时期文学研究会提出的"人的文学"的理念，他在担任《大公报·文学副刊》的编辑时，热衷于新作家的发掘和培养。他盼望在上海也能出现纯文学的刊物，但是"对于将自己的生命置之度外，以杂文为武器与敌人进行争论并将其作为主要的文学使命而全力以赴的鲁迅来说，沈从文对'争斗'的无知实在让他不能理解，或许是不能容忍吧"。最后得出了"两者的文学观、文学行为、生活方式的不同表现得淋漓尽致，给我们留下了鲜明的印象"的结论。

有关初期作品（1924年至1927年），除了《入伍后》以外，还没有在日本翻译介绍过，因此我选择了《公寓中》《绝食以后》《市集》《更夫阿韩》《瑞龙》《移防》《黎明》《入伍后》《篁君日记》等九篇作品，一边介绍内容，一边加了一些评论。这些作品都是沈从文读了林琴南翻译的狄更斯小说，以及《红楼梦》《说部丛书》等名著小说后写的习作。我认为虽然这些都是习作，但是已经非常成功地描写了城市生活者想象不到的，独特而饱满的湘西少数民族的生活，使读者能领会其魅力所在。我认为，正因为有这些习作经验，才会产生像《从文自传》《边城》等名作。虽然《篁君日记》里描写的人物、心理等有不现实的缺点，但是作者受了歌德小说、《梭罗门的歌》、《红楼梦》的影响，他对人生"不能领会伦理的美"，"接近人生时我永远是个艺术家的感情，绝不是道德君子的感情"的审美观已经在作品里初步地表现出来了。

关于《阿丽思中国游记》，大多数评者认为是失败之作，虽然我也承认这部作品写得太冗长，但我认为它并不是一部儿童小说，其中借原作的儿童小说改编为一部讽刺小说之处是很有意义的。作者通过阿丽思的眼光描写出了当时的汉族与苗族的关系等同于侵略和被侵略的关系，而且作者站在最底层的苗族人民的立场上揭示了他们受汉族支配的问题。

《沈从文——人与作品》的写作动机是试图通过对作品的介绍，从而让日本人知道中国现代文学史上除了鲁迅、老舍、郁达夫等主流作家以外，还有像沈从文这样很有魅力的非主流作家。我认为沈从文描写的湘西少数民族的世界很像日本古代的风俗习惯，比方说对歌与万叶时代的相闻歌相似，游方等风俗类似于日本农村盂兰盆舞后的年轻男子偷偷到女人家去过夜的习惯。因此对日本人来说，沈从文的作品并不陌生，一定会唤起一种怀恋而亲切的感情。

在日本，沈从文的作品虽然在翻译方面有了一些成果，如1938年松枝茂夫就已经把《边城》《丈夫》《夫妇》《会明》《灯》《柏子》《龙朱》《月下小景》等八篇作品翻成日文，并由改造社出版；1954年，河出出版社又出版了松枝的上述八篇译文作品，并增加了立间祥介和冈本隆三翻译的《从文自传》《旅店》和《结婚前》，书名为《沈从文作品集》；1970年由河出书房新社出版的《现代中国文学》第5卷再次收录了松枝茂夫翻译的《边城》《丈夫》《夫妇》《灯》《会明》等。但是，研究方面直到1997年止，日本还没有沈从文研究专著出版，所以拙作《沈从文——人与作品》可以算是最早的，也是抛砖引玉之作。

张晓眉：有一种观点说：沈从文和鲁迅分别是从爱和恨两种截然不同的文学样式来表现中国，您怎么看这种观点？

小岛久代：我同意刘洪涛的看法——鲁迅的《阿Q正传》写的是中国人的劣根性，而沈从文的《边城》则写中国人的优根性。

张晓眉：您如何看待沈从文1924年至1927年期间的创作对他的中后期作品创作的影响？

小岛久代：这个问题前面我已经谈到了。

张晓眉：您在《〈月下小景〉考》中分析了中国妇女的命运，比如"好女不嫁二夫"等，贵国对女性的再婚持什么态度？

　　小岛久代：我国江户时代分武士、农民、工艺人、商人四种身份，武士阶级中非常重视儒教，因此也有"好女不嫁二夫"的道德观，但其他身份的老百姓几乎不受这些规范的限制。

　　张晓眉：您是否读过《沈从文家书》？您对沈从文的夫人张兆和先生是否了解？可否请您谈谈张兆和？比如她对沈从文的影响等方面。

　　小岛久代：我读过《沈从文家书》，我想张兆和女士确实是沈从文的精神支柱，没有她的支持，沈从文难以度过苦难的时代。

　　张晓眉：您曾经写过《20世纪40年代的沈从文——读四十年代的评论》，可见您对沈从文在20世纪40年代的文学评论有很深入的研究，我因为没有找到该文原文和被翻译成为中文的样本，可否请您谈谈您对沈从文1940年代文学评论的看法。

　　小岛久代：《20世纪40年代的沈从文——读四十年代的评论》是1998年写的。写这篇论文时参考了中国社会科学院文学研究所孙歌女士提供的有关资料。我的这篇论文主要围绕从1939年到1940年代沈从文写《一般或特殊》《文学运动的重造》《从现实学习》而引起的争论展开，整理的过程中，我抽出了沈从文的文学主张。

　　在《一般或特殊》一文中，沈从文主张作家的工作无论在前线还是后方都是孤独的，只有优秀的作品才能够让读者感动。他主张只有具有"特殊性"才能使其"一般化"。

　　在《文学运动的重造》一文中，沈从文主张从商业和政治的关系中解放文学，恢复文学的独立性和尊严，提出让"文学运动成为学术一部门"的主张。这个主张被杨华批评了两次，不过沈从文的主张自"京派"和"海派"争论以来都是一贯的。

　　在《从现实学习》一文中，沈从文论及李公朴、闻一多被国民党特务暗杀时，回顾从1937年到1946年的云南时期，称其为"民主的温室"，这样的文词表达又受到了杨华的批评，后来又和《看虹录》《摘星录》一并受到郭沫若等人的批评，但是这篇作品与《一种新的文学观》一样主张明日的文学应该成为指导政治家的新经典。

　　张晓眉：在您的《日本近期的沈从文研究》中提到了主办《湘西》杂志情况，可否请您详细、具体谈谈《湘西》杂志是在一种什么情况下创刊的？《湘西》杂志出版经费来源、编辑情况、每期发行数量、读者群体（身份、职业、性别、国籍等）、停刊原因等详细谈谈可以吗？

　　小岛久代：《湘西》杂志的诞生，可追溯到1998年吉首大学召开的纪念沈从文逝世10周年国际学术研讨会。会后，应邀参加那次会议的日本沈从文研究学者自发计划创办自己的杂志。主导者是城谷武男，他写了《从日本发信——创刊之辞》，希望《湘西》杂志在论文、翻译、评论、资料发掘、随笔等各个方面挑战沈从文研究，成为发自日本的一个沈从文研究基地。组稿不问内外，收稿后每年出版一期。主要由当时在北海道大学攻读博士的齐藤大纪和中野彻编辑，只有第4号由福家道信和今泉秀人担任编辑。这是一个完全靠我们自己集资筹办的同仁杂志，因此发行数量只有一百部，定价为两千日元。读者大多是日本大学的研究生、大学教师以及中国的沈从文研究者。自1999年至2008年一共出版了十期，由白帝出版社出版。办了十年，后来就停刊了。停刊的主要原因是城谷和小岛都到了退休年龄，而担任编辑的年轻人又忙于大学教学和行政事务等工作无暇顾及。

　　张晓眉：在您的沈从文研究进程中，是否和沈从文有过交往，比如书信往来、面对面交谈等沟通形式？是否得到过沈从文家人的支持和帮助？

　　小岛久代：1982年10月1日，沈从文先生访问日本的时候，我曾在东京都立大学讲演会上见过他。在恳谈会上，我将当时搜集到的相关资料复印送给他。沈从文先生回中国后，我给他写了信，并问过他一些问题，现在我记不清楚我问的是哪些问题了，不过他那时已经瘫痪了，家里人替他写回信给我。那封信已经交给了《全集》编辑部。《全集》书信里收录了那封信。我不记得确切的时间了。

　　张兆和女士还在的时候，福家道信和我访问过沈家，那时我们见到了张兆和女士、沈虎雏先生和沈红女士。2013年11月，我在日本勉诚出版社出版了沈从文翻译本《来自边城的爱情故事》（《辺境から訪れる愛の物語》）。我翻译沈从文作品时遇到了不少疑问，那时我就直接发电子邮件向沈龙朱先生请教。沈龙朱先生每次都很诚恳详细写回信答复，有时候他还用图画向我解释，我一共发了七十多个疑问，真的给他添了许多麻烦。

　　2014年9月，在御茶之水女子大学中文学会上我作了研究报告，是有关比较松枝茂夫翻译的《边城》和得到沈龙朱解释后修改的小岛翻译文而引发的问题，但是很遗憾，现在还没有写成文章。

　　张晓眉：您是大学教授，请问您的学生中是否也有研究沈从文的？
　　小岛久代：有过一个学生，她叫藤田理佳，在《湘西》第6号上发表过《关于〈丈夫〉——从妓女描写上引发的思考》一文。

　　张晓眉：1985年，您游历湘西，还记得当年在湘西时发生的一些有趣事情吗？
　　小岛久代：从1985年3月27日到31日，我在湖南师范大学凌宇教授的陪同下，坐汽车第一次访问了吉首、凤凰、茶峒、张家界等地。那时正值插秧季节，我看到农民跪在水田里插秧的样子跟日本农民屈身插秧不同，觉得很有趣。还看到了水牛身后拉着犁耙翻耘水田，大水车在田埂旁边的渠道里还活动着。在吉首我们坐渡船时正好遇到了像《边城》里的老祖父似的老船夫，我们要给他钱，他却笑着说不要！黄昏时我们走在吉首大桥下边的小路上，偶然看到河边人家好像是父子模样的两个人只点着20W上下的电灯在吃晚饭的凄凉的样子。还记得有个小伙子在挑水，这些都使我联想到"柏子"。在茶峒的街上，我还看到户外摆着肉摊子卖猪肉的师傅。这些人事和景象虽然已过去了三十年了，但现在回想起来，依然历历在目，记忆犹新。

　　张晓眉：您在访问吉首大学的时候，是谁接待您的？还记得当时的情景吗？
　　小岛久代：很抱歉，当时我没有记录下来，但是我敢肯定有刘一友教授在场。

　　张晓眉：您的《湘西旅游记》因为我没有看到具体文本，可否请您谈谈这篇文章的主要内容？
　　小岛久代：1954年，我回到祖国日本，直到三十年后我才有机会访问中国。到了中国，我的第一个目的就是要亲眼看看沈从文作品里所描写的吊脚楼、渡船、老船夫、沈从文的家乡凤凰和这里的沱江，在湘西这片土地上生活的少数民族等等，我都想看、想了解。虽然这次考察只是走马看花，但对我来说真是百闻不如一见，印象深刻，我写到的其实仅仅只是我的粗浅印象。还有一点感想就是：随着三十年时间的流逝，中国人的生活哲学变了，三十年前的中国，举国上下充满了一种朝气蓬勃的"为人民服务""自力更生"的建国精神，但是三十年后的中国，却变成了一切"向钱看"，这种气氛使我失望，考察回来后，我提不起精神来写旅游记。隔了一年，经过冷静思考，我认识到，从1957年开始，中国一直在政治运动中，中国的老百姓过着艰苦难忍的贫穷生活，同时又反省日本人战后也只顾发展经济而不去反省为什么日本会走上军国主义之路，现在日本中小学教育里不愿提起日本的那段侵略的历史，缺乏以历史为鉴的思想。在这样的反省中，我才写下了《湘西旅游记》。

张晓眉：沈从文诞辰100周年时，您是否参加了那次会议？如果是，可否请您谈谈您的感想。

小岛久代：可惜，我没有参加那次会议。

张晓眉：请谈谈您的沈从文研究主要侧重哪些方面，截至2013年，您共撰写了多少沈从文研究著作和论文？

小岛久代：我的沈从文研究对《月下小景》和佛教故事以及湘西女性气质进行比较，来思考沈从文怎样创作小说。我的论文写得不多，只写了二十多篇。专著有《沈从文——人与作品》；与人合作的著作有《鲁迅与同时代人》《在转换期的中国知识人》《中国、朝鲜文学的魅力》；翻译著作有《沈从文小说翻译选》《湘行散记》《来自边城的爱情故事》。

张晓眉：请您介绍一下在从事沈从文研究过程中所涉及的沈从文文学作品和版本。

小岛久代：沈从文初期作品我是在《晨报副镌》《语丝》《小说月刊》《现代评论》《新月》等刊物复印本上查看到原文的。从20世纪80年代到2002年，《沈从文文集》《别集》《全集》先后公开出版，我在做沈从文研究时，主要就是参看这些《文集》《全集》里的作品。此外，我还购买了一些20世纪60和70年代从内地流出的开明书店出版的版本和在香港出版的复印本。

张晓眉：请谈谈您的沈从文研究和对沈从文研究及作品评价。

小岛久代：这个问题与前面我讲到的观点相同。

张晓眉：我看到您在《〈边城〉试论——关于沈从文的爱和美》中探讨了爱与美这个话题。沈从文曾经说他只描绘一些他觉得美的，而这种美不管它是否存在于现实生活当中。您认同他的这种观点吗？

小岛久代：我认同沈从文先生的想法。美不一定存在于现实生活中，我们眼睛看不见的音乐也存在美。津守阳写过一篇《从"气味"的追随者到"音乐"的崇拜者——沈从文〈七色魇〉集的彷徨轨迹》，分析出：他（沈从文）想要把握住这种抽象的美，但是难以用文字描写美的这种绝望是他自杀未遂的原因之一。我完全同意她的看法。

张晓眉：这么多年的沈从文研究，您认为沈从文最让人感动、最值得人们研究、最值得我们传承且给人类最大的思想启示是什么？

小岛久代：人类正面临着全球规模的环境破坏，我们怀疑科学的进步真能让我们人类幸福吗？虽然科学日新月异地发展，人类的寿命也越来越长，但是各国面临的贫富差别问题还未能解决，这种差异产生的原因归根结底还是人性问题。我认为沈从文作品里就包含着怀疑文明，赞美自然以及朴素的人性美的思想，我们应该重读、精读沈从文作品，从中得到一些启发和教训。

张晓眉：继您之后，贵国在沈从文研究方面取得最显著成果的是那些学者？他们都出版了哪些著作？主要研究的内容是哪些？您怎么看待这些研究成果？请您谈谈沈从文研究在贵国的起源、发展、被研究情况及其影响。

小岛久代：日本有不少年青的沈从文研究者：福家道信、黄嫒玲、今泉秀人、齐藤大纪、中野知洋、中野彻、津守阳等。他们虽然还没有出版研究专著，但已经写了很多的研究论文。我在《日本近期的沈从文研究》和《沈从文研究在日本》里详细地介绍过，请您参看。

张晓眉：可否请您谈谈沈从文研究在贵国今后的发展和走向？

小岛久代：因为中学的语文课本里只收录过鲁迅的《故乡》，所以除了沈从文研究者以外，普通日本人根本不知道沈从文其人。我们应该先把沈从文作品翻成日文，介绍给日本人，这样才能让普通日本人也认识沈从文，沈从文研究才会有进展。

张晓眉：贵国的松枝茂夫先生曾经给沈从文先生写信计划翻译沈从文的全部作品一事，您是否知道此事？可否请您谈谈您所了解的相关情况？

小岛久代：我不知道此事。日本最近只有三四本沈从文作品的翻译本。城谷武男先生的《瞥见沈从文》（收录了《雨后》《早上——一堆土一个兵》《生》《萧萧》《烟斗》《黑夜》《黔小景》《论中国创作小说》《箟人谣曲》），我的《沈从文小说选》（收录了《贵生》《赤魇》《雪晴》《巧秀和冬生》《传奇不奇》）、《湘行散记》、《从边城访问的爱的故事》（收录了《看虹录》《月下小景》《扇陀》《爱欲》《女人》《街》《静》《丈夫》《边城》）。其他还有福家道信、今泉秀人、齐藤大纪、中里见敬等人把《记丁玲》正续以及《湘行书简》《更夫阿韩》《老实人》《北京的文艺刊物及作者》《三个男子和一个女人》等译文发表在几个杂志上，但还没有出版单行本。

张晓眉：请您谈谈松枝茂夫先生所翻译的沈从文文学作品。

小岛久代：松枝茂夫（1905—1995）早在1938年就把《边城》《丈夫》《夫妇》《会明》《灯》《柏子》《龙朱》《月下小景》翻成日文，由改造社以《边城》（大陆文化丛书七）为书名出版。1934年，松枝茂夫从东京帝国大学支那文学科毕业，成为主创中国文学研究会的会员之一。他是一位著名的汉学家，全力以赴翻译中国文学作品：《红楼梦》以及《周作人随笔集》《中国新文学的源流》《周作人随笔抄》《周作人文艺随笔抄》《瓜豆集》《结缘豆》《苦茶随笔》等周作人散文的翻译，还有《鲁迅选集》、《中国名诗选》（上、中、下）、《浮生六记》、《中国笑话选》、《中国笑话选与江户小话的关系》等。关于松枝茂夫与周作人、钱稻孙的交流，我从日本九州产业大学的吴红华教授的论文《周作人、钱稻孙与九州学者》受到启发，在此介绍并表示感谢。

张晓眉：请您谈谈《全集》当下在贵国的翻译、出版情况。

小岛久代：日本沈从文研究者没有鲁迅研究者那么多，我们现在没有翻译《全集》的计划。

张晓眉：您怎样看待贵国当前的沈从文研究队伍？

小岛久代：日本的沈从文研究，现在已经进入了一个新的阶段。我特别关注津守阳的最近研究成就。她的《从"气味"的追随者到"音乐"的崇拜者——沈从文〈七色魇〉集的彷徨轨迹》在沈从文研究上开辟了新的领域，以前的沈从文研究动辄只能由外在的资料归纳出结论，但是她采用的是研究古典文学的方法，而从《水云》版本的差异中发现了"美不能在风光中静止"的命题，她又细致地比较了20世纪30年代沈从文的作品和20世纪40年代作品的差异，发现了从"气味"的追随到"音乐"的崇拜，以及导致"文学不如绘画，绘画不如音乐，音乐不如数学"的两个命题，通过对沈从文的《湘行散记》和《七色魇》的比较研究，分析了沈从文1949年自杀未遂的苦恼内因。其他年青沈从文研究者的成果已经在前面提到过了，请您参看我的拙论。

张晓眉：随着沈从文研究的不断深入，沈从文研究已经涉及几乎每一个领域，比如生态、精神病理等，您作为已有多年经验的沈从文研究专家，您对当前沈从文研究肯定有很深的见解，您觉得当前沈从文研究的这种多元化是否是一种学术疲劳现象？请您评价一下中国及其他国家的沈从文研究。

小岛久代：我曾从凌宇、吴立昌、赵学勇、向成国、糜华菱、刘一友、刘洪涛、张新颖、夏志清、聂华玲、金介甫、王润华等先生的著作里受到极大的启发。最近我还没有仔细阅读中国和其他国家的沈从文研究成果，所以没有资格来谈目前的研究情况，但是如果允许我提出一些意见的话，我希望中国沈从文研究者多关注版本的异同问题。在这一点上我国城谷武男做的许多辛苦的工作可以做参考。我在《鲁迅与沈从文》一文中也提到过这个重要问题。

还有一点就是研究者应该根据原始资料来分析论述。尤其是研究争论问题，应该查寻当时报刊上发表的原始资料，认真解读才能正确地把握分歧焦点。关于这点在前面的拙文上也提到过。

张晓眉：您觉得沈从文最打动您的是什么？您觉得沈从文最值得研究的是什么？

小岛久代：沈从文作品最打动我的还是那种人性美，那些让人觉得怀恋，同时又能感到异国情趣的描写。

后 记

时间过得真快，三年的硕士研究生学习生活即将画上句号。

这本书是在我硕士研究生学习之初开始，学业即将结束之际告一段落，付梓成书。

一路走来，几多感谢、几多收获、几多感想、几多感慨、几多话语，想借写《后记》这个机会，与大家说一说。

2012年，是我进入吉首大学学习的第一年，入校确定导师后，导师李端生老师让我做沈从文研究。

虽然之前对沈从文先生有所了解，但并不深，只知道他的名气很大，在文学和物质文化史研究方面均取得了杰出成就。

我因没有明确目标，就决定按照导师李端生老师的指导去做，将学位论文选题定为"沈从文文学域外传播研究"。

2012年，是沈从文先生诞辰110周年，吉首大学、凤凰县政府和花垣县政府计划在2012年12月26日至29日联合举办"沈从文诞辰110周年全国学术研讨会"，我的导师李端生老师让我写一篇参会论文，于是我从图书馆借来《全集》和凌宇教授、金介甫先生分别撰写的《沈从文传》，并阅读了部分沈从文研究学术论文。

临近会议召开前夕，我写成了一万两千多字的《中西合璧：金介甫〈沈从文传〉与凌宇〈沈从文传〉的殊途同归》参会论文交给导师李端生老师。他看后认为我的论文水平超出了他对我的预期，得知我曾在各类报刊上发表过几十篇新闻、文学作品，就安排我负责这次会议的新闻报道工作。

我在撰写参会论文期间，除了阅读凌宇教授撰写的《沈从文传》《从边城走向世界》等著作，还参阅了凌宇教授撰写的多篇学术论文，对他的沈从文研究印象深刻。了解到凌宇教授也会来参加会议，我就根据自己对他的沈从文研究成果的理解，写了一个采访提纲想采访他。我的导师李端生老师很支持我的想法，还帮我修改了采访提纲。

2012年12月26日，"沈从文诞辰110周年全国学术研讨会"在湘西凤凰如期举行。我把自己写的参会论文、采访提纲和会务组发给凌宇教授的会务资料提前准备好，就在酒店大厅恭候凌宇教授的到来。

大约下午两点左右，凌宇教授在湘西州文联主席黄叶先生的陪同下如约而至。我赶紧上前接待，并陪他们进入房间，顺便将我写的参会论文、采访提纲和联系电话给凌宇教授说了一遍，然后就下了楼。

大约过了十分钟，凌宇教授打电话给我，让我去他房间一趟，就我所提的问题给我讲一讲。

凌宇教授首先对我的参会论文给予了较高评价，当然也指出了存在的不足。随后他花了近两个小时，把我所提的近二十个问题一一进行解答。可能是有些问题提得比较尖锐，讲到激动处，凌宇教授不断挥舞右手，有时甚至从椅子上站起来，语气铿锵、霸蛮，一副不容置疑的架势，特别是因为我的论文中提到了他的沈从文研究持"仰视"态度，这一点凌宇教授坚决不认同。

我虽然读了一些沈从文研究相关文献，但我的综合知识和对沈从文研究的认识如何能与眼前这位从事了三十多年的沈从文研究老专家相提并论？

因为凌宇教授在整个采访过程中比较激动，我也因此受了他的感染。

采访完回到房间，我竟然找不到采访录音了。想到凌宇教授声情并茂地给我讲了近两个小时，而我却找不到录音，单凭记忆，就我对沈从文研究了解的那点知识，如何能达到凌宇教授那样的深度？我着急得连跳楼的心都有了。万般无奈，只好不断祈祷：如果能够找到这份录音，以后在沈从文研究的路上，无论碰到多大的困难、吃多大的苦我都愿意。可能是祈祷起了作用，我慢慢平静下来，一点点仔细找，最后终于找到了采访录音，那种兴奋之情，用刻骨铭心来形容，一点也不为过。

在接下来的两天时间里，我在向成国等老师的帮助下，专访了南京大学的王继志教授。会议期间现场采访了刘洪涛教授、吴投文教授、樊星教授、谢昉博士、吴世勇博士等，会后又专访了向成国教授。

把新闻稿件写好后，我把对凌宇教授、王继志教授、向成国教授的专访、现场采访和全程会议纪实整理成文，共计二十余万字，并呈送给我的导师李端生老师。

不想我的一个无意工作，竟然赢得了老师们的高度评价，李端生老师还将我做的这项工作上报到2014年吉首大学文学院工作计划日程，获得了文学院相关领导的批准，安排我继续对取得较大成果的国内外沈从文研究学者进行专访，以期达到一定量后可以"中外沈从文研究学者访谈录"为书名公开出版。

从2012年12月26日首次专访凌宇教授到如今这本书即将付梓。本书能够得以顺利进行，首先应该归功于本书每位受访学者给予我的大力支持和积极配合。尽管在专访过程中遇到过各种困难，但与二十几位国内外顶尖级的沈从文研究专家学者，与沈从文先生最亲近的亲友对话所带给我的收获，是对沈从文及沈从文研究全方位、立体式的了解，对每个学者的研究方法、研究历程、研究心得、成败得失等有了一个整体把握。

最为重要的是，每位受访学者为而不有、奖掖后进、乐于助人的精神深刻地影响着我。

在近三年的采访历程中，沈从文研究学者们的精彩讲述，开阔了我的学术视野，他们的无私帮助、鼓励，也将成为我一辈子都用之不尽的精神财富。

各位学者无偿赠予的沈从文研究资料和对沈从文研究事业的大力支持，让我对沈从文研究事业充满了信心和想象。在对这些学者的采访过程中，一些学者又给我无偿提供了一些他们未公开发表的沈从文研究成果和他们收集的资料。比如糜华菱先生，他将他保存的沈从文研究资料通过电子邮件和邮寄方式赠予给我。特别是在李之檀先生将《沈从文在中国历史博物馆》书稿交给我后，我将之复印送给沈虎雏先生，沈虎雏先生从中找到了六篇沈从文先生的佚文，这一发现对我触动极大。

沈从文研究学者为而不有的精神深深感动了我，由此让我产生了建立一个沈从文研究资料网站平台的设想。在不侵犯著作权的前提下，我想通过这个平台，将自己手中所拥有的沈从文研究资料提供给所有的沈从文研究学者，供他们参阅；还想通过这个平台收集更多的沈从文研究资料，让大家互通有无。在给大家提供快捷、便利的资料服务的同时，让大家都参与到我们这个平台建设中来。这样，最新的沈从文先生的佚文情况，最新撰写出版的学术著作、论文等学术动态和新闻动态等都会第一时间呈现在大家面前。在在线交流环节，思想交流碰撞出的火花，或许就是下一处研究热点……

我甚至想，如果沈从文研究资料网站能够建成，那么我们就有了一个模板作为参照，今后还可以陆续将鲁迅、巴金、茅盾、丁玲、莫言等中国现当代作家都组建一个研究资料网站，形成一个系列，建成"中国现当代作家研究资料库"。这个工程如能做下来，将成为我们进行文学研究的一个很好的辅助工具。

我的导师李端生老师、吉首大学现任沈从文研究所常务副所长何小平博士和吉首大学文学院相关领导、老师们对我的设想给予了大力支持，使我对未来充满了想象！

一路走来，所受教益甚多……

借写《后记》这个机会，我想我还应该一一向对这本书给予过积极配合、支持和帮助的人们表达我最诚挚的感谢！

首先，我要感谢向成国老师。向老师提供给我一些研究学者的通信信息，为我与国内外沈从文研究学者取得联系做了很多牵线搭桥和推荐工作。我能顺利采访到许多著名沈从文研究学者，特别是如美国学者金介甫先生、王德威，日本学者小岛久代、齐藤大纪等，多亏了向成国老师的推荐和帮助。很难想象，如果没有向成国老师给予的诸多帮助，这项工作能够在如此短的时间内顺利进行和完成。

此外，向成国老师还将他多年来收集的许多珍贵沈从文研究资料赠送给我，在学业上给予了我极大的鼓励和帮助，和我的导师李端生老师一样，对我的沈从文研究寄予了厚望！他的希望让我充满了使命感，又让我因为自身的学识、修养等局限，深感惶恐和不安。

2014年7月，我在北京海淀区图书城"言几又"和朝阳大悦城"单向街"两个书店聆听了复旦大学张新颖老师为其新著《沈从文的后半生》做的学术讲座，当时他讲了一句对我影响深刻的话，大概意思是：当你为你的学术研究投入了足够多的精力，后期的学术研究是会反过来滋养你的生命的。向成国老师经常对我说，应当把沈从文研究作为一生的事业来进行。我想，这也许正是向成国老师多年来从事沈从文研究所得，因此将这一宝贵经验传授给我。是的，作为湘西人，作为从吉首大学走出去的学子，今后无论从事什么样的职业，沈从文研究当是今后一生都不容间断的事业！虽然我在学识、禀赋等方面有不尽人意之处，但我愿意用沈从文先生所提倡的"凡事耐烦"去经营今后的沈从文研究事业。谢谢您——向成国老师！

在这里，我要感谢著名沈从文研究学者凌宇老师，感谢您在沈从文诞辰110周年全国学术研讨会期间，接受了我的求教和采访；2013年暑假期间，我在湖南师大学习，您冒着长沙四十多度的酷暑，抱病为我修改文稿，因为需要修改的地方很多，在把稿件送还我时，您担心我看不清楚，又一一将修改的每一个地方给我详细说明，对于我的求教，也耐心解答……如今每每回想起来，感激之情难以言表！谢谢您——凌宇老师！

在这里，我要感谢著名沈从文研究学者王继志老师，感谢您在沈从文诞辰110周年全国学术研讨会期间接受我的采访，给我讲述许多沈从文研究鲜为人知的往事，回南京后，又帮我把专访稿中出现的错误一一改正，大到整个句子，小到标点符号、字体变换，都做了认真仔细修改。您认真、严谨的治学风范，是我今后学习的榜样！谢谢您——王继志老师！

在这里，我要感谢沈从文研究学者刘洪涛老师，感谢您在沈从文诞辰110周年全国学术研讨会期间接受我的采访，回北京后还将您主编和撰写的相关书籍赠送给我，并教我如何查阅国外资料，把相关网站地址发送给我，在得知我在采访国外沈从文研究学者时，又将您的学生之前做过的相关访谈发送给我以供参考。我在采访金介甫先生时，还帮我修改采访提纲，并做了诸多具体指导……点点滴滴，如今回想起来，心里充满了感恩之情，谢谢您——刘洪涛老师！

在这里，我要感谢沈从文先生的助手李之檀先生。第一次去采访李之檀先生时，他不仅给我讲了三个多小时，还把他多年收集的厚厚两大本《沈从文在中国历史博物馆》书稿交由我处理。李之檀先生还赠送给我三本关于沈从文先生的书籍，因为他目前忙于主编《中华大典·艺术典·服饰分典》，得知我现在正在做沈从文研究，还欲将他珍藏的《永远的从文——沈从文百年诞辰国际学术论坛文集》转赠给我，我因为导师李端生老师之前送了一本给我，便谢了他的好意，并请他自己保存。做沈从文研究的学者一定都知道，《永远的从文》这本文集是做沈从文研究非常重要的一本参考资料，现在有钱都很难买到，非常珍贵……

第二次去李之檀先生家时，他又帮助我联系上了沈从文先生的得力助手，现任中国社会科学院考古所特聘研究员、文化遗产保护研究中心古代纺织品保护研究部部长王亚蓉女士。李之檀先生把王亚蓉女士的电话和地址都抄给我，随后又给她打电话，因为电话打不通，八十多岁的李之檀先生冒着酷暑带我穿梭在北京街头，花了一个多小时才找到王亚蓉女士的办公地点中国社会科学院考古所。李之檀先生还建议我去采访中国历史博物馆著名文物学研究专家孙机先生，并将孙机先生的联系方式抄送给我，事后专门打电话告诉我应当在什么时间去采访孙机先生比较合适，仔细周到处，由不得不让人感动！谢谢您——李之檀先生！

在这里，我要感谢沈从文先生的助手、中国社会科学院历史所研究员赵连赏先生，因为您的热心帮助，才让我有机会专访到沈虎雏先生和张之佩老师，沈从文先生的学生、清华大学黄能馥教授等。

在这里，我要感谢沈从文研究所第一任所长刘一友老师！2014年9月26日，我因回吉首大学办事，得知刘一友老师在家，于是去他家拜访，并将整理好的专访稿送给他。整整一个半小时，刘一友老师将沈从文研究的发展历程给我梳理了一遍，并指出我做这项工作的意义和价值，令我茅塞顿开，有醍醐灌顶之感。告别时，刘一友老师送我出门，一直送到马路上。这是一段很长的路程，望着刘一友老师在夜色中往山上家中走去的背影，我的眼睛被热乎乎的泪水挤得发酸，仿佛就在瞬间，为采访奔波的辛苦化成了一股股力量，支撑我不断向前，向前！

2014年12月11日，刘一友老师给我电话，告诉我专访稿还在修改当中，因我在11月间寄过一本《访谈录》书稿给他，他将书稿看完，写了一篇读后感，另外在看书稿过程中，发现了一些错误，所以顺手做了勘误，录入好并委托谭德祥先生转发至我的邮箱，让我查收一下。交代完毕，刘一友老师又给我说了很多鼓励的话，这次通话时长十六分钟，使我感动得涕泪交加，激动不已！挂了电话，赶紧打开邮箱，发现邮箱是空的。晚上接儿子放学回来，再次打开邮箱，收到了刘一友老师写的读后感和勘误。刚读到一半时，我的先生任犰从西安出差回来，我赶紧招呼他过来一起看，他不顾旅途疲劳，坐在电脑前和我一起拜读刘一友老师写的读后感。任犰一边读一边点头，我则一边读一边嚷嚷太热……惹得在一旁专心画画的儿子问："妈妈为什么热？屋里不热呀！"任犰给儿子说："你妈妈心里热。"儿子听了一愣，不明所以，又转去画画，不理我们了。在读到刘一友老师标出几页之多的勘误时，任犰转头责备我："你看看你，有多少错误！以后做事细心点……"

2015年3月26日，刘一友老师将他修改好的专访稿发送给我，内容修改极为细致周全，大到框架结构、问答的内容逻辑排列递进等，小到字词标点，特别是因为我的知识水平有限，很多冗长的表达经他修改后更明确、简洁，其间还穿插、补充了许多恰如其分的典故成语，使得整个专访从逻辑表达、格调和语言风采方面呈现出化腐朽为神奇的局面，读后令我佩服得五体投地，从中所受教益，竟是找不出一词一句来形容。将专访稿发送给我后，可能是担心我读了修改后的专访内容信心受挫，刘一友老师又专门给我打电话，解释他所做修改的种种考虑，讲得最多的是"要为读者负责"，态度之真诚恳切，做事之严谨认真，让人不由心生敬仰，意欲效之！4月12日，我回吉首大学考加论文预答辩，得知刘一友老师在家，于是相邀我的师弟孙立青前去他府上拜访。刘一友老师将他看《访谈录》书稿时做的一百多页笔记和卡片拿给我们看，并将所记笔记内容解释给我们听，诸多精彩点评让我为之振奋不已，对自己所做事情的意义和价值有了更为深刻的理解和认识。两个多小时的家访，刘一友老师给立青和我说了很多鼓励的话。告别时，刘老师又将我俩送到了马路上，谈兴正浓，于是我们三人又在校运动场上走了一个多小时……不记得那晚的天空是否有星星和月亮，只记得那晚相谈甚欢的场面是如此让人暖心。谢谢您——刘一友老师！

在这里，我要感谢《全集》责任编辑谢中一先生及其家人。2014年11月18日，我去山西太原专访谢中一先生，八十六岁的谢中一先生，共用了约十二个小时，给我讲述了北岳文艺出版社是如何策划出版《全集》，如何与沈家取得联系，达成协议，历时近十年，最后终于将《全集》编辑出版的全过程。在谢中一先生家中，我受到了谢中一先生和他的夫人郝阿姨的热情款待。在我与谢中一先生谈话时，郝阿姨专门为我做了很多可口的湖南饭菜。19日中午，谢中一先生还亲自下厨，为我炒了一个他的招牌菜"萝卜炒肉"，让我感受到了如同在家一般的温暖！谢谢你们——谢中一先生和郝阿姨！

在这里，我要感谢沈虎雏先生和张之佩女士，感谢你们的信任，在近七个小时的讲述中，你们给我讲了很多关于沈从文先生不为人知的往事……在这期间，还给我倒水、留我吃午饭，周到谦逊的处事风格，给我以极大的触动和深刻影响。谢谢你们！

在这里，我要感谢吉首大学第三任沈从文研究所所长杨瑞仁老师。杨老师不仅积极配合我的采访工作，将多年收集到的沈从文研究资料和他撰写出版的书籍赠送给我，还将国外沈从文研究学者焦石先生等的联系方式也送给了我，并为《访谈录》写序，还鼓励我写一部沈从文学术研究史。谢谢您——杨瑞仁老师！

在这里，我要感谢吉首大学沈从文研究所常务副所长何小平博士。在我专访的过程中，何小平博士给予了我极大的支持、指导和帮助。

在这里，我还要感谢吉首大学前任图书馆馆长郑英杰老师，吉首大学文学院叶德政老师、田茂军老师、张建永老师、罗惠缙老师、覃新菊老师、杨玉珍老师、刘泰然老师、彭广林老师、林铁老师等；在这里，我还要感谢糜华菱先生、解志熙教授、李辉先生、吴世勇博士、裴春芳博士、王翼祥先生、安刚强先生、吴正锋先生、周仁政先生、李浴洋博士等沈从文研究学者，谢谢你们给予我的大力支持和帮助。

国外的沈从文研究学者，我要特别感谢美国学者金介甫先生，他给我提供了大量国外的学术信息和沈从文研究学者如马悦然、聂华苓、周刚、王德威、威廉·L·克麦唐纳（William L. MacDonald）等的联系方式；另外，我还要感谢今年已经七十七岁的小岛久代女士在百忙之中回答我的专访，从她的专访内容中，我看到了一位异域学者对沈从文研究事业的热情和做出的贡献；我还要感谢焦石先生、齐藤大纪先生、王德威先生等学者在繁忙的工作之中，抽出时间回答我的问题，他们的专访内容初步呈现出了沈从文研究事业在域外的传播和影响境况，为我们今后的沈从文研究提出了新的挑战和方向。衷心地感谢你们！！！

从2012年涉入沈从文研究领域以来，给予过我诸多帮助的沈从文研究学者们为而不有、乐于助人的精神，如今已经演化成为我克服在沈从文研究路上碰到困难的力量，这股力量给予我战胜困难的勇气和信心。

沈从文研究专家学者们严谨的治学风范、渊博的学识、低调谦逊的做人风格和乐于助人的精神，不仅让我在学业上深受启发，而且在为人为学方面都受益匪浅。他们的热情帮助，已经融化为一股力量，支撑着我努力学习，做好沈从文研究。

在这里，我要特别感谢我的导师李端生老师，如果没您的悉心教导，就不可能有现在这本四十二万余字的《访谈录》、二十二万字的《沈从文学术研讨会纪实》和二十三万字的《学苑留痕——张晓眉作品集》三本书的诞生和十万字的学位论文《沈从文北京早期文学传播研究》的诞生。特别是《访谈录》一书，从确定采访学者名单、撰写采访提纲、整理修改专访稿件、书籍排版设计等都得到了李端生老师的高度关注、帮助、指导和大力支持。李端生老师就像夜里的一盏明灯，不仅照亮我前进的路，而且给我指明了方向！

三年来，李端生老师总是在不断激发我的潜能：你可以把这个做成，把那个做得出色。结果，很多在我看来遥不可及的事情，在李端生老师的鼓励和帮助下，我竟然都一一做到了！

如今，回过头去想，如果没有李端生老师一直以来的鼓励和指导，我如何能走到今天？在鼓励我做《访谈录》时，李端生老师也给了我很多具体的指导和建议，包括在采访过程中可能会因某些学者不配合而受到一些阻力等，李端生老师也预先帮我想了很多，并预设了很多解决方案。好在我所采访的学者中，对我的工作都给予了极力配合，并且尽可能地给予我帮助，还给我提供了很多有用信息和资料。比如八十八岁的沈从文研究学者糜华菱先生，不仅把他出版的相关沈从文研究书籍赠送给我，而且将他写的沈从文研究论文和其他学者的沈从文研究资料都发送给我保存，并解答了我提出的几十个关于沈从文研究的提问……

三年来，李端生老师传授给我的不仅是一生都用之不竭的知识，还有做人的道理，为人处世的方式，这些都将是我受益终生的。

在这里，我还要感谢《访谈录》一书的责任编辑谢放老师。从《访谈录》决定在北岳文艺出版社出版开始，谢放老师为《访谈录》能够如期出版付出了很多辛劳，特别是在出版过程中碰到了一些没有预想到的困难，谢放老师都细致、耐心和我协商，一起积极解决问题。这本《访谈录》最终得以与广大读者见面，与谢放老师的积极支持是分不开的。

在这里，我还要特别感谢我的家人。在我上学期间，我的先生任翀在繁重的工作之余，承担了照顾家里的一切事务，解除了我的后顾之忧，让我得以安心学习和工作。

在这里，我要感谢我的哥哥姐姐，是你们一直以来的支持和帮助，才让我有了今天！

在这里，我还要感谢我的同学翁凯、郭春晓、黄夜晓、孙立青、姚慧、蒋硕华、邓婕、曾欣、莫华秀等，我的室友李明洣、丁渝珈、梁潭、李杏、赫阳阳，我们在一起度过了很多愉快的时光，一起吃饭，一起学习，一起卧谈，你们的乐观、好学、乐于助人等优良品质都给予了我积极影响，谢谢你们！

要感谢的人太多，还有很多未在这里提到的我需要感谢的人们，我为之感激的心却是一样的。

千言万语融为一句话：谢谢你们！

张晓眉

2015年3月于吉首大学风雨湖畔